蒙求集注详解

王永豪◎主编

中国文史出版社

山东省社科普及与应用重点项目

项目名称：普及优秀传统文化　预防青少年犯罪

项目编号：2015skzz-12

前　言

《周易·序卦传》曰："蒙者，蒙也，物之稚也。"所以，人们也将幼童称为"童蒙"，教育儿童即为"训蒙"，儿童教育的学问就是"蒙学"。

中华民族历来重视教育，尤重儿童教育。在过去，常听老人们发愿，哪怕砸锅卖铁也要供子女读书。也就是说，一个家庭就算再困难，也不愿耽误孩子的教育，正所谓"劝君莫将油炒菜，留与子孙夜读书"。

在童蒙教育上，中国人有自己科学的方法和丰富的经验，其重要的指导思想大概是雅制原则。刘勰《文心雕龙·体性》云："夫才有天资，学慎始习，斫梓染丝，功在初化。器成彩定，难可翻移。故童子雕琢，必先雅制。"刘勰将儿童教育比喻为"斫梓染丝"，确实非常恰切。家具漆毕，陶器出炉，想再修改确实心有余而力不足。同样，严羽宣称，"夫学诗者以识为主，入门须正，立志须高"，"若自退屈，即有下劣诗魔入其肺腑之间，由立志之不高也。行有未至，可加工力；路头一差，愈骛愈远，由入门之不正也"。（《沧浪诗话·诗辩》）他告诫大家，做学问从开始就要立志高远，要选对内容与路径，否则就会徒劳无功。而且中国历来强调文以载道，其实就是强调做人与做学问之间相互裨益、相得益彰的关系。这个"入门须正，立志须高"就是"雅制"。

所以，后世学者记录王安石教子的经验值得我们借鉴。

王荆公教元泽求馆师须博学善士。或曰："童蒙何必尔？"公曰："先入者为主，观于今之求师者与夫师之为师，其先入者可知已。"彼诗礼趋庭，饶有世业，貂蝉累叶，不乏嘉宾者可无论；自余而外，凡一切委巷穷乡稍能自给之家，未有不竭力事师以期子之成者；顾或三四年或五六年或

七八年者而学终自若，岂其中遂无汗血驹具一日千里之资者？卒之贤愚同病，咎且定谁归也？（《龙文鞭影》原叙）

王安石给自己的儿子王元泽请私塾老师的时候，为什么一定要找学问渊博，道德高尚之人呢？是因为人的学习有先入为主的特点，如果不认真对待，随意为之，数年后，孩子极可能成就平平。就算其中个别孩子天赋异禀，也难免泯于众人。所以，雅制原则就是将优秀的教育资源提供给孩子，以培养孩子能力，激发孩子潜质，提升孩子素养，而不会压制和矮化孩子的志向、视野和能力。

优秀的老师固然是"雅制"必不可少的重要组成部分。但老师是不可复制的个体，很难保证人人皆为博学善士，更何况延师的家庭也各有区别。那么，一套优秀的训蒙教材则至关重要了。

其实，数千年来，社会精英一直在致力于蒙学教材编写，代不乏人，名著迭出。如《汉书·艺文志》载："《史籀篇》者，周时史官教学童书也。"再有，李斯的《仓颉》篇、黄门令史游的《急就》篇、司马相如的《凡将》篇、汉成帝时将作大匠李长的《元尚》篇，以及大家熟知的《千字文》《三字经》《声律启蒙》《幼学琼林》《龙文鞭影》等。以上这些都是饱学之士的辛苦之作。

当时只道是寻常。蒙学教材的编写，看似简单，其实不然。中华文明五千年，历史悠久，对于初学者来说，将卷帙浩繁如烟海的古籍一一读过，简直是件不可能的事情。所以，童蒙教育，尤其是偏重于历史知识教育时，急需的是删繁就简，举重若轻，又言简意赅、言浅旨深、言近旨远的教材，以使学习效果事半功倍。在此背景下，就有了我们今天面对的这本《蒙求》教材。

《蒙求》作者李瀚。关于李瀚的生平，史书记载不详。近现代学者钩沉发覆，接力推演，勾勒出李瀚生平的大概轮廓。李瀚，唐朝赵郡安平（今河北衡水安平）人，与李德林、李百药父子同宗。曾寓居宋州、饶州、洛阳、阳翟等地。先后出任县尉、侍御史、信州司仓参军、左补阙等职。让李瀚青史留名的一件事情就是编撰《蒙求》一书。书名取意于《周易·蒙卦》："匪我求童蒙，童蒙求我"，"蒙以养正，圣功也"。

《蒙求》成书后，迅速流行于世，在唐朝当时即为人所重视。其受重视程度从著名文学家李华为之作序，饶州刺史李良又欲将其推荐给玄宗皇帝可见一斑。晚唐著名诗人杜荀卿有《赠李镡》一诗，记载朋友李镡避黄巢战乱，移居山中。这位友人家境困难，到了"著卧衣裳难辨洗，旋求粮食莫供炊"的程度，但是仍然课子诵读《蒙求》不辍，"地炉不暖柴枝湿，犹把《蒙求》授小儿"。

及至有宋一代，《蒙求》的影响力如旧，南宋藏书家、目录学家陈振孙评价《蒙求》说："取其韵语易于训诵"，"遂至举世诵之，以为小学发蒙之首"。当时，有大量依照《蒙求》体例的作品出现，如《本朝蒙求》《两汉蒙求》《名物蒙求》《孝弟蒙求》《训女蒙求》《赵氏家塾蒙求》《宗室蒙求》等。可见《蒙求》影响之深之广。

宋朝以降，《蒙求》影响力不减，元好问谓《蒙求》一书，自唐"迄今数百年之间，孩幼入学，人挟此册，少长则遂讲授之"。

明万历年间，武汉汉阳人萧良有编撰《龙文鞭影》一书，无论体例抑或内容都深受《蒙求》影响。

逮至清朝，嘉庆时编"学津新原"丛书的张海鹏，在辑印《蒙求》时，说："骈罗经史，属对工整，于初学大有裨益，因刻诸家塾，为课孙之助。"乾隆时修《四库全书》，则于子部类收入宋朝徐子光注本《蒙求集注》上中下三卷。另外，需要补充的是，在历史上，《蒙求》多有补注，版本和刻本甚众。但以徐子光补注本流传最广。至宋徐子光补注问世后，唐古注《蒙求》逐渐被取代而最终散佚。正如学者王重民在其《敦煌古籍叙录》中所言："自中唐至于北宋，是书为童蒙课本，最为通行。及徐子光补注出，而李氏原注微。"

除了中原地区，《蒙求》还影响到边远的少数民族地区，甚至远播朝鲜、日本，在这些地区都产生过很大的影响。在日本，《蒙求》被皇室重视，成为宫廷读本。

综上可见，在历史上，《蒙求》确实对童蒙教育作出过极大贡献。

《蒙求》共2384字，收录近六百个历史掌故。全书按韵编排，四言成一短句，逐联押韵，上下两句对偶，基本上各讲一个典故。内容包括不同历史时期的人物、历史、神话、寓言等，涉及政治、军事、文化、外事、艺术、方术、习俗等各个方面。故事来源不仅有群经正史、诸子百家，还涉及诸多稗官野史、方志逸闻等。《世说新语》《搜神记》《西京杂记》《幽冥录》《神怪志》等书中的异闻奇事也多有收录，使内容丰富，趣味大增。

《蒙求》所选取的故事以信史为重，多是历史人物故事，涵盖著名的思想家、政治家、军事家、文学家、艺术家等。如"王戎简要，裴楷清通""仲宣独步，子建八斗""马良白眉，阮籍青眼""谢安高洁，王导公忠""管宁割席，和峤专车""孙康映雪，车胤聚萤""颜回箪瓢，仲蔚蓬蒿"等故事，介绍了这些人物的突出事迹和主要性格特点。

除了信史中的人物形象，《蒙求》还把神话传说和寓言故事中的人物及事迹搜罗进来。如"杨生黄雀，毛子白龟""武陵桃源，刘阮天台""雍伯种玉，黄寻飞钱""栾巴噀酒，偃师舞木""女娲补天，长房缩地"等故事。

概言之，该书是历史典故汇编，是传统故事大全，内容来源于文史哲古籍，萃取其中重要典故汇编而成。从原典中将重要的人物及事件萃取出来，再原汁原味地呈现给读者。《蒙求》可谓一部简写版的唐前史，读了《蒙求》，基本上就把历史上重要人物、重要事件掌握了。千年历史同台演出，数百人物顺次出场，美丑忠奸，由您评判。

现代人读古籍有两方面的困难：一是没有时间读。古籍汗牛充栋，别说经史子集一一读过，就是随便一本书，如《史记》或者《汉书》等史书，就够人读上若干年甚至一辈子。正所谓"五帝三皇神圣事"，"一篇读罢头飞雪"。更何况现代生活节奏快，竞争激烈，人们每天要面对海量资讯，能有几人愿意用一生的时间陪着一部古书慢慢变老？二是很多现代人读古文比较吃力。阅读有困难，自然就消耗了兴趣。其实这种现象在历史上并不鲜见，太史公司马迁在他的《史记》中记述三皇五帝的时候说："学者多称五帝，尚矣。然《尚书》独载尧以来，而百家言黄帝，其文不雅驯，荐绅先生难言之。"意思就是说：学者们经常谈论五帝的事情，五帝距今已经很久远了。《尚书》所记载的帝王也只是从尧开始的，至于诸子们谈说黄帝时的事情，文辞古奥，就算有学问有地位的人也很难说清楚。"其文不雅驯"就是文章佶屈聱牙，非常难懂，就算有知识的人也难以理解。既然古人都存在这个问题，所以现在的读者朋友们就算暂时读不懂古文也不必过于着急。

《蒙求集注详解》则很好地解决了以上两方面问题。首先，《蒙求》是历史知识浓缩读本，囊括了早期中华民族大量传统掌故，读者不必再皓首穷经地重新搜求。《蒙求集注》是对《蒙求》的补充，而《蒙求集注详解》则是对《蒙求集注》的白话详解。其次，我们以乾隆《四库全书》本《蒙求集注》为主要依据，参之敦煌抄写本、辽刻本、清康熙时《全唐诗》本等，力争尽可能多地补充相关资料，以方便读者更全面地了解相关内容。在具体字句的校对上，如果以上诸版本在某一处有字句使用上的分歧，那么我们参照典故出处的原文，对《蒙求集注》中明显讹误加以修订。在整理过程中，我们主要做了以下工作：一、对文本中较难理解的字词做详细注释，扫除阅读障碍；二、补充和典故中人物有关的材料，使其形象更丰满鲜明；三、对背景不清的地方加以补充，让读者既明白事件本身，又能弄懂故事背景，并列出相关典故出处，便于读者进一步核实；四、对于多部文献重复记载的人物及事迹，如"相如题柱"在《史记·司马相如列传第五十七》和《汉书·司马相如传第二十七》皆有所载；"渊明把菊"词条在《南史·隐逸·陶潜列传第六十五》《晋书·隐逸传·陶潜列传第六十四》《宋书·隐逸·陶潜列传第五十三》皆有记载，我们依据"四库本"，"相如题柱"出处仅列《汉书·司马相如传第二十七》，"渊明把菊"仅列《南史·隐逸·陶潜列传第六十五》一处。

呈现在您面前的这本《蒙求集注详解》除了有助于对儿童进行传统知识的启蒙教育，还适合对传统文化感兴趣但闲暇时间较少的成人朋友阅读，尤其适合有志于古典文学的初学者，既可将其置于床头，睡前翻阅三五个小故事，也可以随身携带，在坐车、等候的时间拿出来一读，任世事纷杂，我自超然物外。既减少了等待的无聊，又增长了知识，可谓一举两得。同时，本书对中学生也能起到帮助作用，因为中考、高考时古文阅读部分所选用的材料大多会在本书或者是同类资料的涵盖之中。另外，本书对参加公务员考试的朋友也会大有裨益，通过学习本书提升传统文化知识储备量，在笔试或面试时，各种传统典故信手拈来，引经据典，侃侃而谈，一定能征服考官的心。

　　最后，本书是山东省社科普及与应用重点项目"普及优秀传统文化　预防青少年犯罪"（项目编号：2015SKZZ-12）的科研成果。

　　我们虽用心解读，但是限于才疏学浅，力有不逮，失当之处，万望方家不吝指正！

目 录

| 上卷 |

| 下 卷 |

上 卷

王戎简要^①，裴楷清通^②

《晋书》：王戎，字浚冲，琅邪临沂人。幼而颖悟，神彩秀彻，视日不眩。裴楷见而目之曰："戎眼烂烂，如岩下电。"阮籍素与戎父浑为友，戎年十五，随浑在郎舍，少籍二十岁，籍与之交。籍适浑，俄顷辄去。过视戎，良久，然后出谓浑曰："浚冲清赏，非卿伦也。共卿言不如共阿戎谈。"历官至司徒。

晋裴楷，字叔则，河东闻喜人。明悟有识量，少与戎齐名。钟会荐于文帝，辟相国掾。及吏部郎缺，帝问会，会曰："裴楷清通，王戎简要，皆其选也。"于是用楷。楷风神高迈，容仪俊爽，博涉群书，特精理义，时谓之"玉人"，又称"见叔则如近玉山，映照人也"。转中书郎，出入官省，见者肃然改容。武帝登阼（zuò）探策，以卜世数多少，既而得一，不悦，群臣失色。楷曰："臣闻天得一以清，地得一以宁，王侯得一以为天下贞。"帝大悦，累迁中书令、侍中。

①王戎简要：《晋书·王戎列传第十三》：王戎（234—305），字浚（jùn）冲，西晋琅邪临沂（今山东临沂）人。出身魏晋高门琅邪王氏，魏幽州刺史王雄之孙，晋凉州刺史王浑之子。"竹林七贤"中年龄最小。王戎自幼聪慧，身材短小而风姿秀彻。据说能直视太阳而不目眩，中书令裴楷称其眼"烂烂如岩下电"。

阮籍和王戎的父亲王浑是多年好友，王戎十五岁时跟着王浑在郎舍。王戎比阮籍小二十岁，阮籍和王戎结交后，阮籍再去王浑那里，总是过不多久就告别而去看王戎，则会很久才出来。阮籍对王浑说："浚冲清洁虚静，让人赏识，不是像您这样的人，与您谈话，不如与阿戎谈话。"王戎官至司徒。

王戎谈话做事简明扼要，认知事物能切中要害。小时候，曾与同伴在路边玩耍，见道旁有结满李子的李树，其他人争相去摘，只有王戎不动声色，别人问他为何如此，他说："树在道边而多子，必苦李也。"验之，果然如此。王戎从小就有如此简明的认知。

②裴楷清通：《晋书·裴楷列传第五》：裴楷（237—291），字叔则，河东闻喜（今山西闻喜）人，西晋名士。裴楷"明悟有识量，弱冠知名"，"博涉群书，特精理义"，对《老子》《周易》有深入的研究。钟会曾将裴楷推荐给晋文帝司马昭，被辟为相国掾。后来吏部郎有空缺，晋文帝向钟会征求合适的人选，钟会说："裴楷清通，王戎简要，皆其选也。"晋文帝最终任用了裴楷。

裴楷容貌英俊，气度超凡，人称"玉人"。人说见到裴楷犹如接近玉山，光彩照人。后来转任中书郎，出入皇宫禁地，见者无不肃然起敬。

裴楷学识渊博，能将学问和生活融会贯通。晋武帝初登帝位，抽签以求问在位的年数，结果抽得的数字为"一"。晋武帝大为不悦，群臣也大惊失色。裴楷启奏说："臣听闻老子在其《道德经》中说'天得到一而清明，地得到一而宁静，王侯得到一而成为天下的准则'。"于是晋武帝转而心花怒放。裴楷是如此机变清通，后来官至中书令、侍中。

孔明卧龙^①，吕望非熊^②

《蜀志》：诸葛亮，琅邪阳都人。躬耕陇亩，好为《梁父吟》，每自比管仲、乐毅，时人莫之许。惟崔州平、徐庶与亮友善，谓为信然。时先主屯新野，徐庶见之，谓曰："诸葛孔明，卧龙也，将军岂愿见之乎？此人可就见，不可屈致，宜枉驾顾之。"先主遂诣亮，凡三往反乃见。因屏人与语，大悦，于是情好日密。关公、张公等不悦，先主曰："孤之有孔明，犹鱼之有水也，愿勿复言。"及称尊位，以亮为丞相。《汉晋春秋》曰："亮家南阳邓县，襄阳城西，号曰隆中。"

《六韬》曰：文王将田，史编布卜曰："田于渭阳，将有得焉。非龙非彨（chī），非虎非罴（pí），兆得公侯，天遗汝师，以之佐襄，施及三王。"文王乃斋三日，田于渭阳。卒见太公坐茅以渔，文王劳而问之，乃载与归，立为师。旧本作"非熊非罴"，疑流俗承误，后世莫知是正耳。按：后汉崔骃《达旨》辞曰："或以渔父见兆于元龟。"注云："西伯出猎，卜之曰：'所获非龙非骊，非熊非罴，所获霸王之辅。'"所谓非熊，盖本于此。

①孔明卧龙：孔明（181—234），是诸葛亮的字，琅邪阳都（今山东沂南）人，三国时期蜀汉丞相。《三国志·蜀书·诸葛亮传第五》：诸葛亮早孤。叔父诸葛玄被袁术任命为豫章太守，就带着诸葛亮到任上。诸葛玄去官后，又带着诸葛亮投奔荆州刘表。诸葛玄死后，诸葛亮隐居隆中，躬耕陇亩。

诸葛亮有辅佐君王之志，以成就君王盛德，但苦于被小人所阻，所以常常吟诵《梁父吟》以抒怀。每天早上抱膝长吟，常自比为管仲、乐毅，当时的人都不以为然，只有博陵的崔钧（字州平）、颍川的徐庶（字元直）认为确实如此。当时刘备屯兵新野，徐庶向刘备推荐诸葛亮，评价他为"卧龙"，并且说"这个人不能召见，只能您亲自登门拜见"。于是刘备三顾茅庐，打动诸葛亮。诸葛亮愿为汉室驱驰，最终"鞠躬尽瘁，死而后已"。刘备感叹说："孤之有孔明，犹鱼之有水也。"在诸葛亮辅佐下，蜀与魏、吴鼎足对峙，三分天下有其一。

②吕望非熊：吕望，即吕尚、太公望，亦称姜尚、姜子牙。《史记·齐太公世家第二》：太公望吕尚是东海人。其先祖曾经担任四岳之职，辅佐大禹治理水土而立有大功。其后人被封于吕地或申地。姜尚本为他们的远代后裔，后来因为以封地为姓，所以叫作吕尚。

吕尚年纪八十的时候在渭水钓鱼，得到一块玉璜，上面刻着："周受命于天而有天下，吕氏辅佐它。"一次，文王要出去打猎，先算了一卦，卦象上说："这次打猎捕获的东西，不是虎不是黑，得到的是霸业辅佐。"遇到姜尚，交谈后文王高兴地说："我的先君太公盼望您很久了！"因此称姜尚为"太公望"，也称为"吕望"。周武王尊称他为"师尚父"，由他率兵伐纣，辅佐周文王和周武王建立周朝八百年的天下，被封于齐地。

杨震关西[①]，丁宽《易》东[②]

　　《后汉》：杨震，字伯起，弘农华阴人。少好学，明经博览，无不穷究。诸儒为之语曰"关西孔子杨伯起"。常客居于湖，不答州郡礼命数十年，众谓之晚暮而志愈笃。后有鹳雀衔三鳣（shàn，同"鳝"）鱼飞集讲堂前，都讲取鱼进曰："蛇鳣者，卿大夫服之象也。数三者，法三台也。先生自此升矣。"年五十乃始仕州郡，安帝时为太尉。

　　《前汉》：丁宽，字子襄，梁人。初，梁项生从田何受《易》，时宽为项生从者，读《易》精敏，材过项生，遂事何。学成东归，何谓门人曰："《易》已东矣。"宽复从周王孙受古义，号《周氏传》。景帝时，为梁孝王将军，作《易说》三万言，训诂举大义而已。

　　①杨震关西：杨震（？—124），字伯起。东汉弘农华阴（今陕西华阴）人，他的父亲杨宝是神话故事"衔环"报恩的主人公，高祖杨敞，是司马迁的女婿，汉昭帝时为丞相。关西："关"指函谷关，关西即函谷关以西的地方。

　　《后汉书·杨震列传第四十四》：杨震少年时期就勤奋好学，师从太常桓郁研习《欧阳尚书》，通晓经籍，博览群书，其学无所不窥，有"关西孔子杨伯起"之称。

　　杨震不愿出仕，曾经几十年都不应州郡的礼聘，到了晚年心志更加笃实。后来有鹳雀衔了三条鳝鱼，飞落在他的讲堂前，助教拿着鱼说："蛇鳝，是卿大夫衣服的图案。'三'表示'三台'的意思，先生您马上就要高升了。"五十岁的时候，杨震开始到州郡任职。汉安帝时为太尉。

②丁宽《易》东：丁宽，字子襄，是西汉时期梁国（今河南商丘南）人，西汉著名文学家，易经学大师。

《汉书·儒林传·丁宽列传第五十八》：起初梁国项生跟随田何学习《易经》，当时丁宽是项生的随从。丁宽对《易经》的解读精准而敏捷，才能超过项生。田何便收丁宽为弟子，丁宽于是改为侍奉田何。学成之后，丁宽回故乡时，田何对门人说："我的《易经》学问被传到东方了。"

田何是西汉经学大师，淄川（今属山东省淄博市）人，徙居杜陵（今陕西西安东南）。丁宽学成归乡，为东归，故田何有"我的《易》被传到东方了"的说法。

感叹自己的学问被优秀弟子向远方传播，类似的说法还有：

《后汉书·郑玄列传第二十五》：东汉郑玄在马融门下学习，一次，郑玄和马融交谈后告辞回家，马融喟然谓门人曰："郑生今去，吾道东矣！"

《南史·张敷列传第二十二》：张敷与南阳名士宗少文谈论学术，往复辩难多次。宗少文握麈尾叹曰："吾道东矣。"

《宋史·杨时列传第一百八十七》：北宋杨时（"程门立雪"的主人公之一）于颍昌以师礼拜见程颢，杨时走的时候，程颢目送他远去，感慨地说："吾道南矣！"

谢安高洁^①，王导公忠^②

　　《晋书》：谢安，字安石，陈国阳夏人。年四岁，桓彝见而叹曰："此儿风神秀彻，后当不减王东海。"王导亦深器之，由是少有重名。初辟除并以疾辞，有司奏安被召历年不至，禁锢终身。遂栖迟东山，常往临安山中，放情丘壑。然每游赏，必以妓女从。时弟万为西中郎将，总藩任之重，安虽处衡门，名出其右，有公辅望。年四十余，始有仕志。征西大将军桓温请为司马，朝士咸送。中丞高崧戏之曰："卿屡违朝旨，高卧东山，诸人每相与言：'安石不肯出，将如苍生何！'苍生今亦将如卿何？"安有愧色。后拜吏部尚书。时孝武立，政不自己，桓温威振内外，安尽忠匡翼，终能辑穆，进中书监，录尚书事。苻坚率众次淮肥，加安征讨大都督。既破坚，以总统功进太保，薨，赠太傅，谥文靖。

　　晋王导，字茂宏，光禄大夫览之孙。少有风鉴，识量清远。陈留高士张公见而奇之，谓其从兄敦曰："此儿容貌志气，将相之器也。"元帝为琅邪王，与导素相亲善。导知天下已乱，遂倾心推奉，潜有兴复之志。帝亦雅相器重。会帝出镇下邳，请导为安东司马，军谋密策，知无不为。帝常谓曰："卿，吾之萧何也。"累迁中书监，录尚书事。及帝登尊，号百官陪列，命导升御床共坐。导固辞曰："若太阳下同万物，苍生何由仰照？"帝乃止，进位司空。

　　①谢安高洁：谢安（320—385），字安石，陈郡阳夏（今河南太康）人，东晋名士，政治家。为太常谢裒（póu）之子、镇西将军谢尚堂弟。高洁，指谢安志在归隐，不同俗流。

《晋书·谢安列传第四十九》：谢安从少年时就聪明沉着，思维敏捷，风度潇洒，擅长行书。在谢安四岁的时候，名士桓彝见而叹曰："此儿风神秀彻，后当不减王东海。"王东海指东晋初年的名士王承，曾任东海太守，声誉极高。年轻的谢安拜访长史王濛，二人清谈很久，谢安走后，王濛的儿子问："刚才那位客人和父亲相比怎么样？"王濛说："他雄辩滔滔，连绵不绝，理论咄咄逼人。"王导也非常器重他，所以谢安少有盛名。

谢安志向高洁，淡泊名利，寄情山水，寓意泉林，以清谈知名。早年隐居会稽郡山阴县之东山，与王羲之、许询、支遁等游览山水，咏诗作文。曾和孙绰乘船浮于海，风浪甚急，众人皆失色，唯有谢安吟啸自若。

后来直到四十岁，谢安才有心出仕，历任征西大将军司马、吴兴太守、侍中、吏部尚书、中护军等职。在淝水之战中，谢安指挥东晋八万兵马击溃前秦百万军队，为东晋赢得数十年的和平。

②王导公忠：王导（276—339），字茂弘，东晋琅邪临沂（今山东临沂）人。历仕晋元帝、晋明帝和晋成帝三朝，是东晋政权的重要奠基者。为西晋光禄大夫王览之孙，父亲王裁官至镇军司马。公忠：尽忠为公，一心为公。

《晋书·王导列传第三十五》：王导少年就颇有风度见识，胆识气量过人。王导十四岁那年，陈留高士张公见到他，认为其非同寻常，就和王导的堂兄王敦说："此儿容貌志气，将相之器也！"

当晋元帝还是琅邪王的时候，和王导关系亲密。王导知道天下局势将乱，于是倾心推奉晋元帝，暗自怀有复兴王室的志向。晋元帝也非常器重王导，将他看作情投意合的挚友。元帝镇守下邳时，请王导任安东司马，军事谋划皆听其安排。元帝经常跟王导说："你对我的重要性，就像萧何对刘邦啊！"

大兴元年（318），晋元帝司马睿登基帝位，建立东晋。登基现场司马睿再三请王导同坐御床受百官贺，王导坚辞不受，说："如果太阳和地下万物位置同等，那么天下苍生还怎么能够沐浴太阳的光辉呢？"司马睿这才作罢。

匡衡凿壁[1]，孙敬闭户[2]

《前汉》：匡衡，字稚圭，东海承人。父世农夫。至衡好学，家贫，庸作以供资用，尤精力过绝人。诸儒为之语曰："无说《诗》，匡鼎来。匡说《诗》，解人颐。"射策甲科。元帝时为丞相。《西京杂记》曰：衡勤学无烛，邻舍有烛而不逮，衡乃穿壁，引其光而读之。邑大姓，文不识名，家富多书，衡乃与其客作，而不求偿，愿得书遍读之。主人感叹，资给以书，遂成大儒。

《楚国先贤传》：孙敬，字文宝，常闭户读书。睡则绳系头，悬之梁上。尝入市，市人见之，皆曰："闭户先生来也！"辟命不至。

[1]匡衡凿壁：匡衡，字稚圭，东海承县（今山东枣庄东南）人，西汉经学家，擅长《诗经》的解读。匡衡祖上世代为农，家境贫寒。但他爱好学习，为别人打工获取读书费用。匡衡精力过人，读书勤奋，令人敬佩。人言："诸君不要讲《诗经》，否则匡衡就要来；匡衡开始讲《诗经》，人人都会乐开怀。"匡衡参加人才选拔考试，得中甲科，元帝时为丞相。

《汉书·匡衡列传第五十一》：匡衡勤于学习，曾经夜里读书，家中没有蜡烛，看到邻居家有烛，就"穿壁引其光而读之"。县里有大户人家，大字不识，自己的名字都不会写，但藏书很多，匡衡主动要求去他家做佣工却不要报酬。主人很奇怪，问他为什么，匡衡说："愿得藏书遍读之。"主人听后甚为感叹，就把家里的书给他读。通过刻苦学习，匡衡"遂成大儒"。

[2]孙敬闭户：汉朝孙敬，字文宝，信都（今河北邢台西南）人。《楚国先贤传》：孙敬非常喜爱学习，常年闭门在家读书，被称为闭户先生。每夜

读书，困了的时候就用绳子把自己的发髻系到梁上，一旦睡着，头发受到拉扯就会醒来，继续读书。有的时候偶尔到集市，集市上的人都说："闭户先生来也！"孙敬沉湎于读书，任命下达，拒绝当官。

郅都苍鹰^①，宁成乳虎^②

《前汉》：郅都，河东大阳人。景帝时为中郎将，敢直谏，面折大臣于朝。为中尉。是时民朴，畏罪自重，而都独先严酷，致行法不避贵戚，列侯宗室见，皆侧目而视，号曰"苍鹰"。拜雁门太守。匈奴素闻都节，举兵引去，竟都死不近雁门。匈奴至为偶人象都，令骑驰射之，莫能中。其见惮如此。匈奴患之，窦太后乃中都以汉法，卒斩之。

《前汉》：宁成，南阳穰（ráng）人。以郎迁谒者事景帝。好气，为小吏，必陵其长吏；为人上，操下急如束湿薪。为中尉，其治效郅都，其廉弗如。武帝即位，徙为内史。外戚多毁其短抵罪。后上欲以为郡守，公孙弘曰："臣为小吏时，成为济南都尉，其治如狼牧羊，不可使治民。"上乃拜为关都尉。岁余，关东吏隶郡国出入关者，号曰"宁见乳虎，无值宁成之怒"。其暴如此。

①郅都苍鹰：郅都，西汉时期河东郡杨县（今山西洪洞东南）人。汉景帝时为中郎将，敢于向朝廷直言进谏，在朝廷上当面指责大臣的过失。主张以严刑峻法治理社会，《史记》及《汉书》都将其列入《酷吏列传》。

《汉书·酷吏传·郅都列传第六十》：郅都调任中尉之职，掌管京城治安。当时民风淳朴，民众畏惧法律而人人自重。但是郅都却坚持推行严刑峻法，执法不畏避权贵，就连皇亲国戚对他也避之唯恐不及，见到他都侧目而视，称他为"苍鹰"。

再后来，郅都被任命为雁门太守。匈奴人素闻他的刚直和气节，知道郅都来守卫边境，马上从汉朝边境撤兵。直到郅都死去，不敢靠近雁门。匈奴曾做了一个郅都的木偶像，让骑兵往来练习射艺，结果没有一人射中，他们畏惧郅都到如此地步。郅都被匈奴视为心腹大患。遗憾的是，景帝的母亲窦太后对郅都抱有偏见，竟以汉朝法律中伤他，将其杀害。

②宁成乳虎：宁成，是西汉南阳郡穰县（今河南邓县）人，先为郎官，后为谒者，服侍汉景帝。和郅都一样，《史记》《汉书》将其列入《酷吏列传》。

《汉书·酷吏传·宁成列传第六十》：宁成性格刚强，盛气凌人，不屈人下。做别人的小官，一定会欺凌上级，而身居高位的时候，控制下属就像捆湿柴火，一定要对方服服帖帖，顺顺当当。

京城长安一带皇族违法乱纪者甚多，汉景帝任命宁成为中尉治理京城，宁成就用郅都治理京城的办法。宁成虽然不如郅都清廉，但豪强也都非常惧怕他。

汉武帝继位后，将宁成调任内史，有外戚攻击宁成，宁成被判罪。后来，皇帝想调任他当太守。御史大夫公孙弘说："臣为小吏时，宁成担任济南都尉，其治如狼牧羊，不可使治民。"皇上就任命宁成为关都尉。一年之后，往来官吏都说："宁见乳虎，无值宁成之怒。"宁成暴虐到如此地步。乳虎，指哺乳期的老虎，此时性格暴烈，攻击性强。

周嵩狼抗①，梁冀跋扈②

《晋书》：周嵩，字仲智。兄顗，字伯仁，汝南安成人。中兴时，顗等并立贵位。尝冬至置酒，其母举觞，赐三子曰："吾本渡江托足无所，不谓尔等并贵，列吾目前，吾复何忧？"嵩起曰："恐不如尊旨。伯仁志大而才短，名重而识暗，好乘人之弊，非自全之道。嵩性抗直，亦不容于世。惟阿奴碌碌，当在阿母目下耳。"阿奴，嵩弟谟小字也。后顗、嵩并为王敦所害，谟历侍中护军。《世说》"抗直"作"狼抗"。《晋书·周顗传》：处仲刚愎强忍，狼抗无上。处仲，王敦字也。

《后汉》：梁冀，字伯卓，褒亲愍侯竦之元孙。为人鸢肩豺目，洞精矘眄，口吟舌言。拜大将军，侈暴滋甚。冲帝崩，冀立质帝，少聪惠，知冀骄横，尝朝群臣，目冀曰："此跋扈将军也。"冀闻，深怨之，遂鸩杀。复立桓帝，而枉害太尉李固、杜乔，海内嗟惧。其四方调发，岁时贡献，皆先输上第于冀，乘舆乃其次焉。一门前后七封侯、三皇后、六贵人、二大将军。在位二十余年，穷极满盛，威行内外，百僚侧目，莫敢违命。天子恭己，不得有所亲预。帝既不平之，后发怒诛冀，中外宗亲，无长少皆弃市。他连及公卿、列校、刺史、二千石，死者数千人，故吏宾客免黜者三百余人。朝廷为空，收冀财货三十余万万，以充王府，减天下税租之半。

①周嵩狼抗：周嵩，字仲智，东晋汝南郡安成县（今河南汝南东南）人。周嵩的哥哥是周顗（yǐ），字伯仁，就是著名的"我不杀伯仁，伯仁因我而死"的主人公。周嵩的弟弟叫周谟，小名阿奴。

《晋书·列女·周顗母李氏列传第六十六》：西晋南渡江南，史称东晋，周嵩弟兄三人皆为东晋朝廷贵官。一年冬至，家人聚会，母亲为三个儿子倒酒说："想当初随着朝廷渡江来到江南，我们甚至没有一个落脚的地方，现在你们三个并列尊位，看着眼前的你们如此成功，我夫复何求啊！"周嵩站起来说："母亲大人，恐怕您说错了。大哥伯仁志大才疏，虽然名重一时但见识短浅，喜欢乘人之危，这不是能保全自己的办法。我周嵩性情直率鲁莽，也很难为世人包容。只有三弟阿奴，一副平庸无能、碌碌无为的样子，大概只有他能守护在母亲膝下啊！"后来，果如周嵩所言，在王敦之乱时，周顗、周嵩二人为王敦所害。而周谟历任少府、丹杨尹、侍中、中护军，封西平侯，去世后赠金紫光禄大夫。《世说新语·识鉴》亦有记载。狼抗：指为人处事傲慢、莽撞。

②梁冀跋扈：东汉梁冀，字伯卓，安定乌氏（今甘肃固原）人，出身世家大族，先祖协助汉光武帝刘秀建立东汉有功。梁冀长相凶恶，两肩耸起来像老鹰站立时的翅膀，眼睛倒立像豺狼的眼睛。他总是直勾勾地看人，双目毫无神采，说话结巴，口齿不清。梁冀的两个妹妹分别是汉顺帝和汉桓帝的皇后，官拜大将军，极其残暴奢侈，掌管朝政达二十余年。

《后汉书·梁冀列传第二十四》：汉冲帝驾崩后，梁冀拥立年幼的汉质帝刘缵。汉质帝虽然年幼，但是非常聪慧，知道梁冀骄横，曾在朝会君臣时，盯着梁冀说："此跋扈将军也！"梁冀因此心怀怨恨，就用毒酒将汉质帝毒死。质帝死后，梁冀一意孤行，不顾众人反对，坚持立刘志为帝，是为汉桓帝。梁冀向汉桓帝进谗言，害死意见与他不一致的太尉李固和杜乔，朝野一片恐惧。那些每年从四方上贡到朝廷的珍玩，最好的要先送到梁冀家，次一等的才送给皇帝。梁冀大兴土木，修建林苑，规制和皇家一样，方圆近千里，误犯其禁忌者死。抢掠数千民众作为奴婢，称其为"自卖人"。

梁冀一家前后七人被封侯，三人被册封为皇后，六人做了贵人，出了两位大将军。梁冀执掌朝政二十多年，骄奢淫逸到了极致。他横行宫廷内外，百官不敢正视，更没有人敢忤逆他的命令。汉桓帝大权旁落，不能亲政。桓帝最后终于在宦官的帮助下，剪除梁冀势力，诛其全族，无论老少皆被弃市。被株连至死者从公卿、列校、刺史到二千石，达数千人。从前的官吏宾客被罢免的达数百人。朝廷到了几乎无人可用的程度。梁冀被没收的财货达三十余万万之巨，全部充入王府，正好可以减免当年天下百姓一半的租税。

郗超髯参①，王珣短簿②

《晋书》：郗超，字景兴，太尉鉴之孙。少卓荦不羁，有旷世之度。善谈论，义理精微。大司马桓温辟为参军。温英气高迈，罕有所推，与超言，常谓不能测，遂倾意礼待。超亦深自结纳。时王珣为温主簿，亦为温所重。府中语曰："髯参军，短主簿，能令公喜，能令公怒。"超髯珣短故也。

晋王珣，字元琳，丞相导之孙。弱冠，与谢玄为温掾（yuàn）。温尝谓之曰："谢掾年四十，必拥旄仗节。王掾当作黑头公，皆未易才也。"孝武时为仆射，领吏部。帝雅好典籍，以才学文章见昵，梦人以大笔如椽与之。既觉，语人曰："此当有大手笔事。"俄而帝崩，哀册谥议，皆珣所草。

①郗超髯参：郗超（336—378），字景兴，又字嘉宾，东晋高平金乡（今山东嘉祥南）人，太尉郗鉴之孙，会稽内史郗愔之子。

《晋书·郗超列传第三十七》：少年郗超，才华出众，放荡不羁，卓尔不凡，出类拔萃。与士林结交，总能胜人一筹。郗超口才极好，擅长谈论，见解深刻，义理精妙入微，令人折服。郗超的父亲郗愔信奉道教，而郗超信奉佛教。郗愔好聚敛钱财，达到数千万之巨，曾经打开库房，让郗超随意拿取。郗超生性爱好施舍，只用一天的工夫就将钱财在亲戚故旧中分散一空。他就是如此随心所欲，放荡不羁。

郗超被大司马桓温赏识，擢为参军。桓温英气超迈，极少推崇别人，但是他每次和郗超谈话，事后都感慨郗超的见识、学识深不可测，对他就更加器重。郗超也真心和桓温结交，所以二人感情甚笃。当时，桓温的主簿是王珣，也是桓温所器重之人。因为郗超生有美髯，而王珣身材矮小，府中人都说："髯参军，短主簿；能令公喜，能令公怒。"

②王珣短簿：王珣（350—401），字元琳，小字法护，东晋琅邪临沂（今山东临沂）人，丞相王导之孙。王珣工于书法，董其昌称其"潇洒古澹，东晋风流，宛然在眼"。其代表作《伯远帖》是王珣写给堂兄弟王穆（字伯远）的一封信札，为早期行书的典范，是中国书法艺术的巅峰之作。《伯远帖》是唯一传世的东晋名家法书真迹，与《快雪时晴帖》《中秋帖》并称为"三希帖"，在"天下十大行书"中排行第四。

《晋书·王珣列传第三十五》：王珣个子矮小，二十岁的时候，与谢玄一起做桓温的属吏，后转任主簿。桓温曾评价他们两个说："二人年轻有为，是难得的人才，谢玄肯定能四十岁身居高位。王珣头发还是黑的，便可位列三公。"晋孝武帝时，王珣被征召为尚书右仆射，主管吏部。因为王珣精通典籍，擅写文章，所以深得晋孝武帝的宠幸。一天，王珣梦见有人送给他一支毛笔，非常巨大，大得像一根椽子。醒来后，王珣和别人说："肯定要有大手笔的事情发生。"没过多久，晋孝武帝驾崩，哀册、谥议类文章全由王珣起草。这也是典故"大笔如椽""大手笔"的出处。

伏波标柱①，博望寻河②

　　《后汉》：马援，字文渊，扶风茂陵人。少有大志，尝谓宾客曰："丈夫为志，穷当益坚，老当益壮。"建武中，历虎贲中郎将，数被进见。为人美，须发眉目如画。闲（同"娴"）于进对，又善兵策。帝常言："伏波论兵，与我意合，有谋未尝不用。"后交趾女子征侧等反，蛮夷皆应之。拜援为伏波将军，击破之，封新息侯。援乃击牛酾（shī）酒，劳飨军士，将楼船战士，进击余党，峤南悉平。后请击武陵五溪蛮夷，时年六十二。帝愍其老，援曰："臣尚能被甲上马。"帝令试之，援据鞍顾盼，以示可用。帝笑曰："矍铄哉，是翁也！"遂遣征之。进营壶头，会暑甚，中病，卒。《广州记》曰：援到交趾，立铜柱为汉之极界。

　　《前汉》：张骞，汉中人。建元中为郎，武帝方欲事灭胡，乃募能使者。骞应募，使月氏，径匈奴，留十余岁，持汉节不失。因与其属亡乡月氏，后亡归，拜大中大夫。骞身所至者，大宛、大月氏、大夏、康居，而传闻其旁大国五六，具为天子言其地形所有。元朔中，以校尉从大将军击匈奴，知水草处，军得以不乏，封博望侯。赞曰："《禹本纪》言：'河出昆仑，昆仑高二千五百里余，日月所相避隐为光明也。'自张骞使大夏之后，穷河源，恶睹所谓昆仑者乎？"旧注云：得支机石归，未详所出。

　　①伏波标柱：马援（前14—49），字文渊，扶风郡茂陵县（今陕西兴平）人，东汉开国元勋。其先祖为赵国大将赵奢，因功赐号马服君，后代于是以马为姓。马援早年追随汉光武帝刘秀，为东汉的统一立下赫赫战功。东汉统一后，西破陇羌，南征交趾，北击乌桓，累迁伏波将军，世称"马伏波"，

册封新息侯。

《后汉书·马援列传第十四》：马援早有大志，尝谓宾客曰："丈夫为志，穷当益坚，老当益壮。"曾在北方做畜牧养殖，家累千金，至有牛马羊数千头，谷物数万斛。马援感叹说："大丈夫通过经营获得钱财，贵在能救济别人，否则，只不过是一个守财奴罢了。"听者无不唏嘘。

汉光武帝建武年间，马援被擢为虎贲中郎将，多次被皇上召见。马援相貌俊美，须发清晰整洁，眉目如画，擅长应对，精通兵法策略。汉光武帝曾说："马援谈论调兵遣将，排兵布阵，每每与我意趣相合。"所以马援有什么计谋，没有不被皇上采纳的。

交趾女子征侧、征贰举兵反叛，很多蛮夷部落纷纷响应。皇上封马援为伏波将军，令其率军平定叛乱。马援所到之处，无不所向披靡，斩首数千，降者万余。斩征侧、征贰首级，传回洛阳，被封新息侯。

建武二十四年（48），武威将军刘尚进兵武陵五溪蛮夷，因孤军深入而全军覆没。时年六十二岁的马援请缨前往，皇上怜悯他年迈体衰，没有答应。马援说："臣尚能被甲上马！"皇上让他展示一下，于是马援往来驱驰，顾盼自如，以示可用。皇帝笑着说："矍铄哉，是翁也！"于是，派遣马援领兵出征。遗憾的是时值南方酷暑，马援因病死于军中。实践了他曾立下的誓言："男儿要当死于边野，以马革裹尸还葬耳！"

晋代裴渊《广州记》记载，马援当年率军平定"二征叛乱"后，在交趾立铜柱为汉朝南方的边界。

②博望寻河：张骞（前164—前114），字子文，是西汉汉中成固（今陕西城固）人，杰出的外交家、探险家，丝绸之路的开拓者，封博望侯。

《汉书·张骞列传第三十一》：汉武帝建元初，张骞为郎官。这时匈奴战胜月氏，用月氏王的头骨做酒器，月氏部落衔恨西迁。汉武帝意欲联合西迁的月氏，夹击匈奴。张骞应募担任使者，甘父做向导，于长安出发。出使月氏需要穿过匈奴领地，尽管张骞及其随从万分谨慎，还是被俘。张骞一伙在匈奴一直滞留十余年，持汉节不失，终于伺机脱身。向西到达大宛，在大宛的帮助下到达康居，再经大夏辗转到达月氏。但是此时的月氏，水草丰茂，丰衣足食，新的月氏王无意复仇，不愿和汉朝建立攻击匈奴的联盟。

延宕一年，月氏王终不同意联汉击匈奴。张骞一行只好归国，这次他们改走南道，沿着南山行进，希望通过羌人居住的地方绕道行进以免被匈奴发现。不幸的是仍为匈奴所得，又被羁留一年多。后来匈奴内乱，张骞趁机逃出，历尽千辛万苦终回汉朝，向武帝备述西域的情况。当年张骞出使时带有随从一百多人，历经十三年艰辛，重返故里时只剩下他和甘父以及他的匈奴妻子三人。这次漫长的出使，虽然没有实现初衷，但对于西域的地理、物产、习俗等有了比较详细的了解，为汉朝开辟通往中亚的交通要道提供了宝贵的资料。

元狩四年（前119）张骞二次奉命出使西域，到乌孙国，并分别派遣副使到大宛、康居、大月氏、大夏、安息、身毒、于阗等国。进一步推动了汉与西域的文化交流。

汉武帝元朔年间，张骞以校尉之职随大将军卫青进击匈奴，因为张骞熟知匈奴地形，知道什么地方有水源和草地，所以让军队粮草和水源不缺，因功封博望侯。太史公司马迁评价张骞说："上古帝王传记《禹本纪》记载：'黄河发源于昆仑山脉，昆仑山高达两千五百余里，是太阳和月亮交替升降而隐蔽光辉或放出光明的地方。'自张骞出使大夏之后，探寻到黄河的源头，哪里有《禹本纪》中说的那么夸张玄幻的昆仑山呢？"

传说张骞在极西之地乘船寻找黄河的源头，见一女子在河边浣纱，不远处还有一男子在牵牛饮水，张骞问这是哪里，女子回答说："这里是天河。"还送一块石头给张骞。多年后，张骞回到长安，请教严君平，知道该石为织女的支机石。

李陵初诗^①，田横感歌^②

《前汉》：李陵，字少卿，前将军广之孙。少为侍中建章监。善骑射，爱人，谦逊下士，甚得名誉。武帝以为有广之风，拜骑都尉。天汉二年，将步卒五千人征匈奴，战败，遂降焉。初，陵与苏武俱为侍中，武使匈奴，明年陵降。后昭帝立，与匈奴和亲，武得还汉。陵以诗赠别曰："携手上河梁，游子暮何之。徘徊歧路侧，恨恨不得辞。晨风鸣北林，熠耀东南飞。浮云日千里，安知我心悲。"武别陵诗曰："双凫俱北飞，一凫独南翔。子当留斯馆，我当归故乡。一别如秦胡，会见何渠央。怆恨切中怀，不觉泪沾裳。愿子长努力，言笑莫相忘。"五言诗盖始此。

《前汉》：田横，狄人，故齐王田氏之族。秦末自立为齐王，汉将灌婴败横军，遂平齐地。横惧诛，与其徒居海岛中。高帝召之，乃与其客二人乘传诣洛阳，谢使者曰："横始与汉王俱南面称孤，今王为天子，而横为亡虏，其愧已甚。"遂自刭，令客奉其头奏之，高帝为之流涕，以王礼葬之。拜其二客为都尉。既葬，二客穿其冢旁，皆自刭。其余五百人在海中闻横死，亦皆自杀。李周翰曰："横自杀，从者不敢哭，而不胜哀，故为悲歌以寄情，后广之为《薤露蒿里歌》，以送终。至李延年，分为二等，《薤露》送王公贵人，《蒿里》送士大夫庶人，挽柩者歌之，因呼为挽歌。"

①李陵初诗：李陵（前134—前74），字少卿，西汉陇西成纪（今甘肃秦安北）人，飞将军李广之孙。

《汉书·李陵列传第二十四》：李陵擅长骑射，礼贤下士，爱护士卒，口碑极佳。因为祖上的功勋，少年时即被授予侍中、建章官监。汉武帝认为李陵有祖父李广的风范，擢升为骑都尉。天汉二年（前99），李陵率五千步兵与八万匈奴兵战于浚稽山，终因寡不敌众，弹尽粮绝而兵败投降。李陵与苏武早年俱为侍中，李陵投降是在苏武出使匈奴的第二年。开始，虽然同在匈奴，李陵不敢联系苏武，过了很久，单于派李陵劝降苏武，被苏武拒绝。

后来汉昭帝继位，与匈奴和亲，滞留匈奴十九年的苏武终于有机会重回汉朝。苏武告别李陵时，李陵以五言诗赠别："携手上河梁，游子暮何之。徘徊歧路侧，恨恨不得辞。晨风鸣北林，熠耀东南飞。浮云日千里，安知我心悲。"苏武回赠李陵诗曰："双凫俱北飞，一凫独南翔。子当留斯馆，我当归故乡。一别如秦胡，会见何渠央。怆恨切中怀，不觉泪沾裳。愿子长努力，言笑莫相忘。"据说，这是最早的五言诗。

②田横感歌：田横（？—前202），秦末狄县（今山东高青县东南）人，是齐国贵族田氏家族的后人。秦末陈胜吴广起义后，田横与堂兄弟田儋、田荣也揭竿反秦，三兄弟先后据齐为王。

《汉书•田儋列传第三》：秦末，韩信平定赵国、燕国之后，率军进攻齐国。田横部队被韩信部将灌婴击溃，齐地遂为韩信所平。田横率部逃至梁地，投奔彭越，此时彭越中立于刘邦和项羽之间。一年后，项羽兵败，刘邦被拥立为皇帝，是为汉高祖。彭越被封为梁王，田横惧诛，与部下徙居于海岛（今山东即墨田横岛）。

刘邦召见田横，田横无奈与两个门客乘坐驿站的马车前往洛阳。在离洛阳三十里远的地方，田横对使者说："我田横最初与汉王俱南面称孤，今刘邦为天子，我却成为俘虏，真是羞愧。"于是田横伏剑而死。门客将田横的头颅呈送刘邦，刘邦为之流涕，以王礼葬之，并将两位门客封为都尉。

安葬好田横后，这两个门客在田横的墓旁挖了个坑洞，然后自刎而死，栽倒坑中陪葬田横。田横在海岛上还有五百宾客，听闻田横死讯后，皆自杀。

唐人李周翰评价说："田横自杀，随从者不敢放声痛哭，却不胜哀伤，于是唱悲歌以寄托情思。悲歌的名字叫《薤露蒿里歌》，这是一首哀悼死人，为人送终的歌曲。后来，精通音律的李延年将其分为两首曲子，其中《薤露》为哀悼王公贵人而唱，《蒿里》为哀悼士大夫、普通老百姓而唱。歌曲由出殡时挽着棺木的那个人领唱，所以，《薤露》《蒿里》这两首悼歌也被称为挽歌。"

武仲不休^①，士衡患多^②

《后汉》：傅毅，字武仲，扶风茂陵人。少博学。肃宗博召文学之士，以毅为兰台令史，拜郎中，与班固、贾逵共典校书。毅追美明帝功德最盛，而庙颂未立，乃依《清庙》作《显宗颂》十篇奏之，由是文雅显于朝廷。魏文帝《典论》曰："文人相轻，自古而然。傅毅之于班固，伯仲之间耳。而固小之，与弟超书曰：'武仲以能文为兰台令史，下笔不能自休。'"

晋陆机，字士衡，吴郡人，大司马抗之子。身长七尺，其声如雷。少有异才，文章冠世。与弟云俱入洛，造太常张华。华素重其名，如旧相识，曰："伐吴之后，利获二俊。"遂荐之诸公。又诣侍中王济，济指羊酪谓曰："吴中何以敌此？"答云："千里莼羹，未下盐豉。"时人称为名对。机天才秀逸，辞藻宏丽。华尝谓之曰："人之为文，尝恨才少，而子更患其多。"弟云尝与书曰："君苗见兄文，辄欲烧其笔砚。"累迁中书郎，为平原内史。后成都王颖起兵讨长沙王义，假机后将军、河北大都督。机以羁旅入宦顿居群士之右，皆有怨心，谮之于颖。颖怒，使人收机，机叹曰："华亭鹤唳，岂可复闻乎？"遂遇害。初，机有骏犬，名黄耳，既羁寓京师，久无家问。笑语犬曰："我家绝无书，汝能赍书取消息否？"犬摇尾作声。机乃为书，以竹筒盛之，系其颈，犬寻路南走，遂至家，得报还洛，后以为常。

①武仲不休：傅毅（约42—约90），字武仲，右扶风茂陵（今陕西兴平东北）人，东汉辞赋家。汉章帝时为兰台令史，拜郎中，与班固、贾逵共同典校禁中书籍。

《后汉书·文苑传·傅毅列传第七十》：傅毅少年博学，汉肃宗广召博学能文之士，任命傅毅为兰台令史，授予郎中之职。

傅毅追忆汉明帝刘庄，认为他的功德在历任皇帝中最高，但是关于明帝的宗庙颂文却迟迟没有定稿。傅毅依照《诗经·清庙》写了十篇《显宗颂》来歌颂汉明帝。傅毅的文采由此为朝廷上下所重视。魏文帝曹丕在《典论·论文》中说："文人之间相互轻视，自古就是这样。傅毅和班固相比，其实不相上下！可是班固却常常小觑傅毅，曾在写给弟弟班超的信中这样说：'傅毅这个人啊，因为擅长写文章而被任命为兰台令史。其实他文章冗长，一旦下笔没完没了，不知道停止。'"

②士衡患多：陆机（261—303），字士衡，吴郡吴县（今江苏苏州）人，为孙吴丞相陆逊之孙，大司马陆抗第四子，与其弟陆云合称"二陆"。西晋著名文学家、书法家。

《晋书·陆机列传第二十四》：陆机身长七尺，其声如雷。少年有异才，文章冠世。太康末年，陆机与弟陆云一起去洛阳，拜访太常张华。张华素来敬重陆机、陆云的名声，三人相见，相谈甚欢，犹如老友重逢。张华说："攻打东吴最大的收获，是得到您二位俊杰啊！"于是将他们兄弟二人推荐给更多要员。二陆又曾拜会侍中王济，王济指着羊奶酪问他俩："你们吴中有什么可以和它匹敌？"回答说："我们家乡千里湖的莼菜羹，没有放盐和豆豉时和这些羊奶酪很相似，若放盐和豆豉，则我家乡的莼菜羹更美。"大家都非常叹服这个答对，认为太巧妙了。陆机天生文才卓越，文章辞藻宏丽华美。张华曾跟陆机说："别人写文章，只恨自己能力不足，而你却担心才华太过。"弟弟陆云曾写信给陆机说："我陆云（陆云的小名叫君苗）见了哥哥您的文章，都恨不得将自己的笔墨纸砚付之一炬。"

太安初年，成都王司马颖起兵征讨长沙王司马乂，让陆机代理后将军、河北大都督之职。陆机客居他乡为官，又位居众人之上，有人心生嫉妒与怨恨，在司马颖那里诋毁陆机。司马颖怒而抓捕陆机。陆机哀叹说："再也没有机会回到家乡在华亭听飞鹤鸣叫了！"遂遇害。

当初，陆机有一条名犬，名黄耳。在京城客居良久，没有收到家信，陆机笑着对黄耳说："好久没有和老家通书信了，你能帮我传递封书信吗？"黄耳连连摇尾并呜呜作声。陆机于是写了一封家书，放在竹筒里装好，系在狗脖子下面。于是黄耳沿路向南跑去了，到家后又将回信带回京城。后来黄耳习以为常，多次往返送信。

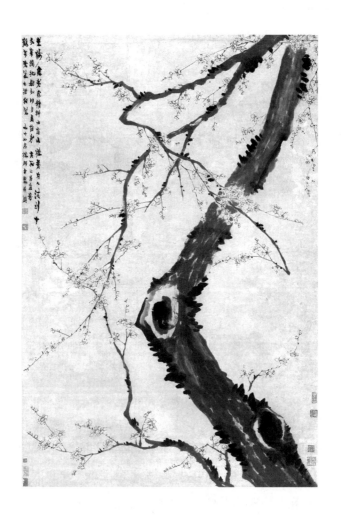

桓谭非谶^①，王商止讹^②

《后汉》：桓谭，字君山，沛国人。好音律。世祖即位，拜议郎、给事中。后诏会议灵台所处，时帝方信谶，多以决定嫌疑。谓谭曰："吾欲谶决之，何如？"谭曰："臣不读谶。"帝问其故，谭复极言谶之非经。帝大怒曰："谭非圣无法，将下斩之！"叩头流血，乃得解。出为六安郡丞，卒。

《前汉》：王商，字子威，涿郡蠡吾人。成帝时为左将军。京师民无故相惊，言大水至，百姓奔走相蹂躏，老弱号呼，长安中大乱。天子召公卿议，大将军王凤以为太后与上及后宫可御船，令吏民上长安城以避水。商曰："自古无道之国，水犹不冒城郭。今政治和平，世无兵革，上下相安，何因有大水暴至？此必讹言。"上乃止，果讹言。上美壮商之固守，数称其议，而凤大惭。后为丞相。为人多质有威重，长八尺余，身体鸿大，容貌过人。单于来朝，商坐未央廷中，单于前拜谒商，仰视，大畏之，迁延却退。上闻叹曰："真汉相矣。"凤怨商，阴求其短，卒为所中，免相，薨。

①桓谭非谶：桓谭（约前20—56），字君山，沛国相（今安徽淮北相山）人。父亲在汉成帝时为太乐令，桓谭因为父亲的官职而被任命为郎官。桓谭爱好音律，善鼓琴，博学多才。历仕西汉、王莽（新）、东汉三朝。桓谭提出"以烛火喻形神"的观点，将蜡烛比作人的身体，烛火比作人的精神，断言精神必须依赖于人的身体，不能独立存在，就像烛光不能脱离蜡烛而独立存在。所以桓谭坚决反对谶纬之学，反对"天人感应"理论。

《后汉书·桓谭列传第十八》：汉光武帝刘秀建立东汉后，桓谭官拜议郎、给事中。光武帝诏见桓谭商议修建灵台的位置，当时皇帝笃信谶术，很多事情的处理都用谶术决断。皇帝对桓谭说："我想用谶术来决定灵台的位置，可以吗？"桓谭回答："我不读谶书。"皇帝问为什么不读，桓谭又一次极力向皇帝陈说谶书并不是经典，请皇帝不要再信奉和依赖谶术。皇帝大怒，说："桓谭，你这是非议圣上，无视国法。来人啊，把他推下去斩了！"桓谭叩头求饶，血流遍地，才得到宽恕。被逐出京城，贬为六安郡丞，死于赴任途中。谶术是古代根据生活中的一些预言或具有预兆性质的现象来预卜未来的一种法术。

②王商止讹：王商（？—前25），字子威，西汉涿郡蠡吾（今河北博野西南）人，是汉宣帝母亲王翁须之兄王武的儿子。王商年轻时便以性格恭敬敦厚而为人所称道，汉元帝时为右将军，光禄大夫。汉成帝时为左将军。

《汉书·王商列传第五十二》：汉成帝建始三年秋（前30），京都民众突然无缘无故地惊慌起来，传言洪水将至，百姓奔走逃亡，相互踩踏，老弱号呼，长安城一片大乱。天子召集公卿大臣商议对策，大将军王凤建议太后与皇上以及后宫嫔妃乘船避难，令长安城的官吏和百姓登上长安城来躲避洪水。群臣都赞同王凤的主张，王商却不以为然，说："自古以来，纵观那些无道之国，洪水尚且不淹没城池。现如今政治清平，多年没有战争，君臣上下相安，有什么理由说洪水突然暴至呢？这一定是谣言，不应该让百姓登城，以免加重恐慌情绪。"皇上因此取消让百姓登城的计划，后来证明果然是谣言。皇上非常欣赏王商坚守城池的建议，多次称赞王商，而王凤却大为惭愧。后来王商代匡衡为丞相。

王商为人质朴，外表威严，身高八尺有余，身体魁伟，相貌堂堂，非比常人。河平四年，单于来朝参拜，王商坐于未央宫，单于上前参拜，抬头看到王商容貌，非常害怕，战战兢兢地退了下去。皇上听闻，赞叹说："真不愧是汉朝的丞相啊！"王凤一直怨恨王商，偷偷地寻找王商的毛病，王商最终被罢免宰相之职，三年之后，吐血而死。

嵇吕命驾[①]，程孔倾盖[②]

《晋书》：嵇康，字叔夜，谯国铚人。性巧而好锻。宅中有一柳树甚茂，乃激水圜之。每夏月，居其下以锻。东平吕安服其高致，每一相思，辄千里命驾，康友而善之。

《家语》曰：孔子之郯，遭程子于涂，倾盖而语终日，甚相亲，顾谓子路曰："取束帛以赠先生。"

①嵇吕命驾：嵇康（224—263），字叔夜，谯国铚（今安徽濉溪，又有安徽宿州一说）人。先祖为奚姓，会稽上虞人，因避仇迁于铚地嵇山脚下，改姓为嵇。嵇康早孤，有奇才，超凡脱俗，仪表非凡，但放浪形骸，不修边幅。学习没有师承，但是他博览群书，无所不通，尤好老庄，为"竹林七贤"精神领袖。

《晋书·嵇康列传第十九》：嵇康动手能力强，心灵手巧，喜好打铁。院子里有一棵柳树，长势繁茂。嵇康围着柳树挖一水沟，每到夏天就在树下打铁。东平吕安钦慕嵇康情趣不凡，每当思念嵇康，纵然相隔千里也会驾车前来相聚。嵇康也都会热情接待。

②程孔倾盖：孔子（前551—前479），子姓，孔氏，名丘，字仲尼，鲁国陬邑（今山东曲阜）人，中国古代思想家、教育家。孔子开创私人讲学之风，有弟子三千，其中贤者七十二，被后世尊为至圣先师、万世师表，其思想对中国和世界都有深远的影响。

《孔子家语·致思第八》曰：孔子去郯（tán）国，路遇程子。程子是当时的贤人，二人停下车亲密地聊了很久。末了孔子跟子路说："取一束帛送给程先生。"子路不情愿把礼物送给素昧平生、萍水相逢的人，孔子就教育子路说："程子是当世贤者，现在如果不送礼物给他，恐怕今后永远也没有机会再相遇了。"

剧孟一敌^①，周处三害^②

　　《前汉》：剧孟，洛阳人，以侠显。吴楚反时，条侯周亚夫为太尉东将，至河南，得剧孟，喜曰："吴楚举大事而不求剧孟，吾知其无能为已。"天下骚动，大将军得之，若一敌国。

　　晋周处，字子隐，义兴阳羡人。膂力绝人，不修细行，州曲患之。处自知为人所恶，慨然有改励之志，谓父老曰："今时和岁丰，何苦而不乐？"父老叹曰："三害未除，何乐之有？"处曰："何谓也？"答曰："南山白额猛虎，长桥下蛟，并子为三矣。"处曰："吾能除之。"乃入山射杀猛虎，投水搏杀蛟，遂立志好学，有文思，志存义烈，言必忠信克己。期年，州府交辟。仕吴为御史中丞，凡所纠劾，不避宠戚。及氐人齐万年反，朝臣恶处强直，皆曰："处，名将子，忠烈果毅。"乃使隶夏侯骏西征。伏波将军孙秀谓之曰："卿有老母，可以此辞。"处曰："忠孝之道，安得两全。既辞亲事君，父母安得而子乎？"已而战败，左右劝退。处按剑曰："此吾效节授命之日，何退之为！且古者良将受命，凶门以出，盖有进无退也。诸君负信，势必不振。我为大臣，以身殉国，不亦可乎？"遂力战而没，追赠平西将军。

　　①剧孟一敌：剧孟，洛阳人，西汉著名游侠，为人任侠，喜打抱不平，济弱扶倾，誉满诸侯。剧孟的母亲去世时，前来吊唁的马车有一千余辆。剧孟去世后，家里没有留下十锭黄铜的财产。

　　《汉书·游侠传·剧孟列传第六十二》：汉景帝时，发生吴楚七国之乱，条侯周亚夫由京城去河南，得到剧孟。周亚夫特别高兴，说："吴楚造反却不把剧孟招至麾下，我可以断定他们成不了什么气候！"天下动乱之际，周亚夫得到剧孟，不啻于得到一个诸侯国。

②周处三害：周处（约236—297），字子隐，西晋吴郡阳羡（今江苏宜兴）人。东吴名将鄱阳太守周鲂之子。周处未成年时，就膂力惊人，嗜好畋猎，纵情恣欲，为害乡里。后改过自新，成就功业。

《晋书·周处列传二十八》：周处知道自己为人所恶，慨然有反悔之意。一次，周处问乡里父老："今年风调雨顺，五谷丰登，你们为什么还闷闷不乐呢？"父老叹息着说："现在乡里三害未除，怎么乐得起来啊？"周处问："三害指的是什么？"回答说："南山猛虎吃人，长桥下蛟龙伤人，再加上你害人，这不就是三害吗？"周处说："我能把这三害都除掉。"周处于是进山射杀猛虎，入水擒拿蛟龙，自己由此改过自新，立志好学，坚守道义，克己复礼。一年后，很多州府都来征召他做官。周处在吴出仕，担任御史中丞之职。凡有所弹劾，不避宠臣外戚。

待到氏人齐万年反叛，大臣们厌恶周处做事刚强正直，都说："周处是东吴名将周鲂之子，忠诚威猛果敢刚毅，是合适的人选。"于是派他跟从夏侯骏西征。伏波将军孙秀对他说："你上有老母，可以借此推辞，不要前去送死。"周处说："忠孝之道，不能两全。既然离开亲人前来效忠君王，哪还顾得上父母呢？"在战斗中弓断箭完，援军不到，左右劝周处撤退。周处按剑说："现在是我彰显气节，为国捐躯的时候，何退之有？古时候优秀的将军接受命令，一定会从凶门出，以示必死的决心。各路军马背信弃义不来救援，现在形势肯定无法挽回。我身为大臣，以身殉国，不是应当的吗？"于是奋战到死。被追赠为平西将军。

胡广补阙^①，袁安倚赖^②

《后汉》：胡广，字伯始，南郡华容人。举孝廉，试章奏，安帝以广为天下第一。累为三公。年已八十，而心力克壮。性温柔谨素，常逊言恭色。达练事体，明解朝章。虽无謇直之风，屡有补阙之益。故京师谚曰："万事不理问伯始，天下中庸有胡公。"及共李固、赵戒、杜乔议立清河王蒜，而蠡吾侯志取梁冀妹，冀欲立之。广、戒惮冀，皆曰："惟大将军令！"独固与乔坚守本议，竟立蠡吾侯，是为桓帝，以此讥毁于时。自在公台三十余年，历事安、顺、冲、质、桓、灵六帝，凡一履司空，再作司徒，三登太尉，又为太傅。其所辟命，皆天下名士。与故吏陈蕃、李咸并为三司。蕃等每朝会，辄称疾避广，时人荣之。

《后汉》：袁安，字邵公，汝南汝阳人。严重有威，见敬于州里。肃宗末为司空，迁司徒。和帝时薨。初，安以天子幼弱，外戚擅权，每朝会进见及与公卿言国家事，未尝不噫呜流涕，自天子及大臣皆倚赖之。及薨，朝廷痛惜焉。初，安父没，访求葬地，道逢三书生，问安何之，安告之。生乃指一处云："葬此地，当世为上公。"须臾不见。安异之，于是葬其地，故累世隆盛。

①胡广补阙：胡广（91—172），字伯始，东汉南郡华容县（今湖北潜江西南）人。胡广幼年丧父，家境贫苦。成人后被推举为孝廉，到京师后，汉安帝认为胡广奏章写作能力是天下第一，不到一个月的时间就将他任命为尚书郎。胡广历事六朝，为官三十余年，共担任一次司空，两次司徒，三次太尉，再次担任太傅，提拔选用的都是天下名士。为东汉中兴以来人臣之最。

《后汉书·胡广列传第三十四》：胡广年逾八十时，心思仍然严谨缜密。性格温和朴素，说话谦虚恭敬。做事通达干练，深谙朝廷典章制度。虽然做不到事事正直，也能经常对朝廷的决议裨补阙漏。因为胡广学问渊博又处事变通，善于明哲保身，所以京师有谚语说："万事不理问伯始，天下中庸有胡公。"

李固、赵戒、杜乔欲立清河王刘蒜为帝，而蠡吾侯刘志娶了梁冀的妹妹，梁冀坚持立刘志为帝。胡广、赵戒忌惮梁冀，都说："惟大将军令！"只有李固和杜乔坚守初心不变。最终蠡吾侯刘志被推为皇帝，是为桓帝。胡广因为惧怕豪强，立场不坚定而被时人讥讽。胡广与陈蕃、李咸并为三司。陈蕃等每次朝会的时候，都会称病不朝，以便胡广有完整的决策权，当时人们认为胡广荣耀之极。

②袁安倚赖：袁安（？—92），字邵公。汝南郡汝阳（今河南商水西北）人。东汉名臣，袁术、袁绍为其玄孙。袁安与人交往庄重有威严，被当地人敬重。肃宗末年任司空之职，又转任司徒。有袁安卧雪的典故。

《后汉书·袁安列传第三十五》：起初，年幼的汉和帝即位，袁安因为天子幼弱，外戚擅权，每次朝会觐见或者与公卿谈论国家大事，都会痛哭流涕，自天子到大臣都非常信任和依赖他。袁安去世后，朝廷上下都非常痛惜。

起初，袁安的父亲去世，母亲让袁安寻找合适的埋葬之地。路遇三个书生，问袁安要去哪里，袁安如实相告。于是书生指着一个位置说："葬在这里，你家当世代为公卿。"书生们说完，转眼就不见了，袁安非常惊异，就将父亲葬在这里，家族遂累世隆盛。

黄霸政殊^①，梁习治最^②

《前汉》：黄霸，字次公，淮阳阳夏人。武帝末，以待诏入钱赏官，补侍郎谒者。后复入谷，补左冯翊二百石卒史。冯翊以霸入财为官，不署右职，使领郡钱谷计，簿书正，以廉称。宣帝时，擢扬州刺史。以贤良高第，为颍川太守，力行教化，而后诛罚，外宽内明，得吏民心，户口岁增，治为天下第一。征守京兆尹，坐贬秩归颍川。前后八年，郡中愈治。是时凤凰神雀数集郡国，颍川尤多。天子以霸治行终长者，下诏称扬，赐爵关内侯，黄金百斤，秩中二千石。后为丞相。霸材长于治民，及为相，总纪纲号令，风采不及丙、魏、于定国，功名损于治郡。

《魏志》：梁习，字子虞，陈郡柘人。以别部司马领并州刺史，承高干荒乱之余，胡狄在界，张雄跋扈，吏民亡叛，入其部落；兵家拥众，作为寇害，更相扇动，往往棋峙。习到官，诱喻招纳，皆礼召其豪右，稍相荐举，使诣幕府，边境肃清，百姓布野，勤劝农桑，令行禁止，贡达名士，咸显于世。太祖嘉之，赐爵关内侯，更拜为真。长老称咏，以为自所闻识刺史，未有及习者。文帝时复为刺史，政治常为天下最。

①黄霸政殊：黄霸（？—前51），字次公，西汉淮阳阳夏（今河南太康）人，出身豪绅家族。黄霸性格温和谦让，洞察事理，人情练达，处事议政遵守法度，顺应民心，深得上级信任与民众喜爱。黄霸治理，政绩突出，自汉朝建立，在治理地方官吏与民众这一方面，没有人能超越黄霸。

《汉书·循吏传·黄霸列传第五十九》：黄霸少年时就喜欢研究法律条令，喜好做官。汉武帝末年，以待诏身份捐钱得到官职，补侍郎谒者空缺。后来又捐谷物补左冯翊二百石的卒吏空缺。因为黄霸是靠捐财为官，左冯翊不让他担任重要职务，而只让他做一些统计郡里钱财谷物的工作。黄霸记账清晰条理，没有欺瞒，以廉洁著称。

汉宣帝时，黄霸被擢升为扬州刺史。后以贤良高第身份升迁为颍川太守。黄霸治理以教化为主，惩罚为辅，外宽内明，深得人心，本郡人口年年增加。皇帝征召黄霸出任京兆尹，后来又因他事被贬，重任颍川太守。前后八年，郡中治理得越来越好。当时，整个社会政治清平，天降祥瑞，凤凰神鸟多次飞集各郡国，而颍川郡最多。天子认为这是黄霸治理优异的证明，下诏给予表扬，赐爵关内侯，黄金百斤，俸禄中二千石。后来黄霸官至丞相。

黄霸的能力主要在治理地方，等他担任丞相，需要总揽全局，统领全国政令，其能力不如丙吉、魏相和于定国这些前任。和在地方的时候相比，担任丞相时的口碑有所下降。

②梁习治最：梁习（？—230），字子虞，三国曹魏时期陈郡柘县（今河南商丘柘城北）人。

《三国志·魏志十五·梁习传》：梁习以别部司马身份兼任并州刺史。当时正值高干反叛，兵荒马乱。胡狄频繁扰边，骄横跋扈，吏民纷纷叛逃，加入胡狄部落。手握兵权的人结党营私，拥兵自重，为害百姓。更有甚者，他们还相互煽动，形成割据对峙局势。梁习到任后，将当地豪强召集一起，以礼相待，对其进行诱导规劝，并推荐他们到幕府任职，边境很快祥和安静，百姓勤于耕织，安心桑麻，不再违法乱纪，令行禁止。梁习选拔推荐出来的优秀人才，都建功立业，功成名就，声名显赫。太祖曹操大为高兴，给予嘉奖，赐爵关内侯，又正式任命梁习为并州刺史。当地年长者对梁习都极为赞颂，认为以自己的闻见判断，刺史中没有能望梁习项背者。

墨子悲丝①，杨朱泣歧②

《淮南子》曰：杨子见歧路而哭之，为其可以南，可以北。墨子见练丝而泣之，为其可以黄，可以黑。高诱曰：悯其本同而末异。

①墨子悲丝：墨子，名翟，墨家学派创始人，墨家学说的核心思想包括"兼爱""非攻""尚贤""节用"等观点，在先秦时期影响很大，被称为"显学"。

《墨子·所染》：墨子经过染坊，看见工人在染丝。墨子悲伤地感叹："染于苍则苍，染于黄则黄，五入则为五色，不可不慎也。非独染丝，治国亦然。商汤以伊尹为相，国家强盛；纣王与奸佞为伍，则国家混乱，不可以不谨慎啊！"

②杨朱泣歧：杨朱，先秦思想家，创立杨朱学派，主张"贵己""重生"。

《列子·说符》：杨朱邻居家的羊丢了，全家人赶紧出动去找这只羊，还请杨朱的仆人帮忙。杨朱说："仅仅丢了一只羊，怎么大动干戈地发动这么多人去寻找呢？"邻居说："路口太多啊！"过了很久，追羊的人都回来了，杨朱问："找到羊了吗？"回答说："没有！岔路口实在太多了，过了一个岔路口再往前又有新的岔路口，接连不断。每一个岔路口都有可能是羊走失的地方。"杨朱听了，觉得非常有哲理，竟然泣不成声。这也是成语"歧路亡羊"的出处，比喻事情复杂多变，没有坚定的信念和方法，容易在工作学习和生活中迷失方向。高诱注解说："墨子和杨朱的悲悯，看似针对的现象不同，其本质实际上是一样的。"

朱博乌集①，萧芝雉随②

《前汉》：朱博，字子元，杜陵人。哀帝时，御史府吏宿百余区，井水皆竭。又其府中列柏树，常有野乌数千栖宿其上，晨去暮来，号"朝夕乌"。乌去不来者数月，长老异之。后二岁余，博为大司空，奏言："高皇帝置御史大夫，位次丞相。今中二千石未更御史大夫而为丞相，权轻，非所以重国政也。臣以为大司空官可罢，复置御史大夫，遵奉旧制。臣愿尽力，以为百僚率。"从之。乃更拜博御史大夫，后为丞相，坐事自杀。

萧广济《孝子传》：萧芝至孝，除尚书郎，有雉数十头，饮啄宿止。当上直，送至歧路；及下直，入门飞鸣车前。

①朱博乌集：朱博，字子元，西汉杜陵（今陕西西安东南）人。朱博出身贫困，年轻时在县里担任亭长职务，任侠仗义。

《汉书·朱博列传第五十三》：汉成帝时，皇帝接受何武的建议进行官制改革，仿照古代制度，设立三公官职，并将何武由御史大夫提拔为大司空。从这时起，出现御史府官员一百多处居所的井水枯竭的怪事。还有就是御史府中有大量柏树，原本有数千只野乌鸦栖息其上，晨去暮来，被称为"朝夕乌"。现在乌鸦一去数月不回，老人们都觉得这事儿太怪异。

两年后，朱博任大司空，向皇帝上奏说："高皇帝刘邦设置御史大夫，地位仅次于丞相。挑选郡国守相中政绩突出者担任中二千石的职位，中二千石里优秀人选任御史大夫，御史大夫中优秀者担任丞相之职。现在中二千石没有经过御史大夫这一职位的历练而直接为丞相，从一个位卑权轻的职位直接担任丞相，这不是尊重国政的做法。我建议取消大司空职位，重新设置御史大夫，恢复旧制。我愿从我做起，以身作则，为百官表率。"皇上于是将朱博由大司空改任御史大夫，后来朱博一直做到丞相职位。

②萧芝雉随：萧芝，孝子，资料不详。

萧广济《孝子传》：萧芝是个大孝子，官至尚书郎。有数十只雉鸟聚在他家院子里，饮水啄食都不离开。当他去上朝的时候，群鸟一直把他送到路口；等下朝的时候，就在门口接着他，围着车子翻飞鸣叫。古代认为雉鸟是瑞鸟，瑞鸟聚于庭是吉祥的寓意，是萧芝至孝所感。

杜后生齿^①，灵王出髭^②

《晋书》：成恭杜皇后讳陵阳，镇南将军预曾孙。后少有姿色，然长犹无齿。有来求婚者，辄中止。及帝纳采之日，一夜齿尽生。在位六年，无子。先是，三吴女子相与簪白花，望之如素柰，传言天公织女死，为之著服。至是而后崩。

《左氏传》：王子朝曰："定王六年，秦人降妖，曰：'周其有髭王，亦克能修其职。诸侯服享，二世供职。王室其有间王位，诸侯不图，而受其乱灾。'"至于灵王，生而有髭。王甚神圣，无恶于诸侯。灵王、景王，克终其世。

①杜后生齿：杜后，即成恭杜皇后，名叫杜陵阳，亦称杜陵，京兆郡杜陵县（今陕西西安东南）人，曾祖父为镇南将军杜预，祖父为尚书左丞杜锡，父亲为丹阳丞杜乂。杜陵阳容貌出众，知书达礼，被晋成帝司马衍聘娶为皇后。咸康七年（341），杜陵阳去世，年仅二十一岁，谥号成恭皇后，葬于兴平陵。

《晋书·后妃下·成恭杜皇后列传第二》：杜陵阳少有姿色，而且敦于礼仪，可是一直到成年竟然没有长出牙齿。众多求婚者，见到杜陵阳后都嗟啧叹息，抱憾放弃。后来，晋成帝司马衍遣人提亲，杜陵阳的牙齿竟然一夜长齐。杜皇后在位六年，没有子嗣，去世时仅二十一岁。杜皇后去世前，三吴之地的女子流行聚会时头插白花，远远望去像白色的沙果花。传说是天上的织女死了，这是为织女穿丧服。不久杜皇后去世，人们认为杜皇后是织女下凡。

②灵王出髭：灵王：即周灵王姬泄心，是周简王之子，东周第十一代君主，在位二十七年。育有二子：长太子姬晋和次子姬贵。姬晋天生聪明，精通音律，深得灵王喜爱，不幸英年早逝。传位于次子姬贵，是为周景王。周景王太子寿早死，庶长子朝乱国。

《左传·昭公二十六年》：王子朝跟诸侯说："周定王六年时，秦国有会妖术之人散布谶语，说周朝会有一个美髯公天子，他能够恪尽职守，使诸侯顺服而享有天下，并且连续两代天子都能谨守自己的职分。王室中如果有人觊觎王位，诸侯不为王室图谋，则会有动乱灾祸。"到灵王时，生下来就有胡须，聪明敏捷而且气度非凡，管理诸侯不用恶政。从灵王到景王，两代天子都能善始善终。

贾谊忌鵩^①，庄周畏牺^②

《前汉》：贾谊，雒（luò）阳人。年十八，能诵诗书属文，称于郡中。河南守吴公闻其秀材，召置门下。及为廷尉，乃言谊年少，颇通诸家书。文帝召为博士。每诏令议下，诸老先生未能言，谊尽为之对。人人各如其意所出，诸生以为能，帝悦之。超迁，岁中至大中大夫。谊以为汉兴，当改正朔，易服色制度，定官名，兴礼乐，乃草具其仪。帝谦让未遑也，然诸法令所更定，皆谊发之。天子以谊任公卿之位，绛、灌之属害之，于是上亦疏之，不用其议。以为长沙王太傅。三年，有鵩飞入舍，止于坐隅。鵩似鸮，不祥鸟也。谊既谪居长沙，卑湿自伤悼，以为寿不得长，乃为赋以自广。岁余，帝思谊，征之入见。上方受釐，坐宣室，因感鬼神事，而问鬼神之本。谊具道所以然之故，至夜半，帝前席既罢，曰："吾久不见贾生，自以为过之，今不及也。"乃拜谊梁王太傅。死时年三十三。孔臧《鸮赋》云："昔在贾生有识之士，忌兹鵩鸟。"

《庄子》曰：或聘于庄子，庄子应其使曰："子见夫牺牛乎？衣以文绣，食以刍菽，及其牵而入于太庙，虽欲为孤犊，其可得乎？"《史记》曰："庄周，蒙人，尝为蒙漆园吏。与梁惠王同时，其学本于老子，著书率寓言，洸洋自恣以适己，故王公大人不能器之。楚威王闻周贤，使使厚币迎之，许以为相，周引此辞应之。"郭象注云："乐生者，畏牺而辞聘。"

①贾谊忌鵩：贾谊（前200—前168），西汉雒阳（今河南洛阳）人，著名政论家、文学家，世称贾生。文帝时任博士，后贬谪为长沙王太傅，故亦称贾长沙、贾太傅。

《汉书·贾谊列传第十八》：贾谊十八岁就饱读诗书，以文章锦绣而闻名乡里。河南郡守吴公听闻贾谊才华优异，将其召至门下。吴公有治才，河南郡政绩全国第一，被汉文帝提拔为廷尉，吴公就将贾谊推荐给文帝。言贾谊虽年少，颇通诸家书，文帝召为博士。

这时的贾谊，年仅二十岁，在众博士中最为年轻。每次皇帝下令讨论的议题布置下来，那些号称学识渊博的年长博士还没有想好怎么说，贾谊就已经开始一一作答，所言皆为众人心中所想。于是大家折服其能。深为汉文帝器重，破格提拔，不到一年时间升到太中大夫之职。

贾谊认为汉朝已建立二十余年，是时候修订历法、改变服饰颜色制度、确定官职名称、复兴礼乐了。于是自己起草各项仪式的规则制度。汉文帝初履帝位，谦让未遑，但是各种法令的更改修订，贾谊已全部完成。天子以谊任公卿之位。贾谊少年得志，引起绛侯周勃、颍阴侯灌婴的嫉妒，上书诽谤贾谊，文帝渐渐疏远贾谊，不用其议，将其贬谪为长沙王太傅，远迁长沙。

贾谊担任长沙王太傅的第三年，有鵩鸟入舍，止于坐隅。鵩鸟形似猫头鹰，被认为不祥。自贾谊被贬长沙，这里地势低洼，潮湿不堪。贾谊本自哀伤自怜，今见鵩鸟入舍，以为不久人世。于是作《鵩鸟赋》以自我安慰。

一年后，汉文帝思念贾谊，召他入宫。当时文帝正在未央宫宣室接受神灵赐福保佑。因为有感于鬼神之事，文帝向贾谊询问鬼神的本质是什么。贾谊趁机向文帝详细讲叙之所以会有鬼神的原因，谈话一直持续到深夜，文帝听得入神，不知不觉移到了座席前端。听罢，文帝感慨道："吾久不见贾生，自以为过之，今知仍不及也！"

于是又任命贾谊为梁王太傅。梁王为文帝小儿子，热爱读书，受文帝宠爱，所以让贾谊为梁王太傅。不幸的是，梁王在一次意外中坠马而死，贾谊内疚不堪，抑郁而死，去世时年仅三十三岁。西汉孔臧《鸮赋》说："就像贾谊这样的有识之士，竟然也忌讳鵩鸟。"

②庄周畏牺：庄子（约前369—约前286），名周，战国时期道家思想代表人物，与老子并称"老庄"。

《庄子·列御寇》：有人聘请庄子出仕为官，庄子跟前来送信的使者说：
"你见过那种专门饲养用于祭祀的牛吗？身上披着花纹绚丽的锦绣，吃的草
料精细异常，看起来衣食无忧，岁月静好。可是一旦到了祭祀的时间，当
它被牵入太庙，无法逃脱被杀掉成为祭品的时候，它哪怕想成为一个无依无
靠，饮食无着的小孤牛，也是不可能的事情啊！"

《史记·老子韩非列传第三》：庄周，是蒙地人，曾经做过蒙地漆园的小
吏。与梁惠王是同一个时代的人。庄子的学说源于老子，庄子著作十余万
言，大多以托词寄意的寓言形式呈现，实际是为了将自己的思想寄寓其中。
庄子的文章行云流水，纵横不羁，放荡自由，丰富奇特，表情达意只为快适
己意。所以王公大人们不能器重他。

楚威王听闻庄周贤良，派使者持厚礼相请，许诺让他担任国相之职。庄
周就用上面那些话拒绝了来使。郭象注解《庄子》曰："注重保有生命的人，
知道仕途危险，不愿让自己成为宗庙里用来祭祀的牛，因而坚持推辞掉哪怕
看起来待遇优厚的聘请。"

燕昭筑台^①，郑庄置驿^②

《史记》：燕昭王即位，卑身厚币以招贤者，谓郭隗曰："齐因孤之国乱而袭破燕，孤极知燕小力少，不足以报。然诚得贤士以共国，以雪先王之耻，孤之愿也。先生视可者，得身事之。"隗曰："王必致士，先从隗始。况贤于隗者，岂远千里哉？"于是昭王为隗改筑宫而师事之。乐毅自魏往，邹衍自齐往，剧辛自赵往，士争趋燕。后与秦、楚、三晋合谋伐齐，败之。齐城之不下者，唯聊、莒、即墨，余皆属燕。孔文举与曹公书曰："昭王筑台以尊郭隗。"鲍照乐府曰："岂伊白璧赐，将起黄金台。"注云：燕昭王置千金于台上，以延天下之士。

《前汉》：郑当时，字庄，陈人。孝文时，以任侠自喜，脱张羽于厄，声闻梁楚间。孝景时，为太子舍人，每日五洗沐。常置驿马长安诸郊，请谢宾客，夜以继日，常恐不遍。其知友皆大父行，天下有名之士。武帝时迁大司农，当时为大吏，戒门下："客至，亡贵贱亡留门者。"执宾主之礼，以其贵下人。其推毂士及官属丞史，常引以为贤于己。闻人之善言，进之上，惟恐后。山东诸公，以此翕然称郑庄。后陷罪，起为汝南太守，卒，家亡余财。先是下邽翟公为廷尉，宾客亦填门。及废，门外可设雀罗。后复为廷尉，客欲往，翟公大署其门曰："一死一生，乃知交情。一贫一富，乃知交态。一贵一贱，交情乃见。"

①燕昭筑台：燕昭王（前335—前279），战国时燕国第三十九任国君。在位期间，礼重人才，广纳贤士。师事郭隗，外用苏秦，内用乐毅，经过长期休养生息，国家殷富，士卒效命。燕国进入鼎盛时期。

《史记·燕召公世家第四》：燕昭王即位后，卑身厚币以招贤者。昭王对郭隗说："齐国乘人之危，在我们国内混乱之际攻破我们燕国。我深知和齐国相比，燕国力量薄弱，领土狭小，无法与之抗衡，不能报仇。但是如果能够得到天下贤士来治理国家，让燕国强大，一雪先王之耻，这是我的愿望啊！如果有这样的人，你一定要推荐给我，我将亲自侍奉他！"

郭隗说："大王您如果一定要招揽贤才，那么就从我郭隗开始吧！如果我这样能力的人都被您优待和重用，那些比我更优秀的人哪怕相距千里，他们能不来投奔吗？"于是燕昭王为郭隗单独修筑华丽的住宅，用侍奉老师的礼节来对待他。很快，乐毅从魏国、邹衍从齐国、剧辛从赵国来投奔燕国。一时间，贤士们争相来投。

很快，燕国变得强大富足，于是联合秦国、楚国以及韩、赵、魏共谋伐齐，大败之。齐国仅有聊、莒、即墨三座城池没有被攻下，其余皆归燕国。

汉末，孔融写信给曹操，向他推荐好友盛孝章，推荐信《论盛孝章书》引用燕昭王招贤纳士的例子："昭王筑台以尊郭隗。"南朝宋诗人鲍照的五言诗《代放歌行》中，也引用燕昭王黄金台拜贤的典故："岂伊白璧赐，将起黄金台。"

②郑庄置驿：郑当时，字庄，西汉陈（今河南淮阳）人，荥阳郑氏先祖。他的祖先郑君曾做项羽手下的将领，项羽失败后投降刘邦，但内心不叛项羽，宁可失爵被逐，为人称道。宋苏轼凭吊虞姬墓时留诗曰："仓黄不负君王意，只有虞姬与郑君。"

《汉书·郑当时列传第二十》：郑庄是一个非常有侠义精神的人，汉文帝时，曾经解救梁孝王的大将军、平定七国之乱的功臣张羽于困境，闻名于梁、楚之地。到汉景帝时，郑庄做太子舍人。每逢五天一次的休假日，他都会在长安郊外准备好马匹，骑马去拜访看望宾朋好友，夜以继日，就算这样还总是担心有所疏漏。

当时，郑庄年纪轻轻，官职低微，但他结交的好友都是祖父辈年纪而且天下知名的人。武帝即位后，郑庄官至大司农。官居要职的郑庄，常常告诫守门人："但凡有客人来访，不管他们身份贵贱与否，都要马上通报给我，不要让客人久等。"郑庄接待客人，总是谦卑而恭敬。郑庄向皇上推荐士人以及自己的下属时，总是声称这些人比自己还要优秀。听到好的建议都会第一时间向皇帝推荐，唯恐有所延误。所以，郑庄获得殽山以东士人们交口称赞。

后来郑庄获罪被贬为庶人，不久后，武帝任命他为汝南太守，几年后，死于任上，家无余财。郑庄在宦海浮沉中，得势时宾客盈门，失势时宾客四散。世态炎凉，人情冷暖让人感慨。下邽翟公亦有类似遭遇，当他为廷尉时，宾客填门，及至被免，门可罗雀。翟公复为廷尉，客人们又来拜访，翟公就在门口大书："一死一生，乃知交情。一贫一富，乃知交态。一贵一贱，交情乃见。"客人见之无不惭愧而返。置驿：指在驿站设置车马，接待或去看望宾客。

瓘靖二妙[①]，岳湛连璧[②]

《晋书》：卫瓘，字伯玉，河东安邑人。武帝时拜尚书令，加侍中。性严整，以法御下。视尚书若参佐郎，若掾属。瓘学问深博，明习文艺，与尚书郎索靖俱善草书，时号"一台二妙"。汉末张芝亦善草书，论者谓"瓘得伯英筋，靖得伯英肉"。瓘笔胜靖，然有楷法，远不能及靖。靖，字幼安，敦煌人。少有逸群之量，与乡人氾衷、张甝、索紾、索永俱诣太学，驰名海内，号称"敦煌五龙"。靖该博经史，举贤良，对策高第，累迁游击将军。伯英，芝字也。

晋潘岳，字安仁，荥阳中牟人。少以才颖见称乡邑，为奇童，谓"终、贾之俦也"。夏侯湛，字孝若，谯国谯人。幼有盛才，文章宏富，善构新词。美容观，与潘岳友善。每行止，同舆接茵，京都谓之"连璧"。岳美姿仪，辞藻绝丽，少时常挟弹出洛阳道，妇人遇之者，皆连手萦绕，投之以果，满车而归。举秀才，名冠世，为众所疾，栖迟十年，出为河阳令。负其才，郁郁不得志。后至黄门侍郎。湛举贤良对策中第，终散骑常侍。

①瓘靖二妙：卫瓘，字伯玉，是西晋河东安邑（今山西夏县西北）人。晋武帝司马炎时官拜尚书令，兼任侍中之职。卫瓘学问渊博，各种才艺娴熟，个性严谨，依法治理属下。索靖，字幼安，敦煌人。从小就超凡出众，卓尔不群，与同乡人氾衷、张甝、索紾、索永一起在太学求学，海内驰名，号称"敦煌五龙"。

《晋书·卫瓘列传第六》：尚书令卫瓘和尚书郎索靖都擅长草书，时称"同在一个尚书省，两人草书皆高妙"。东汉末年的张芝是草书大家，评价者都说卫瓘得到了张芝书法的筋骨，索靖得到了张芝书法的皮肉。

《晋书·索靖列传第三十》：索靖出身世宦家族，晋惠帝司马衷时封关内侯。索靖有远见卓识，知道天下将乱，指着洛阳皇宫门前的铜驼，感叹道："未来我将在荆棘之中和你相见啊！"索靖博通经史，郡县推举贤良，对策高第，累迁至游击将军。

②岳湛连璧：潘岳，字安仁，是西晋荣阳中牟（今河南中牟东）人。潘岳少年有美名，以聪明颖慧为乡里称道，人称神童，被视为像汉朝终军、贾谊一样的少年才子。夏侯湛，字孝若，是西晋谯国谯郡（今安徽亳州）人。也是才华出众，少年成名。夏侯湛写文章鸿篇巨制，富丽堂皇，用词新奇。夏侯湛相貌俊美，与潘岳相友善，二人出门同乘一车，休息则座席相连，在京都洛阳被称为"连璧"。

《晋书·夏侯湛列传第二十五》：起初，夏侯湛把自己的作品《周诗》拿给潘岳看，潘岳说，这首诗写得温文尔雅，而且还可以看出你有孝悌仁爱之心。潘岳因此写了一首《家风诗》来应答。潘岳姿态仪表俊美，文章辞藻华丽，少年时常常挟弹弓坐着羊车沿洛阳道游玩，妇人们遇到他，就手牵手把他围起来，向车内投掷水果。潘岳常常满载而归。这就是"掷果盈车"的典故。潘岳被推举为秀才，名冠一时，但被别人嫉妒，蹉跎十年而不能出仕，最后勉强出任河阳县令一职。潘岳一生才华抱负不得伸展，郁郁不得志。后来官至黄门侍郎。

夏侯湛在晋武帝司马炎泰始年间被举荐为贤良，对策被选中，官拜郎中，后来官至散骑常侍。

郤诜一枝^①，戴凭重席^②

《晋书》：郤诜，字广基，济阴单父人。博学多才，瑰伟倜傥，不拘细行。州郡礼命并不应。泰始中，举贤良，对策上第，拜议郎，迁雍州刺史。武帝于东堂会送，问诜曰："卿自以为何如？"诜对曰："臣举贤良对策为天下第一，犹桂林一枝，昆山片玉。"帝笑。诜在任，威严明断，甚得声誉。

《后汉》：戴凭，字次仲，汝南平舆人。光武时举明经，试博士，后拜侍中。正旦朝贺，百僚毕会，帝令群臣能说经者，更相难诘，义有不通，辄夺其席，以益通者。凭遂坐五十余席，故京师为之语曰："解经不穷戴侍中。"

①郤诜一枝：郤诜（shēn），字广基，是西晋济阴单父（今山东单县）人。郤诜出身官宦之家，父亲郤晞，为当朝尚书左丞。郤诜博学多才，伟岸倜傥，行为不拘小节。州郡征召他出仕而不应命。晋武帝司马炎泰始年间被举荐为贤良，因对策优异，官拜议郎，又因服母丧离职。

《晋书·郤诜列传第二十二》：郤诜多次升迁，至雍州刺史之职。赴任前，晋武帝率众于东堂为他送行。武帝问郤诜："你怎么评价自己？"郤诜回答："我被举荐为贤良方正，回答策问时为天下第一，不过我的学问犹如桂树林中一段小枝，昆仑山上一片碎玉。"晋武帝听了大笑。郤诜在任期间，执法威严，断案公正，深得民众拥戴。

②戴凭重席：戴凭，字次仲，汝南平舆（今河南驻马店平舆）人，东汉经学家。十六岁时，汉光武帝明经取士，戴凭经郡里推荐应试博士，被授予

侍中之职。

《后汉书·儒林列传第六十九》：一次，朝廷召集公卿们聚集宴会，群臣就座后，只有戴凭一人站着不入席。光武帝刘秀问他是什么意思。戴凭回答道："其他博士论经都不及我，但是座位却排在我的前面，所以我不愿就席。"光武帝立即令他与诸儒辩论经书，戴凭旁征博引，论辩滔滔，光武帝深为信服。

建武年间的一个正月初一，群臣朝贺新年，汉光武帝刘秀命大臣们发表对儒学经典的见解。并要求解经能力优秀者相互辩难，还规定凡不能把经义讲通者，就要将座席让给能够阐明经义的大臣。在这次辩论赛中，戴凭以广博的学识和雄辩的口才，一共获得五十余张座席，所以京城洛阳盛传说："解经不穷戴侍中。"

邹阳长裾^①，王符缝掖^②

《前汉》：邹阳，齐人。为人有智略，慷慨不苟合。汉兴，诸侯王皆自治民聘贤。吴王濞招致四方游士，阳仕吴，以文辩著名。久之，吴王以太子事怨望，称疾不朝，阴有邪谋。阳奏书谏，略曰："今臣尽智毕议，易精极虑，则无国不可干。饰固陋之心，则何王之门不可曳长裾乎？然臣所以历数王之朝，背淮千里而自致者，非恶臣国而乐吴民也，窃高下风之行，尤说大王之义。愿大王毋忽。"王不纳，阳乃去，从梁孝王，卒为上客。

《后汉》：王符，字节信，安定临泾人。少好学，有志操，耿介不同于俗，以此遂不得升进。乃隐居著书三十余篇，以讥当时得失，号《潜夫论》。后度辽将军皇甫规解官归乡，人有以货得雁门太守者，亦去职还家，书刺谒规，规卧不迎。既入而问："卿前在郡，食雁美乎？"有顷，又白王符在门。规素闻符名，乃惊遽而起，衣不及带，屣履出迎，援符手而还，与同坐极欢。时人为之语曰："徒见二千石，不如一缝掖。"言书生道义之说为贵也。后竟不仕。

①邹阳长裾：邹阳，是齐国临淄（今山东淄博）人，西汉文学家。有智慧谋略，性格伉直，不苟且逢迎。西汉初年，诸侯王们亲自治民众，广纳贤才。吴王刘濞招揽各地游士，邹阳、严忌、枚乘等人都在吴地做官。邹阳等人以能写文章、善于辩论而闻名。

《汉书·邹阳列传第二十一》：吴王因为他的儿子和汉文帝太子刘启下棋，发生争执后吴王太子被刘启打死，而心生怨恨。吴王刘濞称病不朝，暗中有谋反之意。邹阳于是给吴王上书劝谏，其中有这样的话："现在我作为臣子，只要能够恪尽职守，殚精竭虑，到哪一国不能求取功名呢？只要我整饬修饰固陋之心，到哪个诸侯王门下不能长裾拖地，悠游自在地获得官职呢？我之所以穿越好几个诸侯国的王朝，不远千里来到淮河边，归附于您的门下，并不是我厌恶自己的国家而喜欢您吴国的民众，是因为我仰慕您的道义，尊崇您的行为。所以请您认真听取我的心志，而不要忽略无视它。"吴王终究没有采纳邹阳的劝谏。邹阳于是离开吴国，投靠梁孝王，被待为上客。长裾：宽大的儒服。这里指被有权势的人重用，穿着宽大的儒服，从容出入于权贵之门。

②王符缝掖：王符，字节信，安定临泾（今甘肃镇原东南）人，东汉文学家、思想家。

《后汉书·王符列传第三十九》：王符年少好学，有志气节操，与当时著名学者马融、窦章、张衡、崔瑗等做朋友。王符因为性格耿直，不与世俗同流合污，所以仕途不顺，不能升迁。于是隐居乡里，写文章三十余篇，以讥讽时政得失，因为不想彰显自己的名号，所以将书名为《潜夫论》。

后来度辽将军皇甫规解官归乡，同乡还有一个人，拿钱买了一个雁门太守的职位，也去职还家。这个所谓的"雁门太守"投递名帖拜见皇甫规，皇甫规躺着不出门迎接。等"雁门太守"进来后，皇甫规讥讽地问："你在雁门做郡守时，大雁好吃吗？"过了一会儿，门人报告说王符来拜见。皇甫规早就听说过王符，猛地起身，衣服都来不及系带，拖拉着鞋子就出门迎接王符。牵着王符的手回到屋里，和他坐在一起，极言欢笑。当时人们都说："徒见二千石，不如一缝掖。"是说书生的道义为人所敬重。王符终生未仕。缝掖：大袖单衣，古时候儒者所穿。有贫穷之意。

鸣鹤日下，士龙云间^①

《晋书》：陆云，字士龙。六岁能属文，性清正，有才理。少与兄机齐名，虽文章不及机，而持论过之，号"二陆"。幼时吴尚书闵鸿见而奇之，曰："此儿若非龙驹，当是凤雏。"后举贤良。吴平，入洛，云与荀隐未相识，尝会张华坐。华曰："今日相遇，可勿为常谈。"云因抗声曰："云间陆士龙。"隐曰："日下荀鸣鹤。"鸣鹤，隐字也。云又曰："既开青云睹白雉，何不张尔弓，挟尔矢？"隐曰："本是云龙騤騤，乃是山鹿野麋，兽微弩强，是以发迟。"华抚手大笑。刺史周浚召为从事。谓人曰："士龙当今之颜子也。"官至中书侍郎。与机同被害。初，云尝行，逗宿故人家。夜暗路迷，莫知所从。忽望草中有火，趋之。至一家寄宿，见一少年，美风姿，共谈老子，辞致深远。向晓辞去，行十许里，至故人家。云此数十里中无人居，云意始悟。却寻昨宿处，乃王弼冢。云本无玄学，自此谈老殊进。

①鸣鹤日下，士龙云间：陆云（262—303），字士龙，西晋吴郡吴县（今江苏苏州）人，东吴丞相陆逊之孙，大司马陆抗第五子。与其兄陆机合称"二陆"。

《晋书·陆云列传第二十四》：陆云六岁能属文，性格清正，干练有才能，少年时就与哥哥陆机闻名当世。虽文章不及陆机，但是观点见识能超越他。幼时，吴国尚书闵鸿见到陆云，认为他是一个奇才，说："此儿若非龙驹，当是凤雏。"后来陆云被举荐为贤良，当时年仅十六岁。

吴国被平定后，陆云和哥哥陆机游学洛阳。陆云与洛阳的荀隐并不相识，一次他们在张华的宴会上相遇。张华说："今天大家名士相聚，不要尽说些凡夫俗子的老生常谈。"陆云因此高声说："我是云间陆士龙。"荀隐接声道："我是日下荀鸣鹤。"陆云的家乡属于松江府，亦称云间，故陆云有此说。荀隐字鸣鹤。因为古代把帝王比作太阳，京城及附近地区被称为日下。荀隐为颖川人，近京都洛阳，所以自称为"日下荀鸣鹤"。陆云接着说："既然已经云开雾散，看到了白色的野鸡，为什么不拉开你的弓，射出你的箭？"听到陆云暗示自己不是鹤而是只野鸡，荀隐就回应他说："本以为是条强壮的云中之龙，没有想到竟然是山野间一只四不像，猎物很虚弱，我的弓弩很强劲，所以才慢吞吞放箭。"张华听到他们调侃如此幽默，就拍手大笑。刺史周浚召陆云担任从事之职，对别人说："陆云是当代的颜回。"陆云官至中书侍郎，后来和哥哥陆机一同被害。

当初，陆云赶路，因路程较远，中途想在老朋友家借宿。却因夜黑迷路，不知身在何处。忽然发现草丛中有火光，原来是一户人家，于是就寄宿在那里。这家的少年相貌英俊，风度翩翩，他们一起读《老子》，少年的理解非常深刻，令陆云折服。第二天陆云告辞离开，行了十余里才到朋友家。和朋友说起昨天的奇遇，朋友说附近十余里之内并无人家。陆云心中疑惑，再去寻找昨天住宿之处，发现竟然是研究《老子》的思想家，英年早逝的王弼的坟墓。陆云本来不研习玄学，从此谈论《老子》却有了突飞猛进的提高。

晋宣狼顾①，汉祖龙颜②

晋宣皇帝讳懿，字仲达，河内温县孝敬里人，姓司马氏。少聪朗，多大略，博学洽闻。汉末大乱，常慨然有忧天下之心。魏武为丞相，辟为文学掾，累迁相国。武帝受禅，上尊号曰宣皇帝。帝内急而外宽，猜忌而权变。魏武察帝有雄豪志，闻有狼顾相，欲验之。乃召使前行，令反顾，面正向后而身不动。又尝梦三马同食一槽，甚恶焉。因谓太子丕曰："司马懿非人臣也，必预汝家事。"太子素与帝善，每相全佑，故免。后竟迁魏鼎。

汉高祖，沛丰邑中阳里人，姓刘氏。母媪尝息大泽之陂，梦与神遇，是时雷电晦冥。父太公往视，则见交龙于上。已而有娠，遂产高祖。隆准而龙颜，美须髯，左股有七十二黑子。宽仁爱人，意豁如也，常有大度，不事家人生产作业。

①晋宣狼顾：司马懿（179—251），字仲达，河内郡温县孝敬里（今河南焦作温县西）人。司马懿自幼聪明，博学多闻，有雄才大略。"汉末大乱，常慨然有忧天下之心。"魏武帝曹操为汉丞相时，召司马懿任文学掾之职，多次升迁直至相国之位。司马懿的次子为司马昭，司马昭长子为司马炎。晋武帝司马炎受魏禅，为其祖父司马懿上尊号为"宣皇帝"。

《晋书·帝纪第一·宣帝司马懿》：司马懿外表敦厚而内心猜忌，深有权谋。魏武帝曹操察觉司马懿有雄心壮志，听闻他有狼顾之相，就想验证一下他回头时是不是真的像狼回头一样。一天，曹操把司马懿召来，让他走在前面，再故意在后面叫他，让他回头。果然，司马懿回过头来，脸正冲后面，而身子却能朝前保持不变。曹操又曾经梦见三匹马在同一个马槽中吃料，心中非常厌恶。就对太子曹丕说："司马懿不是一个忠心耿耿的臣子，他一定会危害曹魏天下！"但是太子曹丕与司马懿关系友善，总是保护着司马懿，屡屡让他化险为夷。魏国的政权最终还是被司马氏篡夺，应验了曹操"三马同槽"之梦。"三马"指司马懿、司马师和司马昭父子三人。"槽"谐音"曹"，暗示司马氏要侵吞曹氏江山。

②汉祖龙颜：汉高祖刘邦，字季，沛县丰邑中阳里（今江苏徐州丰县）人。

《史记·高祖本纪》：刘邦的母亲刘媪，一次在水塘边休息，梦见与神人偶遇。当时雷电交加，天色晦暗。刘邦的父亲刘太公来接应的时候，发现有一条蛟龙蟠踞在刘媪身上。很快刘媪有了身孕，不久后生下刘邦，也就是后来的汉高祖。

刘邦长相奇异，鼻梁很高，面貌如龙，胡须漂亮，左腿上有七十二颗黑痣。宽厚仁爱，心胸豁达，抱负远大，不屑于从事常人琐事。建立汉朝，终成伟业。

鲍靓记井^①，羊祜识环^②

《晋书》：鲍靓，字太玄，东海人。年五岁语父母云，本是曲阳李家儿，九岁堕井死。其父母访问皆符验。靓学兼内外，明天文河洛书。后迁南海太守。尝见仙人阴君授道诀，百余岁卒。

晋羊祜，字叔子，泰山南城人。世吏二千石，至祜九世，并以清德闻。年五岁时，令乳母取所弄金环，乳母曰："汝先无此物。"祜即诣邻人东垣桑树中探得之。主人惊曰："此吾亡儿所失物，云何持去。"乳母具言之，李氏悲惋。时人异之，谓李氏子即祜之前身也。祜博学能属文，魏高贵乡公时，公车征，拜中书侍郎。武帝有灭吴之志，以祜都督荆州诸军事，出镇南夏。累进征南大将军、南城侯，卒赠太傅。初有善相墓者，言祜祖墓所，有帝王气，若凿之则无后。祜遂凿之，相者见曰："犹出折臂三公。"祜竟堕马折臂，仕至公而无子。祜乐山水，每风景必造岘山，置酒言咏终日不倦。襄阳百姓于祜平生游憩之所建碑立庙，岁时享祀，望其碑者莫不流涕。杜预因名为"堕泪碑"。荆州人为祜讳名云。

①鲍靓记井：东晋鲍靓，字太玄，东海郡（今山东郯城）人，汉司徒鲍宣之后。

《晋书·鲍靓列传第六十五》：鲍靓五岁的时候，跟父母说："我本是曲阳李家的孩子，九岁那年因坠井而死。"他父母打听找到曲阳李家，情况果然如鲍靓所说。鲍靓学兼内外，通晓天文地理，后来升迁为南海太守。鲍靓曾遇到仙人阴君，阴君传授给他修道的秘诀，能煮石充饥。活到一百多岁方去世。

②羊祜识环：西晋羊祜，字叔子，泰山南城（今山东平邑南）人，是名

门望族泰山羊氏的后裔。世代食禄二千石，到羊祜已是第九代，整个家族以清廉享美名。

《晋书·羊祜列传第四》：羊祜五岁那年，多次请求乳母把自己的金环取过来，乳母说："可是你并没有这个东西啊！"羊祜就到姓李的邻居家东墙边桑树树洞里掏出来一个金环。主人吃惊地说："这是我死去的孩子的东西，你怎么能拿走？"乳母就把事情的原委告诉这家主人，李家非常悲伤，人们都很惊异，认为羊祜的前身就是李家孩子。

羊祜学识渊博，擅写文章。曹髦为高贵乡公时，曾用公车征拜他为中书侍郎。司马炎称帝后，素有吞吴之心，积极筹划消灭孙吴政权的战争，以期一统大业。司马炎调任羊祜为都督荆州诸军事，带兵驻守南方。累进征南大将军、南城侯，死后被追认为太傅。

起初，有一个擅长看墓穴风水的人，说羊祜家祖坟有出帝王的气象，但是如果墓被凿开，后人不仅不能称帝，还会断绝子嗣。羊祜没有谋反称帝之心，就把祖坟凿开了。相者见了说："就算这样也能出折臂三公。"后来羊祜坠马折断手臂，位至三公而没有子嗣。

羊祜喜游山水，每当好风景的时候必登岘山。在山上饮酒赋诗，终日不倦。羊祜去世后，襄阳百姓于其平生游憩之所，建碑立庙，年年按时祭祀。望其碑者，莫不流涕痛哭，杜预因名为"堕泪碑"。荆州人为羊祜的"祜"字避讳，将房屋的出入口称为"门"而不再称为"户"，又将"户曹"改称为"辞曹"。

仲容青云^①，叔夜玉山^②

《晋书》：阮咸，字仲容，陈留尉氏人。任达不拘，与叔父籍为竹林之游，当世讥其所为。咸与籍居道南，诸阮居道北，北阮富而南阮贫。七月七日，北阮盛晒衣服，锦绣灿目。咸以竿挂大布犊鼻于庭，曰："未能免俗。"历散骑侍郎，妙解音律，善弹琵琶。虽处世不交人事，唯共亲知弦歌酣宴而已。荀勖每与咸论音律，自以为远不及，疾之，出补始平太守。颜延年作《五君咏》，其一曰："仲容青云器，实禀生民秀。达音何用深，识微在金奏。郭奕已心醉，山公非虚觏。屡荐不入官，一麾乃出守。"

晋嵇康，字叔夜。有奇才，远迈不群，美词气，有风仪，而土木形骸，不自藻饰。人以为龙章凤姿，天质自然。恬静寡欲，含垢匿瑕，宽简有大量，博览该通。长好老庄，与魏宗室婚，拜中散大夫。所与交者，唯阮籍、山涛。预其流者，向秀、刘伶、阮咸、王戎，为竹林之游，世所谓"竹林七贤"也。戎与叔夜居山阳二十年，未尝见其喜愠之色。《世说》曰：叔夜之为人，岩岩若孤松之独立。其醉也，傀俄（guī é）若玉山之将颓。

①仲容青云：晋阮咸，字仲容，三国魏时期陈留尉氏（今河南尉氏）人，父亲阮熙为武都太守，叔父是阮籍。与阮籍并称"大小阮"。

《晋书·阮咸列传第十九》：阮咸生性旷达，放荡不羁，不拘俗礼。与叔父阮籍游于竹林，这种行为被当世信守礼法者所讥笑。阮咸、阮籍家在路南，其他阮氏住路北，北阮富而南阮穷。七月七日晾衣节这天，北阮纷纷晾晒自家衣物，罗列堂前，灿烂夺目。阮咸在庭院里用长竹竿挑起来一个大裤衩子，说："咱不能免俗，姑且也晾晒一下衣物。"

阮咸历仕散骑侍郎，妙解音律，善弹琵琶，但不善人际交往，仅和关系亲密之人弦歌酣宴而已。荀勖每次和阮咸讨论音律，自认为远不及阮咸，于是心生忌恨，找机会将阮咸调离京城，出任始平太守。颜延年作《五君咏》，比喻阮咸为"青云器"，赞扬他是胸怀旷达、志趣高远之才。

②叔夜玉山：三国魏嵇康（224—263），字叔夜，谯国铚县（今安徽濉溪西南）人。有奇才，超迈不群。文辞优美，风度不凡。但是为人不修边幅，不重自我，土木形骸。人们认为嵇康有龙凤一样的姿容，不加粉饰，天质自然。

《晋书·嵇康列传第十九》：嵇康博览群书，无所不通，长大后爱好研习《老子》《庄子》。与曹魏宗室通婚，官拜中散大夫。能与嵇康神交者，只有阮籍、山涛。其他能参与进来的有向秀、刘伶、阮咸、王戎，他们一起为竹林之游，世称"竹林七贤"。王戎与嵇康共同在山阳居住二十年，"未尝见其喜愠之色"。《世说新语》记载："叔夜之为人，如悬崖上挺拔昂首的孤松；喝醉的时候，如巍峨高峻的玉山将要倾倒。"

毛义奉檄①，子路负米②

《后汉》：毛义，字少节，庐江人。家贫，以孝行称。南阳张奉慕其名，往候之。坐定，而府檄适至，以义守令。义奉檄而入，喜动颜色。奉者，志尚士也，心贱之，自恨其来，固辞而去。及义母死，去官行服。数辟公府，为县令，进退必以礼。后举贤良，公车征不至。张奉叹曰："贤者固不可测。往日之喜，乃为亲屈。所谓家贫亲老，不择官而仕者也。"章帝下诏褒宠义，赐谷千斛，常以八月长吏问起居，加赐羊酒。寿终于家。

《家语》：仲由，字子路，见孔子曰："负重涉远，不择地而休；家贫亲老，不择禄而仕。昔由事二亲之时，常食藜藿之食，为亲负米百里之外。亲没之后，南游于楚，从车百乘，积粟万钟，累裀而坐，列鼎而食。愿欲食藜藿，为亲负米，不可得也。"子曰："由也事亲，可谓生事尽力，死事尽忠者也。"

①毛义奉檄：东汉毛义，字少节，庐江郡（今安徽庐江）人，家中贫穷，以孝行著称。

《后汉书·刘赵淳于江刘周赵列传第二十九·序》：南阳人张奉仰慕毛义的名声，登门拜访，刚坐定，郡府征召毛义出仕的文书恰好到达，任命他为安阳县令。毛义手捧文书进入室内，喜悦之情溢于言表。张奉是个有气节之士，非常鄙视毛义这种见禄而喜的做派，后悔自己的这次来访，固辞而去。

毛义的母亲去世，毛义辞官守孝。公府多次征召毛义为县令，毛义进退守礼。后来被举荐为贤良，官府多次派公车征召，毛义都没有去应征。张奉叹息说："贤人本不可推测，毛义往日的欢喜，仅仅是为了父母而降志屈已以任官职啊！所谓家贫亲老，不择官而仕者也。"汉章帝下诏书褒奖毛义，赐谷千斛，并令地方官每年八月问候毛义的日常生活，加赐羊肉美酒。毛义寿终于家。

②子路负米：子路，又称季路，名仲由，春秋末年鲁国人。是孔子的亲密弟子之一，属"孔门十哲"，是"孔门四科"政事科高才生。长期随侍孔子，在孔子弟子中年龄最长，性格梗直，有勇力才艺。

《孔子家语·致思第八》：子路见孔子，说："负重涉远，不择地而休；家贫亲老，不择禄而仕。"之前子路侍奉二老双亲的时候，家境贫寒，常食藜藿之食，纵然如此他也要想尽办法哪怕去一百里之外，为父母双亲找到一点儿白米来孝敬他们。父母去世之后，子路去南方楚国做官，从车百乘，积粟万钟，累裀而坐，列鼎而食，食前方丈，锦衣玉食，鲜衣怒马。但是子路想再回到过去，虽然贫穷，却能承欢于父母膝下！哪怕再吃树皮野菜，纵然再走百里为亲负米，但愿能再回到父母身边。孔子评价子路："父母健在的时候竭尽全力，父母去世后极尽哀思。"

江革巨孝[①]，王览友弟[②]

《后汉》：江革，字次翁，齐国临淄人。少失父，独与母居。遭乱，负母逃难，备历阻险，常采拾以为养。数遇贼，或劫欲将去，革辄涕泣，言有老母，辞气愿款，有足感动人者。贼不忍犯之。革转客下邳，穷贫裸跣，行佣以供母。建武末，与母归乡里，称江巨孝。及母终，举贤良方正，迁司空长史。肃宗崇礼之，拜谏议大夫。赐告归，因谢病。常以八月长吏存问，致羊酒，以终厥身。巨孝之称，行于天下。旧本"巨"作"忠"，非。

晋王览，字玄通。母朱，遇兄祥无道。览年数岁，见祥被楚挞，辄涕泣抱持。每谏其母，母少止暴虐。朱屡以非理使祥，览辄与俱。又虐使祥妻，览妻亦趋而共之。朱患之乃止。祥丧父，后渐有时誉，朱深疾之，密使鸩祥。览知之，径起取酒。祥疑其有毒，争而不与。朱遽夺反之。自后朱赐祥馔，辄先尝。览孝友恭恪，名亚于祥。仕至光禄大夫，门施行马。

①江革巨孝：东汉江革，字次翁，齐国临淄（今山东淄博）人。幼年丧父，与母亲相依为命。

《后汉书·江革列传第二十九》：天下大乱，江革背着母亲逃难，历经艰险，一路上以采摘野菜和捡拾野果养活母亲。多次遭遇贼寇，每次要把江革劫持走时，江革就哭泣求告，说有老母需要奉养，言辞哀伤恳切，感人肺腑。贼人被打动，心有不忍，不但不打劫江革，反而为他指出安全的路途。

江革母子辗转到下邳客居。贫穷到无鞋可穿，江革就光着脚为别人务工，来供养母亲。光武帝刘秀建武末年，江革与母亲平安回归乡里，人们赞颂江革的孝行，称其为"江巨孝"。母亲去世后，江革被推举为贤良方正，官至司空长史。肃宗皇帝推崇江革并给他很高的礼遇，拜为谏议大夫。江革告老还乡后，天子在每年的八月都会派官吏登门慰问，并带来好酒和羊肉，一直保持到江革去世。

②王览友弟：晋王览（206—278）：字玄通，琅邪临沂（今山东临沂）人。"卧冰求鲤"的主人公、西晋太保王祥的同父异母弟。"书圣"王羲之的先祖。

《晋书·王祥王览列传第三》：王览的生母姓朱，朱氏不喜欢丈夫前妻的儿子王祥，经常虐待他。王览年仅数岁时，见王祥被打，就抱着他哭。王览常常规劝母亲，朱氏也稍有收敛。每当朱氏非常无理地驱使王祥做事的时候，王览都要一同前往。朱氏还虐待驱使王祥的妻子，王览的妻子也赶紧陪同。朱氏顾虑自己儿子、儿媳被误伤才停止加害行为。王祥父亲去世后，王祥的声誉渐渐增加，朱氏深为嫉恨。一次，吃饭的时候想酒中下毒加害王祥，王览知道后，端起酒杯径直就喝。王祥怀疑酒中有毒，和王览争夺不止，非要自己来喝毒酒。朱氏突然向前，夺过酒杯倒在地上。之后朱氏给王祥饮食，王览就要先行品尝。王览孝悌恭敬友善，名声仅亚于王祥。官至光禄大夫，御赐门前设置阻止人马通行的路障。弟：通"悌"，友爱兄长。

萧何定律①，叔孙制礼②

《前汉》：高祖初入关，约法三章曰："杀人者死，伤人及盗抵罪。"蠲（juān）削烦苛，秦民大悦。其后四夷未附，兵革未息，三章之法，不足以御奸。于是相国萧何捃摭（jùn zhí）秦法，取其宜于时者，作律九章。高祖布衣时，何数以吏事护高祖。高祖为沛公，何尝为丞督事。沛公至咸阳，诸将皆争走金帛财物之府分之，何独先入，收秦丞相、御史律令图书藏之。沛公具知天下厄塞、户口多少、强弱处、民所疾苦者，以何得秦图书也。高祖即位，论功行封，以何功最盛，先封酂侯。

《前汉》：叔孙通，薛人。秦时以文学待诏博士。降汉，拜博士，号稷嗣君。汉王为皇帝，悉去秦仪法为简易。群臣饮，争功，醉或妄呼，拔剑击柱，上益厌之。通说上："愿征鲁诸生，与臣弟子共起朝仪，颇采古礼，与秦仪杂就之。"上使征鲁诸生，与其弟子为绵蕞野外。习之月余，通曰："上可试观。"七年，长乐宫成，诸侯群臣朝。十月，行礼毕，置酒，以尊卑次起上寿。觞九行，谒者言罢酒。御史执法，举不如仪者，辄引去，竟朝无敢喧哗失礼者。帝曰："吾乃今日知为皇帝之贵也。"拜通为奉常，赐金五百斤。

①萧何定律：萧何，沛郡丰邑（今江苏徐州丰县）人。西汉开国功臣、"汉初三杰"之一。萧何早年入仕秦朝，担任沛县主吏掾，辅佐沛公刘邦起义。

《汉书•刑法志第三》：汉高祖刘邦刚进驻关中，就与关中父老约法三章："杀人者死，伤人及盗抵罪。"废除秦国其他旧有的严刑酷法，百姓欢欣鼓舞，奔走相告，唯恐刘邦不在关中做秦王。后来，因为四方的少数民族还未归附，战争无法止息，仅仅靠这三条法令，不能防御邪恶之人。于是相国萧何扬弃秦法，借鉴那些合乎时宜的条款，重新制作了九章法律。

当年，刘邦还是一介布衣时，萧何用自己的职权多次保护他。等刘邦起事自称沛公，萧何做他的县丞，为他督办各种公务。刘邦的军队破关进入咸阳，将帅们争先恐后涌入储存金帛财物的府库哄抢东西。而萧何却提前入宫，将秦朝丞相、御史们所掌管的律令图书收集整理并珍藏起来。沛公后来治理天下，之所以能够知道天下山川险要在何处、人口户籍有多少、人力物力强弱、民间疾苦详情，全赖萧何抢先得到的这些文献资料。刘邦称帝后，论功行封，以萧何功最盛，官封酂侯。

②叔孙制礼：叔孙通，是薛地（今山东枣庄滕州南）人。秦朝时以擅长为文而待诏博士。后来投靠汉王，官拜博士，号稷嗣君。

《史记·刘敬叔孙通列传第三十九》：汉王刘邦称帝后废除秦朝严苛繁杂的法律，而改为简单易行，便于操作的规矩。但是因为约束较少，群臣吃酒的时候，各自邀功，喝醉的大呼小叫，甚至拔出剑砍堂上的柱子。这样的事情屡屡发生，皇帝也就越来越烦恼。叔孙通向皇帝进谏，建议征召鲁地儒生，请他们借鉴古礼再融合秦朝制度来制定适合当下的朝廷礼仪。

于是皇上命叔孙通征集鲁国儒生，得三十名，与叔孙通的弟子们在郊外演练礼仪，拉起绳子以示施礼处所，立起茅草代表位次尊卑。一月有余，叔孙通对皇上说："请您视察礼仪演练的成效。"这时正值汉高帝七年的十月份，长乐宫竣工，诸侯群臣都来朝拜，参加首岁大典。大典上有着威严的仪式，行礼完毕，开始置酒饮宴，大臣们按地位尊卑依次为皇上祝寿。敬酒九巡后，主持仪式的谒者大声宣布宴会结束。负责监察的御史们要求大家严格按照仪式执行，凡有举动不合礼仪的就被带走，于是整个过程没有人敢大声喧哗、举动失礼。皇上说："时至今日，我终于知道当皇帝的尊贵了。"于是授官叔孙通为奉常，赐金五百斤。

葛丰刺举①，息躬历诋②

《前汉》：诸葛丰，字少季，琅邪人。以明经为郡文学，特立刚直。元帝擢为司隶校尉，刺举无所避，京师为之语曰："间何阔，逢诸葛。"上嘉其节，加秩光禄大夫。

《前汉》：息夫躬，字子微，河内河阳人。少为博士弟子，受《春秋》，通览记书。哀帝擢光禄大夫、给事中。上疏历诋公卿大臣曰："方今丞相王嘉，健而蓄缩，不可用。御史大夫贾延，堕弱不任职。左将军公孙禄、司隶鲍宣，皆外有直项之名，内实验不晓政事。诸曹以下，朴遫不足数。卒（同"猝"）有强弩围城，长戟指阙，陛下谁与备之？"

①葛丰刺举：诸葛丰，字少季，西汉琅邪（今山东诸城）人，诸葛亮的先祖。以通晓经书被任命为郡文学，为人刚强正直，特立独行。

《汉书·诸葛丰列传第四十七》：诸葛丰在汉元帝刘奭时被提拔为司隶校尉。诸葛丰忠于职守，秉公执法，无论是举荐有功之士，还是检举奸邪之徒，不管其职位高低、身份贵贱，一无所避，不徇私情。京师为之语曰："间何阔，逢诸葛。"意思就是说，老朋友为什么久不见面呢，是因为遇上了那个司隶校尉诸葛丰。皇上嘉奖他为人为官的操守与气节，加封光禄大夫。

②息躬历诋：息夫躬，字子微，河内河阳（今河南孟州）人。年轻时为博士弟子，学习《春秋》，通览传记及百家之书。汉哀帝刘欣擢其为光禄大夫、给事中。

《汉书·息夫躬列传第十五》：因为息夫躬能亲近皇帝，所以就多次向皇帝进谏，谈论政事，直陈得失，无所回避。人们因为怕被他弹劾，路上遇见，不敢与之对视。息夫躬上书皇帝，逐一点评公卿大臣："当今丞相王嘉，刚健急躁而短视，不可任用；御史大夫贾延，懦弱无能不称职。左将军公孙禄和司隶鲍宣，虽有刚正不阿的名声，实际上内心愚钝，不懂政事。他们下面的诸位官员，更是平庸无能不足以道。如果突然有劲敌来犯，兵临城下，强弩围城，长戟指阙，陛下您能与谁共御来犯之敌呢？"

管宁割席①，和峤专车②

《世说》：管宁，字幼安。与华歆共园锄菜，见地有金，宁挥锄与瓦石不异，歆捉而掷之。又尝同席读书，有乘轩冕过门者，宁读书如故，歆废书而看。宁割席分坐，曰："子非吾友也。"宁、歆、邴原，俱游学，三人相善，故时人号为"一龙"，谓宁为龙头，原为龙腹，歆为龙尾。

晋和峤，字长舆，汝南西平人。少有风格，厚自崇重，有盛名于世，朝野许其能整风俗，理人伦。庾顗（ái）见而叹曰："峤森森如千丈松，虽磥砢多节目，施之大厦，有栋梁之用。"累迁中书令，武帝深器遇之。旧监令共车入朝，时荀勖为监，峤鄙其为人，以意气加之。每同乘，高抗专车而坐，乃使监令异车，自峤始也。

①管宁割席：管宁，字幼安，魏北海朱虚（今山东临朐东南）人，齐国名相管仲后人。十六岁丧父，亲戚怜其孤贫，多加馈赠，管宁一无所受，按照自己的能力为父亲送终。

《世说新语·德行》：一次，管宁与华歆一起在菜园锄草，土中翻出来一块金子。管宁视若瓦石，挥锄如故。华歆把金子捡起来，反复看了看，又扔掉了，有不舍之意。管宁与华歆又同席读书，门外有华丽的马车经过，管宁继续读书，丝毫不被打扰，华歆却扔下书跑出去看热闹。宁割席分坐，说："我没有你这样的朋友。"管宁、华歆、邴原三人关系亲密，一起在外游学，当时人们称其为"一龙"，管宁为龙头，邴原为龙腹，华歆为龙尾。

②和峤专车：和峤（？—292），字长舆，汝南西平（今河南西平西）人，曹魏后期至西晋初年大臣，曹魏太常和洽之孙，吏部尚书和逌（yōu）之子。

《晋书·和峤列传第十五》：和峤年少有风度，行事稳重，有盛名于当世，朝野赞许他能整治风俗，敦厚人伦。太傅从事中郎庾敳见而叹曰："和峤如苍劲繁茂、挺拔高耸的松树，虽然周身多节瘤和枝丫，如果建造大厦，可以用他做栋梁。"多次升迁后官至中书令，深得晋武帝司马炎器重。

按典章制度，监官和令官要同乘一辆车入朝，当时荀勖为中书监，和峤为中书令。荀勖为人阿谀，善于逢迎，所以和峤非常鄙视荀勖，对他毫不客气。每次上朝，公车一来，和峤总是抢先上车，不给荀勖留座。官府没有办法，只好更改规矩。监令不同车这一规矩，就是从和峤开始的。

时苗留犊①，羊续悬鱼②

《魏略》：时苗，字德胄，钜鹿人。少清白，为人疾恶。建安中，为寿春令，令行风靡。其始之官，乘薄犇（bèn）车，黄牸（zì）牛，布被囊。岁余，牛生一犊，谓主簿曰："令来时本无此犊，犊是淮南所生。"时人皆以为激，然由此名闻天下。后迁中郎将。

《后汉》：羊续，字兴祖，太山平阳人。为南阳太守，班宣政令，候民病利，百姓叹服。常敝衣薄食，车马羸败。府丞尝献其生鱼，续受而悬于庭。后又进之，续乃出前所悬者，以杜其意。灵帝欲以为太尉。时拜三公者，皆输东园礼钱千万，令中使督之，名为"左骁"。其所之往，辄迎致礼敬，厚加赠赂。续乃坐使于单席，举缊袍示之曰："臣所资唯斯而已。"以此故不登公位。

①时苗留犊：时苗，字德胄，三国曹魏时期钜鹿（今河北宁晋西南）人。少年时就清白为人，嫉恶如仇。

《魏略》：建安年间，曹操任命他为寿春县（今安徽寿春，属于淮南）令，执政有方，令行禁止。当初他赴任时，乘坐单薄的牛车，仅有粗布行囊。一年后，自家的这头母牛生下一只小牛犊。离任时，时苗对主簿曰："我来上任时本来是没有这个小牛犊的，这个牛犊是在淮南时生的，理应归淮南所有。"执意留犊而去。人们都觉得时苗过于偏激，然而他由此名闻天下。后来官至中郎将。

②羊续悬鱼：羊续，字兴祖，泰山平阳（今山东新泰南）人，出身于著名的泰山羊氏，是西晋名将羊祜的祖父。

《后汉书•羊续列传第二十一》：羊续凭借门荫入仕，为南阳太守时，扫除境内贼寇，发政施仁，吊问民众疾苦，百姓信服。衣食住行简陋，常敝衣薄食，出门车马破旧瘦弱。府丞知道羊续嗜好吃鱼，献给他一条名贵的活鱼。考虑到同事关系，拒之不妥，羊续便接受了这条鱼。为了杜绝府丞再来献鱼和别人效法，羊续没有吃这条鱼而是将它悬挂在大厅之上。府丞不久后又送来一条鱼，羊续于是将悬挂在大厅已成鱼干的那条鱼给他看，府丞这才作罢。

汉灵帝想让羊续担任太尉。当时官拜三公者，都要向东园送礼钱千万，宫中还会派使者监督，使者名为左驺。凡左驺所到，地方都会以礼相待，厚加贿赂。左驺来到羊续这里，羊续让他坐在单薄的席子上，抬手展示自己破旧的袍子，说："我的资产，仅有这些而已。"左驺向皇上禀告之后，皇上很不高兴，羊续也因此没能成为太尉。

樊哙排闼①，辛毗引裾②

《前汉》：樊哙，沛人。以屠狗为事。从高祖定天下，以功封舞阳侯。帝尝病，恶见人，卧禁中，诏户者无得入群臣。群臣绛、灌等，莫敢入。十余日，哙乃排闼直入，大臣随之。上独枕一宦者卧，哙等流涕曰："始陛下与臣等起丰沛，定天下，何其壮也！今天下已定，又何惫也。且陛下疾甚，不见臣等计事，顾独与一宦者绝乎，且独不见赵高之事乎？"帝笑而起。初，帝已定关中，项王至怒，欲攻之。帝从百余骑见羽鸿门，亚父范增令项庄拔剑舞，欲击帝，项伯常屏蔽之。哙闻事急，持盾直入，怒甚。羽壮之，赐以卮酒彘肩。哙饮酒，拔剑切肉，食之曰："臣死且不辞，岂特卮酒乎？"帝如厕，麾哙出，独骑马，哙等步从山下走归霸上军，是日微哙几殆。

《魏志》：辛毗，字佐治，颍川阳翟人。文帝践阼，迁侍中。帝欲徙冀州士家十万户实河南，时连蝗民饥，群司以为不可，而帝意甚盛。毗与朝臣俱求见，帝知其欲谏，作色以见之，皆莫敢言。毗曰："陛下不以臣不肖，置之左右，厕之谋议之官，安得不与臣议。臣所言非私，乃社稷之虑也。"帝不答，起入内。毗随而引其裾，帝遂奋衣不还。良久乃出，曰："卿持我何太急耶？"毗曰："今徙既失民心，又无以食。"帝遂徙其半。尝从帝射雉，帝曰："射雉乐哉？"毗曰："于陛下甚乐，群下甚苦。"帝默然，后遂为之稀出。终卫尉。

①樊哙排闼：樊哙，沛（今江苏沛县）人。早年追随刘邦。樊哙出身寒微，以屠狗为业，娶吕雉之妹吕媭为妻，骁勇善战，为刘邦麾下得力猛将，

鸿门宴时，营救刘邦有功。天下既平，论功行赏，封舞阳侯。

《汉书·樊哙列传第十一》：起初，黥布反叛，高帝刘邦情绪低落，一度病得厉害。他卧病禁中，不愿见人，诏令守门人不接受觐见。群臣中如绛侯周勃、颍阴侯灌婴者都不敢入宫。十多天后，樊哙推开门直接进去，群臣们紧随其后。看到高祖枕着一个宦官躺在床上，樊哙等人跪拜在地，痛哭流涕地说："想当初陛下和我们从丰沛起兵，平定天下，是多么伟大的壮举啊！现在天下已经安定，您为什么又是如此地疲惫不堪呢？您病情严重，不愿和我们这些大臣共商国是，却枕着一个宦官独自高卧，难道只想和这个宦官临终诀别吗？您难道忘了前朝赵高作乱的往事了吗？"高帝听完，重振精神，就笑着起了床。

当初，汉王提前入关，平定了关中，项羽至怒，欲攻之。刘邦带着百余骑去鸿门赴项羽的宴请。在宴会现场，项羽的亚父范增令项庄拔剑起舞，欲趁机刺杀刘邦，项伯也加入舞剑，来掩护刘邦。樊哙在营帐外，听说帐内情况危急，就手持盾牌撞门闯入，一副盛怒的样子。项羽敬重樊哙是位有勇力的壮士，赐给他一杯酒和一条猪腿。樊哙接过酒一饮而尽，再拔剑切肉，边吃边说："我死都不怕，难道还会怕一杯酒吗？"刘邦出帐如厕，樊哙也跟着出来。让刘邦骑马，留下所有随从车马，樊哙步行保护着刘邦下山，平安回到霸上自己的军营。鸿门宴如果没有樊哙临危不惧，力挽狂澜，刘邦差不多就完了。

②辛毗引裾：辛毗，字佐治，颍川郡阳翟县（今河南禹州）人，汉末三国时期曹魏大臣。出身陇西辛氏，早年投靠冀州牧袁绍，拒绝司空曹操征召。女婿羊耽，是东汉太常羊续幼子，是太常卿、太傅羊祜（羊叔子）的叔父。

《三国志·魏志二十五·辛毗传》：魏文帝曹丕即位后，辛毗被提拔为侍中，赐爵关内侯。文帝欲将冀州十万户士卒家属迁徙到河南，当时连年蝗灾，民间饥荒严重。大臣们以为不可，而帝一意孤行，态度坚决。辛毗与朝臣一起求见，文帝知道他们想要劝谏，怒气冲冲地接见他们。群臣皆莫敢言，只有辛毗说："陛下不以臣不肖而让臣伴您左右，让我忝列谋议之官。迁徙这么重大的事情，您怎么能不与臣商议呢？臣所言非出自私心，乃是为社稷考虑啊！"文帝不回答，拂袖而起就要进内宫。辛毗紧随文帝并拉着他的衣裾，文帝奋力挣脱才得以进入内宫。良久乃出，说："你啊，刚才干吗那么着急地扯着我，逼迫我呢？"辛毗曰："现在迁徙，您既会失民心，又没有足够的粮食给他们吃。"文帝最终妥协，答应只迁徙一半人口。

辛毗曾陪文帝射雉，文帝问："射雉乐哉？"辛毗回答说："于陛下甚乐，群下甚苦。"文帝听后沉默不语，后来就很少出来射雉了。辛毗最终官至卫尉。

孙楚漱石[①]，郝隆晒书[②]

《晋书》：孙楚，字子荆，太原中都人。才藻卓绝，爽迈不群，多所陵傲，缺乡曲之誉。年四十余，始参镇东军事，终冯翊太守。初，楚少时欲隐居，谓王济曰："当枕石漱流。"误云"漱石枕流"。济曰："流非可枕，石非可漱。"楚曰："所以枕流，欲洗其耳；所以漱石，欲厉其齿。"

《世说》：郝隆七月七日出，日中仰卧。问其故，曰："我晒腹中书也。"

①孙楚漱石：孙楚，字子荆，太原中都（今山西平遥西南）人，西晋官员、文学家。曹魏骠骑将军孙资之孙，南阳太守孙宏之子。孙楚才华辞藻卓绝，为人豪爽，卓尔不群。因为个性傲慢，对人常有冒犯，所以在乡里不被人赞誉。直到四十多岁，才参与镇东军事。官至冯翊太守。

《晋书·孙楚列传第二十六》：当初，孙楚和同郡的王济关系友善，孙楚想要过隐居生活，想对王济说："我要过那种'枕石漱流'，以山石为枕，用江流洗漱的逍遥生活。"结果因为口误，说成了"我要过那种'漱石枕流'，用山石洗漱，以江流为枕的逍遥生活"。王济说："江流并不可以当枕头，山石也不可以用来洗漱。"孙楚机智地说："我之所以要以江流当枕头，是想用它洗耳；之所以用山石洗漱，是想让自己口齿更伶俐。"

②郝隆晒书：郝隆，字佐治，东晋名士，学识渊博，性格诙谐。投奔桓温，官至南蛮府参军，不被重用，后辞官归乡隐居。

《世说新语·排调》：魏晋时，有七月七日晒衣服的习俗。这天，郝隆袒胸露腹地仰躺在大太阳下。人怪问其故，郝隆回答说："我在晒我这满腹的书籍。"

枚皋诣阙^①，充国自赞^②

《前汉》：枚皋，字少孺。至长安上书北阙，自陈枚乘之子。始乘死，诏问乘子无能为文者。乘在梁时，取皋母为小妻。及东归，皋母不肯随，留与母居。上得大喜，召入见，待诏。因赋殿中，诏使赋平乐馆，善之，拜为郎，使匈奴。皋不通经术，诙笑类俳倡，为赋颂，好嫚戏，以故得媟黩（xiè dú）贵幸。比东方朔、郭舍人等。

《前汉》：赵充国，字翁孙，陇西上邽人。善骑射，补羽林。为人沉勇，有大略。少好将帅之节，而学兵法，通知四夷事。宣帝时，为后将军，封营平侯。神爵初，诸羌背叛犯塞，时充国年七十余，上老之，使御史大夫丙吉问谁可将者，充国对曰："亡逾于老臣者，臣愿驰至金城，图上方略。"充国常以远斥侯为务，行必为战备，止必坚营壁，尤能持重，爱士卒，先计而后战。遂至西部都尉府，日飨军士，士皆欲为用。虏数挑战，充国坚守，捕得生口，言羌豪相责曰："语汝亡反，今天子遣赵将军来，年八九十矣，善为兵，今请欲一斗而死可得耶？"充国引兵至先零，虏弃辎重，赴水溺死者数百，降斩五百余。后罕、开不烦兵而下，遂上屯田便宜十二事，上听其计。后罢屯兵，振旅而还，乞骸骨，赐安车驷马黄金，罢就第。每有四夷大议，常与参兵谋，问筹策。薨，谥壮侯。初，充国以功德，与霍光等列画未央宫。成帝时，西羌有警，上思将帅之臣，追美充国，乃召黄门郎扬雄，即图画而颂之。

①枚皋诣阙：枚皋，字少孺，淮阴（今江苏淮安）人，西汉大辞赋家枚乘的庶子，母亲是枚乘在梁国娶的小妾。枚乘离开梁国时，枚皋的母亲不肯

相随，于是枚乘将枚皋留在梁国以陪伴母亲。

《汉书·枚皋列传第二十一》：十七岁时，枚皋上书梁共王，得其赏识，被召为郎官。后被人诬陷而获罪，流亡到长安。枚皋在长安上书朝廷，自言为枚乘之子。武帝还是太子的时候，就听说过枚乘的名声。等到即位为天子，枚乘已经年迈，不能为朝廷所用，死在应诏的路上。武帝再下诏书寻找枚乘的儿子，但没有善于写文章的，也只好作罢。现在竟然又发现枚乘的一个儿子，武帝大喜过望，赶忙宣枚皋入官，让他等待诏用。

武帝让枚皋为平乐馆写一篇赋文，赋成，深得武帝认可，拜为郎官，让他出使匈奴。枚皋不擅长经学，谈笑诙谐，很多辞赋用语也较为轻浮不雅。但他因为滑稽不庄重得武帝宠幸，与东方朔、郭舍人同列，被视为弄人。

②充国自赞：赵充国，字翁孙，陇西上邽（今甘肃天水）人。最初只是一名骑士，后来作为善于骑射的六郡良家子弟而补任羽林卫士。赵充国做事沉着勇敢，有远大谋略，从小仰慕将帅的气节，就去学习兵法，对四方蛮夷之事通晓于心。绘像未央宫麒麟阁，为"麒麟阁十一功臣"之一。

《汉书·赵充国辛庆忌传第三十九》：汉昭帝去世后，赵充国与大将军霍光拥立汉宣帝，获封营平侯。汉宣帝本始年间，赵充国率军征讨匈奴，杀敌数百，被封为后将军、少府。宣帝神爵初年，羌人部落背叛，侵犯骚扰边塞。时年赵充国已七十有余，皇上认为充国年迈，就让御史大夫丙吉前去请教谁可率军出征，征讨诸羌。赵充国回答说："再没有比老臣我更合适的人选了。至于具体的作战方法，百闻不如一见，我愿亲到金城，实地考察，然后献上地图和作战策略。"

赵充国常常派出侦察兵远远瞭望，以作为战前准备；行军时则提高战备，谨慎做好防范，以确保随时投入战斗；安营扎寨时则保证营垒坚固。慎重行事，爱护士卒，预先认真谋划而后出战。赵充国来到设在金城的西部都尉府，每天犒赏军士，士卒愿为他效死。敌人多次前来挑战，赵充国都命令坚守阵营而不出兵。从捉到的俘虏口中知道，羌人头领内部之间意见分歧，相互埋怨，说："跟你说过不要造反，现在天子派来了赵将军，他虽然是八九十岁的老人，但善于用兵。就算我们想要拼命，和他决一死战，也毫无胜算啊！"赵充国引兵到达先零羌驻扎地，敌人望风而逃，丢弃车辆辎重无数，争渡湟水而被溺死者数百人，投降及被斩首的有五百余人。其他羌人如罕羌和开羌者，不战而其兵屈。

羌人叛乱被平定后，赵充国向皇上上书，建议开展屯田，并陈述了屯田的十二种好处，皇上最终采纳了他的建议。神爵二年（前60），赵充国估计诸羌大部分人员已经伤亡或者投降，力量削弱，于是请求撤回屯田之兵。得到皇帝的允准，凯旋。

赵充国请求告老还乡，皇上赐给他一辆四匹马拉的坐车及黄金六十斤，退休还家。朝廷每有和四夷相关的重大讨论，都会请他参与谋划，向他请教策略。死后谥号为壮侯。当初，赵充国因为功劳和德行卓著，与大将军霍光等人一起被绘图于未央宫麒麟阁。成帝时，西羌动乱，皇上思念将帅大臣，追忆赞美赵充国，就召黄门郎扬雄在充国画像旁边又题写颂辞。

王衍风鉴^①，许劭月旦^②

《晋书》：王衍，字夷甫。神情朗秀，风姿详雅。尝造山涛，既去，涛目送之，曰："何物老妪，生宁馨儿，然误天下苍生者，未必非此人。"武帝闻其名，问其从兄戎曰："夷甫当世谁比？"戎曰："未见其比，当从古人中求耳。"补元城令，终日清谈，县事亦理。衍有盛才美貌，明悟若神，尝自比子贡。声名籍甚，喜玄言，惟谈老庄。为事每捉玉柄麈尾，与手同色。义理有所不安，随即改更，世号"口中雌黄"。朝野翕然，谓之"一世龙门"。累居显职，后进景慕，历尚书令。及石勒寇京师，以衍都督征讨诸军事，迁太尉。众共推为元帅，举军为勒所破。衍欲求自免，劝勒称尊号，勒怒曰："君名盖四海，身居重任，少壮登朝，至于白首，何得言不豫世事耶？"使人夜排墙填杀之。王戎谓王衍："神姿高彻，如瑶林琼树，自然是风尘表物。"王敦曰："夷甫处众中，如珠玉在瓦石间。"顾恺之画赞亦称衍"岩岩清峙，壁立千仞"，其为人所尚如此。

《后汉》：许劭，字子将，汝南平舆人。少峻名节，好人伦，多所赏识。时郭泰亦知人，故天下言拔士者称"许郭"。曹操微时，常卑辞厚礼，求为己目。劭鄙其人，曰："君清平之奸贼，乱世之英雄。"操大悦而去。初，劭与从兄靖俱有高名，好共核论乡党人物，每月辄更其品题，故汝南俗有"月旦评"焉。举方正敦朴，不就。兄虔亦知名，汝南称"平舆渊有二龙焉"。

①王衍风鉴：王衍，字夷甫，琅邪临沂（今山东临沂）人，出身琅邪王氏，相貌俊秀，风姿安详文雅。童年时的王衍曾去拜访山涛，山涛见到他感叹了老半天，告辞的时候又目送他很久，说："谁家老妇人，生下这么好的孩子，然而误

天下苍生者，未必不是他啊！"

《晋书·王衍列传第十三》：晋武帝司马炎听闻王衍的名望，就问他的堂兄王戎："当世哪个人可与你弟弟王衍相比？"王戎说："当世无人能比王衍，只能从古人中寻找。"后来，王衍出京补任元城令，终日清谈，县事的政务也能处理得很好。王衍才貌俱佳，又聪明颖悟，犹有神助，曾自比于子贡。王衍名声很高，喜欢谈论玄学，口不离《老子》《庄子》。谈玄时常拿一个玉柄拂尘，与手同色。只要谈论的话题道理有什么不妥，马上随口更改，世人称他是"口中雌黄"。朝廷内外，人人仰慕，称他为"一世龙门"。

石勒带兵侵犯京师，朝廷任命王衍为都督征讨诸军事，初战告捷，获敌辎重，升任太尉。后又被众人推举为元帅，不久全军为石勒所破。为了保命，王衍自称不参与国事，劝石勒称帝。石勒发怒说："你名扬四海，位居要职，身担重任，年轻时就入朝为官，直到头发变白，怎么能说自己不参与国事？"石勒不愿加之刀锋，就派人夜里推倒一堵墙把他活埋了。

王戎曾称赞说："王衍神情姿态高雅清澈，就像瑶林琼树，自然超凡脱俗。"王敦评价说："王衍和众人在一起，如鹤立鸡群，如珠玉在瓦石间。"顾恺之在王衍的画像上作赞词说他"岩岩清峙，壁立千仞"。由此可见王衍是多么为人所推崇。风鉴：风采鉴识。王衍风鉴高超，世人无与伦比。

②许劭月旦：许劭，字子将，汝南平舆（今河南平舆北）人。少年时即有崇高的名望和节操，喜好品评人物，很多人得其赏识。当时郭泰也以能知人著称，所以天下说到善于提拔士人的人都称"许郭"。

《后汉书·许劭列传第五十八》：曹操还没有发达的时候，多次带着厚礼，言辞谦逊，请许劭为自己做个评价。许劭瞧不起曹操的为人，拒绝品评。后受曹操威胁，不得已才评价说："君为清平之奸贼，乱世之英雄。"曹操听了大喜而去。当初，许劭与堂兄许靖俱有高名，喜好一起深入品评本地人物，每月评议不同的人，故汝南俗语有"月旦评"之说。许劭被举荐为方正敦朴科的人才，朝廷征召他而不赴职。哥哥许虔也很有名望，汝南人评价他们为平舆渊里的两条龙。月旦：每月的初一。月旦评：指许劭每月对乡里不同人物的品评。

贺循儒宗[①]，孙绰才冠[②]

《晋书》：贺循，字彦先，会稽山阴人。操尚高厉，童龀（chèn）不群，言行进止，必以礼让。建武初为中书令，加散骑常侍，固辞，改拜太常。朝廷疑滞皆咨之，循辄依经礼而对，为世儒宗。

《晋书》：孙绰，字兴公，冯翊太守楚之孙。博学善属文。居会稽，游放山水十余年，绝重张衡、左思赋。每云："《三都》《二京》，五经之鼓吹也。"尝作《天台山赋》，辞致甚工。初成，以示友人范荣期云："卿试掷地，当作金石声。"荣期曰："恐此金石，非中宫商。"然每至佳句辄云："应是我辈语。"除著作郎，后转廷尉卿。绰少以文才称，于时文士，绰为其冠。温、王、郗、庾诸公薨，必须绰为碑文，然后刊石焉。

①贺循儒宗：贺循，字彦先，会稽山阴（今浙江绍兴）人。贺循的祖先庆普，在西汉时传授《礼》，即世人所称的"庆氏学"；贺循的族高祖贺纯，学识渊博而享有盛名，为避讳而改"庆"为"贺"姓。

《晋书·贺循列传第三十八》：贺循节操高尚，童年时即不同凡响，言行举止，一定按照礼的要求，以礼让为先。贺循任武康县令期间，武康县有厚葬的风俗，遇到有禁忌的日子则停殡不葬，贺循对这些习俗都加以禁止。他的政令教化广为流传，以至邻近的城邑纷纷效仿。但因贺循在朝中无人举荐，长期不得升迁。著作郎、文学家陆机曾上书举荐贺循，认为他才能可堪担任尚书郎。但是许久后，朝廷才召贺循补任太子舍人。

建武初年，任中书令，加散骑常侍，贺循以年老多病为由，固辞不受，于是改授太常。朝廷凡有疑难不决之事，都会向他咨询请教，贺循总能据礼回答，是当世的儒学宗师。

②孙绰才冠：孙绰，字兴公，太原中都（今山西平遥西南）人，生于会稽（今浙江绍兴），东晋玄言诗派代表。祖父为冯翊太守孙楚。

《晋书·孙绰列传第二十六》：孙绰学识渊博，善写文章。居住在会稽，游山玩水十余年。孙绰极其推重张衡和左思的辞赋，常说："《三都赋》《二京赋》，是对五经的宣扬。"曾作《天台山赋》，文辞工整。刚写成，拿给友人范荣期看，说："你试着把这篇赋扔到地上，一定会发出金石撞击的清越之声。"范荣期说："恐怕这个金石之声，不合宫商的韵律。"然而每读到文中佳句就说："这才是我们这些人该说的话。"授职著作郎，后来又转任廷尉卿。

孙绰少年成名，以文才著称，在当时的文人中名列第一。温、王、郗、庾这些王公贵族家族的人去世后，必须是孙绰为他们写碑文，才愿刻在碑石上。

太叔辩洽，挚仲辞翰^①

《晋书》：挚虞，字仲洽，京兆长安人。才学通博，著述不倦。举贤良策为下第，拜中郎。武帝诏会东堂策问，对毕，擢太子舍人，历太常卿。虞性爱士人，有表荐者，常为其辞。东平太叔广，枢机清辩，虞不能对；虞笔，广不能答，更相嗤笑，纷然于世云。

①太叔广，字季思，东平（今山东东平）人，曾任太常博士，有口才，和挚虞同朝为官。挚仲指挚虞，挚虞（250—300），字仲洽，京兆长安（今陕西西安）人，三国时期魏国太仆卿挚模之子。挚虞年轻时跟随皇甫谧学习，才学博通，著书立说不知疲倦。挚虞被推举为贤良，和夏侯湛等十七人位列下等，授予中郎之职。晋武帝召集贤良方正之士在东堂对策，就一些国家大事讨论应对策略。武帝赏识挚虞的观点，选拔他为太子舍人。历任光禄勋、太常卿。《晋书·挚虞列传第二十一》：挚虞生性喜爱读书人，凡有推荐的表奏，总要多为润色，美其说辞。

东平人太叔广才思敏捷，有辩才。太叔广谈论的问题，挚虞难以应对；挚虞书写的文章，太叔广不能回应对答。彼此嗤笑，相互争执。

挚虞善于观察天象，曾对友人说："现在正值天下大乱，能避难的地方，恐怕只有凉地吧！"不幸遭遇洛阳战乱，盗贼公行，人相食，挚虞平素清贫，终被饿死。

山涛识量①，毛玠公方②

　　《晋书》：山涛，字巨源，河内怀人。少有器量，介然不群。年四十，始为郡上计掾，举孝廉。武帝时，迁吏部尚书。前后选举，周遍内外，并得其才。官至右仆射，赠司徒。初，涛布衣，家贫，谓其妻韩氏曰："忍饥寒，我后当作三公，但不知卿堪作夫人不耳。"及居荣贵，贞慎俭约。裴楷有知人鉴，尝谓涛："若登山临下，幽然深远。"王戎亦曰涛："如璞玉浑金，人皆钦其宝，莫知名其器。"梁任昉《为范云让尚书吏部表》云："在魏则毛玠公方，居晋则山涛识量。以臣况之，一何寥落。"

　　《魏志》：毛玠，字孝先，陈留平丘人。魏太祖为相，玠尝为东曹掾。与崔琰并典选举，其举用皆清正士，虽有盛名而行不由本者，终莫得进。务以俭率人，由是士以廉节自励，虽贵宠之臣，舆服不敢过度。太祖叹曰："用人如此，使天下自治，吾复何为哉？"文帝为五官将，亲自诣玠，属所亲眷。答曰："老臣以能守职，幸得免戾。今所说人非迁次，是以不敢奉命。"请谒不行，时人惮之。初，太祖平柳城，班所获器物，特以素屏风、素冯几赐玠，曰："君有古人之风，故赐君古人之服。"玠居显位，尝布衣蔬食，赏赐以赈施贫族。魏国初建，为仆射，复典选举。时太子未定，而临淄侯植有宠，玠密谏曰："近者袁绍以嫡庶不分，覆宗灭国。废立大事，非所宜闻。"后太祖目指曰："此古所谓国之司直，我之周昌也。"

　　①山涛识量：山涛，字巨源，河内怀（今河南武陟西南）人。喜好《老子》《庄子》，与嵇康、吕安相友善，后来结交阮籍，志趣相投，同为竹林七贤。嵇康后来获罪，临刑前对儿子嵇绍说："有山涛在，你就不是孤儿。"

《晋书·山涛列传第十三》：山涛早孤，家境贫寒，年少有器量，卓尔不群。山涛直到四十岁，才初次担任郡里上计掾的职务，被推举为孝廉。晋武帝司马炎执政时，被任命为吏部尚书。山涛任职期间，前后推荐提拔的人遍布朝廷和州郡，都能知人善任，人尽其才。山涛官至右仆射，死后被追赠为司徒。

起初，山涛还是一介布衣，家境贫寒。山涛和妻子韩氏情感甚笃。山涛对她说："请暂且忍耐饥寒，我日后定当位列三公，只是不知道到时候你是否做得来三公夫人。"等到山涛显贵，韩氏仍正派节俭，不蓄养婢妾，俸禄赏赐，都用来接济亲戚故旧。

裴楷有知人的才能，曾说："了解山涛就像登临在高山之上而向下观望，幽深玄远而难以看透。"王戎也说："山涛正如未经雕琢的玉石、未经冶炼的金子，人们都钦佩他是宝物，但是不能揣测他具体的功用。"梁朝任昉在其《为范尚书让吏部封侯第一表》里说："三国魏的尚书仆射毛玠，在选拔人才上公正方直，晋武帝时吏部尚书山涛识别人才以识见和度量为标准。和他们相比，我差得就太远了。"

②毛玠公方：毛玠，字孝先，陈留平丘（今河南封丘东）人。曹操任后汉丞相时，毛玠曾做过东曹掾，与崔琰一起主持人才的推荐选举工作，他所推荐任用的都是清廉正直之士，那些浪得虚名，不懂孝悌，品行不端的人，始终没有得到引荐任用。

《三国志·魏志十二·毛玠传》：毛玠努力以俭朴行事，成为世人表率。因此天下士人莫不以廉洁节俭的节操勉励自己，哪怕是位高权重，深受皇上恩宠的大臣，他们的车马服装也不敢超过一定的限度。太祖感叹说："属下能用到毛玠这样的人，使天下人自我管理，我夫复何求啊！"魏文帝曹丕还是五官中郎将时，亲自拜访毛玠，嘱托毛玠在提拔人时多照顾自己的亲眷。毛玠回答说："老臣因为能恪尽职守，才有幸得以不犯错误。现在您说的人达不到升迁的条件，请原谅我不敢遵从您的命令。"在毛玠这里，任何请托说情都行不通，当时人们都非常忌惮他。

起初，太祖平定柳城，分赐缴获的战利品，特意把不加雕饰的屏风和白色的凭几赐给毛玠，说："君有古人之风，故赐君古人之服。"毛玠身居显位，常常布衣蔬食，得到的赏赐都用来接济贫穷的族人。

　　魏国初建时，毛玠担任尚书仆射，再次主管人才选拔和推举。太子人选未定，临淄侯曹植（非曹操嫡长子）最受曹操宠爱，毛玠秘密向太祖曹操进谏说："最近发生的事情是，袁绍在立太子时嫡庶不分，弄得家族倾覆国家灭亡。废立太子是大事，不要弄成我们听到的悲剧那样。"后来大臣们聚会，毛玠起身如厕，太祖看着他说："这就是古时候说的国家的司直，我的周昌啊！"

袁盎却座^①，卫瓘抚床^②

　　《前汉》：袁盎，字丝，安陵人。孝文时为中郎将。上幸上林，皇后、慎夫人从。其在禁中，常同坐。及坐郎署，盎引却夫人坐，夫人怒，不肯坐。上亦怒起，盎因前说曰："臣闻尊卑有序则上下和，今陛下既已立后，夫人乃妾，妾主岂可同坐哉？且陛下幸之则厚赐之，陛下所以为慎夫人，适所以祸之也，独不见人彘乎？"上乃说，入语慎夫人，夫人赐盎金五十斤。然亦以数谏，不得久居中。

　　《晋书》：卫瓘，字伯玉，河东安邑人。武帝时迁司空，为政清简，甚得朝野声誉。惠帝为太子，朝臣咸谓纯质不能亲政事，瓘每欲陈启废之，而未敢发。后会晏凌云台，瓘托醉，因跪帝床前曰："臣欲有所启。"欲言而止者三。因手抚床曰："此座可惜。"帝悟，因谬曰："公真大醉耶？"瓘不复有言。贾后由是怨之。后告老，进位太保就第。惠帝立，以瓘录尚书事。贾后素怨瓘，且忌其方直，不得骋己淫虐。启帝作诏，免瓘官，遂被害。

在已经立窦皇后为皇后，而慎夫人的身份是姬妾，姬妾怎么可以和主子并排而坐呢？那样岂不是乱了尊卑上下的关系吗？陛下您如果宠爱慎夫人，那么多给她物质上的赏赐就可以了。您刚才那样对待慎夫人，实际上会害了她啊。难道您忘了当年吕后把皇上喜欢的姬妾戚夫人斩掉手足、挖眼、切舌、刺聋双耳后抛弃在厕所变成'人彘'的事情了吗？"文帝情绪这才好转，把袁盎的想法和顾虑告诉了慎夫人。慎夫人赐给袁盎五十斤金。

因为袁盎总是犯颜直谏，所以没有长期在朝廷做官，一直被派到外地任职。

②卫瓘抚床：卫瓘，字伯玉，西晋河东安邑（今山西夏县西北）人。三国曹魏后期至西晋初年重臣、书法家，曹魏尚书卫觊之子。其孙卫玠，有"看杀卫玠"的典故。晋武帝时升任司空，为政清廉简明，得到朝野内外一致赞誉。

《晋书·卫瓘列传第六》：晋惠帝司马衷还是太子的时候，大臣们都说他过于淳朴（弱智的委婉语），没有能力料理政事。卫瓘多次想奏请皇帝废了惠帝，另立太子，但总是话到嘴边而不敢说出来。后来君臣在凌云台宴饮，卫瓘假装醉酒，跪在皇帝床前说："臣有事上奏，但又不知道从哪里说起。"卫瓘最终还是不敢直言，就手抚摸着床说："这么好的座位，可惜了啊！"皇帝心里明白，故意装糊涂说："看来你真是喝醉了！"卫瓘从此不再提及此事，皇后贾南风也因为这件事对卫瓘心怀怨恨。

于公高门^①，曹参趣装^②

《前汉》：于定国，字曼倩，东海郯人。其父于公为县狱吏、郡决曹，决狱平，罹文法者，于公所决，皆不恨。郡中为之生立祠。始，其闾门坏，父老方共治之。于公谓曰："少高大门闾，令容驷马高盖车。我治狱多阴德，未尝有所冤，子孙必有兴者。"至定国，宣帝时为丞相，封西平侯。子永为御史大夫，封侯传世云。

《前汉》：曹参，沛人。从高祖有功，剖符封平阳侯。高祖以长子肥为齐王，以参为相国。九年，齐国安集，大称名相。萧何薨，参闻之，告舍人："趣治行，吾且入相。"居无何，果召参代何为相。举事无所变更，一遵何之约束。参薨，百姓歌之曰："萧何为法，讲若画一。曹参代之，守而勿失。载其清净，民以宁一。"

①于公高门：于公，指于定国的父亲。于定国（？—前40），字曼倩，东海郯县（今山东郯城西北）人，西汉丞相。年轻时跟随父亲学习法律，汉宣帝时，任廷尉。时人称："张释之为廷尉，天下无冤民；于定国为廷尉，天下民不冤。"于定国为人谦恭自守，能决疑平法，为时人所称赞。

《汉书·于定国列传第四十一》：早些时候，于定国的父亲于公是一名县狱吏、郡决曹，判案公正，犯法者受到法律惩罚皆无怨言。因民众拥戴，郡里为之修建生祠。起初，他家住处的巷门坏了，父老乡亲一起修理它。于公说："请将闾门建得大一些，要能容四匹马拉的高盖车通过。我治狱多阴德，未尝有所冤，子孙必有兴者。"后来于定国果然官至丞相，被封为西平侯。儿子于永官至御史大夫，被封侯世袭。

②曹参趣装：曹参，沛县（今江苏沛县）人。跟从高祖平定天下有功，剖符为凭封平阳侯。高祖刘邦以长子刘肥为齐王，以曹参为齐国的相国。为相九年，齐国安定，民众安居乐业，大家都称赞曹参英明。

《汉书·曹参列传第九》：萧何死，曹参听闻后马上和门客说："赶紧为我治理行装，我要入朝为相了。"没多久，朝廷果然召曹参代萧何为相。曹参一仍前政，举事无所变更，全部按照萧何之前制定的规矩执行。曹参死后，百姓歌之曰："萧何为法，讲若画一。曹参代之，守而勿失。载其清净，民以宁一。"趣装，即促装，赶快整理行装。

庶女振风①，邹衍降霜②

《淮南子》曰：庶女告天，雷电下击，景公台陨，支（同"肢"）体伤折，海水大出。许慎曰：庶贱之女，齐之寡妇，无子不嫁，事姑谨敬。姑无男有女，女利母财，令母嫁妇，妇终不肯。女杀母以诬妇，冤结告天。

燕邹衍事燕惠王，左右谮之，被系于狱，仰天而哭，盛夏天为之降霜。江淹书曰："昔者贱臣叩心，飞霜击于燕地；庶女告天，振风袭于齐堂。"

①庶女振风：《淮南子·览冥训》：齐国有个寡妇，蒙受冤枉，向天喊屈，于是天现异象，雷电击毁齐景公的楼台，齐景公受伤骨折，引发海啸，海水泛滥。许慎解释说：是因为齐国有一个妇人，丈夫去世后，虽然没有子嗣，但是这个妇人坚决不改嫁，侍奉婆婆非常孝顺。家里还有一个小姑子，小姑子想独占家产，让母亲把这个妇人改嫁掉。见妇人不肯改嫁，小姑子就杀死自己的母亲来诬陷这个妇人。妇人无法自证清白，只能向天喊冤，就发生了这些异常天灾。

②邹衍降霜：邹衍（约前305—前240），又称骓衍，战国时期哲学家，阴阳家的代表人物，稷下学宫的著名学者。邹衍听说燕昭王礼贤下士，于是从梁国来到燕国，受到燕昭王的热烈欢迎，并给予很高的待遇。"昭王拥彗先驱，请列弟子之座而受业，筑碣石宫，身亲往师之。"

《淮南子·览冥训》：燕昭王去世后，燕惠王听信左右谗言，将忠心耿耿的邹衍逮捕入狱。邹衍衔冤无处申诉，仰天而哭。时值盛夏，天为之霜。江淹《狱中上建平王书》引用这两个典故："过去邹衍被谗，捶胸悲痛，燕地盛夏飞霜；齐女受冤，向天悲泣，飓风吹垮齐国殿堂。"

范丹生尘[①]，晏婴脱粟[②]

《后汉》：范丹，字史云，陈留外黄人。受业通经，好违时绝俗，为激诡之行，常慕梁伯鸾、闵仲叔之为人。桓帝时，为莱芜长，遭母忧，不到官。后辟太尉府，以狷急，常佩韦于朝。议者欲以为侍御史，因逃遁梁沛间，卖卜于市。遭党人锢禁，遂推鹿车，载妻子捃（jùn）拾自资，或寓息客庐，或依宿树荫。如此十余年，乃结草室而居。有时绝粒，穷居自若。闾里歌之曰："甑（zèng）中生尘范史云，釜中生鱼范莱芜。"

《晏子春秋》曰：晏婴，字平仲。为齐相，常食脱粟，肉不重味。

①范丹生尘：范丹，一作范冉，字史云，陈留外黄（今河南民权西北）人。曾跟马融学习，精通经典。做事标新立异，与众不同，钦慕梁鸿、闵贡的为人。

《后汉书·独行传·范冉列传第七十一》：汉桓帝时，范丹被任命为莱芜长，因为母亲去世，没有赴任。后来被太尉府召用。因为性格耿直不与流俗苟同，常常在上朝时佩戴皮绳提醒自己做事要缓和。有人提议让范丹担任侍御史，他因此逃到梁地和沛地一带，隐居于市井以为人算卦为生。因为遭遇党锢之祸，被禁锢无法出仕。就推着人力小车，载着妻子儿女靠捡拾维持生活。有的时候住在客栈，有的时候就幕天席地，直接在树下过夜。这样过了十余年，才修了一座草庐居住。就算绝粮也若无其事，毫不在意。里间歌唱他说："甑中生尘范史云，釜中生鱼范莱芜。"

②晏婴脱粟：《晏子春秋》：晏婴，字平仲，夷维（今山东高密）人。为齐国国相，吃的是粗糙的米饭，一餐只吃一个肉菜。脱粟：仅去掉外壳，没有进一步细加工的粗糙的米。

诘汾兴魏[①]，鳖令王蜀[②]

《北史》：魏圣武皇帝，讳诘汾，尝田（同"畋"）于山泽，见辐軿（zī píng）自天而下。既至，见美妇人，自称天女，受命相偶。旦日请还，期年周时，复会于此，言讫而别。及期，帝至先田处，果见天女，以所生男授帝曰："此君之子也，当世为帝王。"语讫而去，即始祖神元皇帝也。故时人谚曰："诘汾皇帝无妇家，力微皇帝无舅家。"力微，神元讳。

《蜀王本纪》曰：荆王鳖令死，其尸流亡，随江水上至成都，复生。见蜀王杜宇，立以为相。杜宇号望帝，自以德不如鳖令，以其国禅之，号开明帝。下至五代，有开明尚，始去帝号，复称王。

①诘汾兴魏：诘汾，指拓跋诘汾，东汉末年鲜卑的部落首领，北魏皇帝先祖。北魏建立后，追封圣武皇帝。

《北史·魏本纪第一》：北魏圣武皇帝，讳诘汾，曾在山泽打猎，见一辆有帷盖的车子从天而降。车到眼前，见车内有一位美妇人，自称天女，受天之命来做诘汾的配偶。第二天天女告辞返回天宫，约定好一年后仍然在这里见面。到了一年之期，诘汾到相遇之处，果然见到天女。天女将所生男孩交给诘汾，说："这是你的儿子，能够成为帝王。"说完就走了，男孩即始祖神元皇帝拓跋力微。故时人谚曰："诘汾皇帝无媳妇家，力微皇帝无舅舅家。"

②鳖令王蜀：《蜀王本纪》：荆王鳖令死后，其尸体沿江而上，一直漂流到成都。到成都后死而复生，见到蜀王杜宇，被立为相。杜宇号望帝，自以为德行不如鳖令，就将蜀国禅让给鳖令，号开明帝。一直到五代时期，到开明尚帝时，才去帝号，称为王。鳖令亦称鳖灵。

不疑诬金①，卞和泣玉②

《前汉》：直不疑，南阳人。事文帝。其同舍郎有告归，误持其同舍郎金去。已而同舍郎觉，妄意不疑，不疑谢有之，买金偿。后告归者至而归金，亡金郎即大惭，以此称为长者，稍迁中大夫。朝廷见人，或毁曰："不疑状貌甚美，然善盗嫂，何也？"不疑闻曰："我乃无兄。"然终不自明。景帝末为御史大夫。

《韩非子》曰：楚人和氏，得玉璞楚山中，奉献厉王，王使玉人相之，曰："石也。"王以和为诈，而刖其左足。及武王即位，和又献之，王使玉人相之，又曰："石也。"王又以和为诈，而刖其右足。文王即位，和乃抱其璞而哭于楚荆山之下，三日三夜，泣尽而继之以血。王闻之，使人问其故，曰："天下之刖者多矣，子奚哭之悲？"和曰："吾非悲刖也，悲夫宝玉而题之以石，贞士而名之以诈，此吾所以悲也。"王乃使玉人理其璞，而得宝焉，遂命曰"和氏之璧"。

①不疑诬金：西汉直不疑，南阳（今河南南阳）人。《汉书·直不疑列传第十六》：汉文帝时直不疑为郎官。他同宿舍的郎官请假回家探亲，误拿走同宿舍另一个人的金子。金子的主人怀疑直不疑，直不疑向他道歉并承认了这件事，买金子偿还他。等到探家的人回来把金子归还失主，丢失金子的郎官才知道误会了直不疑，大为惭愧。因此人们称直不疑是个忠厚之人。不断升迁，至中大夫。

一次上朝，有人诋毁直不疑说："直不疑看起来相貌俊美，但是与嫂子私通，这是为什么呢？"直不疑听到后，仅仅说了一句："我根本就没有哥哥。"最终也没有为自己辩解。景帝朝末年直不疑被封为御史大夫。直不疑是直躬的后代,在《论语》中直躬曾证其父偷羊。

②卞和泣玉:卞和,楚国寿春(今安徽寿县)人,是和氏璧的发现者。

《韩非子·和氏第十三》:卞和在楚山得到一块璞玉,把它献给楚厉王。楚厉王找玉匠看了一下,玉匠说这是一块普通的石头。厉王认为卞和欺骗自己,就砍掉他的左脚。楚厉王死后,楚武王即位,卞和又将那块玉石献给楚武王。楚武王也命玉匠看了一下,玉匠又说这是一块普通石头。武王也认为卞和是在欺骗自己,于是又砍掉他的右脚。楚武王死后,楚文王即位,卞和抱着那块石头在楚山山脚下哭泣,"三日三夜,泣尽而继之以血"。文王知道后,派人过问说:"天下被砍掉脚的人不计其数,你为什么哭得这么悲伤?"卞和说:"我悲伤的不是被砍掉脚,我悲的是宝玉被认为是石头,忠贞的人被认为是骗子,这才是我悲伤的原因啊!"楚文王命玉匠剖开那块石头,果然得到一块璧玉,世所罕见,为之命名曰"和氏璧"。

檀卿沐猴^①，谢尚鸲鹆^②

《前汉》：平恩侯许伯入第，丞相、御史、将军、中二千石皆贺，盖宽饶为司隶校尉，不行。许伯请之，乃往。酒酣乐作，长信少府檀长卿起舞，为沐猴与狗斗，坐皆大笑。宽饶不说，因起趋出，劾奏长信少府，以列卿而沐猴舞，失礼不敬。宣帝欲罪少府，许伯为谢乃解。宽饶，字次公，魏郡人。明经，以孝廉为郎，举方正对策高第，为人刚直高节，志在奉公。然深刻喜陷害人，又好言事刺讥，奸犯上意。时上方用刑法，信任宦官，宽饶奏曰："方今圣道寖（jìn）废，儒术不行，以刑余为周召，以法律为《诗》《书》。《韩氏易传》言：五帝官天下，三王家天下。家以传子，官以传贤，若四时之运，功成者去。"上以其怨谤，遂下吏，自刭。

晋谢尚，字仁祖。八岁，神悟凤成。其父鲲尝携之送客，或曰："此儿一座之颜回也。"尚曰："坐无尼父，焉别颜回？"席宾叹异。及长，善音乐，博综众艺。王导比之王戎，长呼为"小安丰"，辟为掾。始到府通谒，导以其有胜会，谓曰："闻君能作鸲鹆舞，一坐倾想。"尚便著衣帻而舞。导令坐者抚掌击节，尚俯仰其中，旁若无人，其率情如此。终卫将军、散骑常侍。

①檀卿沐猴：檀卿，指檀长卿，汉宣帝时任长信少府。盖宽饶，字次公，魏郡人。因为通晓经学，以孝廉的身份做了郎官。被推举为贤良方正，在对策中表现突出而被任命很高的职位。

《汉书·盖宽饶列传第四十七》：国丈平恩侯许伯乔迁新居，丞相、御史、将军，以及俸禄达到中二千石的官员们都去祝贺，唯独司隶校尉盖宽饶没有到。许伯亲自邀请，他才去。酒席上，许伯亲自给盖宽饶斟酒，说："盖君，您来得有些晚啊！"盖宽饶说："别给我多倒，喝多了我怕发酒疯。"丞相魏侯说："你不醉也疯，何必喝醉啊！"喝到酒酣耳热，音乐演奏起来，大家兴致高昂，长信少府檀长卿起身为大家跳舞助兴，模仿猴子与狗搏斗，满座大笑。盖宽饶不高兴了，快步离席，弹劾长信少府檀长卿，身为列卿而表演猕猴舞，有失身份，不够庄重恭敬，不符合礼节。宣帝欲治少府之罪，经许伯为他谢罪才被饶恕。

盖宽饶为人刚直，一心为朝廷效力。然而盖宽饶为人刻薄，喜欢陷害别人，当权的人以及皇亲国戚都忌恨他。他又好评议时事以讥讽朝廷、冒犯皇上。当时皇上正以刑法治国，信任宦官，注重人治，不以道德治国。于是盖宽饶上奏说："现如今圣人的传统正被逐渐废弃，儒家的学术不被重视，只将受过宫刑的阉人当成周公、召公来重用，将没有人情的法律视为《诗经》《尚书》来教化人心。《韩氏易传》说过：'五帝以天下为公，三王以天下为家。以天下为家则会将天下传给子孙，以天下为公则将天下传给贤人，就像春夏秋冬四季轮转，功成者身退。不合适的人就不要在其位'。"皇上认为盖宽饶大逆不道，心怀诽谤怨恨之意，有暗讽皇上让位之心，就将他交给狱吏治罪。盖宽饶在朝廷的北阙之下引佩刀自刎而死，人皆叹惜。

②谢尚鸲鹆：谢尚（308—357），字仁祖。陈郡阳夏（今河南太康）人。东晋时期名士，豫章太守谢鲲之子，太傅谢安的堂兄。

《晋书•谢尚列传第四十九》：谢尚八岁时，就显得聪明早熟。其父谢鲲曾带谢尚为客人饯行，有客人说："这个孩子是在座诸位中的颜回啊！"谢尚应声说："在座的诸位并无孔子的水平，怎么鉴别有没有颜回？"一席宾客皆为之叹服。

长大后，擅长演奏音乐，涉猎广泛，多才多艺。司徒王导十分器重他，将谢尚比作名士王戎。因为王戎曾以功封安丰县侯，人称"王安丰"。所以王导经常称呼谢尚为"小安丰"，召他为自己的属官。

谢尚刚到司徒府投递名帖报到时，府上正有宴会。王导对谢尚说："听说你能跳鸲鹆舞，在座的宾客都想一睹为快，不知可否？"谢尚于是穿上衣帽就跳起舞来，王导令客人们用手打着拍子。谢尚在席中翩翩起舞，上下俯仰，旁若无人，率性到如此地步。官至卫将军、散骑常侍。鸲鹆，俗称八哥。

太初日月^①，季野阳秋^②

《魏志》：夏侯玄，字太初，沛国谯人。少知名，弱冠为黄门侍郎。尝进见，与皇后弟毛曾并坐，玄耻之，不悦形于色。明帝恨之，左迁羽林监。《世说》曰：曾与玄共坐，时人谓蒹葭倚玉树，又云朗朗如明月之入怀。

晋褚裒，字季野，河南阳翟人，康献皇后父也。少有简贵之风，与杜乂俱有盛名，冠于中兴。桓彝目之曰："季野有皮里阳秋。"言其外无臧否，而内有所褒贬也。谢安亦雅重之，尝云："裒虽不言，而四时之气亦备矣。"仕至征北大将军。

①太初日月：夏侯玄，字太初，沛国谯县（今安徽亳州）人。三国时期曹魏大臣，征南大将军夏侯尚之子，大将军曹爽的表弟。

《三国志·魏志九·夏侯玄传》：夏侯玄少年有名，二十岁时担任散骑黄门侍郎。曾觐见皇上，与皇后的弟弟毛曾坐在一起，夏侯玄感到耻辱，不悦之情形之于色。因此被明帝记恨，降职为羽林监。《世说新语·容止》：魏明帝让皇后的弟弟毛曾与夏侯玄共坐，当时人称"芦苇依靠着玉树"。人们品评夏侯玄"容貌光彩照人，如日月投入怀抱"。

②季野阳秋：褚裒，字季野，东晋河南郡阳翟（今河南禹州）人，娶谢鲲之女谢真石为妻，为康献皇后褚蒜子的父亲。

《晋书·褚裒列传第六十三》：褚裒年少时就有高贵气质，与京兆人杜乂，即后来的成恭皇后的父亲，俱有盛名，在晋朝中兴时冠绝一时。桓彝见了他，品评说："褚季野有皮里阳秋。"说他口头上不评价人，但内心有所褒贬。谢安也很看重他，曾说："褚裒虽不言，而态度如春夏秋冬四季的气象，冷热温凉全部包含。"官至征北大将军。阳秋，即《春秋》，谓褒贬。

荀陈德星①，李郭仙舟②

《异苑》：陈寔，字仲弓。荀淑，字季和。仲弓与诸子侄造季和父子，于时德星聚，太史奏曰："五百里内有贤人聚。"

《后汉》：郭泰，字林宗，太原介休人。家世贫贱，博通坟籍，善谈论，美音制。游洛阳，始见河南尹李膺。膺大奇之，遂相友善，名震京师。后归乡里，诸儒送至河上，车数千两（同"辆"），林宗唯与膺同舟而济，宾客望之，以为神仙焉。

①荀陈德星：荀淑（83—149），字季和，东汉颍川颍阴（今河南许昌）人，为朗陵侯相，以品行高洁著称。有八个儿子，号称八龙。他的孙子荀彧是曹操部下著名谋士。荀淑年少时即有高名，品行高洁，博学多识，有"神君"之称。陈寔（104—187），字仲弓，颍川许县（今河南许昌东）人。做过太丘长，故号陈太丘。荀淑与陈寔皆以清高有德行闻名于世。

《异苑·卷四》：陈寔曾经带着自己的儿子、侄子们拜访荀淑父子，当时天空德星都聚集在一起。太史夜观天象，向皇上启奏说："五百里内有贤人聚会。"

②李郭仙舟：李膺（110—169），字元礼，颍川襄城（今河南襄城）人，祖父李修，安帝时为太尉。父李益，为赵国相。李膺性简亢，无所交接，唯以同郡荀淑、陈寔为师友。郭泰（128—169），字林宗，东汉太原介休（今山西介休东南）人。在东汉末桓、灵二帝时期士人集团同宦官集团的激烈斗争中，郭泰是士人的著名代表和太学生的主要首领之一，以不愿就官府的征召而名著于世，人称"有道先生"。与春秋时晋国介子推以及宋朝宰相

文彦博合称介休三贤。

《后汉书·郭泰列传第五十八》：郭泰，家中世代贫贱，幼年丧父。母亲想让他到县衙里谋个职位，郭泰说："大丈夫怎么能做这种低贱的差事呢？"于是外出求学，三年学成，博通古代典籍。郭泰善于谈论，声音很好听。郭泰到洛阳云游，初见河南尹李膺，李膺大为惊奇，和郭泰迅速成为好朋友，郭泰也因此名震京师。郭泰回归乡里时，诸儒生一直把他送到黄河边，车子有数千辆。郭泰只与李膺同舟共渡，送行之人远远望去，觉得他们如神仙一般。

王忳绣被①，张氏铜钩②

《后汉》：王忳，字少林，广汉新都人。尝诣京师，于空舍中见一书生，疾困，愍而视之，生曰："我命在须臾，腰下有金十斤，愿相赠，死后乞藏骸骨。"已而命绝，忳鬻一斤营葬，余悉置棺下，人无知者。忳后署大度亭长，初到，有马驰入亭中而止。其日大风，飘一绣被，复堕忳前，即言之于县，县以归忳。后乘马到洛阳，主人见之，问所由得马。忳具说其状，并及绣被。主人曰："卿何阴德而致此。"忳因说葬书生事。主人惊曰："是我子也，大恩久不报，天以此彰卿德耳。"由是显名，仕郡为功曹。

《三辅决录》：扶风张氏之先为郡功曹，晨起当朝，有鸠从承尘上飞下几前。功曹曰："鸠何来？为祸飞上承尘，为福飞入我怀。"开怀待之，鸠乃飞入怀中，探得铜钩带之。官至数郡太守、九卿。有蜀客至长安，私赂张氏婢，婢卖钩与蜀客。客家丧祸，惧而还张氏。张氏得钩，复为二千石。后失钩，张氏遂衰。

①王忳绣被：王忳（zhūn），字少林，广汉新都（今四川广汉新都）人。

《后汉书·独行传·王忳列传第七十一》：一次，王忳到京城办事，在一间空房子里见到一个书生，病得奄奄一息。王忳见他可怜就照料他。书生说："我已命悬一线，腰下有金十斤，愿赠送给你，希望死后你能把我的尸骨收葬。"刚说完就气绝身亡。王忳卖掉一斤金用于营葬书生，剩下的金全部放在书生棺材下面，没有别人知道。

几年后，王忳被任命为大度亭长，刚到任那天，有匹马奔跑到亭中止步。又有一阵大风吹来一床绣花被子，飘落在王忳面前。王忳随即将这事儿报告给官府，官府将马匹和绣被给了王忳。

王忳后来乘着这匹马到洛阳，马把王忳带到了主人家里。主人问王忳是怎么得到的这匹马，王忳就把具体情况说了一遍，还有绣花被子也说了出来。主人说："你一定积累了很多阴德才会有此福报。"王忳就说之前曾营葬过一个落难的书生。主人大惊说："那个书生是我的儿子啊！您的大恩长久不报，上天是用这种方法来表彰您的德行啊！"王忳因此闻名乡里，出任郡功曹之职。

②张氏铜钩：《三辅决录》：扶风县张氏祖先担任郡功曹之职，早晨要上朝的时候，有一只鸠鸟从天花板上飞下来，落在案几前。功曹说："鸠鸟，你从何而来？如果我有祸患，你就飞上天花板，如果你是给我带来福气，那么请飞到我怀里。"张氏张开怀抱等待，鸠鸟就飞到了张氏怀里。用手摸怀里，鸠鸟不知所踪，只摸到一个铜钩。张氏就把铜钩佩带在身上，从此仕途顺利，做过九卿、多个郡的太守。

有个蜀地客商至长安，私下贿赂张氏的婢女，婢女偷出来铜钩将其卖与蜀客。张家丢失铜钩后家境渐渐败落，而客商家并没有发达，也是祸事连连，麻烦不断。有人跟客商说："这是天命，无法强求。"客商害怕再有祸事，就把铜钩归还给张氏。张家得到这个铜钩，又重新恢复了二千石的职位。后来铜钩丢失，张家就衰败下来。

丁公遽戮①，雍齿先侯②

《前汉》：丁公，薛人，季布母弟。为项羽将，逐窘高祖彭城西，短兵接高祖。高祖急，顾谓丁公曰："两贤岂相厄哉？"丁公引兵还。及项羽灭，丁公谒见，高祖以丁公徇军中，曰："丁公为项羽臣，不忠，使项王失天下者也。"遂斩之，使后为人臣，无效丁公也。

《前汉》：高祖居雒阳南宫，从复道望见诸将往往偶语。上问张良，良曰："陛下起布衣，与此属取天下。今已为天子，而所封皆萧、曹故人所亲爱，所诛者皆平生仇怨。此属畏陛下不能尽封，又恐见疑过失及诛，故相聚谋反耳。上平生所憎，群臣所共知，谁最甚者？"上曰："雍齿与我有故怨，数窘辱我，我欲杀之，为功多不忍。"良曰："今急先封齿，以示群臣，则人人自坚矣。"于是上置酒，封齿为什邡侯。而急趣丞相、御史，定功行封。群臣罢酒，皆喜曰："雍齿且侯，我属无患矣。"

①丁公遽戮：丁公，即丁固，名坚，薛郡薛县（今山东滕州东南）人，是季布的舅舅，为西楚霸王项羽帐下五大将之一。

《史记·季布栾布列传第四十》：丁公为项羽带兵在彭城西围困高祖刘邦。双方短兵相接，高祖形势危急。在逃跑中，高祖回头对丁公说："咱们两个都是贤能之人，为何要如此苦苦相逼呢？"丁公便放过刘邦，引兵而还。等到项羽战败灭亡，丁公拜见高祖。高祖把丁公捉拿捆绑起来，放到军中示众，说："丁公为项羽臣，不忠，使项王失天下者也。"于是将丁公斩首，以儆效尤。

②雍齿先侯：雍齿，秦朝泗水郡沛县（今江苏沛县）人，曾为沛县豪

强，势力很大，与同为豪族的王陵关系友善，一向看不起刘邦，曾多次折辱刘邦。后来雍齿归属赵国，又投降刘邦。

《史记·留侯世家第二十五》：高祖刘邦居住在洛阳南宫，从天桥上看到一些将领经常扎堆在一起聊天。高祖问张良："他们在聊些什么？"张良说："陛下您从平民起家，靠这些人取得天下。现今您已登基为天子，而您所封赏的全是萧何、曹参这些和您关系亲密的人；所诛杀的都是那些和您有仇怨的人。大家怕有功得不到封赏，又怕被怀疑有过失而被诛杀，所以聚在一起想造反啊！"刘邦忧心忡忡地说："那怎么办呢？"张良问："陛下您平时最憎恨谁，而且又是大家所共知的？"皇上说："雍齿与我有旧怨，他多次羞辱我，我一直想杀掉他，只是因为他的功劳大，才不忍心下手。"张良说："那你现在赶紧先封赏雍齿给大家看，群臣见你最憎恨的雍齿都受了封赏，那么每人都相信自己也会受到封赏，人心就稳定了。"于是皇上置办酒宴，封雍齿为什邡侯，并紧急催促丞相、御史为大家论功行赏。群臣们喝过酒，都高兴地说："雍齿且侯，我属无患矣！"

陈雷胶漆[①]，范张鸡黍[②]

《后汉》：陈重，字景公，豫章宜春人。少与鄱阳雷义为友。义，字仲公。太守举重孝廉，重以让义，太守不听。义明年举孝廉，俱在郎署，后俱拜尚书郎。义代同时人受罪，以此黜退。重见义出，亦以病免。义后举茂才，让于重，不应命。乡里为之语曰："胶漆自谓坚，不如陈与雷。"三府同时俱辟，并至侍御史。

《后汉》：范式，字巨卿，山阳金乡人。少游太学，与汝南张劭为友。劭，字元伯。二人并告归乡里，式谓元伯曰："后二年当还，将过拜尊亲，见孺子焉。"乃共克期日。后期方至，元伯具以白母，请设馔以候之。母曰："二年之别，千里结言，尔何相信之审？"对曰："巨卿信士，必不乖违。"母曰："若然，当为尔酝酒。"至其日，巨卿果到，升堂拜母，尽欢而别。

①陈雷胶漆：陈重，字景公，豫章宜春（今江西宜春）人。少年时与鄱阳雷义为友。雷义，字仲公，豫章鄱阳（今江西鄱阳）人。

《后汉书·独行传·陈重列传第七十一》：太守推举陈重为孝廉，陈重要把这个机会让给雷义，因太守不许才作罢。雷义第二年也被推举为孝廉，二人都在郎署供职，后来都官拜尚书郎。雷义代同时当郎官的人受过，因此被罢免官职。陈重见雷义离职，也借口生病辞去官职。雷义后来被举荐为茂才，他让给陈重，刺史不同意，雷义就披头散发假装精神不正常，不接受官府的任命。乡里的人说他们："胶漆自谓坚，不如陈与雷。"三个官府同时召用二人，他们二人都做到侍御史。

②范张鸡黍：范式，字巨卿，东汉山阳郡金乡（今山东济宁金乡县鸡黍镇）人。年轻时在太学求学，与汝南张劭为好友。张劭，字元伯，汝南郡（河南汝南）人，东汉时期名士。范式、张劭二人有"鸡黍之交"的友谊。

《后汉书·独行传·范式列传第七十一》：范式、张劭二人在太学完成学业返乡。分别时，范式对张劭说："两年后我将到你家拜见你的父母，看望你的孩子。"于是两人约好再次相见的具体日期后告别。后来，约定的日期将至，张劭把事情禀告母亲，请母亲准备酒菜招待范式。母亲说："你们分别已经两年，又相隔千里，之前约定的话，为什么那么当真呢？"张劭回答："范巨卿是一个讲信用的人，他一定不会违约的。"母亲说："既然是这样，我这就给你们酿酒。"到了约定的日期，巨卿果然如约而至。范式先到堂上拜见张劭母亲，再与张劭把酒言欢，二人尽兴而别。鸡黍：以鸡为菜，以黍为饭。这里指朋友相聚。

周侯山嶷^①，会稽霞举^②

《世说》曰：世目周侯，嶷（nì）如断山。注：《晋阳秋》曰：顗（yǐ）正情嶷然，虽一时侪类，皆无敢媟（xiè）近。周侯，谓周顗也。

《世说》曰：海西时，诸公每朝，朝堂犹暗，唯会稽王来，轩轩如朝霞举。会稽王，谓道子也。

①周侯山嶷：周顗，字伯仁，汝南郡安成县（今河南汝南东南）人。晋朝大臣、名士。王敦之乱时，惨遭杀害。

《世说新语·赞誉》："世人品评周侯：他挺拔高峻的样子如高高耸立的孤山。"刘孝标注引《晋阳秋》说："周顗表情端庄，一副崇高巍峨的样子，同辈之人，没有人敢接近狎昵。"周侯，就是周顗。嶷：高峻的样子。

②会稽霞举：司马道子，河内郡温县（今河南温县）人。东晋宗室、权臣。晋简文帝司马昱第七子，晋孝武帝司马曜同母弟。初封琅邪王，后徙封会稽王。

《世说新语·容止》：晋废帝时，群臣早朝时，天时尚早，殿堂里还很昏暗。但会稽王一到，殿堂内犹如朝霞升起，光芒四射。会稽王，即司马道子。晋废帝时道子尚年幼，司马道子未为会稽王，这里是追称。

季布一诺[①]，阮瞻三语[②]

《前汉》: 季布，楚人。任侠有名。项籍使将兵，数窘高祖。籍灭，高祖购求布千金，敢有舍匿，罪三族。布匿濮阳周氏，周氏乃髡钳布，衣褐，置广柳车中，并与其家僮数十，之鲁朱家所卖之。朱家心知其季布也，乃见汝阴侯滕公，说曰："季布何罪？臣各为其主，用职耳。项氏臣可尽诛耶？今上始得天下，而以私怨求一人，何示不广也！"滕公言于上，上乃赦布，召见，拜郎中，后为河东守。布初不说辩士曹丘生，生至，揖布曰："楚人谚曰：'得黄金百，不如得季布一诺。'足下何以得此声于梁楚之间哉？仆与足下俱楚人，使仆游扬足下名，顾不美乎，何拒仆深也？"布大说，引为上客。《史记》: 得黄金百斤，不如得季布一诺。

晋阮瞻，字千里，始平太守咸之子。性清虚寡欲，自得于怀。《诗》《书》不甚研求，而默识其要。遇理而辨，辞色不足，而旨有余。见司徒王戎，戎问曰："圣人贵名教，老庄明自然，其旨同异？"瞻曰："将无同。"戎咨嗟良久，即命辟之，时谓之"三语掾"。永嘉中，为太子舍人。瞻素执无鬼论，自谓此理可以辨幽明。忽有客通名谒瞻，瞻与之言，良久，及鬼神之事，反复甚苦，客遂屈，乃作色曰："鬼神，古今圣贤所共传，君何得独言无？即仆便是鬼。"于是变为异形，须臾消灭。瞻大恶，岁余病卒。

①季布一诺：季布，楚地人，曾效力于项羽。为人任侠，在楚地非常有名。

《汉书·季布列传第七》：项羽派季布率部多次阻击刘邦军队，让刘邦屡屡陷入危险。项羽失败后，高祖刘邦悬赏千金捉拿季布，敢有窝藏者，连坐三族。季布隐匿在濮阳周氏家里，在取得季布的信任后，周氏将季布剃成光头戴上枷锁，穿上粗布衣服，让他坐进运棺材的车里。再将他和周家另外几十个家僮，卖给鲁地朱家。

朱家心知这是季布，就去拜见汝阴侯夏侯婴，说："季布犯了什么罪呢？之前季布那样对待汉王，只不过各司其职，各为其主罢了。难道要将项羽所有的臣子赶尽杀绝吗？现在皇上刚刚得到天下，就因为私仇而到处通缉这么一个人，心胸为什么这么狭隘呢？"夏侯婴就把朱家说的这个情况汇报给皇上，刘邦就赦免了季布，并拜他为郎中，后来又让他担任河东郡守。

起初，季布不喜欢辩士曹丘生。曹丘生到季布的府上拜见他，说："楚人有谚语说：'得黄金百斤，不如得季布一诺。'您在梁国、楚国一带为什么有这么高的声望呢？是因为我周游天下到处宣扬您，才使您名扬天下的啊！况且我和您都是楚人，您为什么一定要这么坚定地拒绝我呢？"季布听后大为高兴，将曹丘生待为上宾。

②阮瞻三语：阮瞻（281—310），字千里，陈留尉氏（今河南尉氏）人，"竹林七贤"之一阮咸的儿子。阮瞻性格清虚寡欲，自得于怀。对于《诗经》《尚书》不过分精研，仅仅是默记其主要内容而已。当需要和人辩论事理的时候，言辞不多，但是意蕴有余。"善弹琴，人闻其能，多往求听，不问贵贱长幼，皆为弹之。"

《晋书·阮瞻列传第十九》：阮瞻见司徒王戎，王戎问他："圣人孔子贵名正言顺的礼仪教化，老庄重逍遥无为的自然状态，他们的本质有什么异同呢？"阮瞻曰："将无同。"意思就是二者没有什么不同。王戎嗟叹良久，就下令征召他。当时人们称阮瞻为"三语掾"，就是说阮瞻仅仅说了"将无同"三个字就当上了掾官。

永嘉年间，阮瞻为太子舍人。他平素坚持无鬼论的观点，自认为这个理论可以辨明生与死的区别。一天，有位客人拜见阮瞻，阮瞻与他谈了很久。客人很有辩才，谈到鬼神之事，反复争论，非常激烈。客人最后终于屈服，严肃地和阮瞻说："关于鬼神，古往今来的圣贤们都信其有，先生您为何偏偏说无呢？我就是鬼。"说完变成奇怪的形状，很快就消失掉了。阮瞻默然，神色极为难看，一年后生病而死。

郭文游山^①，袁宏泊渚^②

《晋书》：郭文，字文举，河内轵人。少爱山水，尚嘉遁，每游山林，弥旬不返。父母终，不娶，辞家游名山。洛阳陷，乃步担入吴兴余杭大辟山中穷谷无人之地，倚木于树，苫覆其上而居焉，亦无壁障。时猛兽为暴，而文独宿十余年，卒无患。常著鹿裘葛巾，不饮酒食肉。王导召，置园中七年，未尝出入，后逃归临安，结庐山中。

晋袁宏，字彦伯，陈郡阳夏人。有逸才，文章绝美。谢尚时镇牛渚，秋夜乘月，与左右微服泛江。会宏在舫中，讽咏声清，辞文藻拔，遣问焉，即迎升舟，与谈论，申旦不寐，自此名誉日茂。谢安常赏其机对辩速。后安为扬州刺史，宏出为东阳郡，乃祖道于冶亭。时贤皆集，安欲以卒迫试之，临别执其手，顾左右取一扇授之曰："聊以赠行。"宏曰："辄当奉扬仁风，慰彼黎庶。"时人叹其率而要焉。

①郭文游山：晋郭文，字文举，河内郡轵县（今河南济源南）人。从小喜爱山水，崇尚避世隐居。每次游玩山林，长达十日不愿归。父母去世后，不娶妻成家，辞别家乡四处游历名山。

《晋书·郭文列传第六十四》：洛阳陷落后，郭文就挑着担子步行进吴兴余杭大辟山，到山谷尽头无人之地，用一段木头支着一棵树，在上面盖一片茅苫就住了进去，也不要墙壁做屏障。当时猛兽很多，经常伤人，而郭文独自在这里住了十余年也没有受到什么伤害。郭文常身穿鹿皮，头裹葛布头巾，不饮酒不食肉。王导召郭文出仕，把他安置在果木成林，又有鸟兽麋鹿的西园中，郭文待在园中，长达七年未尝出园。后来郭文从王导那里逃出，到临安山中，继续过结庐而居的生活。

②袁宏泊渚：东晋袁宏，字彦伯，陈郡阳夏（今河南太康）人。才智超群，文章华美。受到谢尚的赏识，担任谢尚参议军事，从此踏上仕途。

《晋书·袁宏列传第六十二》：袁宏小时候家里贫穷，曾受人雇佣运送租粮，船只停靠在牛渚。当时征西将军谢尚镇守牛渚，正赶上这天晚上，月白风轻，他与随从微服在长江上划船。谢尚听到袁宏在船上吟诵自己写的咏史诗娱乐，声调清雅，文辞华美。谢尚听了很久，派人前来询问，并迎袁宏上船。二人促膝长谈，通宵达旦。自此袁宏名声日益增高。

谢安经常赞赏袁宏应对敏捷反应迅速。后来谢安为扬州刺史，袁宏出任东阳郡守，谢安在冶亭为袁宏饯行。当时贤达之人都来参加，谢安想试试袁宏仓促急迫情况下的才华，临别时拉着袁宏的手，转身从身边人手中取过来一把扇子，递给他说："姑且赠您这把扇子为您送行。"袁宏应声回答说："那我就去弘扬仁风，抚慰百姓。"众人都赞叹袁宏的回答率真切要，用"仁风"既针对赠扇之事，又表达了自己赴任前的理想与决心。

黄琬对日①，秦宓论天②

《后汉》：黄琬，字子琰，江夏安陆人。少辩慧。祖父琼初为魏郡太守，建和元年正月，日食，京师不见，琼以状闻太后。诏问所食多少，琼对未知所况。琬年七岁，在旁曰："何不言日食之余，如月之初。"琼大惊，以其言应诏，深奇爱之。后琼为司徒，琬以公孙拜童子郎，不就，知名京师。献帝初，迁太尉，坐免。及徙西都，起为司隶校尉，与司徒王允同谋诛董卓，为卓将李傕所害。

《蜀志》：秦宓，字子敕，广汉绵竹人。少有才学，拜长水校尉。吴遣使张温来聘，百官往饯，众集而宓未往。丞相亮遣使促之，温曰："彼何人也？"亮曰："益州学士也。"及至，温问曰："君学乎？"宓曰："五尺童子皆学，何必小人？"温复问曰："天有头乎？"宓曰："有，在西方。《诗》曰'乃眷西顾'，以此推之。"温曰："天有耳乎？"宓曰："天处高而听卑，《诗》云'鹤鸣于九皋，声闻于天'，无耳，何以听之？"温曰："天有足乎？"宓曰："《诗》云'天步艰难'，无足何以步之？"温曰："天有姓乎？"宓曰："姓刘。天子姓刘，以此知之。"温曰："日生于东乎？"宓曰："虽生于东，而没于西。"答问如响应声，温大敬服。宓之文辩，皆此类。

①黄琬对日：东汉黄琬（141—192），字子琰，江夏郡安陆县（今湖北安陆南）人，是九岁为父温席的黄香之曾孙。黄香为黄琼之父。

《后汉书·黄琬列传第五十一》：黄琬幼年丧父，从小聪慧，口才极佳。建和元年正月发生了日食，京城洛阳地区看不见日食的情况。黄琼当时任魏郡太守，把当地日食情况报告给朝廷。太后下诏问太阳食了多少，黄琼正不知道如何回答，黄琬当时七岁，在祖父身旁，说："为何不说日食后余下的太阳，好像一弯新月？"黄琼大为惊讶，立刻用黄琬的话回答太后的询问，深深地喜欢这个小孙子。

后来黄琼为司徒，黄琬也因为黄琼孙子的原因被授予童子郎的身份，黄琬以身体有恙而推辞不就，因此闻名京师。汉献帝初期，黄琬任太尉，后被免职。及迁都长安，被任命为司隶校尉，与司徒王允合谋诛杀董卓，最后被董卓手下李傕所害。

②秦宓论天：《三国志·蜀志·秦宓传第八》：秦宓，字子敕，广汉绵竹（今四川德阳北）人，蜀汉前期谋臣。少有才学，拜长水校尉。东吴派遣张温访问蜀国，访问结束后，丞相诸葛亮和文武官员齐集一堂，为张温饯行。秦宓来得很晚，多次催促才到。张温问："他是什么人？"诸葛亮说："他是益州学士。"秦宓来到后，张温问："你学习吗？"秦宓说："五尺高的孩子都学习，何况鄙人呢！"

席间，张温突然问秦宓："天有头吗？"

秦宓回答："有头！因为《诗经》中说'乃眷西顾'。"

张温又问："天有耳朵吗？"

秦宓回答："有啊，《史记》说天居于高处而能听到低处的声音，《诗经》中说'鹤鸣九皋，声闻于天'。"

张温再问："天有脚吗？"

秦宓回答："有，《诗经》中写道：'天步艰难'。没有脚哪来的步呢？"

张温又问："天有姓吗？"

秦宓回答："有姓。姓刘。"

张温问："你怎么知道天姓刘？"

秦宓回答："从当今天子姓刘可以得知。"

张温问："太阳是从东方升起吗？"

秦宓回答："虽生于东，而没于西。"

秦宓反应敏捷，回答应声而至，张温大为敬服。秦宓的文辞和辩才，总是这样优秀。

孟轲养素①，扬雄草玄②

《史记》：孟轲，邹人。受业子思之门人，道既通，游事齐宣王、梁惠王，皆不能用，以为迂远而阔于事情。是时天下方务合纵连衡，以攻伐为贤，而孟轲乃述唐虞三代之德，是以所如者不合。退而与万章之徒序《诗》《书》，述仲尼之意，作书七篇。尝曰："我善养吾浩然之气。"

《前汉》：扬雄，字子云，蜀郡成都人。有田一廛（chán），有宅一区，世世以农桑为业。雄少而好学，不为章句，训诂通而已，博览无所不见。为人简易佚荡，口吃不能剧谈，默而好深湛之思，清静无为。少嗜欲，不汲汲于富贵，不戚戚于贫贱，不修廉隅以徼名当世。家产不过十金，乏无儋（dàn）石之储，晏如也。自有大度，非圣哲之书不好，非其意虽富贵不事。哀帝时，丁、傅、董贤用事，诸附离之者，或起家二千石。时雄方草《太玄》，有以自守，泊如也。或嘲雄以玄尚白，雄解之，号曰《解嘲》。客有难玄太深，众人之不好，雄解之，号曰《解难》。

①孟轲养素：孟子（前 372—前 289），名轲，字子舆，邹国（今山东邹城东南）人。宣扬"仁政"，与孔子并称"孔孟"，后世追封为"亚圣"。

《史记·孟子荀卿列传第十四》：孟子跟子思的弟子学习，学业完成后到齐宣王、梁惠王处游说。没有君王愿意任用孟轲，都认为他的思想太过迂腐，脱离社会现实，没有实际用处。孟轲所处的时代，人们正热衷于合纵连横的谋略，以攻城略地，杀伐侵略为贤。而孟轲倡导的却是尧舜禹时代那种为政以德的思想，所以不符合当时需求。孟轲就回到家乡和万章这些弟子们整理《诗经》《尚书》，阐述孔子的思想学说，写成《孟子》一书，全书共包括七篇内容。孟轲曾说："我善养吾浩然之气。"

②扬雄草玄：扬雄，字子云，蜀郡成都（今四川成都）人。有二亩多地，有院落一座，世代以耕种养蚕为业。扬雄从小热爱学习，但是不执着于寻章摘句，只是通晓字词解释而已，博览群书，无所不读。扬雄为人简朴平易，自由不受约束，因为口吃，说话较慢，所以沉默多思，清静无为。没有过多的嗜欲，不汲汲于富贵，不戚戚于贫贱，不故意做出修行很高的样子来博取虚名。家产不过十金，余粮不超一石，安然处世。

《汉书·扬雄列传第五十七》：扬雄志向远大，非圣哲之书不读；不是自己喜欢的事情，就算能致富贵也不做。汉哀帝时，丁家、傅家、董贤这些人掌权，附庸他们的人有的官至二千石。当时扬雄正在起草《太玄》，表明自己宁静淡泊的志向。有人嘲笑扬雄《太玄》一无所用，扬雄就写了《解嘲》来解释；又有人批评《太玄》太深奥，扬雄又写了《解难》做出解答。

向秀闻笛^①，伯牙绝弦^②

《晋书》：向秀，字子期，河内怀人。清悟有远识。少为山涛所知，雅好老庄之学。庄周内外篇，历世虽有观者，莫适论其旨统。秀乃为之解，发明奇趣，振起玄风，读之者超然心悟。郭象又述而广之，儒墨之迹见鄙，道家之言遂盛焉。嵇康善锻，秀为之佐，相对欣然，旁若无人。康诛，秀入洛，作《思旧赋》云：“嵇博综技艺，于丝竹特妙。临当就命，顾视日影，索琴而弹之。余逝将西迈，经其旧庐。于时日薄虞渊，寒冰凄然，邻人有吹笛者，发声寥亮。追想曩者游晏之好，感音而叹，故作赋云。”后为散骑常侍，在朝不任职，容迹而已。

《列子》曰：伯牙善鼓琴，钟子期善听。伯牙鼓琴，志在高山，子期曰：“善哉！峨峨兮若泰山。”志在流水，子期曰：“善哉！洋洋兮若江河。”伯牙所念，子期必得之。《吕氏春秋》曰：钟子期死，伯牙破琴绝弦，终身不复鼓琴，以为世无足为鼓者。

①向秀闻笛：向秀，字子期，河内怀县（今河南武陟西南）人，聪明颖悟，有远见卓识。小时候便被山涛赏识，雅好老庄之学。庄周著《庄子》一书，内外篇共有数十篇，历代学者虽有研究，但没有人能准确把握其核心要义。向秀就对《庄子》进行注解，阐发《庄子》旨趣，让读者对《庄子》开卷即能了然于胸，向秀此举极大地振兴了玄学。郭象在向秀的基础上又进一步加以阐述和推广，儒墨思想在社会上慢慢被边缘化，道家思想逐渐被重视。

《晋书•向秀列传第十九》：嵇康善于打铁，向秀当他的助手，配合默契，欣然相对，旁若无人。嵇康被杀后，向秀应征本郡的计吏职位进入洛阳，作

《思旧赋》："嵇康才艺广博，弹琴最为妙。行将就戮时，回顾日影，索琴而弹。我将要西行去洛阳，路过我们曾经的旧居。当时太阳西下，天冷结冰，更显凄惨。邻人有吹笛者，发声嘹亮。追忆我们当年一起交游欢宴的时光，我被笛声感动叹息，因此作此《思旧赋》。"向秀后为散骑常侍，但是消极做事，为官不尽职，仅仅为了容身而已。

②伯牙绝弦：《列子·汤问第五》：俞伯牙擅长弹琴，钟子期善于辨音。俞伯牙鼓琴，志在高山。钟子期曰："弹得真好啊，琴声里有巍峨的泰山！"志在流水，钟子期曰："弹得真好啊，琴声里有浩荡的江河！"俞伯牙弹琴的时候想到什么，子期总能从琴声中准确地捕捉到什么。据《吕氏春秋》记载，后来钟子期死了，俞伯牙感觉世上再无知音，于是扯断琴弦，终生不再弹琴。

郭槐自屈^①，南康犹怜^②

《晋书》：贾充，字公闾，平阳襄陵人。前妻李丰女。丰诛，李氏坐流徙，后娶郭槐，号广城君。武帝践阼，李以赦还，特诏充置左右夫人。郭槐性妒忌，怒攘袂数充曰："刊定律令，为佐命之功，我有其分，李那得与我并？"充乃为李筑室于永平里，而不往来。惠帝为太子，纳郭槐女为妃。初，槐欲省李氏，充曰："彼有才气，卿往不如不往。"及女为妃，乃盛威仪而去。既入户，李氏出迎，槐不觉脚屈，因遂再拜。自是充每出，槐使人寻之，恐其过李氏。李氏淑美，有才行，作《女训》行于世。

《世说》曰：桓温尚明帝女南康公主。温平蜀，以李势妹为妾，甚有宠，尝著别斋。后主闻，与数十婢拔刀袭之。值李梳头，发垂地，姿貌端丽，乃徐下地，结发敛手，向主曰："国破家亡，无心至此。今日若能见杀，犹生之年。"神色闲正，辞气凄婉。主于是掷刀，前抱之曰："我见汝亦怜，何况老奴。"遂善遇之。

①郭槐自屈：郭槐，贾充后妻。贾充，字公闾，平阳襄陵（今山西临汾东南）人。父亲是魏豫州刺史贾逵。贾逵晚年得子，说日后会有充满闾巷的喜庆，故为之命名曰贾充。

《晋书·贾充列传第十》：贾充的前妻是李丰的女儿，李丰被司马师杀死后，李氏被流放。贾充又娶城阳太守郭配的女儿郭槐为妻，也就是广城君。晋武帝登基后，李氏被赦免罪过得以还家，皇上特地下诏允许贾充设置左右夫人。郭槐生性妒忌，愤怒地捋起袖子数落贾充说："制定律令，完成辅佐君王的事业，我也有功劳，李氏哪配与我并列？"贾充无奈，只好为李氏在永平里修建住所却不敢有所往来。

惠帝为太子时，纳郭槐的女儿为妃。起初，郭槐想去看望李氏，贾充曰："她才华很高，你去了不如不去。"等到郭槐的女儿做了妃子，这才排出很大的阵仗，隆重出行。进门后，李氏出迎，郭槐不自觉地腿发软，连拜两次。从此以后，只要贾充出门，郭槐就派人寻找他，唯恐贾充去探望李氏。李氏贤淑俊美，才华德行俱佳，作《女训》流行于世。自屈：委屈自己。这里指郭槐在李氏面前不自觉地屈服，不敢跋扈。

②南康犹怜：《世说新语·贤媛》：大将军桓温娶晋明帝女儿南康公主为妻。桓温平定蜀地后，又娶李势的妹妹为妾，为她另建住所，宠爱有加。南康公主知道后，带着数十个婢女执刀前往，准备杀掉她。南康公主与众人到李氏住所，李氏正在梳头，长发垂地，姿容相貌秀丽端庄。李氏慢慢站起来，把头发绾好，双手收敛，对公主说："我国破家亡，并不是自愿来这里。今天如果被您杀死，倒是正好遂了我的心愿。"李氏气定神闲，没有丝毫慌张，语气与神色凄怆哀婉，公主扔下刀说："我见到你都觉得你楚楚可怜，更何况桓温呢！"于是公主善待李氏。

鲁恭驯雉^①，宋均去兽^②

《后汉》：鲁恭，字仲康，扶风平陵人。肃宗时，拜中牟令，专以德化为理，不任刑罚。郡国螟伤稼，犬牙缘界，不入中牟。河南尹袁安闻之，疑其不实，使仁恕掾肥亲往廉之。恭随行阡陌，俱坐桑下。有雉过，止其傍，傍有童儿，亲曰："儿何不捕之？"儿言："雉方将雏。"亲瞿然起，与恭诀曰："所以来者，亦察君政迹耳。今虫不犯境，化及鸟兽，竖子有仁心，三异也。"还府以状白安。是岁，嘉禾生恭便坐廷中，安上书言状，帝异之。任事三年，州举尤异。去官，吏人思之。后为司徒，性谦退，奏议依经，皆有补益，然终不自显，故不以刚直为称。

《后汉》：宋均，字叔庠，南阳安众人。光武时，迁九江太守。郡多虎暴，数为民患。常募设槛阱，犹多伤害。均到，下诏属县曰："夫虎豹在山，鼋鼍在水，各有所托。且江淮之有猛兽，犹北土之有鸡豚也。今为害，咎在残吏，而勤张捕，非忧恤之本，可一去槛阱。"其后传言，虎相与东游渡江。

①鲁恭驯雉：鲁恭，字仲康，扶风平陵（今陕西咸阳西北）人。汉章帝时官拜中牟令，只用道德教化来治理社会，不用刑罚。

《后汉书·鲁恭列传第十五》：汉章帝刘炟（dá）建初七年，各郡国发生螟虫灾害，庄稼被严重破坏。郡国的边界犬牙交错，螟虫就是不越界进入中牟境内。河南尹袁安听说后，怀疑这个事情的真实性。派一个名叫肥亲的秉性仁恕的副官前往察看。到中牟后，鲁恭陪同肥亲在田间小路上巡视，期间两人在一棵桑树下休息。有只野鸡飞过来，停在桑树边，树边还有个小孩子。肥亲问小孩子："野鸡就在你边上，为什么不捉它？"孩子说："这个野鸡正在抱窝。"肥亲深有感触，恭敬地站起来，和鲁恭告别，说："我这次来您这里的目的，是要考察您的政绩。现在害虫不犯境，道德教化惠及鸟兽，小孩子有仁爱之心，这是你治下的三件奇事。这三件事足以证明您的贤良。"肥亲回到河南府把考察到的情况如实报告给了袁安。

当年，有祥瑞的禾苗长在鲁恭的庭院中，袁安给皇帝上书报告，皇帝觉得非常奇异。鲁恭在中牟任职三年，政绩突出。后来因为母亲去世而离职，官民都很思念他。鲁恭后为司徒，他生性谦让，向皇帝上奏疏都是依据经典，每次对朝廷都有补益，但是从来不自我显摆，所以鲁恭不以刚直被后人称赞。

②宋均去兽：宋均，字叔庠，南阳郡安众县（今河南邓州东北）人。

《后汉书·宋均列传第三十一》：光武帝时，宋均任九江太守。九江郡有很多猛虎，伤人无数，成为民众祸患。官府大量设立栅栏、陷阱捕捉，被伤者仍多。宋均到任后，给属县下命令说："虎豹在山，鼋鼍在水，各有自己的依托。况且江淮一带多有猛兽，犹如北方有鸡和猪。现在老虎为害百姓，过错在于官吏残暴。如果只是不断张网捕捉，不是解决问题的根本办法。斥退贪官污吏，提拔忠正良善之人，自然可以解除虎患，根本不需要栅栏陷阱。"宋均于是大力惩治腐败，后来，老虎都渡过长江向东去了。

广客蛇影①，殷师牛斗②

《晋书》：乐广，字彦辅，南阳淯阳人。迁河南尹。尝有亲客，久阔不复来，广问其故，答曰："前在坐，蒙赐酒。方饮，忽见杯中有蛇，意甚恶之，既饮而疾。"于时，河南听事壁上有角弓，漆画作蛇，广意杯中蛇即角弓影也。复置酒于前处，谓客曰："杯中复有所见否？"答曰："所见如初。"广乃告其所以，客豁然意解，沉疴顿愈。广所在为政，无当时功誉，每去职，遗爱为人所思。凡论人，必先称其所长，则所短不言而自见。后代王戎为尚书令。始戎荐广，而终践其位，时人美之。

晋殷仲堪，陈郡人，父师，晋陵太守。初，师病积年，仲堪衣不解带，躬学医术，穷其精妙，执药挥泪，遂眇一目。居丧哀毁，以孝闻。孝武帝召为中庶子，甚相亲爱。其父尝患耳聪，闻床下蚁动，谓之"牛斗"。帝素闻之，而不知其人。至是，问仲堪曰："患此者为谁？"仲堪流涕而起曰："臣进退维谷。"帝有愧焉。仲堪能清言，每云："三日不读《道德经》，便觉舌本间强。"其谈理，与韩康伯齐名。后假节镇江陵，为桓玄追兵逼杀。

①广客蛇影：乐广，字彦辅，南阳郡淯（yù）阳县（今河南南阳南）人。乐广有两个女儿，一个嫁给成都王司马颖，另一个嫁给名士卫玠。

《晋书·乐广列传第十三》：乐广任职河南府尹期间，有个熟悉的客人，突然好长时间不再来访。乐广问其故，回答说："之前在您府上宴饮，承蒙您赐酒。正要喝，忽然发现杯中有一条蛇，心生厌恶，喝完就生病了。"当时，河南府听事壁上挂了一张角弓，涂绘成蛇的样子，乐广猜测杯中蛇就是角弓的倒影。乐广又倒一杯酒放在原先的位置，对客人说："杯中复有所见否？"客人说："所见如初，还是有一条蛇。"乐广就给客人看墙上的角弓，告诉他原因。客人疑虑打消，沉疴顿愈。

凡乐广从政的地方，任职的时候并没有什么美誉，但是离职后总是被人称道怀念。凡是评价人，必先称其所长，则所短不言而自见。乐广代替王戎成为尚书令。起初王戎推荐乐广，最终乐广代替了王戎，一时被传为美谈。

②殷师牛斗：殷仲堪，陈郡（今河南淮阳）人。父亲殷师为晋陵太守。

《晋书·殷仲堪列传第五十四》：起初，殷师患病多年，"仲堪衣不解带，躬学医术，穷其精妙"。一次，不小心把药弄到眼里，瞎了一只眼。父亲去世后，守丧期间哀恸到身体毁伤，因此以孝道闻名。孝武帝任殷仲堪为太子中庶子，对他非常宠爱。殷仲堪的父尝患有耳聪病，能听到床下蚂蚁爬动，以为是牛在打架。皇帝之前听说过这事，但不知道是谁。一次，皇帝问殷仲堪："你知不知道患耳聪病的人是谁？"殷仲堪泪流满面，站起来说："臣进退维谷，不知如何回答是好。"皇帝明白过来，觉得惭愧。仲堪能清谈，常说："三天不读《道德经》，便觉舌根僵硬。"他谈论事理的才能与韩康伯齐名。后持节镇守江陵，为桓玄追兵逼杀。

元礼模楷^①，季彦领袖^②

《后汉》：李膺，字元礼，颍川襄城人。性简亢，无所交接。举孝廉高第，迁河南尹。及党议起，流言转入太学，诸生三万余人，郭林宗、贾伟节为其冠，并与膺、陈蕃、王畅更相褒重。学中语曰："天下模楷李元礼，不畏强御陈仲举，天下俊秀王叔茂。"时张成善风角，推占当赦，教子杀人。膺案杀之。其弟子上书，告膺等共为部党，诽讪朝廷。桓帝震怒，逮捕党人，收执膺等。后赦归田里，禁锢终身，而党名犹书王府。自是海内共相标榜，指名士为之称号，上曰三君，次曰八俊、八顾、八及、八厨，犹古之八元、八凯也。膺拜司隶校尉，诸黄门常侍鞠躬屏气，休沐不敢复出宫省。是时朝廷纲纪颓弛，膺独持风裁，以声名自高。士有被其容接者，名为"登龙门"。灵帝时，曹节讽有司奏捕前党，皆死狱中。

晋裴秀，字季彦，河东闻喜人。少好学，有风操，八岁能属文。叔父徽有盛名，宾客甚众。秀时年十余岁，有诣徽者，出则过秀。秀母贱，嫡母宣氏不之礼。尝使进馔于客，见者皆为之起。母曰："微贱如此，当应为小儿故也。"宣氏知，遂止，时人为之语曰："后进领袖有裴秀。"武帝时为司空。秀博学洽闻，留心政事，以职在地官，作《禹贡地域图》进之，藏于秘府。制图之体有六，一曰分率，所以辨广轮之度；二曰准望，所以正彼此之体；三曰道里，所以定所由之数；四曰高下，五曰方邪，六曰迂直，此三者，各因地而制宜，所以校夷险之异。

①元礼模楷：李膺，字元礼，颍川郡襄城县（今河南许昌襄城）人。性格孤高清傲，不善交际，只把同郡的荀淑、陈寔当成师友。被举荐为孝廉而

担任很高的职务，官至河南府尹。

《后汉书·党锢传·李膺列传第五十七》：汉末开始党派之争，关于不同党派的流言传入太学。三万多太学生，以郭林宗、贾伟节为首，和李膺、陈蕃（字仲举）、王畅（字叔茂）互相推崇，也结为党派。太学中称赞他们说："天下模楷李元礼，不畏强御陈仲举，天下俊秀王叔茂。"

当时河内人张成会算命看风水，他占卜推测到朝廷将要大赦天下，于是怂恿儿子杀人。李膺非常痛恨张成的这种做法，最终把他审判后杀掉了。张成的弟子给皇帝上书，诬告李膺等人结党营私，诽谤攻讦朝廷。桓帝震怒，颁发诏令逮捕李膺。后来又将他赦免，回家种地，永不任用，而且将其结党人士姓名，全部记录在案。

从此正直之士被排斥和流放，奸佞小人则扶摇直上。于是天下仰慕正直之士的人，相互标榜，将那些知名的正直之士进行分类：最上等的被称为"三君"；次一等的叫"八俊"；再往下依次叫"八顾""八及""八厨"，就像古代的"八元""八凯"那样。

李膺官拜司隶校尉，那些黄门、常侍小心翼翼地注意自己的行为，休假期间也不敢出宫门。桓帝问为什么，他们都流着泪磕头说："怕司隶校尉李膺。"当时，朝廷纲纪颓弛，只有李膺保持独立个性，名声清高。士人有被他接待的，名为"登龙门"。灵帝时，曹节暗示主管官员追捕之前的私党人士，李膺与很多人因此死在狱中。

②季彦领袖：裴秀，字季彦，河东郡闻喜县（今山西闻喜）人。从小热爱学习，有风度节操，八岁时就能写很好的文章。

《晋书·裴秀列传第五》：叔父裴徽有盛名，宾客甚众。裴秀年仅十岁时，有拜访裴徽者，辞别裴徽后都会再来看裴秀。裴秀的生母身份卑贱，嫡母宣氏不以礼相待。宣氏曾让裴秀的母亲为客人端来饮食，客人们见到后都会起身致敬。裴秀的母亲说："我是一个卑贱之人，客人们这样尊重我都是因为我小儿子的缘故啊！"宣氏知道后，就不再那样对待裴秀的母亲。当时人们都说："裴秀一定是后辈们的领袖。"

武帝时裴秀为司空。裴秀学识渊博，留心政事。因为裴秀的职务是地官，作《禹贡地域图》上报朝廷，被收藏在秘府。绘制地图的体例有六点：第一是分率，即按统一比例绘制；第二是准望，确定物体地理方位；第三是道里，确定物体相距远近的里数；第四是高下，标注地势高下情况；第五是方邪，标注倾斜角度，第六是迂直，标注河流、道路的曲直，后面这三条需要因地制宜，来确定地形的平坦险阻曲折情况。

鲁褒钱神①，崔烈铜臭②

　　《晋书》：鲁褒，字元道，南阳人。好学多闻，以贫素自立。元康之后，纲纪大坏，褒伤时贪鄙，乃隐姓名而著《钱神论》以刺之。其略曰："亲之如兄，字曰孔方。失之则贫弱，得之则富昌。无翼而飞，无足而走。解严毅之颜，开难发之口。钱多者处先，少者居后。钱之所佑，吉无不利。何必读书，然后富贵。昔吕公欣悦于空版，汉高克之于赢二。文君解布裳而被锦绣，相如乘高盖而解犊鼻。官尊名显，皆钱所致，无德而尊，无势而热。排金门而入紫闼，危可使安，死可使活，贵可使贱，生可使杀。谚曰：钱无耳可使鬼。凡今之人，唯钱而已。"疾时者传其文，后莫知所终。

　　《后汉》：崔烈，涿郡安平人。有重名于北州，历郡守、九卿。灵帝时，开鸿都门，榜卖官爵，公卿以下皆有差。富者先入钱，贫者到官而后倍输，或因常侍、阿保别自通达。是时，段颍（jiǒng）等虽有功勋名誉，然皆先输货财，而后登公位。烈因傅母入钱五百万为司徒，尝问其子钧曰："吾居三公，于议者如何？"钧曰："大人少有英称，历位卿守，人谓当为三公。今登其位，天下失望。"烈曰："何为然也？"钧曰："论者嫌其铜臭。"后拜太尉。董卓既诛，拜城门校尉。

　　①鲁褒钱神：鲁褒，字元道，南阳（今河南南阳）人。喜好读书，多闻多见，贫穷朴素。

　　《晋书·隐逸·鲁褒列传第六十四》：晋惠帝元康之后，国家的伦理纲常败坏，鲁褒伤时贪鄙，就匿名而著《钱神论》以刺时弊。文章主旨是说：

"人们对钱这个东西，喜欢得就像对待兄长，为它取名叫'孔方'。失之则贫弱，得之则富昌。无翼而能飞，无足而能走。能让严肃的人眉开眼笑，也能让笨嘴拙舌之人巧舌如簧。钱多者处处优先，钱少者只能屈居人后。有了钱的庇佑，无往不利。何必先辛苦读书，然后再去追寻富贵！

"当年，吕公因收到刘邦的空头礼帖而欣喜，刘邦对萧何多送两百钱的举动铭记不忘，卓文君脱去粗布衣裳而重着锦绣，司马相如脱下平民衣服而乘坐华丽的马车，位高权重，名声显赫，这都是因为有钱造成的。钱能让无德行的人被大家尊重，能让无权势的人变得炙手可热。它可以推开富贵人家的门，也能直通朝廷。有了钱，能让人转危为安，起死回生，失去了钱，则富贵变成卑贱，活人也会变成死人。谚语说：钱没有耳朵，却能差使鬼神。现在的人，只知道钱啊！"愤世嫉俗的人都爱传诵鲁褒的这篇文章。鲁褒没有当官，最后没有人知道他的下落。

②崔烈铜臭：崔烈，涿郡安平（今河北衡水安平）人。在幽州一带很有名气，做过郡守、九卿的官职。

《后汉书•崔烈列传第四十二》：汉灵帝时，开鸿都门，张榜公开卖官鬻爵，公卿以下的职位都有空缺，级别不同，价格不一。有钱的人先交钱后当官，没钱的人当官后再加倍把钱补上，也有的人靠私人关系，请常侍、阿保帮助打通关节。

在当时，段颎（jiǒng）、樊陵、张温等人虽有功勋名誉，也得先交钱才能登上公卿之位。崔烈通过汉灵帝刘宏的傅母程夫人，花费五百万钱买得司徒一职。因为是买来的官，崔烈心里不安，曾问儿子崔钧："我现在位居三公，别人怎么议论我？"崔钧说："父亲大人您少年时就有英名，人们都说您确实应该身居三公之位。但是现在登上了三公之位，天下人对您却很失望。"崔烈问："这是为什么呢？"崔钧说："议论的人嫌你有铜臭味儿。"崔烈后拜太尉。董卓被诛后，官拜城门校尉。

梁竦庙食^①，赵温雄飞^②

《后汉》：梁竦，字叔敬，安定乌氏人。闭门自养，以经籍为娱。著书数篇，名曰《七序》。班固见而称曰："孔子著《春秋》而乱臣贼子惧，梁竦作《七序》而窃位素餐者惭。"竦自负其才，郁郁不得意。尝登高远望，叹息言曰："大丈夫居世，生当封侯，死当庙食。如其不然，闲居可以养志，诗书足以自娱。州郡之职，徒劳人耳。"后辟命不就，肃宗纳其二女，皆为贵人。小贵人生和帝，窦皇后养以为子。诸窦恐梁氏得志为己害，遂谮杀二贵人，而陷竦以恶逆，死狱中。和帝立，追封褒亲愍侯。

《后汉》：赵温，字子柔，蜀郡成都人。初为京兆郡丞，叹曰："大丈夫当雄飞，安能雌伏！"遂弃官去。岁饥，散家粮赈穷饿，所活万余人。献帝西迁，遂为三公。

①梁竦庙食：梁竦，字叔敬，安定乌氏（今宁夏固原东南）人。东汉文学家、易学家，九江太守梁统之子，汉和帝刘肇外祖父。

《后汉书·梁竦列传第二十四》：梁竦闭门自修，以研读经典书籍为乐。撰写多篇文章，为其命名曰《七序》。班固读后称赞说："孔子著《春秋》而乱臣贼子惧，梁竦作《七序》而窃位素餐者惭。"梁竦自负其才，郁郁不得志。尝登高远望，叹息说："大丈夫活在世上，生当封侯，死当受到祭祀。如果不能这样，闲居可以养志，诗书足以自娱。州郡之类的职务，只不过让人白白辛苦而已。"后来朝廷多次征召他做官，但他就是不接受任命，肃宗娶了梁竦的两个女儿，将她们封为贵人。小贵人生和帝，窦皇后抚养和帝，视若己出。窦氏家族怕梁氏得志成为自己的祸害，就诬陷杀害了两位贵人，又诬陷梁竦谋反，逮捕梁竦，在狱中将他迫害致死。和帝继位后，追封梁竦为褒亲愍侯。

　　②赵温雄飞：汉代赵温，字子柔，蜀郡成都（今四川成都）人，向来胸怀大志。为京兆郡丞。

　　《后汉书·赵温列传第十七》：赵温曾经慨叹说："大丈夫当雄飞，安能雌伏！"于是弃官归四川老家。正遇家乡闹饥荒，慷慨发放家中积粮赈灾，救活万余人。献帝西迁时，赵温官至三公。

枚乘蒲轮①，郑均白衣②

《前汉》：枚乘，字叔，淮阴人。为吴王濞郎中。王谋为逆，乘奏书谏王，不用，卒见禽（同"擒"）灭。乘由是知名，景帝召拜弘农都尉。乘久为大国上宾，与英俊并游，不乐郡吏，以病去官。复游梁，及孝王薨，归淮阴。武帝即位，乘年老，乃以安车蒲轮征乘，道死。

《后汉》：郑均，字仲虞，东平任城人。少好黄老书。建初中，举直言不诣，公车特征，再迁尚书。数纳忠言，肃宗重之。后告归，帝东巡，乃幸均舍，敕赐尚书禄，以终其身，时号为"白衣尚书"。

①枚乘蒲轮：枚乘（？—约前140），字叔，淮阴（今江苏淮阴南）人。西汉时期辞赋家，与邹阳并称"邹枚"，与司马相如并称"枚马"，与贾谊并称"枚贾"。

《汉书·枚乘列传第二十一》：枚乘为吴王刘濞郎中。吴王起初怨恨朝廷而欲行谋反，枚乘上书劝谏吴王。吴王不为所动，执意叛乱，终被诛杀。枚乘也由此事而知名，景帝召拜他为弘农郡的都尉。枚乘因此也长期做诸侯大国的座上宾，与才俊之士交游。枚乘不喜欢做郡县官吏，于是称病辞职。后来枚乘再次到梁国交游，梁孝王去世后，枚乘回到淮阴县。等到汉武帝即位，因为武帝对枚乘早有耳闻，就以安车蒲轮征召枚乘，但是枚乘已经年迈，死在应召的路上。蒲轮：用蒲草将车轮缠绕，这样行走时震动较小。用于迎接贤士，以示礼敬。

②郑均白衣：郑均，字仲虞，东平任城（今山东济宁东南）人。年轻时爱好黄老之学。

《后汉书·郑均列传第十七》：东汉章帝建初年间，被推举为直言，但是郑均都没有到任。建初六年，官署以公车对他进行特别征召，两次升迁荣任尚书职位。多次进献忠言，被肃宗器重。后来告老还乡，皇帝东巡经过任城，驾临郑均家，赐给他尚书级别的俸禄，直到去世。当时人们称郑均为"白衣尚书"。白衣：是古代平民的服饰，也指平民或无功名或无官职的士人。这里指郑均告老还乡后虽然已为平民，但皇帝仍赐给他尚书级别的待遇。

陵母伏剑①，轲亲断机②

《前汉》：王陵，沛人。高祖起，陵亦聚党数千人。及高祖击项羽，乃以兵属汉。羽取陵母置军中，陵使至，则东向坐陵母，以招陵。陵母私送使者，泣曰："为妾语陵，善事汉王。汉王长者，毋以老妾故持二心，妾以死送使者。"遂伏剑而死。

《古列女传》：邹孟轲母，其舍近墓，孟子少好游为墓间之事。孟母曰："此非吾所以居处子也。"乃去舍市傍，其嬉戏乃贾人炫卖之事。又曰："此非吾所以居处子也。"复徙舍学宫之傍，其嬉戏乃设俎豆揖让进退。孟母曰："真可以居吾子矣。"遂居。及孟子既学而归，孟母问学所至，孟子曰："自若也"。孟母以刀断其织，曰："子之废学，若我断斯织也。"孟子惧，旦夕勤学不息，师事子思，遂成名儒。君子谓孟母知为人母之道。

①陵母伏剑：西汉王陵，沛县（今江苏沛县）人。王陵出身沛县豪族，与雍齿交好，早年被刘邦以兄礼相待。

《汉书·王陵列传第十》：高祖刘邦反秦时，王陵亦聚众数千人揭竿而起。到刘邦与项羽争霸之时，王陵率众归附汉王。项羽把王陵的母亲捉到军中，王陵派使者来看望母亲，项羽安排王陵的母亲面向东而坐表示尊重，以招降王陵。王陵母亲哭着告诉使者："请你替我为王陵传话：好好侍奉汉王。汉王是忠厚长者，终将拥有天下，不要因为我而生二心。请你回去吧，我将以死相送。"于是拔剑自刎而死。

②轲亲断机：《列女传卷一·母仪·邹孟轲母》：邹国孟轲的母亲，起初，

家住在墓场边上，小孟轲就和伙伴玩一些上坟祭祀、哭泣吊唁之类的游戏。孟母说："这个地方不适合孩子的成长，这里不是我的孩子应该待的地方。"于是搬家，住在集市的旁边。小孟轲就和小伙伴玩一些买入卖出、讨价还价的游戏。孟母又说："这个地方还是不适合我的孩子成长。"孟母再一次搬家，住在学官旁，小孟轲玩游戏的时候就摆上礼器，学习揖让进退这些礼仪活动。孟母说："这才是孩子应该待的地方啊！"于是在这里定居下来。

孟子长大后，外出求学。一次，孟子放学后回家，孟母问他学得怎么样，孟子说："还是那样！"孟母操起刀割断正在织的布，说："你荒废学业，就像我现在把辛苦织成的布割断。"小孟轲害怕了，旦夕勤学不息，拜子思为师（一说子思门人），努力学习，终于成了儒家著名的学者。君子们都说孟母真是知道教子之道啊！

齐后破环^①，谢女解围^②

　　《战国策》曰：齐闵王遇弑，其子法章变姓名，为莒太史家庸夫。太史敫女奇其状貌，以为非常人，怜而尝窃衣食之，与私焉。法章立，是为襄王，以太史氏女为王后。襄王卒，子建立，后事秦谨，与诸侯信，以故建立四十余年，不受兵。秦昭王尝使使者遗后玉连环，曰："齐多知，解此环不？"后以示群臣，群臣不知解。后引椎椎破之，谢秦使曰："谨以解矣。"

　　晋王凝之妻谢氏，字道韫，聪识有才辨。叔父安尝问："《诗》何句最佳？"道韫称："吉甫作诵，穆如清风。仲山甫永怀，以慰其心。"安谓有雅人深致。又尝内集，俄而雪骤下，安曰："何所似也？"安兄子朗曰："撒盐空中差可拟。"道韫曰："未若柳絮因风起。"安大悦。凝之弟献之，尝与宾客谈议，词理将屈，道韫遣婢白献之曰："欲为小郎解围。"乃施青绫步幛自蔽，申献之前议，客不能屈。

　　①齐后破环：《战国策·齐策》：齐闵王遇弑后，他的儿子法章变换姓名，躲在莒地太史敫（jiǎo）家做佣工。太史敫的女儿看法章相貌与众不同，认为他不是普通人。于是爱怜他，与他私通还偷偷地送给法章衣食。后来法章被拥立为齐王，即齐襄王。齐襄王立太史敫的女儿为王后。齐襄王死后，儿子子建继立为齐王。齐王建继位后与秦国交往小心谨慎，与诸侯交往诚信守约，所以齐王建在位的四十余年里，没有遭受战乱侵扰。秦昭王曾派使者送给王后一副玉连环，说："都说齐国人有聪明才智，能解开这副玉连环吗？"王后以示群臣，群臣不知解。王后操起一把大椎子，将玉连环击破，对秦国

使者说:"解开了!"

②谢女解围:谢女,即谢道韫,东晋女诗人,聪识有才辩。陈郡阳夏(今河南太康)人。为安西将军谢奕之女,东晋政治家谢安侄女,王凝之的妻子,王羲之的儿媳。

《晋书·王凝之妻谢氏列传第六十六》:谢道韫的叔父谢安曾问她:"《诗经》里哪句诗最佳?"谢道韫回答说:"吉甫作诵,穆如清风。仲山甫永怀,以慰其心。"谢安说她人格高雅,见解深刻。这几句诗出自《诗经·大雅·烝民》,诗歌背景是周宣王派仲山甫去齐地筑城,临行时重臣尹吉甫作诗赠之。意思是:尹吉甫作歌赠给仲山甫,乐声和美如清风。因为仲山甫临行顾虑多啊,赠给他这首诗宽慰其心让他去努力建功。

又有一年的冬天,谢安把家里的孩子们聚在一起,教他们识文断字。一会儿,开始下雪,雪很大,纷纷扬扬。谢安问孩子们:"这纷飞的白雪像什么呢?"谢安哥哥的儿子谢朗说:"撒盐空中差可拟。"谢道韫说:"未若柳絮因风起。"谢安大为高兴。

王献之是王凝之的弟弟,他曾与宾客谈天,将要被对方说得理屈词穷时,谢道韫派婢女跟王献之说:"欲为小郎解围。"于是用青绫步幛挡住自己,帮王献之辩论前面的话题,客人没有人能说得过她。

凿齿尺牍[①]，荀勖音律[②]

  《晋书》：习凿齿，字彦威，襄阳人。少有志气，博学洽闻，以文笔著称。荆州刺史桓温辟为从事，累迁别驾。温出征伐，凿齿或从或守，所在任职，每处机要，莅事有绩。善尺牍论议，温甚器遇之。出为荥阳太守。时温觊觎非望，凿齿在郡，著《汉晋春秋》以裁正之。起汉光武，终晋愍帝。后征典国史，会卒。初，凿齿尝与孙绰共行，绰性通率，好讥调，时绰在前，顾凿齿曰："沙之汰之，瓦石在后。"凿齿曰："簸之扬之，糠粃在前。"

  晋荀勖，字公曾，颍川颍阴人，汉司空爽曾孙。岐嶷凤成，十余岁能属文。长博学，达于政事。武帝受禅，拜中书监，加侍中，领著作，与贾充共定律令。既掌乐事，又修律吕，并行于世。初，勖于道逢赵贾人牛铎，识其音声。及掌乐，音韵未调，乃曰："得赵之牛铎则谐矣。"遂下郡国悉送牛铎，果得谐者。又尝在帝坐进饭，谓在坐人曰："此劳薪所炊。"帝遣问膳夫，实用故车脚，举世服其明识。后守尚书令。勖久在中书，专管机事，及失之，甚怅恨。或有贺之者，勖曰："夺我凤凰池，诸君贺我耶？"初，太子婚未定，勖与左卫将军冯紞伺帝间，并称贾充女才色绝世，遂成婚，甚为正直者所疾，而获佞媚之讥。帝素知太子暗弱，恐后乱国，遣勖及和峤往观之。勖还，盛称太子之德，而峤云："太子如初。"于是天下贵峤而贱勖。

  ①凿齿尺牍：习凿齿，字彦威，襄阳（今湖北襄阳，一说今湖北襄樊）人。东晋史学家，家族富盛，世代为乡里豪门。习凿齿少年即有大志，博学

多闻，以文笔著称。

《晋书·习凿齿列传第五十二》：习凿齿担任荆州刺史桓温的从事，多次升迁，至别驾之职。桓温出征时，习凿齿有时伴随在桓温身边，有时留守大本营。每次都担任机要之职，政绩明显。习凿齿善写申论公文，甚得桓温器重。后来因为忤逆桓温，而被外迁为荥阳太守。当时桓温有觊觎帝位的非分之想，习凿齿在郡中，撰写《汉晋春秋》来制止他。文章从汉光武帝写起，一直写到晋愍帝，表明天意不可靠势力来强迫。后来朝廷征召他主持编撰国史，但是习凿齿碰巧这时去世了。

习凿齿曾经与孙绰同行，孙绰生活率真，喜好幽默调侃。孙绰在前，凿齿在后。孙绰回头对凿齿说："沙之汰之，瓦石在后。"凿齿说："簸之扬之，糠秕在前。"尺牍，指古人用于书写的书简，代指信札，书信。

②荀勖音律：荀勖（xù），字公曾，晋颍川颍阴（今河南许昌）人，东汉司空荀爽的曾孙。魏晋年间政治家，也是音乐家、目录学家。生前封济北公，后人称之为"荀济北"。又因为善识音律，号称"暗解"。

《晋书·荀勖列传第九》：荀勖聪慧早熟，十余岁就能写一手好文章。长大后学识渊博，善于处理政事。晋武帝司马炎受魏帝曹奂禅让，建立西晋，荀勖官拜中书监，加侍中，领著作事，与车骑将军贾充共定制定法律条令。

荀勖掌管礼乐之事，又修订乐律，都流行于世。起初，荀勖在道路上听到赵国商人的牛铃声，记住了声音。等到掌管礼乐，见所用的音韵都不和谐，就说："如果能想办法找到赵国的牛铃就和谐了。"于是下令让各郡国都送上牛铃，果然找到了音韵和谐的牛铃，调好了音律。

荀勖又曾在皇帝座前吃饭，对在座的人说："这饭是受过苦的柴火烧的啊！"在座者皆不信，皇帝派人问厨师，原来是用旧车的轮子烧的火，大家都佩服他的明识。荀勖长期在中书任职，专门分管机要事务，到失去中书之职，怅恨遗憾。有人向他祝贺，荀勖说："夺走了我的凤凰池，你们为什么还要向我祝贺？"

起初，太子的婚事未定，荀勖与左卫将军冯紞在皇帝空闲时，趁机和皇帝说，贾充的女儿才色绝世，有后妃之德，如果娶到东宫，一定能辅佐太子。荀勖与冯紞的做法被正直之士所厌恶，大家都讥笑他俩奸佞诌媚。皇帝一直知道太子软弱无能，恐怕以后会造成国家混乱，于是派遣荀勖与和峤前去考察太子。荀勖回来后，盛赞太子德行。而和峤回来后和皇帝说："太子还是那样。"于是天下人崇尚和峤而鄙视荀勖。

胡威推缣^①，陆绩怀橘^②

《魏书》：胡威，字伯武，淮南寿春人。父质，以忠清称，仕魏为荆州刺史。威自京都定省，家贫无车马童仆，自驱驴单行。既至，见父而归。父赐绢一匹，威曰："大人清高，何得此绢？"答曰："是吾俸禄之余。"威受之。辞归，卒取与质帐下都督。后为徐州刺史，勤于政术，风化大行。入朝，武帝谓曰："卿孰与父清？"对曰："臣父清恐人知，臣清恐人不知，是臣不及远也。"

《吴志》：陆绩，字公纪，吴人。年六岁，于九江见袁术。术出橘，绩怀三枚出。拜辞堕地，术谓曰："陆郎作宾客，而怀橘乎？"绩跪曰："欲归遗母。"术大奇之。绩博学多识，星历算数，无不该览。孙权辟为掾，以直道见惮，出为郁林太守，加偏将军。绩意在儒雅，非其志也。虽有军事，著述不废，作《浑天图》，注《易》释《玄》，皆传于世。

①胡威推缣：胡威，字伯武，淮南寿春（今安徽寿县）人。父亲胡质，以忠诚清廉著称。胡威在魏官至征东将军、荆州刺史。

《晋书·胡威列传第六十》：当年胡质在荆州做官，胡威从京都去荆州探望父亲。因家贫无车马僮仆，胡威只身骑驴前往。见到父亲后，在牲口棚里住十余日。临别，父亲送给胡威一匹绢布。胡威推辞，问："父亲一向清高，这匹绢布是哪儿来的呢？"胡质回答说："是用我从俸禄中节俭出来的钱买的。"胡威收下绢布，告辞回家。回家的路上，受到胡质帐下都督的帮助，胡威就把这匹绢布送给了这个都督。胡威任徐州刺史，勤于政事，风化大行。后来入朝为官，晋武帝问胡威："你和你父亲谁更清廉？"胡威回答说："臣父清廉恐人知，臣清廉恐人不知，所以我远远不及父亲啊！"缣：双丝织的浅黄色细绢。

②陆绩怀橘：陆绩，字公纪，吴郡吴县（今江苏苏州）人，庐江太守陆康之子。

《三国志·吴志十二·陆绩传》：陆绩六岁那年，在九江见袁术。袁术端出橘子招待陆绩，陆绩悄悄地藏在怀里三个。告别时，一行礼，橘子不小心滚落在地。袁术说："陆郎你到人家做客，还要把橘子藏在怀里吗？"陆绩跪在地上说："想带回家几个让母亲尝尝。"袁术大为惊奇。陆绩博学多识，星象、历法、筹算、数学类书籍，都详细阅读。孙权征召他为掾官。因正道直行陆机被人忌惮，外出担任郁林太守，加官偏将军，统领士兵二千人。陆绩志在做一个儒雅君子，所以领兵打仗不是他的志向。就算有战事，著述不废，作《浑天图》，注解《易经》，阐释《太玄》，这些作品都流传了下来。

罗含吞鸟^①，江淹梦笔^②

《晋书》：罗含，字君章，桂阳耒阳人。幼孤，为叔母朱氏所养。少有志尚，尝昼卧，梦一鸟文彩异常，飞入口中。因惊起，说之朱氏，曰："鸟有文采，汝后必有文章。"自此藻思日新。江夏守谢尚称曰："君章可谓湘中之琳琅。"桓温以为江左之秀。累迁长沙相，致仕，加中散大夫，门施行马。初，含在官舍，有一白雀栖集堂宇。及还家，阶庭忽兰菊丛生，以为德行之感。

《南史》：江淹，字文通，济阳考城人。少孤贫，尝慕司马长卿、梁伯鸾之为人。不事章句之学，留情文章。仕齐为侍中、秘书监，入梁至金紫光禄大夫。淹以文章显，晚节才思微退。云为宣城太守时，罢归，梦一人，自称张景阳，谓曰："前以一匹锦相寄，今可见还。"淹探怀中，得数尺与之。此人大恚曰："那得割截都尽。"顾见丘迟，谓曰："余此数尺，既无所用，以遗君。"自尔淹文章踬矣。又尝梦一丈夫，自称郭璞，谓曰："吾笔在卿处多年，可以见还。"淹乃探怀中，得五色笔以授之。尔后为诗，绝无美句，时人谓之才尽。

①罗含吞鸟：罗含，字君章，东晋桂阳耒阳（今湖南耒阳）人。父母早丧，被婶婶朱氏抚养长大。

《晋书·文苑传·罗含列传第六十二》：罗含少年即有大志，曾经在白天睡觉，梦见一只鸟色彩斑斓，飞进他的口中。他一下子惊醒过来，把这个梦告诉朱氏，朱氏说："这只鸟色彩斑斓，你日后一定能写一手好文章，文采斐然。"自此以后，罗含的辞藻和文思日益进步。江夏太守谢尚称赞罗含说：

"罗君章可谓是湘中一带的美玉。"桓温认为罗含是江左俊秀。累迁长沙相，年迈后辞官回乡，又加授中散大夫，皇上特别允许他家门前设置行马，即阻拦人马通行的木架子。起初，罗含在官舍，有一白雀栖息在他的堂宇，年老辞官回家后，他家庭院台阶前忽然兰菊丛生，大家都认为是罗含德行高尚的感应。

②江淹梦笔：江淹（444—505），字文通，南朝济阳考城（今河南民权东）人。江淹少年丧父，生活贫困，钦慕司马相如、梁鸿之为人。不拘泥于字词的训诂之学而醉心于写文章。仕齐为侍中、秘书监，入梁至金紫光禄大夫。江淹六岁能文，以善于写文章而著称，晚年才思有所衰退。

《南史·江淹列传第四十九》：江淹曾为宣城太守，罢职归乡，梦见一人，自称张景阳，对江淹说："之前曾寄存在你那里一匹锦缎，今天请还给我！"江淹往怀中一摸，还真摸出来几尺锦，于是还给他。此人大怒说："怎么只剩这么一点儿了？"回头看见丘迟（丘迟，字希范，南朝文学家），说："一匹锦只剩下这几尺，也没有什么用了，送给你吧！"从那时开始江淹的文章就没有什么文采了。江淹又曾梦见一个男子，自称是西晋郭璞，对他说："吾笔在卿处多年，可以见还。"江淹就从怀里掏出来一支五色笔还给郭璞。从此再写诗，无一佳句，当时人们都说他是文思枯竭，江郎才尽。

李廞清贞^①，刘驎高率^②

《世说》：李廞，茂曾第五子。清贞有远操。少羸病，不肯婚宦。王丞相欲招礼之，辟为府掾。廞得笺命，笑曰："茂弘乃复以爵假人。"

《晋书》：刘驎之，字子骥，南阳人。少尚质素，虚退寡欲，不修仪操，人莫之知。好游山泽，志存遁逸。车骑将军桓冲闻其名，请为长史，驎之固辞。居于阳岐，来往莫不投之。驎之躬自供给，士君子颇以为劳累，更惮过焉。凡人致赠，一无所受。《世说》载：驎之高率，善史传。

①李廞清贞：李廞（xīn），东晋江夏（今湖北云梦）人，是李重（字茂曾）的第五个儿子。心性清雅，志向远大。小时候体弱多病，所以长大后不愿结婚，也不愿做官。

《世说新语·栖逸》：丞相王导（字茂弘）想要以礼招聘，征召他为相府属官（府掾）。李廞拿着征召文书，笑着说："王导竟然拿一个官职来诱惑使唤人！"清贞：清白坚贞。

②刘驎高率：刘驎（lín）之，字子骥，是南阳（今河南南阳）人。从小崇尚质朴，谦让寡欲，不修饰仪表行为，让时人费解。

《晋书·隐逸·刘驎之列传第六十四》：刘驎之爱好游山玩水，志在过隐逸生活。车骑将军桓冲闻其名，请他担任长史，刘驎坚决不接受任命。刘驎之居于阳岐，正是官道的旁边，有名望的人经过这里，都会投宿在他家。刘驎之总是亲自接待。士君子担心刘驎之招待客人太过劳累，不敢轻易经过这里。凡有人给他馈赠，一点儿也不接受。《世说新语·栖逸》载：刘驎之高尚率真，熟悉历史，隐居在阳岐村。高率：高尚率真。

蒋诩三径①，许由一瓢②

《前汉》：蒋诩，字元卿，杜陵人。为兖州刺史，以廉直为名。王莽居摄，以病免，归乡里。《三辅决录》曰：诩舍中竹下开三迳，唯故人求仲、羊仲从之游。

《逸士传》：许由隐箕山，无杯器，以手捧水饮之。人遗一瓢，得以操饮。饮讫，挂于木上，风吹沥沥有声。由以为烦，遂去之。

①蒋诩三径：蒋诩，字元卿，杜陵（今陕西西安东南）人。为兖州刺史，以清廉正直闻名。

《汉书·蒋诩列传第四十二》：王莽摄政后，蒋诩称病免官，回归乡里。《三辅决录》载：蒋诩辞官还家，不与人交往，荆棘塞门。在家中竹林下开三条小路，只和故人求仲、羊仲交往，他们都是厌弃名利，高蹈遁世之人。后人以"三径"代指隐士所居。陶潜《归去来兮》"三径就荒"语出于此。

②许由一瓢：《逸士传》：许由隐居箕山，没有杯子，渴了用手捧水喝。有人送给他一个水瓢，以便盛水。许由喝完水，把水瓢挂在树上，风吹水瓢发出声音，许由听到后觉得心烦，就把水瓢扔掉了。后人遂用"一瓢挂树""挂瓢""许由瓢"等指代高士隐逸傲世的生活。

杨仆移关^①，杜预建桥^②

《前汉》：杨仆，宜阳人。武帝时为楼船将军。初，函谷关在弘农，仆既有功，耻为关外民，上书乞徙东关，以家财给其用度。于是徙于新安，去弘农三百里，以故关为弘农县。

晋杜预，字元凯，京兆杜陵人。博学多通，明于兴废之道。常言："德不可以企及，立功立言，可庶几也。"尚文帝妹高陆公主，拜尚书郎。武帝时，拜度支尚书。预以孟津渡险，有覆没之患，请建河桥于富平津。议者以为殷周所都，历圣贤而不作者，必不可立也。预曰："造舟为梁，则河桥之谓也。"及桥成，帝从百僚临会，举觞属预曰："非君，此桥不成。"对曰："非陛下之明，臣亦不得施其微巧。"

①杨仆移关：《汉书·酷吏传·杨仆列传第六十》：杨仆，弘农宜阳（今河南宜阳西）人。汉武帝时，南越反叛，杨仆被任命为楼船将军。起初，函谷关在弘农，杨仆因为有功受赏，但是汉武帝把关中的土地全部分封给了其他功臣，而是让杨仆在函谷关以东做侯，也就是说他只得了一个关外侯的封赏。杨仆耻为关外民，上书汉武帝，要求将函谷关东移，并用自己的家财资助。于是函谷关被东移三百里，至现在的新安县境，称为新关，旧关被改置为弘农县。

②杜预建桥：西晋杜预，字元凯，京兆郡杜陵县（今陕西西安东南）人。西晋政治家、军事家和学者，灭吴统一战争的统帅之一。也曾参与伐蜀和《晋律》的修订。自言有"《左传》癖"，著有《春秋左氏经传集解》及《春秋释例》等。

《晋书·杜预列传第四》：杜预博学多通，深谙国家兴亡之道。常说："成就伟大的道德可能是我所不能达到的，立功、立言差不多还是能做到的。"娶晋文帝妹高陆公主为妻，官拜尚书郎。

晋武帝时，拜度支尚书。因为孟津渡口危险，往来船只有覆没之患，杜预请求在富平津渡口修建桥梁。有人反对说，这个地方是商朝和周朝建都的地方，历代圣贤都没有在这里建桥，肯定有不能修建的原因。杜预说："《诗经·大雅·大明》里说，'造船架桥'，说的就是建桥的事情。"等把桥建成，晋武帝在百官的陪同下来视察，举杯赞誉杜预说："非君，此桥不成。"杜预对曰："如果不是陛下您英明，我也没有机会尽绵薄之力啊！"

寿王议鼎^①，杜林驳尧^②

《前汉》：吾丘寿王，字子赣，赵人。为光禄大夫，汾阴得宝鼎，荐见宗庙，藏于甘泉宫。群臣皆贺得周鼎，寿王独以为非。武帝问之，对曰："臣闻周德始于后稷，长于公刘，大于太王，成于文武，显于周公。德泽上昭天，下漏泉，无所不通。上天报应，鼎为周出，故名曰周鼎。今汉自高祖继周，至于陛下，恢廓祖业，功德愈盛，天瑞并至，祯祥毕见，天祚有德，而宝鼎自出，乃汉鼎，非周鼎也。"上曰："善！"赐黄金十斤。

《后汉》：杜林，字伯山，扶风茂陵人。拜侍御史大夫，议郊祀制，多以为周郊后稷，汉当祀尧。诏下公卿议，议者金同，光武亦然之。杜林独以为周室之兴祚由后稷，汉业特起，功不缘尧。祖宗故事，所宜因循。定林议。终大司空。

①寿王议鼎：吾丘寿王，字子赣，赵国（今河北邯郸）人，因善于下棋而被召为待诏。聪明好学，跟随董仲舒学习《春秋》。

《汉书·吾丘寿王列传第三十四》：寿王为光禄大夫时，在汾阴得到一个宝鼎，把它献给朝廷。武帝把它看作是祥瑞的象征，将其珍藏在甘泉宫。群臣都来向皇帝祝贺得到周鼎，只有寿王一个人说这不是周鼎。武帝让他说出合理的解释，否则就将他处死。吾丘寿王说："我听闻周朝的德行开始于后稷，在公刘时得到生长，在太王古公亶父时被发扬光大，完成于周文王和周武王时，到周公时则显扬于天下。德行所惠及，从上天到平民，无所不及。上天回报周朝的德行，宝鼎为周朝出现，故名曰周鼎。现在从汉高祖继承周朝的传统，天下传到陛下您这里，发扬光大祖上留下来的基业，功业德行更为盛大，上天降下祥瑞，以保佑有德行之人，从而有宝鼎出现。这是单独给汉朝的宝鼎，所以应该叫汉鼎，而不是周鼎啊！"皇上说："说得好！"赐给吾丘寿王黄金十斤。

②杜林驳尧：《后汉书·杜林列传第十七》：杜林，字伯山，扶风茂陵（今陕西兴平东北）人。官拜侍御史大夫，当时朝廷讨论郊祀制，多数人认为周朝郊祀后稷，汉朝应当郊祀尧。皇帝下诏再让公卿们商议，大家意见一致，光武帝刘秀也加以认同。唯独杜林认为周朝的兴盛是从后稷开始，而汉朝兴起，功不在于尧。祖宗的往事，应该有所继承。朝廷最后采纳了杜林的建议。杜林官至大司空。

西施捧心①，孙寿折腰②

《庄子》曰：西施病心而矉其眉，其里之丑人，见而美之，归亦捧心而矉其眉。彼知美矉而不知矉之所以美。西施，越女，所谓西子也，有绝世之美。越王勾践献之吴王夫差，夫差嬖之，卒至倾国。

《后汉》：梁冀为大将军，其妻孙寿封襄城君，加赐赤绂，比长公主。寿色美，善为妖态，作愁眉啼妆，堕马髻，折腰步，龋齿笑，以为媚惑。性钳忌，能制御冀，冀甚宠惮之。及冀败，自杀。

①西施捧心：西施，春秋末年越国苎萝山（今浙江诸暨南）人，就是大家说的西子，有绝世之美。越王勾践把她献给吴王夫差，夫差非常宠爱她，最后导致亡国。

《庄子·天运》：西施因为有心脏病常把手捂在胸口上皱着眉头，邻里的丑女觉得很好看，也学着西施的样子，"捧心而矉其眉"。结果人们受到惊吓，避而远之。丑女只知道皱眉好看，却不知道为什么皱眉好看啊！

②孙寿折腰：梁冀（？—159），字伯卓，安定乌氏（今宁夏固原东南）人，出身世家大族，先祖协助汉光武帝刘秀建立东汉有功，妹妹是汉顺帝的皇后。汉顺帝时因皇后的关系，梁冀成为辅政的大将军，梁氏一族得以左右朝政。

《后汉书·梁统列传第二十四》：梁冀为大将军，其妻孙寿封襄城君，加赐红丝带，服饰与长公主相同。孙寿貌美，善作媚态，眉毛描得像充满哀愁，妆容化得像刚刚哭过，发髻扎得斜向一侧，走路摇摆腰姿，笑的时候就像牙痛一样，用这种方法来媚惑别人。孙寿生性忌妒，能驾驭梁冀，梁冀对她又爱又怕。后来梁冀被处死，孙寿自杀而亡。

灵辄倒戈^①，魏颗结草^②

《左传》曰：晋灵公不君，赵宣子骤谏。公患之，饮宣子酒，伏甲，将攻之。公嗾（sǒu）夫獒，其车右提弥明搏杀之。宣子曰："弃人用犬，虽猛何为？"斗且出，明死之。初，宣子田舍于翳桑，见灵辄病，不食三日。宣子食之，舍其半曰："宦三年矣，未知母之存否。今近焉，请以遗之。"使尽之，而为之箪食与肉，置诸橐以与之。既而与为公介，倒戟以御公徒，而免之。问何故，对曰："翳桑之饿人也。"问其名居，不告而退，遂自亡也。

《左传》曰：晋魏颗，武子之子。初，武子有嬖妾，无子。武子疾，命颗曰："必嫁是。"疾病则曰："必以为殉。"及卒，颗嫁之曰："疾病则乱，吾从其治也。"及败秦师于辅氏，获杜回，秦之力人也。颗见老人结草以亢杜回，回踬而颠，故获之。夜梦之曰："予，而所嫁妇人之父也，尔用先人之治命，余是以报。"

①灵辄倒戈：赵宣子（前655—前601），即赵盾，谥号"宣"。春秋时期晋国卿大夫，赵衰之子，是赵氏孤儿赵武的祖父。

《左传·宣公二年》：晋灵公不君，赵宣子多次进谏，被晋灵公视为祸患。灵公请赵宣子喝酒，暗暗埋伏甲兵，要伏击赵宣子。灵公先唤出猛犬扑咬赵宣子，赵宣子的车夫提弥明向前将猛犬击杀。赵宣子说："不任用忠良，而用一条狗，狗再凶猛有什么用呢？"边斗边撤，提弥明战死，用生命保全了赵宣子的安全。

起初，赵宣子曾到首阳山打猎，在翳桑休息的时候，见一个叫灵辄的人饿得厉害，一问才知道他连着三天都没有吃东西了。赵宣子送一些食物给他，灵辄吃掉一半，把剩下的一半收起来，说："出来给人当奴仆已经三年了，不知道家中老母是否还健在。现在离家很近了，请允许我把这些饭带给母亲。"赵宣子让灵辄把饭全吃掉，单独为他母亲准备了一小筐食物和肉。灵辄后来做了晋灵公的甲士，这次伏击赵宣子时灵辄倒戟抵御晋灵公的伏兵，赵宣子免于一死。赵宣子问为什么保护自己，灵辄回答说："我就是当年在翳桑快要饿死的那个人啊！"赵宣子问灵辄的名字和住所，灵辄没有告诉就退出去。赵宣子就独自逃亡去了他处。

②魏颗结草：《左传·宣公十五年》：晋魏颗，魏武子之子。起初，魏武子非常宠爱一个妾，但和这个妾没有子嗣。魏武子生病，跟儿子魏颗说："万一我有不测，死后要让她改嫁。"等到魏武子病得厉害了，又跟魏颗说："一定要让这个妾为我殉葬。"魏武子死后，魏颗就将她改嫁了，说："父亲弥留之际，思维混乱，我遵守的是他清醒时候的安排。"

后来晋国在与秦国的辅氏之战中，战胜秦军，魏颗俘获秦国大力士杜回。在与杜回的战斗中，起先魏颗败走，一个老人用草编的绳子绊倒了杜回的马匹，魏颗才得以反败为胜。夜里魏颗梦见老人对他说："我是你父亲那个小妾的父亲，感谢你遵从父亲清醒时的遗命让我女儿改嫁，所以我用草绳救你一命来报答你。"成语"结草衔环"中的"结草"源于此。

逸少倾写^①，平子绝倒^②

《晋书》：王羲之，字逸少，司徒导从子。年十三，谒周顗，顗异之。时重牛心炙，坐客未啖，顗先割啖羲之，于是始知名。及长，辩赡，以骨鲠称。尤善隶书，为古今之冠。太尉郗鉴使门生求女婿于导，导令遍观子弟门生。归谓鉴曰："王氏诸少并佳，然闻信至，咸自矜持。惟一人在东床坦腹食，独若不闻。"鉴曰："正此佳婿耶。"访之，乃羲之也，遂妻之。仕至右军将军、会稽内史。《世说》曰：郗夫人谓二弟司空、中郎曰："王家见二谢倾筐倒写，见汝来，平平耳，无烦复往。"二弟，谓愔与昙也。二谢，安石与万石也。

晋卫玠，好言玄理。其后多病体羸，母常禁其语。遇有胜日，亲友时请一言，无不咨嗟，以为入微。王澄，字平子，有高名，少所推服。每闻玠言，辄叹息绝倒。时人为之语曰："卫玠谈道，平子绝倒。"澄及王玄、王济并有盛名，皆出玠下，世云"王家三子，不如卫家一儿"。兄衍，有人伦之鉴，尤重澄，由是显名。有经澄所题目者，衍不复有言，辄云"已经平子矣"。为荆州刺史，为王敦所害。

①逸少倾写（xiè）：王羲之，字逸少，琅邪临沂（今山东临沂）人。是司徒王导的侄子、太尉郗鉴的女婿，有"书圣"之称。

《晋书·王羲之列传第五十》：王羲之十三岁那年，去拜见周顗，周顗认为他与众不同，心中暗暗称奇。当时流行吃烤牛心，在座的客人都还没有吃，周顗就割下一块给王羲之先吃，于是开始知名。长大后，辩才卓越，以性格耿直闻名。善写隶书，为古今之冠。太尉郗鉴派门生去王导家选女婿，来人把王家子弟看了个遍，回去向郗鉴汇报说："王家公子都很优秀，然而听闻选婿的消息后，都非常矜持不自然。唯一人在东床坦腹食，独若不闻。"郗鉴说："正此佳婿耶！"回头一打听，这个对太尉选婿满不在乎，独卧东床吃胡麻饼的人就是王羲之。于是，郗鉴就将女儿嫁给了他。王羲之官至右军将军、会稽内史，人称"王右军"。

《世说新语·贤媛》：王羲之和郗鉴的女儿成亲后，一天，郗夫人对自己的两个弟弟郗愔和郗昙说："王家人见到谢安、谢万兄弟来访，翻箱倒柜倾尽所有地招待他们，而你们来的时候，王家只是平平淡淡，简简单单地招待。麻烦你们以后就别再来了。"倾写，指倾箱倒柜，比喻倾尽所有招待贵客。写，同"泻"。

②平子绝倒：卫玠（286—312），字叔宝，河东安邑（今山西运城夏县西北）人。为曹魏尚书卫觊曾孙、太保卫瓘之孙。是魏晋之际继何晏、王弼之后的著名的清谈名士和玄理学家。

《晋书·卫玠列传第六》：卫玠，喜欢清谈玄学，但他体弱多病，母亲常常禁止他说话，以免劳累。遇到好日子，亲朋好友请他说几句，无不赞叹佩服，认为说得细致入微。王澄，字平子，名望很高，很少有人能让他佩服。每次听到卫玠言论，辄叹息倾倒。人们都说："卫玠谈道，平子倾倒。"王澄、王济兄弟俩和侄子王玄皆负盛名，但都在卫玠之下，世称"王家三子，不如卫家一儿"。

王衍名气很大，能够辨识一个人的品格德行。王衍特别看重王澄，王澄于是闻名。凡是被王澄评价过的人，王衍就不再发表意见，总说"已经被平子评价过了"。王澄官至荆州刺史，最后为王敦所害。绝倒：佩服，倾倒。

澹台毁璧①，子罕辞宝②

《博物志》：澹台子羽渡河，赍（jī）千金之璧于河。河伯欲之，至阳侯波起，两蛟挟船。子羽左持璧，右操剑，击蛟皆死。既渡，三投璧于河。河伯跃而归之，子羽毁而去。

《左传》曰：宋人得玉，献诸司城子罕。子罕弗受，献玉者曰："以（同"已"）示玉人，玉人以为宝，故献之。"子罕曰："我以不贪为宝，尔以玉为宝，若以与我，皆丧宝也，不若人有其宝。"

①澹台毁璧：澹（tán）台灭明，字子羽，鲁国武城（今山东费县）人。孔子弟子，少孔子三十九岁。相貌丑陋，但德行高尚，行不由径，非公事不入公卿之门。孔子曾叹惜说："吾以言取人，失之宰予；以貌取人，失之子羽。"

《博物志第七·异闻》：澹台子羽过黄河，随身带有千金之璧。舟至河心，河伯垂涎玉璧，掀起巨浪，并派两条蛟龙夹击船只。子羽左手持璧，右手操剑，斩杀蛟龙。等过了河，子羽将玉璧投于黄河，以示其非舍不得玉璧而是不屈于淫威。河神不敢接受，跃出水面归还玉璧。反复多次后，子羽摔碎玉璧掉头而去。

②子罕辞宝：子罕，春秋时期宋国人，担任司城，主管建筑工程、制造车服器械等，又称司城子罕。

《左传·襄公十五年》：有个宋国人得到一块宝玉，就把它献给司城子罕。子罕弗受。献玉者说："给玉匠看过了，玉匠说这是一块宝玉，才敢献给您。"子罕说："我以'不贪'为宝，你以玉为宝，你把玉给了我，我们两人就都失去了自己视若宝贝的东西，不如我们各有其宝。"

东平为善[①]，司马称好[②]

《后汉》：东平宪王苍，显宗同母弟。少好经书，雅有智思，显宗爱重之。拜骠骑将军，位三公上。既还国，后朝京师，上问王："处家何等最乐？"王言："为善最乐。"肃宗立，恩礼逾于前世。既薨，帝东巡守，幸其宫，追感念苍，谓其子曰："思其人，至其乡。其处在，其人亡。"因泣下。幸其陵，祠以太牢。

《后汉》：司马徽，字德操，颍川人。口不谈人之短，与人语，莫问好恶，皆言好。有乡人问徽："安否？"答曰："好。"有人自陈子死，答曰："大好。"妻责之曰："人以君有德，故相告。何忽闻人子死，便言好。"徽曰："卿言亦大好。"

①东平为善：东平宪王刘苍（？—83），东汉光武帝刘秀之子，汉明帝刘庄同母弟，母为光烈皇后阴丽华。刘苍从小喜欢经书，文雅而有智谋，深得明帝喜爱和器重。

《后汉书·东平宪王刘苍列传第三十二》：刘苍官拜骠骑将军，位居三公之上。刘苍回到自己的封国，后来到京师朝拜，汉明帝问刘苍："你在家做什么事情最快乐？"刘苍说："为善最乐。"汉章帝即位后，对刘苍的恩惠和礼遇超过从前。

刘苍死后，皇帝向东巡视，驾幸东平官，追思感念刘苍，对刘苍的儿子说："追思其人，来到其乡。他的处所还在，但是人已死亡。"说完泣不成声。皇帝驾幸刘苍的陵园，以祭祀中礼节最高的太牢之礼祭奠他。

②司马称好：司马徽（？—208），字德操，颍川阳翟（今河南禹州）

人，东汉末年著名隐士。司马徽空有才学，但没有机会得以施展，终生湮没不彰。有知人之明，曾向刘备推荐诸葛亮、庞统等人，受到世人敬重。据《三国志》记载，庞德公称诸葛亮为卧龙，庞统为凤雏，司马徽为水镜。

司马徽从来不说别人的短处，别人跟他说话，不管好事坏事，通通说好。后人称他为"好好先生"。有一个同乡人问司马徽："你现在好吗？"司马徽回答说："好着呢！"有一个人跟司马徽说自己的儿子死了，司马徽说："太好了！"妻子责备他说："人家以为你是一个有德君子，才把这么伤心的事情跟你说，为什么你一听别人家孩子死了却说好呢？"司马徽说："你说得太好了！"

公超雾市①，鲁般云梯②

《后汉》：张楷，字公超，成都人，家河南。通《春秋》《尚书》，门徒常百人。自父党夙儒，偕造门，车马填街，徒从无所止。黄门贵戚家，皆起舍巷次，以候过客往来之利。楷疾其如此，辄徙避之。后隐弘农山中，学者随之，所居成市。华阴山南，遂有公超市。五府连辟，举贤良方正，不就。性好道术，能作五里雾。后安车聘之，以疾辞。

《淮南子》曰：楚欲攻宋，墨子闻之，见楚王曰："臣见大王之必伤义而不得。"宋王曰："公输，天下之巧士，作为云梯之械，设以攻宋，曷为弗取？"墨子曰："令公输设攻，臣请守之。"于是公输般设攻宋之械，墨子设守宋之备，九攻而墨子九却之，弗能入，乃偃兵不攻。公输，鲁般也。

①公超雾市：张楷，字公超，成都（今四川成都）人，定居河南。

《后汉书·张楷列传第二十六》：张楷精通《春秋》《尚书》，门徒上百人。从父辈的朋友到当世饱学之士，都登门拜访，车马挤满街道，门徒仆从甚至没有下脚站立的地方。黄门及贵戚之家，在街边搭房子，赚过往客人的钱。张楷不喜欢这样，搬家躲避。隐居在弘农山，学习者追随而来，居住的地方又成为集市。华阴山南的公超市就是这样形成的。五个官府连续征辟他做官，推举他为贤良方正，张楷都没有接受。

张楷喜好道术，能够在五里范围内施法产生大雾。建和三年，皇帝下诏书，以安车蒲轮征召他做官，张楷以身有重病为由推辞。

②鲁般云梯：《淮南子·修务训》：楚国要进攻宋国，墨子知道后，从鲁国出发，急行十天十夜，觐见楚王，说："楚王，您如果坚持要进攻宋国，

就一定会伤害道义，同时也得不到宋国。"宋王说："公输般，是天下著名的能工巧匠，他给我设计了一个叫云梯的攻城器械，用它来攻打宋国，一定能够取胜。"墨子说："我们先操练一下，让公输般攻城，我来守卫。"于是公输般布置攻打宋国都城的器械，墨子布置守城的器械，公输般攻了九次，都被墨子成功防御，无法攻入宋城。于是双方罢兵，楚王也放弃了攻打宋国的打算。公输般，就是鲁班，也叫鲁般。

田单火牛^①，江逌爇鸡^②

《史记》：田单，齐诸田疏属也。为临淄市掾，不见知。及燕使乐毅伐破齐，尽降齐城，而单得脱，东保即墨。燕人攻之，单乃收城中，得千余牛，为绛缯衣，画五彩龙文，束兵刃于其角，灌脂束苇于其尾，烧其端，凿城数十穴，夜纵牛，壮士五千人随其后。牛尾热，怒而奔燕军。燕军夜大惊，视之皆龙文，所触尽死伤。五千人因衔枚击之，城中鼓噪从之，老弱皆击铜器为声，声动天地，燕军大败，遂复齐七十余城。迎襄王于莒，王封单号安平君。

晋江逌，字道载，陈留圉人。中军将军殷浩请为咨议参军，迁长史。时羌及丁零叛，浩军震惧。姚襄去浩十里结营，以逼浩。浩令逌击之，逌进兵至襄营，谓将校曰："今兵非不精，而众少于羌。且其堑栅甚固，难与较力，吾当以计破之。"乃取数百鸡，以长绳连之，爇火于足，群鸡骇散，飞集襄营，营火发，因其乱而击之，襄遂大败。逌后迁太常。

①田单火牛：田单，临淄（今山东淄博东北）人。战国时期齐国名将，贵族田氏的远亲。

《史记·田单列传第二十二》：齐湣王时，田单为临淄市场的掾吏，没什么名望，不为人所知。燕国大将乐毅领兵攻齐，齐国城池几乎全部失陷。田单因为改装了车辆，得以从乱军中逃脱，向东退守到即墨。燕军攻打即墨，田单被推举为长官带领大家抗拒燕军。

田单在城中收集到一千多头牛，给它们披上红色绸布做的衣服，牛衣上画着五颜六色的蛟龙图案，牛角绑上锋利的兵刃，将浸透油脂的芦苇绑在牛尾上。深夜，把城墙凿出几十个窟窿，点着芦苇，把牛放出，再安排五千壮士跟在牛后。点燃的芦苇烧痛了牛，牛疯狂地冲向燕军。燕军夜里慌作一团，满眼蛟龙图案，一旦被碰着不死即伤。五千壮士口中衔枚悄悄出击，即墨城中又大声鼓噪，老弱没有气力者击打铜器，声音惊天动地。燕军大败，齐国被燕国占领的七十多座城池全部收回。到莒城迎回齐襄王，田单被封为安平君。

②江逌爇鸡：晋江逌（yōu），字道载，陈留圉县（今河南杞县西南）人。江逌很小的时候父母就去世了，与堂弟江灌住在一起，二人感情很好，相互关爱，被时人称誉。

《晋书·江逌列传第五十三》：中军将军殷浩北伐，请江逌担任咨议参军，又迁任长史。当时羌人及丁零反叛，殷浩的军士们感到震惊恐惧。叛将姚襄在离殷浩十里的地方安营扎寨，以进逼殷浩。殷浩命江逌攻打姚襄。江逌进兵到姚襄营寨，对部下将校说："现在我们的士兵非常精练，只是人数少于羌。而且他们深沟高垒，防御坚固，不能力敌，需要智取。"于是找来数百只鸡，用长绳把它们绑缚在一起，在鸡腿上绑上火把，群鸡惊散，飞到姚襄营中，营中火起，再趁着羌兵混乱进攻，姚襄因此大败。江逌后来升迁至太常。爇（ruò）：用火烧烤。

蔡裔殒盗^①，张辽止啼^②

《晋书》：蔡裔为兖州刺史，有勇气，声若雷震。尝有三盗入室，裔拊床一呼，而盗俱殒。故殷浩为中军将军北征，委以军锋焉。

《魏志》：张辽，字文远，雁门马邑人。武力过人，数有战功，累迁前将军。旧注云：江东小儿啼，怖之曰："辽来！辽来！"无不止者。

①蔡裔殒盗：蔡裔，字元子，东晋陈留圉县（今河南杞县西南）人。蔡豹的侄子。历仕散骑常侍、兖州刺史，封高阳乡侯。

《晋书•蔡裔列传第四十七》：蔡裔为兖州刺史，有勇气，声若雷震。曾有三个小偷到蔡裔家行窃，被他发现。蔡裔用手拍床，大吼一声，三个小偷当场气绝身亡。中军将军殷浩北伐时任用他为军中先锋。

②张辽止啼：张辽，字文远，雁门马邑（今山西朔州）人。武力过人，屡立战功，累迁前将军。

《三国志•魏志十七•张辽传》：建安二十年（215），在合肥之战中，张辽带领八百将士，破东吴十万大军，差点活捉孙权。张辽由此威震江东，如果江东小孩子哭闹不停，他们的父母就会吓唬孩子说："张辽来了，张辽来了！"孩子没有敢再哭的。

陈平多辙[①]，李广成蹊[②]

《前汉》：陈平，阳武户牖人。少家贫，好读书，治黄老术。为人长大美色。及长，可取妇，富人莫与者，贫者平亦愧之。久之，富人张负有女孙，五嫁夫辄死，人莫敢娶。平欲得之。负伟平，随至其家，乃负郭穷巷，以席为门，然门外多长者车辙。负归谓其子仲曰："吾欲以女孙予陈平。"仲曰："平贫不事事，县中尽笑其所为，奈何予之女？"负曰："固有美如陈平，长贫者乎？"卒与女。里中社，平为宰，分肉甚均，父老善之。平曰："使平得宰天下，亦如此肉矣。"从高祖为护军中尉，尽护诸将。出黄金四万斤与平，恣所为，不问出入。平多以金从反间于楚军，自初从，至天下定，凡六出奇计。定，封曲逆侯。惠帝时为左丞相，吕后时为右丞相，又相文帝乃薨。

《前汉》：李广，陇西成纪人。世世受射法。武帝时，拜右北平太守，匈奴号曰"汉飞将军"，避之，数岁不入界。广出猎，见草中石，以为虎而射之，中石没镞，视之石也。他日射，终不能入。广历七郡太守，前后四十余年。得赏赐辄分其麾下，饮食与士卒共之，宽缓不苛，士乐为用。元狩中为前将军，从大将军卫青击匈奴，惑失道。青欲上书报天子失军曲折，长吏责广之幕府上簿，广谓其麾下曰："广结发与匈奴大小七十余战，今又迷失道，岂非天哉？且广年六十余，不能复对刀笔吏矣！"遂引刀自刭。百姓闻之，知与不知，老弱皆为垂泣。赞曰："李将军恂恂如鄙人，口不能出辞。及死之日，天下知与不知皆为流涕，彼其中心诚信于士大夫也。谚曰：'桃李不言，下自成蹊。'此言虽小，可以喻大。"

①陈平多辙：陈平，阳武户牖（今河南原阳东南）人，西汉开国功臣。年轻时家境贫寒，爱好读书，学习黄老之术。

《汉书·陈平列传第十》：陈平高大魁梧，相貌堂堂。到谈婚论嫁的年纪，富贵人家不愿把女儿嫁给他，娶穷人家的女儿陈平又觉得羞耻。乡里有个富人叫张负，他有个孙女，嫁了五次人，男人都死了，再没人敢娶她。陈平却想娶她。张负非常看好陈平，随着陈平到家，发现陈平家在城墙边的一个偏僻巷子里，穷得以席为门，然而门外有很多德高望重者留下的车辙印。张负回家后和儿子张仲说："我要把孙女嫁给陈平。"张仲说："陈平这个人，一贫如洗，又无所事事，是县里的一个笑话，为什么要把女儿嫁给他呢？"张负说："像陈平这么英俊的人，怎么可能一直穷下去呢？"最后张家的这个女孩子嫁给了陈平。

陈平居住的乡里祭祀土地神，祭祀后由陈平主持分割祭肉，分配得非常公平。父老乡亲都非常满意，说："陈家孩子把祭肉分得真好！"陈平说："如果让我陈平主宰天下，我也能把天下治理得像分配祭肉一样公平。"

陈平追随高祖，担任护军中尉，监管全部将领。汉王拿出黄金四万斤，交给陈平，任由支配，不过问使用情况。陈平把这些黄金用于离间楚军。从开始追随刘邦到平定天下，陈平共出六次奇计，被封为曲逆侯。汉惠帝时任左丞相，吕后时任右丞相，又担任文帝的宰相。孝文帝二年（前178），陈平去世，谥号为献侯。

②李广成蹊：李广，陇西成纪（今甘肃秦安北）人，世代学习射箭。武帝时，拜右北平太守，匈奴号曰"飞将军"。因为害怕遭遇李广，匈奴军多年不敢犯边。

《汉书·李广列传第二十四》：一次，李广外出打猎，远远看见草丛中有块石头，以为是只老虎，一箭射中。因为用力很大，箭头深入石头，改天再射，箭头就再也不能进入石头了。李广历任七个郡的太守，前后四十余年。

李广得到的赏赐总是分给部下，饮食与士兵们一起，对人宽容不苛责，士兵们都乐于为他效力。

元狩四年（前 119），李广为前将军，跟从大将军卫青北击匈奴，因为迷路未能参战。卫青欲上报天子这次出征失利的详细情况，大将军长吏责令李广的幕僚写出报告。李广对部下说："我李广从年轻时起与匈奴作战，大大小小经历七十余战，我们偏偏在这次战役中迷失道路，这难道不是天意吗？况且我已年逾六十，无法面对审判人员的羞辱！"于是拔刀自刎而死。老百姓听闻后，不管认识或不认识，无论老弱皆为之流泪。

司马迁评价李广说："李将军老实厚道，像个笨嘴拙舌的农民。及死之日，天下知与不知，皆为之流涕。说明李广对士大夫们是诚于心，形于外的。谚语说：'桃李不言，下自成蹊。'这句话虽然在陈述一件小事，但是可以用它来比喻李广的品格这样的大事情。"

陈遵投辖①，山简倒载②

《前汉》：陈遵，字孟公，杜陵人。为京兆史，放纵不拘。后为校尉，击贼有功，封嘉威侯。居长安中，列侯、近臣、贵戚皆贵重之。牧守当之官，及郡国豪杰至京师者，莫不相因到遵门。遵嗜酒，每大饮，宾客满堂，辄关门，取客车辖投井中，虽有急，终不得去。

晋山简，字季伦，司徒涛之子。温雅有父风。永嘉中，为征南将军，镇襄阳。四方寇乱，天下分崩，朝野危惧。简优游卒岁，惟酒是耽。诸习氏，荆土豪族，有佳园池，简每出，多之池上，置酒辄醉，名之曰高阳池。时有童儿歌曰："山公出何许？往至高阳池。日夕倒载归，酩酊无所知。时时能骑马，倒着白接䍦。举鞭向葛强，何如并州儿。"强，家在并州，简爱将也。

①陈遵投辖：陈遵，字孟公，西汉杜陵（今陕西西安东南）人。为京兆史，言行放纵，不拘小节。担任校尉时，平叛乱贼有功，封嘉威侯。居住在长安城，列侯、近臣、贵戚都非常看重他。那些地方郡县官员，新到任之前，或者郡国豪杰到京师的，一定会到陈遵门前拜访。

《汉书·游侠传·陈遵列传第六十二》：陈遵嗜好饮酒，每次大摆宴席，宾客满堂之后，就把大门关上，把客人车上的销钉投到井中，这样就算客人有急事，也没办法离开，只得留下继续饮酒。辖：销钉。用以固定车轮与车轴，车辆没有销钉则无法行走。《淮南子·人间训》："夫车之所以能转千里者，以其要在三寸之辖。"意思是，车能行千里的原因，关键在于它有三寸长的销钉。

②山简倒载：西晋山简，字季伦，河内怀县（今河南武陟西南）人，是司徒山涛的第五子。温润典雅有父亲山涛的风范。

《晋书·山涛列传第十三》：永嘉三年，任征南将军，镇守襄阳。当时贼寇四起，天下分崩离析，朝廷内外人心惶惶。山简却一年到头悠游自在，沉湎于饮酒。习氏家族，是荆地豪门贵族，家里园林池塘优美。山简每次出游，总是去习家的园林水池，置酒痛饮，不醉不归，为水池起名叫高阳池。高阳，代指酒徒。有儿童唱歌道："山公在哪里？去了高阳池。直到天色晚，喝得酩酊醉。昏昏上马车，倒卧拉着回。有时能骑马，倒戴白头巾。举鞭问葛强，能不能比得过你这个并州人？"葛强，家在并州，是山简的爱将。

渊客泣珠^①，交甫解佩^②

旧注引《博物志》云：鲛人从水中出，向人家寄住，积日卖绡。临去，从主人索器，泣而出珠满盘，以与主人。今本无载。《吴都赋》云："泉室潜织而卷绡，渊客慷慨而泣珠。"渊客，盖鲛人也。《述异记》曰：南海中有鲛人室，水居如鱼，不废机织，其眼能泣则出珠。

《列仙传》：江妃二女，皆丽服华装，佩两明珠，大如鸡卵。游于江汉之湄，逢郑交甫。交甫说之，不知其神也。遂下与言曰："愿请子之佩。"二女解佩以与，交甫受而怀之，趋去数十步，视其怀空无佩，顾二女，忽然不见。

①渊客泣珠：《博物志》：南海有鲛人，居住在海底的房子里。后来鲛人上岸，寄住在农户家里，每天织鲛绡到集市上售卖。临走时，向主人要一个容器，鲛人对着器具哭泣，眼泪变成珍珠，装满后送给主人以表谢意。左思《吴都赋》："泉室潜织而卷绡，渊客慷慨而泣珠。"意思是说鲛人潜居水下织绡，渊客临别时把眼泪变成的珠子慷慨赠送给主人。对于鲛人，《述异记》也有记载：鲛人在南海海底筑室，就像鱼生活在水里。鲛人不停织绡，能哭出珍珠。渊客，来自深渊的客人，是鲛人的另一种说法，指的就是鲛人。

②交甫解佩：《列仙传》：江妃二女，不知道是哪里人。她们都穿着华丽的服装，佩带两颗大如鸡蛋的夜明珠。在长江、汉水岸边嬉戏游玩，遇到郑交甫。郑交甫非常喜欢她们，不知道她们是神仙。就下车和她们搭讪，说："我实在是仰慕你们，希望能把你们佩带的夜明珠留下做个纪念。"二女解下夜明珠送给郑交甫，郑交甫收到后赶紧珍爱地放在怀里。走了几十步，发现怀里空无一物，夜明珠不翼而飞，再回头看两个女子，也无影无踪。

龚胜不屈^①，孙宝自劾^②

　　《前汉》：龚胜，字君宾；舍，字君倩，楚人。二人相友，并著名节，世谓"楚两龚"。哀帝时，胜为光禄大夫。王莽秉政，乞骸骨。莽后遣使即拜讲学祭酒，称疾不应。复遣使者奉玺书，太子师友祭酒印绶，安车驷马，与郡太守、县长吏、官属、诸生千人以上，入里致诏。胜称病笃，东首加朝服拖绅。胜曰："吾受汉家恩厚，亡以报。今老，且暮入地，谊岂以一身事二姓，下见故主哉？"语毕，不开口饮食，积十四日死。舍通五经，拜太山太守，数月，乞骸骨。哀帝使使者拜光禄大夫，数赐告，终不起。舍、胜归乡，二千石长吏初到官，皆至其家，如师弟子之礼。

　　《前汉》：孙宝，字子严，颍川鄢陵人。以明经为郡吏、御史大夫。张忠辟为属，欲令授子经。宝自劾去。后署主簿，宝徙入舍。忠怪，使所亲问曰："前大夫为君设除大舍，子自劾去者，欲为高节也。今两府高士俗不为主簿，子既为之，徙舍甚说，何前后不相副也？"宝曰："高士不为主簿，而大夫君以宝为可，一府莫言非，士安得独自高？前日君男欲学文，移宝自近。礼有来学，义无往教；道不可诎，身诎何伤？且不遭者，可无不为，况主簿乎！"忠闻之惭，上书荐宝。平帝时为大司农。

　　①龚胜不屈：龚胜，西汉楚国彭城（今江苏徐州）人，字君宾；龚舍，西汉楚国武原（今江苏邳州西北）人，字君倩，他们两个都是楚国人。二人关系亲密，皆因气节操守高洁而著名，世称"楚国二龚"。汉哀帝时，龚胜为光禄大夫。

　　《汉书·龚胜龚舍列传第四十二》：王莽篡位之后，龚胜请求告老还乡。

王莽后来派遣使者前去拜龚胜为讲学祭酒，龚胜借口生病而不应征。王莽又派使者拿着加盖玉玺印章的诏书，和太子师友祭酒的绶带，安车驷马，与郡太守、县长吏、官属、诸生等一千多人，一起到龚胜乡里传达诏令。龚胜称自己病重，无法起身迎接，就将朝服长带盖在身上头朝东躺在床上，接受诏书。龚胜说："吾受汉家恩厚，无以为报。现在年纪大了，随时都会死去，岂可以一身侍奉二姓君主，那样我死后在地下怎么见故主呢？"说完，不再开口饮食，于十四天后死去。

龚舍精通五经，官拜泰山太守，上任没几个月，就请求告老还乡。汉哀帝派出使者传命，拜龚舍为光禄大夫，多次赐告，龚舍坚持不接受任命。龚舍、龚胜归乡后，所在郡县凡达到二千石的官员，初到任时，都会去他们家行师生之礼。

②孙宝自劾：孙宝，字子严，颍川鄢陵（今河南鄢陵西北）人。因为通晓经书被委任为郡吏、御史大夫。

《汉书·孙宝列传第四十七》：御史大夫张忠征召孙宝为属官，欲让他教授自己的儿子经书。孙宝自己弹劾自己而离职。后来张忠让孙宝暂时代理主簿，孙宝就接受并搬入主簿的房舍。张忠很奇怪，派亲信来问孙宝："之前御史大夫为您打扫整理出来宽敞的住宅，你却自己弹劾自己而离去，你是想保持高尚的节操。现在丞相和御史大夫两府中志向高洁之士按照惯例是不会愿意做主簿的，现在你却担任了这种官职，而且搬进主簿房舍时还显得很高兴，你的做法为什么前后不一致呢？"

孙宝曰："高洁之士不愿为主簿，而御史大夫认为我可以胜任，全府的人没有说不合适的，读书人怎么可以过于清高呢？前些天御史大夫的儿子想要学习经传，让我搬到他附近去住。按道理来说，只有来到老师这里求学，没有让老师前往指教的。师道不可变通，而个人受点委屈算什么呢？不得志之人没有什么不可以做，更何况让我做主簿了！"张忠听了很惭愧，给皇帝上书推荐孙宝。汉平帝时孙宝被任命为大司农。

吕安题凤①，子猷寻戴②

《世说》曰：嵇康与吕安善，每一相思，千里命驾。安后来，值康不在，嵇喜出户延之，不入，题门作"凤"字而去。喜不觉，犹以为忻，拆言"凡鸟"也。

晋王徽之，字子猷，右军羲之之子。性卓荦不羁，为大司马桓温参军，蓬首散带，不综府事。尝寄居空宅中，便令种竹。或问其故，徽之但啸咏，指竹曰："何可一日无此君耶？"尝居山阴，夜雪初霁，月色清朗，四望皓然。独酌酒，咏左思《招隐诗》，忽忆戴逵。时逵在剡，便夜乘小船诣之，经宿方至，造门不前而反。人问其故，曰："本乘兴而行，兴尽而返，何必见安道耶？"官至黄门侍郎。

①吕安题凤：吕安：字仲悌，三国时东平（山东东平）人。魏晋时名士，恃才傲物，蔑视礼法，有济世之念。嵇康：字叔夜，三国时期魏国谯郡铚县（今安徽宿州西）人，竹林七贤之一。曾娶曹操曾孙女，官曹魏中散大夫，世称嵇中散。后因钟会构陷而被司马昭处死。

《世说新语·简傲》：嵇康与吕安相友善，吕安只要思念嵇康，都会不远千里驾车前去看望。一次，吕安登门拜访，恰遇嵇康外出未归，嵇康的哥哥嵇喜接待他并请他到家里，吕安不进去，在门上写了个"凤"字就走了。嵇喜没有弄明白吕安的用意，以为是夸奖自己，挺高兴。"凤"字的繁体写作"鳳"，由"凡""鳥"二字组成。其实吕安在这里是表达对嵇喜的轻蔑。

②子猷寻戴：王徽之，字子猷，右军将军王羲之第五子。卓越不凡，个性自由，不受羁绊。

《晋书·王羲之列传第五十》：王徽之任大司马桓温的参军，常常头发蓬乱，衣带松散，不治理自己职守之内的事情，却能得到桓温包容。曾临时寄居在一处空宅院中，刚住进去就让人种竹子。有人问他："仅仅是暂时借住一下而已，何必弄得这么麻烦呢？"王徽之自顾自地吟咏，过了好一会儿，才指着竹子说："何可一日无此君？"

王徽之曾居住在山阴县，一天夜里下大雪，雪停后天空转晴，皓月当空。王徽之独自饮酒，吟诵左思《招隐诗》，忽然怀念戴逵。当时戴逵在剡（shàn）地，王徽之说走就走，连夜乘小船前去拜访。走了一夜才到，到门口却不进家门而是直接返回。有人问为什么要这么做，王徽之说："我本乘兴而来，到这里不再有兴趣，兴尽而返，何必见他呢？"王徽之官至黄门侍郎。

董宣强项①，翟璜直言②

《后汉》：董宣，字少平，陈留圉人。光武时，为洛阳令。时湖阳公主苍头白日杀人，匿主家，吏不能得。及主出，以奴骖乘。宣候之，驻车叩马，大言，数主之失，叱奴下车，因格杀之。主诉帝，帝怒召宣，欲杀之。宣曰："陛下纵奴杀良人，何以理天下？臣请自杀。"即以头击楹，流血被面。帝使宣谢主，宣不从，强使顿之，两手据地，终不肯俯。主曰："帝昔为白衣时，藏亡匿死，吏不敢至门。今为天子，威不能行一令乎？"帝笑曰："天子不与白衣同。"因敕："强项令出！"赐钱三十万。宣悉以班诸吏。由是搏击豪强，京师号为"卧虎"，歌之曰："枹鼓不鸣董少平。"卒于官，帝伤之。

《新序》曰：魏文侯与士大夫坐，问曰："寡人何如君也？"群臣皆曰："君，仁君也。"次至翟璜，曰："君，非仁君也。君伐中山，不以封君之弟，而以封君之长子，臣以此知之。"文侯怒逐璜，璜起而出。次至任座，文侯问之，对曰："君，仁君也。臣闻其君仁者，其臣直。向翟璜之言直，是以知也。"文侯曰："善！"召翟璜入，拜为上卿。

①董宣强项：董宣，字少平，陈留郡圉县（今河南杞县南）人。不畏强权，人送称号"卧虎"。起初被司徒侯霸征召，曾任北海相、江夏太守、洛阳令等。

《后汉书·酷吏传·董宣列传第六十七》：汉光武刘秀时，董宣为洛阳令。当时湖阳公主的奴仆大白天杀人，躲在公主家，执法人员无法进行抓捕。等公主外出时，又会让这个奴仆陪乘。董宣在半道等候，拦住公主车子，跪在马头前，大声数落公主的过失，呵斥奴仆下车，将这个奴仆当场格杀。公主将事情哭诉至光武帝，皇帝大怒，召董宣进宫，想要把董宣乱棍打死。董宣叩头说："陛下你是一个有道明君，中兴汉室，如果放纵奴仆杀害良民，那怎么治理天下呢？您不用杀我，请允许我自杀。"随即一头撞在楹柱上，血流满面。皇帝让董宣向公主道歉，以息事宁人。董宣不肯道歉，皇帝命人按住董宣，强行让他叩头。董宣两手撑地，就是不肯低头。公主说："皇帝您当年还是普通百姓时，藏匿逃亡和犯死罪之人，官吏都不敢登门。现在您都当天子了，怎么反而管不住一个县令了呢？"皇帝笑着说："天子与平头百姓不一样。"随即命令："把这个硬脖子县令给我拖出去！"并赐给董宣三十万钱。董宣将钱全部分给手下官吏。从此董宣更加严厉地打击豪强，惩黑除恶，京师称其为"卧虎"，而且唱他说："董宣衙前，无人击鼓鸣冤。"后死于任上，董宣死后皇帝悲伤不已。

②翟璜直言：《新序》：魏文侯与士大夫们坐在一起。魏文侯问大家："请大家评价一下，我是一个什么样的君主？"群臣都说："您是一位有仁德的君主。"到了翟璜，他说："您不是一位有仁德的君主。您讨伐中山国，攻取后不封给弟弟，而是封给长子，所以我知道您并不是一位有仁德的君主。"魏文侯大怒，将翟璜赶出门外。等到任座，文侯又问同样的问题，任座说："您是一位有仁德的君主。我听说君主有仁德，臣子就会正直。刚才翟璜的话非常正直，所以我知道您是一位仁君。"魏文侯曰："好啊！"于是又把翟璜召进来，拜他为上卿。

纪昌贯虱[①]，养由号猿[②]

　　《列子》曰：甘绳，古之善射者，彀弓而兽伏鸟下。飞卫学射于甘绳，而巧过其师。纪昌学射于飞卫，卫曰："尔学不瞬，而后可言射。"昌归偃卧其妻之机下，以目承牵挺，二年之后，虽锥末倒眦而不瞬。以告卫，卫曰："未也。学视，而后可视小如大，视微如著，而后告我。"昌以牦悬虱于牖而望之，旬月之间，寖大也。三年之后，如车轮焉，以睹余物，皆丘山也。乃以燕角之弧，朔篷之干射之，贯虱之心，而悬不绝。旧本"纪昌"误作"甘蝇"。

　　《淮南子》曰：楚王有白猿，自射之，则搏矢而熙（同"嬉"）。使养由基射之，始调弓矫矢，未发而猿拥柱号矣。

　　①纪昌贯虱：《列子·汤问第五》：甘绳，是古代的善射之人，只要他拉满弓，野兽就会匍匐不动，飞鸟就会敛翅下落。飞卫跟着甘绳学射箭，箭术又超过老师。纪昌向飞卫学射箭，飞卫说："您要先学会不眨眼，然后才可以学习射箭。"纪昌回到家，躺在妻子织布机下面，眼睛注视着织布机的脚踏板贴着自己的眼睛上上下下运动。两年后，就算锥子尖刺到眼眶也不会眨眼。纪昌把练习情况告诉飞卫。飞卫说："还不行。还要练习视力，练到看小的物件如同看大的物体，看细微的东西如同看显著的东西，然后再告诉我。"纪昌就用牛毛系住一只虱子，将它挂在窗前，每天对着它看。十几天后，纪昌觉得那虱子渐渐大了起来，三年之后，在纪昌眼中就像车轮一般大小，再看别的东西，都像一座小山那么大。于是纪昌操起燕国牛角做的弓，搭上楚国篷草杆做的箭，一箭射去，正中虱子的心脏，而悬挂虱子的牛毛不

断。飞卫说："你掌握射箭的奥秘了！"

　　②养由号猿：《淮南子·说山训》：养由，指养由基，春秋时楚国人。楚王庭院中有一只白猿，楚王亲自射它，这只白猿抓着箭杆嬉戏。让养由基射它，刚开始调试弓箭，还没有射击，白猿就抱着树干哀号不已了。

冯衍归里①，张昭塞门②

　　《后汉》：冯衍，字敬通，京兆杜陵人。幼有奇才，博通群书。王莽时不肯仕，尝好俶傥之策，时莫能听用其谋。卫尉阴兴等以外戚贵显，深重衍，遂与结交。由是为诸王所聘请，寻为司隶从事。光武惩西京外戚宾客，故皆以法绳之。由此得罪，罢归故乡，闭门自保，不敢与亲故通。显宗即位，又多短衍以文过其实，遂废于家。坎壈于时，然有大志，居常慷慨叹曰："衍少事名贤，经历显位，怀金垂紫，揭节奉使，不求苟得。常有凌云之志，三公之贵、千金之富不介于怀，贫而不哀，贱而不恨，犹庶几名贤之风。修道德于幽冥之路，以终身名，为后世法。"

　　《吴志》：张昭，字子布，彭城人。博览众书，孙权拜辅吴将军。昭每朝见，辞气壮厉，义形于色。权以公孙渊称藩，遣张弥、许晏至辽东拜渊为燕王，昭谏不用，称疾不朝。权恨，土塞其门，昭又于内以土封之。渊果杀弥、晏，权数慰谢昭，昭固不起。权因出，过其门呼昭，昭辞疾笃。权烧其门，欲以恐之，昭更闭户。权使人灭火，住门良久。昭诸子共扶昭起，权载以还宫，深自克责。昭不得已，然后朝会。昭容貌矜严，有威风，权常曰："孤与张公言，不敢妄也。"举朝惮之。

　　①冯衍归里：冯衍，字敬通，京兆杜陵（今陕西西安东南）人。幼有奇才，博通群书。王莽执政时，很多朝廷大臣举荐他做官，冯衍都推辞不肯出仕。

　　《后汉书·冯衍列传第十八》：冯衍喜好宏大高远的谋略，只是当时没有人相信并使用他的谋略。后来卫尉阴兴、新阳侯卫就等人因为外戚的身份贵显于朝，非常敬重冯衍，冯衍与他们结交。冯衍也因此被诸王聘请，没过多久就担任司隶从事的职务。

光武帝刘秀惩处西京的外戚宾客，将他们全部绳之以法。冯衍也因此获罪，回归乡里，闭门不出，以求自保，不敢与亲戚故旧交往。显宗即位后，多人指责冯衍言过其实，虚假浮夸，于是就免职居家。冯衍虽然生活困顿，然而胸有大志，常常慨叹说："我冯衍年轻时就拜师于有名望的贤达之人，在显赫的位置上任过职，曾怀揣金印，腰垂紫绶，持节出使，不贪图不义之财，常有凌云之志。三公之贵、千金之富不介于怀，贫而不哀，贱而不恨。我一直保持名贤风度，终身修行道德，珍惜名誉，所作所为是后人效法的榜样。"

②张昭塞门：张昭，字子布，彭城（今江苏徐州）人。博览群书，孙权拜张昭为辅吴将军。张昭每次上朝觐见，言辞神态雄壮严厉，义气表现在神色之中。

《三国志•吴志七•张昭传》：辽东地方割据军阀公孙渊向吴国称臣，孙权就准备派遣张弥、许晏到辽东拜公孙渊为燕王。张昭不同意张弥、许晏前往，但孙权不听劝谏。于是张昭称疾不朝。孙权心中愤恨，用土堵住了张昭家的大门，张昭于是在门内也用土堵上。公孙渊果然杀死张弥、许晏二人，孙权于是多次派人慰问张昭，并向他致歉。张昭不接受孙权的道歉，坚持不再出来参政。

孙权于是出宫，亲自到张昭家门前，呼唤张昭，张昭推说自己病重，不愿出仕。孙权就放火烧张昭家的大门，想以此来吓唬张昭，张昭更是关闭居室房门。孙权无奈，只得让人灭火，在门口站了很久。张昭的儿子们将张昭扶起，孙权用车载着张昭回宫，深深地自责。张昭不得已，又开始参加朝会。

张昭相貌庄重严肃，气度威严，孙权常说："与张昭说话，我不敢妄言。"举朝上下没有不怕张昭的。

苏韶鬼灵^①，卢充幽婚^②

《三十国春秋》曰：中牟令苏韶卒后，从弟节见韶乘马，昼日而行，著黑介帻，黄彩单衣。节因问幽冥之事，韶曰："死者为鬼，俱行天地之中，在人间而不与生者接。颜回、卜商今见为修文郎，死之与生，略无有异。死虚生实，此有异耳。"言终而不见。

旧注引《孔氏志怪》曰：汉卢充，范阳人。家西四十里有崔少府女墓，充因猎逐麛，忽见朱门官舍，有人迎充见崔，云："近得公尊府书，为君娶吾小女，故相邀耳。"将书示充，乃父手札。崔乃命女妆饰于东厢，引充相见。成礼，留三日，临别谓充曰："君妇有娠矣，生男则当留之。"赠充衣衾，令车送之。充至家，经三年三月三日，临水戏，忽见水上二犊车，乍沉乍浮。既达于岸，充视车中，见崔氏与小儿共载，其别车，即崔少府也。抱儿还充及诗一首，金碗一枚，俄而不见。及儿长成，后历任数郡。

①苏韶鬼灵：苏韶，西晋官吏，曾任常山太守、天台令。《三十国春秋》：中牟令苏韶死后，他的堂弟苏节曾见苏韶乘马白天出行，戴着黑色头巾，黄色单衣。苏节问苏韶阴间的事情，苏韶说："人死后变为鬼，也行走在天地之间，但是不与活人接触。孔子的弟子颜回和卜商现在担任修文郎之职。死后和活着的时候，没有太大的差异。区别在于死后形体是虚的，活着的时候形体是实的。"说完，苏韶就不见了。

②卢充幽婚：旧注引《孔氏志怪》：汉朝卢充，是范阳（今河北保定）人。卢充家往西四十里有崔少府女儿的坟墓。一次，卢充打猎追逐一只獐

子，追赶间忽然发现一座大户人家的朱门府邸。府内有人出来迎接卢充，为他引见府邸的主人崔少府。崔少府说："最近你的父亲给我写信，为你提亲，要娶我的小女儿，所以我今天把你邀请到家相见。"崔少府把书信展示给卢充看，果然是卢充父亲的笔迹。崔少府于是让女儿在东厢房梳妆，然后引卢充前来相见。二人当天成亲，卢充在这里逗留三日，临别时崔少府对卢充说："你的妇人怀有身孕了，如果生下来的是男孩子就会给你送过去。"于是赠送给卢充很多衣物，派车送他回家。卢充回到家，过了三年三个月零三天，这天他正在水边玩，忽然看见水上有两辆牛车，时沉时浮。车漂到岸边，卢充往车里一看，见崔氏与一个小男孩坐在里面，另外一辆车里坐着崔少府。崔氏把儿子抱给卢充，并送给他一首诗以及一个金碗，转眼就消失不见了。等这个男孩长大成人，担任多个郡的郡守。据说，天下闻名的卢植是他的后代。

震畏四知①，秉去三惑②

    《后汉》：杨震举茂才，四迁荆州刺史、东莱太守。当之郡，道经昌邑，令谒见。至夜，怀金十斤以遗震，震曰："故人知君，君不知故人，何也？"密曰："暮夜无知者。"震曰："天知、地知、我知、子知，何谓无知？"密愧而出。性公廉，不受私谒，子孙蔬食步行，故旧或欲令为开产业，震不肯，曰："使后世称为清白吏子孙，以此遗之，不亦厚乎？"震，安帝时为太尉，为中常侍樊丰所谮而卒，共冤之。秉，字叔节，震中子也。桓帝时为太尉，每朝廷有得失，辄尽忠规谏，多见纳用。秉性不饮酒，又早丧夫人，遂不复娶。所在以纯白称，尝言曰："我有三不惑，酒色财三者是也。"

---

    ①震畏四知：杨震，字伯起，东汉弘农华阴（今陕西华阴东南）人。少孤贫，好学通达，博览群书，人称"关西孔子杨伯起"。

    《后汉书·杨震列传第四十四》：杨震被大将军邓骘推举为茂才，四次升迁到荆州刺史、东莱太守之职。杨震之前推举荆州茂才王密为昌邑县令，当他赴任途经昌邑县时，王密怀揣十斤金，趁着夜色前来拜见杨震。杨震说："我这个老朋友知道你的为人，你却不知道我的为人啊，你为什么要这么做呢？"王密说："现在深更半夜的，不会有人知道的。"杨震说："天知、地知、你知、我知，为什么说不会有人知道呢？"王密就惭愧地离开了。杨震公正廉洁，秉公办事，不接受私下请托，子孙常吃蔬菜，吃肉的机会不多，出门经常步行而没有车子乘坐。有老朋友劝他为子孙置办一些产业，杨震不肯，说："让我的子孙被称为清白官吏的后代，这难道不是留给他们最丰厚的遗产吗?"安帝时杨震为太尉,后被中常侍樊丰陷害而死,大家都觉得杨震冤枉。

②秉去三惑:杨秉,字叔节,是杨震的中子。

《后汉书·杨秉列传第四十四》:桓帝时杨秉为太尉,每当朝廷有什么得失,就竭尽忠诚进行规谏,多被纳用。杨秉个性不爱饮酒,妻子去世得早,之后不再续娶。凡所任职过的地方,都会以廉洁为人称道。杨秉曾说:"我有三不惑,即不被酒、色、财这三样东西迷惑。"

柳下直道^①，叔敖阴德^②

《论语》曰：柳下惠为士师，三黜，人曰："子未可以去乎？"曰："直道而事人，焉往而不三黜？枉道而事人，何必去父母之邦？"

贾谊《新书》曰：孙叔敖为婴儿，出游而还，忧而不食，其母问其故，泣而对曰："今日吾见两头蛇，恐去死无日矣。"母曰："今蛇安在？"曰："吾闻见两头蛇者死，吾恐他人见之，已埋之矣。"母曰："无忧，汝不死。吾闻之，有阴德者，天报以福。"人闻之，皆喻其为仁也。及为令尹，未治而国人信之。《列女传》曰：有阴德者阳报之，德胜不仁，祥除百祸。天处高而听卑，尔必兴于楚。及长，为令尹老终。

①柳下直道：柳下惠（前720—前621），姬姓，展氏，名获，字季禽，春秋时期鲁国（今山东曲阜）人，是鲁孝公的儿子公子展的后裔。"柳下"是他的食邑，"惠"是他的谥号，后人称之"柳下惠"。

《论语·微子》：柳下惠为士师，这是一个掌管刑罚狱讼之事的小官。多次被罢免，有人跟他说："你不可以离开鲁国吗？"柳下惠说："我用正直的方法对待别人，到哪里不是被反复罢免呢？如果我为了保住职位而用不正直的办法和人交往，那么我何必离开父母之邦呢？"

②叔敖阴德：孙叔敖（约前630—前593），春秋时期楚国期思邑（今河南淮滨东南）人，楚国名臣。在海子湖边被楚庄王举用，出任楚国令尹，辅佐楚庄王施教导民，宽刑缓政，上下和合，世俗盛美，吏无奸邪，盗贼不起。主持兴修水利，改善农业生产条件，增强国力。孙叔敖为政廉洁，身为令尹，死后竟无棺木入殓。孙叔敖死后，儿子穷得穿粗衣敝服，靠打

柴度日。

贾谊《新书》：孙叔敖还是孩子的时候，一次出去玩耍，回来后忧虑忡忡，连饭也吃不下。母亲问其原因，孙叔敖哭着说："今天我见到一条两头蛇，恐怕我活不了几天了。"母亲问："现在蛇在哪里？"孙叔敖回答说："我听说见两头蛇的人会死掉，我怕再有别人看见它，就把它打死埋掉了。"母亲说："别担心了，你死不了了。我听说，有阴德的人，上天会给他福报。"人们听说这件事后，都说孙叔敖是位有仁德之人。等孙叔敖当了楚国的令尹，还未开始治理国家，国人就非常信服他了。《列女传》说：有阴德的人会受到阳报，仁德能战胜不仁，吉祥能除掉百祸。上天虽然高高在上，但是最低处的声音也能听到，孙叔敖一定能让楚国兴盛。孙叔敖长大后，当了楚国令尹，一直到终老。

张汤巧诋[①]，杜周深刻[②]

《前汉》：张汤，杜陵人。为廷尉，舞文巧诋。其造请诸公，不避寒暑。是以汤虽文深意忌不专平，然得此声誉。而深刻吏多为爪牙用者，依于文学之士。每朝奏事语国家事，日旰（gàn），天子忘食。丞相取充位，天下事皆决汤。百姓不安其生，骚动，县官所兴，未获其利，奸吏并侵渔，于是痛绳以罪。自公卿以下至庶人，咸指汤。后为御史大夫，坐事自杀。初，汤父为长安丞，出，汤为儿守舍。还，鼠盗肉，父怒笞汤。汤掘熏得鼠及余肉，劾鼠掠治，传爰书，讯鞫论报，并取鼠与肉，具狱磔（zhé）堂下。父见之，视文辞如老狱吏。大惊，遂使书狱。

《前汉》：杜周，南阳杜衍人。少言重迟，而内深次骨。为廷尉，其治效张汤。上所欲挤者，因而陷之；上所欲释者，久系待问，而微见其冤状。客有谓周曰："君为天下决平，不循三尺法，专以人主意指为狱。"周曰："三尺安出哉？前王所是著为律，后王所是疏为令。当时为是，何古之法乎！"后为执金吾，逐捕桑弘羊、卫皇后昆弟子刻深，上以为尽力无私，迁御史大夫。两子夹河为郡守，家资累巨万，治皆酷暴，唯少子延年行宽厚云。

①张汤巧诋：张汤，京兆杜陵（今陕西西安东南）人，大司马张安世的父亲。张汤出任御史大夫，因淮南王刘安谋反一事构陷严助，因严助对朱买臣有推荐之恩，所以张汤被朱买臣记恨。张汤为人倨傲，多次故意折辱朱买臣，二人遂成死敌。后朱买臣诬告张汤，将其逼迫而死。

《汉书·张汤列传第二十九》：张汤为廷尉，办案时常常舞弄文字，诋毁构陷。他拜访问候三公，不管火热的夏天还是寒冷的冬天，从不间断。所以，纵然张汤执法严酷，内心嫉妒，处事不公，口碑却很好，得到大家的赞誉。那些刻薄狠毒的官吏都被张汤用为手下，决策又依托儒学之士。每当上朝给皇上启奏，一直谈到很晚，天子连吃饭也忘掉了。丞相无事可做，空居相位，天下大事皆由张汤定夺。腐败盛行，官府兴办的事情民众无法从中受益，而贪官污吏则从中大肆渔利，百姓无法安居乐业，发生骚乱。皇上痛下决心来彻底整治，从公卿大夫到庶民百姓，都指责张汤。后来张汤担任御史大夫，获罪自杀。

起初，张汤的父亲为长安丞，一次有事外出，因为张汤年幼就让他看家。等张汤的父亲回来，发现家里的肉被老鼠偷吃，父亲非常生气，笞挞张汤。张汤熏烧、挖掘鼠洞，抓到偷肉的老鼠和剩肉。张汤一一列举老鼠罪状，加以拷打审问，写下审讯文书，并将审判结果逐级上报。把老鼠与剩肉一起取来，当堂定案，将老鼠现场分尸。父亲看年幼的张汤写的判词如老练的法官，大为吃惊，就让他学习刑狱文书。巧诋：歪曲事实，进行诋毁。

②杜周深刻：杜周，是南阳郡杜衍县（今河南南阳西南）人，杜延年的父亲。杜周沉默寡言，性格迟缓，但是内心严酷。

《汉书·杜周列传第三十》：杜周为廷尉时，治理效法张汤。对那些皇上想要清除的，就顺势陷害；对皇上想要宽恕的，就长期羁留不受理，并暗中查访为其找到从轻发落的理由。门客中有人责备杜周："您有为天下公平断案的职责，现在却不遵循既有法律，只按照君王的意旨办案，司法官吏可以这样吗？"杜周说："法律是怎么来的呢？之前君王认为对的，写下来就是法律，后面君王认为对的，写下来就是政令。适合当下的就是法律，何必一定要遵守过去的法律呢？"

后来杜周担任执金吾，逮捕桑弘羊和卫皇后的侄子，处理苛刻狠毒，皇上认为杜周做事尽忠竭力没有私心，将他升迁为御史大夫。两个儿子一个担任河南郡守，一个担任河北郡守，家财累计过亿，办案都严酷暴戾，只有小儿子杜延年性格宽厚。深刻：在这里指杜周办案严酷狠毒。

三王尹京^①，二鲍纠慝^②

    《前汉》：王骏，谏大夫吉之子。以孝廉为郎，成帝欲大用之，出为京兆尹，试以政事。先是京兆有赵广汉、张敞、王尊、王章，至骏，皆有能名，故京师称曰："前有赵张，后有三王。"骏终御史大夫。章，字仲卿，泰山钜平人。迁谏大夫，在朝廷名敢直言，成帝选为京兆尹。时帝舅王凤辅政专权，会日食，章奏封事，召见，言凤不可任用，宜选忠贤。上不忍退凤，章遂为凤所陷。初，章为诸生学长安，疾病无被，卧牛衣中，与妻决，涕泣。妻怒之曰："京师尊贵在朝廷，谁逾仲卿者？不自激昂，乃反涕泣，何鄙也？"后欲上封事，妻又止之曰："人当知足，独不念牛衣中涕泣时耶？"章曰："非女子所知也。"书上，果下狱死。死非其罪，众共冤之。广汉、敞、尊互见于后。

    《后汉》：鲍永，字君长，上党屯留人。少有志操，事后母至孝。妻尝于母前叱狗，永即去之。建武中，为司隶校尉，乃辟扶风鲍恢为都官从事。恢亦抗直，不避强御，帝尝曰："贵戚且敛手避二鲍。"其见惮如此。父宣，哀帝时为司隶校尉，为王莽所害。子昱，中元初亦拜司隶校尉，章帝时官至太尉。

    ①三王尹京：《汉书·王骏列传第四十二》：王骏，是谏议大夫王吉的儿子，西汉琅邪皋虞（今山东即墨东北）人。因孝廉被任命为郎官，汉成帝欲委以重任，让他做京兆尹，以考察他的行政能力。王骏之前，担任京兆尹的有赵广汉、张敞、王尊和王章，一直到王骏，都有能干的名声。所以京师的人都称说："前有赵张，后有三王。"王骏官至御史大夫，后来病死任上。

《汉书·王章列传第四十六》：王章，字仲卿，泰山巨平（今山东泰安西南）人。年轻时以文学为官，后来升迁至谏议大夫，在朝廷以敢于直言著称。成帝时王章被选为京兆尹，当时皇帝的舅舅王凤辅佐朝政，独揽大权，行事专断。一次，天现日食，王章进奏密信被召见，向皇帝进谏说王凤不可任用，应该重新选择忠诚贤良之士辅政。皇上不忍辞退王凤，王章于是被王凤陷害。

起初，王章以诸生的身份在长安学习，一次病重，连床被子也没有，躺在牛衣中，以为自己将不久于人世，哭着和妻子诀别。妻子生气地说："放眼京师，那些尊贵的在朝为官者有几个能像你这么有才华？你自己不踔厉奋发，却在这里哭哭啼啼，真是丢脸啊！"后来王章做了京兆尹，想要给皇帝上奏密信，妻子又制止他，说："人应当知足，难道忘了当年走投无路，在牛衣中哭泣的事情了？"王章说："你一个女人知道什么？"密信送上之后，果然被下狱致死。王章之死，并非因其有罪，众人皆认为王章死得冤枉。牛衣：用麻或草织的给牛保暖的护具。

②二鲍纠慝：鲍永，字君长，上党屯留（今山西屯留南）人，司隶校尉鲍宣的儿子。

《后汉书·鲍永列传第十九》：鲍永从小有志向节操，事奉后母至孝。妻子曾在母亲面前呵斥狗，鲍永就把妻子休了。建武十一年（35），鲍永被征召为司隶校尉。鲍永委任扶风鲍恢为都官从事。鲍恢同样为人正直，不避强权，皇帝曾说："皇亲贵戚们应当有所收敛，以避开二鲍。"当时权贵们忌惮害怕他们到这样的程度。鲍永的父亲鲍宣，在汉哀帝时为司隶校尉，被王莽陷害。鲍永的儿子鲍昱，中元初年亦拜司隶校尉，章帝时官至太尉。纠慝（tè）：惩处邪恶。

孙康映雪①，车胤聚萤②

《孙氏世录》曰：康家贫无油，常映雪读书。少小清介，交游不杂。后至御史大夫。

晋车胤，字武子，南平人。恭勤不倦，博览多通。家贫，不常得油，夏月则练囊数十萤火以照书，以夜继日焉。桓温在荆州，辟为从事。以辩识义理，深重之。稍迁征西长史，遂显于朝廷。时武子与吴隐之以寒素博学知名于世，又善于赏会，当时有盛坐而武子不在，皆云："无车公不乐。"终吏部尚书。

①孙康映雪：孙康，晋代京兆（今河南洛阳）人。《孙氏世录》：孙康家贫，夜里无油点灯读书。每逢下雪，则在雪地借白雪反射的微弱光线读书。孙康自幼清正耿直，只和优秀之人为友。孙康长大后官至御史大夫。

②车胤聚萤：东晋车胤，字武子，南平（今湖北公安北）人。待人恭敬，为学勤奋，博览群书，通晓百家。

《晋书·车胤列传第五十》：车胤家中贫困，夜里读书常常连灯油也买不起。夏天的时候就捉几十只萤火虫放在纱网袋里照明，夜以继日地读书。桓温在荆州时，征召他为从事。车胤因为明察事理，被桓温器重。逐渐升迁为征西长史，在朝廷显耀一时。当时只有车胤和吴隐之二人因为家境贫寒而又以学识渊博闻名于世。车胤善于调节聚会气氛，如果有盛会而车胤不在的话，大家就会说："车胤不在，乐不起来。"车胤最终官至吏部尚书。

李充四部^①，井春五经^②

《晋书》：李充，字弘度，江夏人。善楷书，妙参钟、索，世咸重之。褚裒引为参军。充以家贫，苦求外出，裒将许之为县，试问之，充曰："穷猿投林，岂暇择木？"乃除剡县令。后为著作郎，时典籍混乱，充删除烦重，以类相从，分作四部，秘阁以为永制。累迁中书侍郎。

《后汉》：井丹，字大春，扶风郿人。少受业太学，通五经，善谈论，京师为之语曰："五经纷纶井大春。"性清高，未尝修刺候人。建武末，沛王辅等五王居北宫，皆好宾客，更请丹，不能致。信阳侯阴就，光烈皇后弟也，以外戚贵盛，乃诡说五王，求钱千万，约能致丹，而别使人要劫。丹不得已，既至，就故为设麦饭、葱叶之食，丹推去之，曰："以君侯能供甘旨，故来相过，何其薄乎？"更置盛馔，乃食。就起，左右进辇，丹笑曰："吾闻桀驾人车，岂此耶？"坐中皆失色。就不得已，令去辇。自是隐闭，不关人事。

① 李充四部：李充，字弘度，江夏郡钟武县（今湖北安陆）人。善写楷书，与大书法家钟繇、索靖媲美，得到人们推重。

《晋书·李充列传第六十二》：征北将军褚裒招李充为参军，李充因为家贫，苦苦请求外出做官。褚裒想让李充担任县令，就试探性地征求他的意见。李充说："穷途末路的猿猴投奔森林，哪里来得及选择具体的一棵树？"于是任命李充为剡县县令。后来李充任著作郎之职，当时典籍混乱，李充删除那些繁杂重复的内容，把典籍按类别进行编辑整理，共分为四类。秘阁从此将典籍分为经、史、子、集四类，这种方法被一直沿用下来。李充多次升迁至中书侍郎。

②井春五经：井丹，字大春，扶风郿（今陕西眉县）人。年轻时在太学学习，通晓五经，善于谈吐，京师评价他："五经渊博井大春。"井丹个性清高，从不拿名帖拜访他人。

《后汉书·井丹列传第七十三》：建武末年，沛王刘辅等五位诸侯王居住在北宫，他们都喜欢宴请宾客，轮流邀请井丹，都请不来。信阳侯阴就，是光烈皇后的弟弟，因为外戚的身份而尊贵无比。他欺骗五位诸侯王说，以千万钱为赌注，打赌能请来井丹。阴就又派人劫持井丹，不得已，井丹被迫前来。阴就故意为井丹摆上麦饭、葱叶这样的简单饮食，井丹将这些饭菜推开，说："因为君侯能提供鲜美丰盛的食物，所以专程来拜访，为什么这样简陋寒酸呢？"换上丰盛的饭菜后才开始就餐。阴就起身，左右推进来一辆辇车，井丹笑着说："我听说暴君夏桀坐人拉的车，难道就是这个吗？"在座的都变了脸色。阴就没有办法，下令撤去辇车。井丹从此隐居在家，不过问世事。

谷永笔札①，顾恺丹青②

　　《前汉》：谷永，字子云，长安人。与楼护俱为五侯上客，长安号曰
"谷子云笔札，楼君卿唇舌"，言其见信用也。永于经书，泛为疏达，与杜
钦、杜邺略等，不能洽浃如刘向父子及扬雄也。其于天官、《京氏易》最
密，故善言灾异。终大司农。护，字君卿。少随父为医，出入贵戚家。是
时王氏方盛，宾客满门。五侯争名，其客各有所厚，不得左右，唯护尽入
其门，咸得欢心。为人精辩论议，常依名节，听者皆竦。仕至广汉太守。
王莽专政，召为前辉光。《西京杂记》曰：五侯竞致奇膳，护乃合以为馈，
世称五侯鲭，以为奇味焉。

　　晋顾恺之，字长康，晋陵无锡人。博学，有才气，好谐谑，人多爱狎
之。每食甘蔗，常自尾至本，人或怪之，云："渐入佳境。"尤善丹青，图
写特妙。尝以一厨画糊题其前，寄桓玄，皆其所珍惜者。玄发其厨后，窃
其画，而缄闭如旧还之，绐云未开。恺之见封题如初，直云妙画通灵，变
化而去，亦犹人之登仙，了无怪色。其矜伐过实，少年因相称誉以为戏
弄。初，在桓温府，尝云："恺之体中痴黠各半，合而论之，正得平耳。"
故俗传恺之有三绝：才绝、画绝、痴绝。终散骑常侍。

　　①谷永笔札：谷永，字子云，长安（今陕西西安西北）人。父亲谷吉，
为卫司马，作为使者护送郅支单于王子归国，被郅支单于杀害。谷永年轻时
为长安小吏，后博学经书。

　　《汉书·楼护列传六十二》《汉书·谷永列传第五十五》：当时，外戚王
氏势力很大。汉成帝河平二年（前29），同时封王谭为平阿侯、王商为成都

侯、王立为红阳侯、王根为曲阳侯、王逢时为高平侯，时人称其为"五侯"。谷永与楼护都是五侯的座上客，长安城中人们都说："谷子云的笔札，楼君卿的唇舌。"说的就是他们二人被人重视的特长。

对于经书，总体来说谷永都能明白通达，与杜钦、杜邺相当，但是不如刘向父子以及扬雄他们那样融会贯通。他对星相学的天官、研究解读《易经》的《京氏易》最为精通，所以擅长谈论灾难异象，官至大司农。楼护，字君卿。年轻时随父行医，出入贵戚之家。当时外戚王氏刚刚兴盛，宾客满门。五侯兄弟争夺名声，关系并不和睦。他们对宾客各有所好，宾客很难左右逢源，只有楼护能出入五侯门下，得到五侯每个人的欢心。楼护有辩才，谈话间常能联系名誉与气节，听者无不肃然起敬。官至广汉太守。王莽专政，征召楼护为前辉光。

《西京杂记》载：每月的初一，五个侯爷争着给楼护送来珍奇的美味佳肴，楼护就把这些菜合在一起做成鲭，世人称它为五侯鲭，是一道美味的菜肴。

②顾恺丹青：顾恺之（345—406），字长康，小名叫虎头，晋陵无锡（今江苏无锡）人。东晋杰出画家、绘画理论家、诗人。世传顾恺之有三绝：才绝、画绝和痴绝。官至散骑常侍。

《晋书·顾恺之列传第六十二》：顾恺之博学有才气，幽默诙谐，人们都爱和他亲近。顾恺之每次吃甘蔗，总是从尾部开始，直吃到根部。有人对他这一吃法感到奇怪，顾恺之说："我这是渐入佳境。"顾恺之特别擅长丹青，绘画神妙。曾将一柜子画贴上封条，签字后寄存在桓玄那里，这些画都是顾恺之非常珍爱的作品。桓玄从柜子后面打开，把画偷走，再把柜子原样封好后还给顾恺之，骗他说从未打开过柜子。顾恺之见封条签字完好如初，就说这是妙画通灵，变化而去，正如凡人升仙，没有一点奇怪的神色。

顾恺之是个自恋之人，因为过分自夸，常有少年用称赞来捉弄他。起初，顾恺之在桓温府下任职时，桓温曾说："顾恺之身上痴憨和聪慧各半，综合起来正好适中。"

戴逵破琴^①，谢敷应星^②

《晋书》：戴逵，字安道，谯国人。少博学，善属文，能鼓琴，工书画，其余巧艺，靡不毕综。武陵王晞闻其善鼓琴，使人召之，逵对使者破琴曰："戴安道不为王门伶人。"晞怒，乃引其兄述，述欣然拥琴而往。后累召不起。

晋谢敷，字庆绪，会稽人。性澄靖寡欲，入太平山十余年，召皆不就。初，月犯少微。少微，一名处士星，占者以隐士当之。戴逵有美才，人或忧之。俄而敷死，故会稽人士以嘲吴人云："吴中高士，求死不得死。"

①戴逵破琴：戴逵，字安道，谯郡铚县（今安徽濉溪西南）人。少博学，好谈论，善属文，能鼓琴，工书画，其他技艺也是无所不精。

《晋书·戴逵列传第六十四》：武陵王司马晞听说戴逵善鼓琴，使人召之，戴逵当着使者面将琴毁掉，说："我戴安道不做王公贵族门下的戏子。"司马晞大为生气，就转而召用他的哥哥戴述。戴述接到任命，抱着琴就高高兴兴地出发了。后来官府又多次征召戴逵，他拒不接受任命。

②谢敷应星：晋谢敷，字庆绪，会稽（今浙江绍兴）人。生性清静寡欲，入太平山隐居十余年，官府征召皆不接受。

《晋书·谢敷列传第六十四》：起初，月亮侵犯少微星。少微星又叫处士星，占卜者指出，会有隐士死掉以化解这个灾异。戴逵的才华一直为人称道，就有人为他担忧，没想到不久后却是谢敷死掉了。所以会稽人用这件事嘲笑吴地（当时戴逵居地属于吴）人，说："吴中高士，求死不得死。"意谓谢敷乃为名副其实的隐士，老天不承认戴逵是处士星下凡。

阮宣杖头^①，毕卓瓮下^②

《晋书》：阮修，字宣子，咸从弟也。好《易》《老》，善清言，性简任，不修人事。常步行，以百钱挂杖头，至酒店便独酣畅，虽当世富贵，而不肯顾。家无儋石之储，晏如也。与兄弟同志，常自得于林皋间。王衍与修谈《易》，言寡旨畅，衍叹服焉。修居贫，年四十余未有室，王敦等敛钱为婚，皆名士也。时慕之者，求入钱而不得。后为太子洗马，避乱，为贼所害。

晋毕卓，字茂世，新蔡铜阳人。少希放达，为吏部郎，常饮酒废职。比舍郎酿熟，卓因醉，夜至其瓮间盗饮，为掌酒者所缚。明旦视之，乃毕吏部也，遽释其缚。卓遂引主人宴于瓮侧，致醉而去。常谓人曰："得酒满数百斛船，四时甘味置两头，右手持酒杯，左手持蟹螯，拍浮酒船中，便足了一生矣。"过江，为温峤长史。

①阮宣杖头：阮修，字宣子，陈留尉氏（今属河南）人，是阮咸的堂弟。热衷研究《易经》《老子》，善于清谈，性格简约放任，不善交际，讨厌和俗人往来。

《晋书·阮修列传第十九》：阮修每次出门，总在拐杖头上挂一百枚钱，到了酒店就独自畅饮。就算当世权贵富豪，阮修也不愿与之往来。家中余粮不足一石，可他却悠然自得，不以为意。最爱与本族兄弟以及一些志同道合的朋友游玩于山水林泉之间。王衍与阮修谈论《易经》，阮修话不多说，但是意思表达得清楚明了，让王衍叹服。

由于家贫，阮修年过四十仍未成家，王敦等人为他凑钱，帮他娶妻，前来帮助的人都是当世名士。还有一些人仰慕阮修，请求也交钱出力，但被拒绝。后为太子洗马，避乱南行，途中为贼所害。

②毕卓瓮下：晋毕卓，字茂世，新蔡铜阳（今安徽临泉西）人。父亲毕谌，为中书郎。毕卓少年即放浪不羁，为胡毋辅之所知。

《晋书·毕卓列传第十九》：太兴末年，毕卓为吏部郎，常因饮酒荒废公务。一次，毕卓知道邻居家的酒刚刚酿好，夜里趁着醉意，到邻居家的酒瓮中偷酒喝，被管酒的人抓到并用绳捆绑。第二天早上一看，竟然是毕吏部，赶紧将其解绑。毕卓于是邀请主人在酒瓮旁边重开宴席，大醉而归。毕卓常说："但愿能有一条船，满载数百斛酒，船两头放置四季美味，右手持酒杯，左手拿蟹螯，在船中随浪浮沉，一生足矣。"晋朝南迁过江后，任温峤的平南长史。

文伯羞鳖①，孟宗寄鲊②

《鲁语》曰：公父文伯饮南宫敬叔酒，以露睹父为客。羞鳖小焉，睹父怒，相延食鳖，辞曰："将使鳖长而后食之。"遂出。文伯之母闻之，怒曰："吾闻之先子曰：'祭养尸，飨养上宾。'鳖于何有，而使夫人怒出？"遂逐之。五日，鲁大夫辞而复之。

《吴录》：孟仁，字武恭，本名宗，江夏人。少从李肃学，其母为作厚蓐大被，曰："小儿无德致客，学者多贫，故为广被，庶可得与气类接也。"其读书夙夜不懈，肃奇之，曰："卿宰相器也。"除监池司马。因能结网，手以捕鱼，作鲊寄母。母以还之，曰："汝为鱼官，而以鲊寄我，非避嫌也。"迁吴令，时皆不得将家之官，每得时物，未以寄母，常不先食。《楚国先贤传》曰：宗母嗜笋，冬节将至，时笋未生。宗入竹林哀叹，而笋为之出，得以供母，皆以为至孝所感。仕孙皓至司空。

①文伯羞鳖：《国语·鲁语》：文伯，指公父文伯，春秋时鲁国大夫。公父文伯请南宫敬叔饮酒，以露睹父为主宾。菜品中有一道鳖菜，鳖很小，让露睹父很生气。公父文伯请大家吃鳖的时候，露睹父拒绝说："我要等鳖长大后再吃！"于是离席而去。文伯的母亲听到这件事后，气愤地责备文伯，说："我那过世的公公曾说过：'祭祀时对象征祖先的尸主一定要恭敬，宴飨时对主宾一定要恭敬。'一只鳖有什么大不了呢？你竟然因为一只鳖让主宾生气！"于是将文伯赶出家门。五天之后，鲁国大夫替文伯求情，母亲才让文伯回家。羞：进献。如张衡《思玄赋》："羞玉芝以疗饥。"

②孟宗寄鲊：孟仁，字恭武，东汉江夏鄂（今湖北鄂州）人，本名孟

宗，后因避孙皓字讳（孙皓字元宗），改名孟仁。少年时师从南阳李肃，后任吴国司空。为人至孝，二十四孝中"哭竹生笋"就是孟宗的故事。

《吴录》：孟宗在李肃处学习时，母亲为孟宗做了一床又厚又大的被子，说："小儿没有什么特别优秀的德行来吸引他人，读书人大多贫寒，所以我做一条大被子，让大家一起盖，希望这样可以让他结交到意气相投的朋友。"

孟宗读书夙夜不懈，李肃看出孟宗与众不同，说："你是宰相之才啊！"后来孟宗被授官监池司马，这是管理渔业的小官。孟宗会织网，亲手捕了些鱼，做成鲊（糟鱼）寄送给母亲。母亲收到后将鲊鱼退回，说："你是管理渔业的官员，却寄给我一些鲊鱼，这样做无法避嫌。"后来升迁为吴地县令，因为不能把母亲带在身边，孟宗每得到美食，不寄给母亲先尝尝，自己绝不食用。《楚国先贤传》：孟宗的母亲爱吃竹笋。一年冬天，母亲生病，想喝笋汤。寒冬腊月无处得笋，孟宗在竹林里着急哀叹，地下突然钻出来很多鲜嫩的竹笋，母亲于是喝到鲜美的笋汤。人们都认为这是上天被孟宗的孝心感动的结果。孟宗在东吴孙皓那里做官，一直做到司空。

史丹青蒲^①，张湛白马^②

《前汉》：史丹，字君仲，鲁国人。元帝即位，为侍中。时定陶共王有材艺，子母俱爱幸，而太子颇有酒色之失，母王皇后无宠。上寝疾，皇后、太子皆忧，丹以亲密臣，得侍疾。候上间独寝时，直入卧内，伏青蒲上，涕泣言曰："皇太子以嫡长立十余年，名号系于百姓，天下莫不归心。臣子见定陶王爱幸，道路流言，以为太子有动摇之意。审若此，公卿以下，必以死争不奉诏，臣愿先赐死，以示群臣。"天子素仁恕，见丹涕泣，言又切至，大感曰："皇后谨慎，先帝又爱太子，吾岂可违旨。"太子由是为嗣。成帝立，累迁左将军。

《后汉》：张湛，字子孝，扶风平陵人。矜严好礼，动止有则。居幽室必修整，遇妻子若严君，在乡党谨言正色，三辅以为仪表。人或谓湛为诈伪，湛曰："人皆诈恶，我独诈善。"建武初，拜光禄勋。光武临朝，或有惰容，辄陈谏。常乘白马，上每见辄曰："白马生且复谏矣。"及郭后废，称疾不朝。拜太中大夫。帝强起之，为大司徒，湛自陈疾笃，遂罢。

①史丹青蒲：史丹，字君仲，鲁国人，后迁居杜陵（今陕西西安东南）。史丹祖父史恭的妹妹是汉武帝刘彻太子刘据的良娣（皇太子妾的称号），史良娣生悼皇考刘进，即汉宣帝刘询的父亲。

《汉书·史丹列传第五十二》：汉元帝即位后，史丹担任驸马都尉侍中。当时，傅昭仪的儿子定陶共王有才干，母子二人皆被宠幸。而正巧太子在酒色方面又有一定过失，母亲王皇后被冷落。竟宁元年，皇上生重病，因为傅昭仪和定陶王常常服侍在皇上身边，而皇后、太子无机会见驾，所以皇后、太子非常担忧。

　　史丹因为是皇帝近臣，得以有机会进宫伺候。史丹瞅准皇上一人独寝的机会，径直闯进寝室，伏在青边蒲席上，哭着说："皇太子以嫡长子的身份被立为太子，已经十余年了。受到百姓的爱戴，天下人都真心实意地愿意归附太子。我看到定陶王受到您的宠爱，现在道路上到处都是流言，认为太子的人选可能有变。如果皇上您确实是这样想的，有更换太子之意，那么公卿大臣以下，一定不会接受诏令，并且会以死抗争。请皇上先将我赐死，以示群臣。"天子向来仁爱宽恕，见史丹不停涕泣，言辞又极其恳切，大为感慨，说："皇后行为谨慎，父皇去世前又宠爱太子，我怎能违背他的意旨？"太子因此终于成为皇位继承人。成帝登基后，史丹多次升迁至左将军。

　　②张湛白马：张湛，字子孝，扶风平陵（今陕西咸阳西北）人。形容端庄严肃，举止崇尚礼节，依规矩行事。就算休闲在家也要穿戴齐整，对待妻子儿女就像严肃的父母，出门遇到乡邻则言辞谨慎，表情庄重。三辅一带，以为仪表。

　　《后汉书·张湛列传第十七》：有人说张湛虚伪欺诈，张湛说："如果别人用欺诈的手法去作恶，而我用欺诈的手法去行善，这不也很好吗？"建武初年，官拜光禄勋。光武帝刘秀上朝，有的时候面有倦容，张湛就当场指正。张湛常骑白马出行，皇上每次见到张湛，就说："白马生又要来进谏了。"等到郭皇后被废，张湛称疾不朝。授太中大夫。后来皇帝又强令任命张湛为大司徒，但张湛以病情严重为借口，坚决不接受任命，皇帝只好作罢。

隐之感邻①，王修辍社②

    《晋书》：吴隐之，字处默，濮阳鄄城人。博涉文史，以儒雅标名。弱冠而介立，有清操。年十余，丁父忧，每号泣，行人为之流涕。事母孝谨。及其执丧，哀毁过礼，与太常韩康伯邻居。康伯母，贤明妇人，每闻其哭，辍餐投箸，为之悲泣，谓康伯曰："汝若居铨衡，当举如此辈人。"及康伯为吏部尚书，隐之遂阶清级。广州珍异所出，前后刺史多黩货。朝廷欲革其弊，以隐之为刺史。州有水曰"贪泉"，饮者怀无厌之欲。隐之至泉所，酌而饮之，因赋诗曰："古人云此水，一歃怀千金。试使夷齐饮，终当不易心。"及在州，清操愈厉。后致仕，授光禄大夫，金章紫绶。

    《魏志》：王修，字叔治，北海营陵人。年七岁丧母，母以社日亡。来岁，邻里社，修感念母哀甚，邻里为之罢社。后太祖破南皮，阅修家谷不满十斛，有书数百卷，太祖叹曰："士不妄有名。"乃辟为司空掾，迁魏郡太守。为治抑强扶弱，百姓称之。

    ①隐之感邻：《晋书·吴隐之列传第六十》：吴隐之，字处默，濮阳鄄城（今山东鄄城北）人。吴隐之博涉文史，以儒雅闻名，二十岁刚成年时就有清正的操守。吴隐之十来岁的时候，为父亲守丧，哀伤悲号，行人为之流泪。侍奉母亲谨守孝道，为母亲办丧事时，悲哀过度以致身体受损。与太常韩康伯为邻，韩康伯的母亲贤惠而明白事理，每次听到吴隐之痛哭就停止吃饭，放下碗筷，为之悲泣。母亲对韩康伯说："你以后如果能够身居高位，有机会提拔别人的话，应该提拔吴隐之这样的人。"等韩康伯做了吏部尚书，吴隐之就出仕为官。

广州盛产奇珍异宝，前后刺史多有贪污受贿。朝廷欲革其弊，任命吴隐之为广州刺史。广州有一眼泉水名为"贪泉"，据说喝了贪泉的水就会贪得无厌。吴隐之到贪泉边，舀起一勺水一饮而尽，并赋诗说："古人云此水，一歃怀千金。试使夷齐饮，终当不易心。"意思是说，自古以来大家都说喝了贪泉的水就会心怀贪婪，纵然千金不能平其欲。但是如果让伯夷叔齐来喝贪泉的水，我相信他们绝对不会改变清廉的志向。吴隐之在广州，清操愈厉。后来，请求告老还乡，辞去官职，皇帝授吴隐之光禄大夫，加金章紫绶。

②王修辍社：王修，字叔治，北海营陵（今山东昌乐东南）人。初平年间，北海孔融召以为主簿，代理高密令。不久后，郡中有谋反者。王修听闻孔融有难，连夜前往救助。贼寇刚造反时，孔融谓左右曰："能冒难来，惟王修耳！"言终而修至。

《三国志·魏志十一·王修》：王修七岁那年母亲去世，母亲去世的时候正是社日。第二年，邻里社日举行祭祀活动，王修怀念母亲，哭声极为哀伤。邻里听到哭声被打动，同情他而停止祭祀活动。

曹操攻破南皮县，王修家被查抄。家中谷物不满十斛，却有书籍几百卷。曹操感叹着说："王修真不是徒有虚名啊！"于是礼聘王修为司空掾，后升迁为魏郡太守。王修治理时敢于抑强扶弱，为百姓所称道。

阮放八俊①，江泉四凶②

《晋书》：羊曼，字祖延。少知名，历晋陵太守。任达颓纵，好饮酒。温峤、庾亮、阮放、桓彝同志友善，并为中兴名士。时州里称阮放为宏伯，郗鉴为方伯，胡毋辅之为达伯，卞壶为裁伯，蔡谟为朗伯，阮孚为诞伯，刘绥为委伯，而曼为𪘐伯，凡八人，号"兖州八伯"，盖拟古之八俊也。曼弟聃，字彭祖，少不经学，时论皆鄙其凡庸。先是兖州有八伯之号，其后更有四伯：大鸿胪江泉以能食为谷伯，豫章太守史畴以太肥为笨伯，散骑郎张嶷以狡妄为猾伯，而聃以狼戾为琐伯，盖拟古之四凶也。

①阮放八俊：《晋书·羊曼列传第十九》：羊曼，字祖延。年少知名，历任黄门侍郎、尚书吏部郎、晋陵太守。羊曼任达放纵，喜好饮酒。和温峤、庾亮、阮放、桓彝等人志同道合，关系友善，同为东晋元帝中兴名士。当时州里称陈留阮放为宏伯；高平郗鉴为方伯；泰山胡毋辅之为达伯；济阴卞壶（kǔn）为裁伯；陈留蔡谟为朗伯；阮孚为诞伯；高平刘绥为委伯；而称羊曼为𪘐（tà）伯，他们一共是八人，号称"兖州八伯"，大概是仿效古代的八俊吧。

②江泉四凶：《晋书·羊聃列传第十九》：羊曼的弟弟羊聃，字彭祖，自小顽劣，不爱学习，当时人们都鄙视他。之前兖州有八伯的称号，后来又有了四伯：大鸿胪江泉以能吃为谷伯，豫章太守史畴以太肥为笨伯，散骑郎张嶷以狡猾狂妄为猾伯，而羊聃以凶残暴戾为琐伯，大概是仿效古代的四凶吧。

华歆忤旨^①，陈群蹙容^②

《华峤谱叙》曰：文帝受禅，朝臣并受爵位。歆以形色忤旨，徙为司徒，而不进爵。帝久不怿，以问尚书令陈群曰："我应天受禅，百辟群后，莫不悦喜形于声色。而相国及公独有不怡者，何也？"群曰："臣与相国曾臣汉朝，心虽悦喜，义形其色。"帝大悦。歆，字子鱼，平原高唐人。明帝时，进拜太尉。

《世说》曰：文帝受禅，陈群有蹙容。陈群，字长文，颍川许昌人。进司空，录尚书事。初，群为儿时，祖父寔常奇异之，谓宗人父老曰："此儿必兴吾宗。"《博物志》曰：太丘长陈寔，寔子鸿胪卿纪，纪子司空群，群子泰，四世于汉、魏，并有重名，而其德渐渐小减。时人为之语曰："公惭卿，卿惭长。"蹙或作戚。

①华歆忤旨：《华峤谱叙》：魏文帝曹丕接受汉献帝刘协禅让而登上帝位，君臣都受到封赏，加官晋爵。华歆因为脸露不悦之色忤逆文帝，被贬为司徒，而不加封爵位。魏文帝很长时间都高兴不起来，就问尚书令陈群："我顺天承命，接受汉献帝禅让，公卿百官无不喜形于色。而登基那天，相国华歆和您却满脸不高兴，这是为什么呢？"陈群说："我与相国华歆曾在汉朝为官，现在您称帝，我们内心虽然喜悦，但是对旧主的感情还是忍不住在脸上表现出来。"文帝这才转为高兴。华歆，字子鱼，平原高唐（今山东禹城西南）人。魏明帝即位后，升任太尉。

②陈群蹙容：《世说新语·方正》：魏文帝受汉禅，陈群面带悲伤。陈群，字长文，颍川许昌（今河南许昌东）人。是魏晋选官制度"九品中正制"和

曹魏律法《魏律》的主创人。东汉太丘长陈寔之孙、大鸿胪陈纪之子。魏明帝曹叡即位后，陈群担任司空，总领尚书事。

当初，陈群还是孩子的时候，祖父陈寔就看出他与众不同，对家族父老说："这个孩子一定能让我们的家族兴盛。"《博物志》载：陈寔为太丘长，陈寔的儿子是鸿胪卿陈纪，陈纪的儿子是司空陈群，陈群的儿子是陈泰，他们一家四世在汉魏两朝皆有重名，但是影响力逐渐稍微下降。当时人们皆说："陈氏三代，为公的不如为卿的，为卿的不如为长的。"蹙容：眉头紧皱的样子。

王濬悬刀①，丁固生松②

　　《晋书》：王濬，字士治，弘农湖人。博涉坟典，疏通亮达，恢廓有大度。尝起第宅，开门前路，广数十步，欲使容长戟幡旗，众咸笑之。辟河东从事，守令有不廉洁者，皆望风引去。除巴郡太守，郡边吴境，兵士苦役，生男多不养。濬乃严其科条，宽其徭课，其产育者皆与休复，所全活数千人。转广汉太守，垂惠布政，百姓赖之。夜梦悬三刀于卧屋梁上，须臾又益一刀。濬意甚恶之，主簿李毅拜贺，曰："三刀为州字，又益一刀，明府其临益州乎？"果迁益州刺史。后再刺益州，武帝谋伐吴，诏濬修舟舰，乃作大船连舫，以木为城，起楼橹，画鹢（yì）首怪兽于船首，以惧江神。舟楫之盛，自古未有。拜龙骧将军，监军统兵。先在巴郡之所全育者，皆堪徭役供军，其父母戒之曰："王府君生尔，尔必勉之，无爱死也。"濬自发蜀，兵不血刃，顺流鼓棹，径造三山。孙皓降，濬解缚，受璧焚榇，送于京师。以功封襄阳县侯，累转抚军大将军。卒，谥武。

　　《吴志》：丁固仕孙皓，为司徒。《吴录》曰：初，固为尚书，梦松生其腹上，谓人曰："松字，十八公也。后十八岁，吾其为公乎？"卒如梦焉。

　　①王濬悬刀：王濬（252—314），字士治，小名阿童，弘农湖县（今河南灵宝西北）人。妻子徐氏，是曹魏重臣徐邈之女。王濬博览古籍，为人豁达坦率，胸襟坦荡。家里曾建房子，王濬把门前的路留有几十步宽。有人问为什么留出来这么大的地方，王濬说我想让门前容得下披坚持锐、旌旗招展的队伍，大家都嘲笑他的狂妄。

　　《晋书·王濬列传第十二》：州郡征召王濬为河东从事，官吏中那些行为不端，不能廉洁奉公的人，听到消息后自行离职。担任巴郡太守时，巴郡和吴国接壤，人们苦于兵役，生下男孩大多不养育。王濬加强律令，严加控制，不许弃养男婴，同时宽缓徭役和赋税，生育者可以休养生息，免除徭役税赋，因此被保全活下来的有数千人。

王濬又转任广汉太守，发政施仁，百姓把他当成依靠。一天夜里，王濬梦见自己卧室的房梁上悬挂着三刀，过了一会儿又增加了一把。醒来后王濬对这个梦非常讨厌，主簿李毅拜贺说："三把刀组成一个'州'字，又增加一刀，您大概要去益州任职了吧？"王濬果然调任益州刺史。后来王濬再次任益州刺史。

晋武帝谋划讨伐吴国，下诏派王濬修造舟舰，王濬于是修造那种大船相连的船只，一条大船能有一百二十步见方，可载两千多人。在大船四周以木栅为城，船上修筑城楼望台，有四道门出入，船上可以来往驰马。又在船头画上鹢鸟头及各种怪兽，以恐吓江神，船舰规模之大数量之多，自古未有。于是晋武帝任命王濬为龙骧将军，监管梁州、益州军事，统领军队。

起初，巴郡那些被保全性命的孩子，都到了可以参军服役的年纪。他们的父母告诫说："你们的性命是王濬保下来的，现在你们跟随他打仗，一定要奋勇杀敌，不可以贪生怕死。"王濬自蜀地起兵，兵不血刃，顺水行舟，直达三山。吴国国君孙皓将自己反绑，口衔璧玉，身后车拉着棺材，前来投降。王濬亲解其缚，接受璧玉焚毁棺材，送孙皓等人去京师。因功被封为襄阳县侯，后转任抚军大将军。死后谥号为"武"。

②丁固生松：丁固，字子贱，会稽山阴（今浙江绍兴）人。《三国志·吴志三·孙皓传》：丁固在东吴孙皓那里做官，为司徒。《吴录》载：起初，丁固为尚书，梦见肚子上长出一棵松树。丁固和别人说："'松'字，拆开就是'十''八''公'。再过十八年，我大概要登公卿之位了！"最终事实证明，十八年后丁固真的位居三公。

姜维胆斗①，卢植音钟②

《蜀志》：姜维，字伯约，天水冀人。与费祎共录尚书事，加督中外军事，迁大将军。整勒戎马出战，屡为魏将邓艾所败。及后主降，维投戈放甲，诣镇西将军钟会。会厚待之，出则同舆，坐则同席，谓长史杜预曰："以伯约比中土名士，公休、太初不能胜也。"会既构邓艾，因将维等诣成都，自称益州牧，欲授维兵五万人，使为前驱。魏将士愤发，杀会及维。《世语》曰：维死时见剖，胆如斗大。

《后汉》：卢植，字子干，涿郡涿人。音声如钟。少与郑玄俱事马融，能通古今。学好研精，不守章句。融外戚豪家，多列女倡歌舞于前。植侍讲积年，未尝转眄，融以是敬之。学终辞归，阖门教授。性刚毅，有大节，常怀济世志。不好词赋，能饮酒一石。灵帝时为尚书。

①姜维胆斗：《三国志·蜀志十四·姜维传》：姜维，字伯约，天水郡冀县（今甘肃天水甘谷县东）人。姜维与费祎共同总管尚书事，兼职主管军事事务，迁大将军。姜维整顿兵马出战，多次为魏将邓艾所败。等后主刘禅投降，敕令坚守剑阁的姜维向钟会投降。钟会厚待姜维，两人出则同车，坐则同席。钟会对长史杜预说："将姜维和中原的名士们相比，诸葛诞、夏侯玄也比不过他。"

钟会构陷邓艾，邓艾被关入囚车押送京师。钟会则带着姜维等人来到成都，自称益州牧而开始反叛。钟会想要授予姜维五万兵力，让他为前驱。魏军将士愤怒，钟会和姜维皆被杀掉。《世说新语》载：姜维死后肚子被剖开，发现他的胆像斗一样大。

②卢植音钟：卢植，字子干，涿郡涿县（今河北涿州）人。性格刚毅，品德高尚。

《后汉书·卢植列传第五十四》：卢植身高八尺，声如洪钟。年轻时拜马融为师，与郑玄、管宁、华歆同门。卢植学贯古今，喜好研究经典大义，而不拘泥于具体字句。马融家是外戚豪门，家中经常有众多女伎歌舞于前。卢植侍讲多年，连眼珠都没有向她们转过，马融因此非常敬佩他。卢植在马融那里学成归乡，在家闭门教学。他性格刚毅，胸怀大志，常怀济世安民之志。不爱好词赋，能饮酒一石。灵帝时卢植为尚书。

桓温奇骨^①，邓艾大志^②

《晋书》：桓温，字元子，谯国龙亢人。生未期，温峤见之曰："此儿有奇骨，可试使啼。"及闻其声，曰："真英物也！"父彝以峤所赏故，名之曰温。峤笑曰："果尔，后将易吾姓也。"温豪爽有风概，姿貌甚伟，面有七星。少与刘惔善，惔尝曰："温眼如紫石棱，须作猬毛磔（zhé）。孙仲谋、晋宣王之流亚也。"尚南康长公主，拜驸马都尉，终大司马南郡公。

《魏志》：邓艾，字士载，义阳棘阳人。少家贫，每见高山大泽，辄规度指画军营处所，时人多笑焉。后为尚书郎，时欲广田畜谷，为灭贼资。使艾行陈项以东至寿春，艾以为田良水少，不足以尽地利，宜开河渠，可以引水充溉，大积军粮。又通漕运之道，乃著《济河论》，以喻其指。后开广漕渠，每东南有事大军兴众，泛舟而下，达于江淮，资食有储而无水害，艾所建也。累迁征西将军，征蜀大破之。刘禅降，以勋进太尉，钟会忌其威名，构成其事，遂见害。

①桓温奇骨：桓温，字元子，谯国龙亢（今安徽怀远西北龙亢）人。宣城太守桓彝长子，娶南康公主，为晋明帝司马绍女婿。任驸马都尉，官至大司马南郡公。

《晋书·桓温列传第六十八》：桓温出生不到一岁，太原人温峤见到他，说："这个孩子骨骼清奇，可以让他哭一声看看。"听到哭声后，温峤又说："真是个好苗子啊！"因为得到温峤的赏识，父亲桓彝就给孩子起名为温。温峤笑着说："这孩子如果真能如我所言成为大器，他可能会让我改姓了。"暗指桓温有帝王之气。因为桓温一旦称帝，温峤需避讳而改姓。

桓温为人豪爽，风度气概不凡，相貌魁伟。脸上长有七颗痣，排列如北斗七星。年轻时与刘惔友善，刘惔赞赏桓温，说："桓温眼睛如有棱角的紫石，胡须如向外开张的刺猬毛。是孙权、司马懿那样的人物。"

②邓艾大志：邓艾，字士载，义阳棘阳（今河南南阳南）人。少年时家境贫寒，每当见到高山大泽，就以军事家的眼光来规划军营驻扎处所，常被大家嘲笑。

《三国志•魏志二十八•邓艾传》：邓艾担任尚书郎时，朝廷广泛开垦农田，大量储备粮食，作为平定贼寇的资费。朝廷派邓艾考察从陈县、项县以东至寿春区域。邓艾巡视后指出那一带区域田地虽然肥沃，但是较为干旱，土地的生产能力没有达到最大化。邓艾认为应该兴修水利，开凿河渠，既可以引水灌溉提高产量以作军粮，又可以打通漕运通道。于是撰写《济河论》，以阐明自己的观点。后来开挖广漕渠，每逢东南方发生战乱，大军出动，乘船顺流而下，直达江淮。军资和粮食储备很多而无水害，这都是邓艾的功劳。邓艾多次升迁至征西将军，为破蜀立下大功。刘禅投降，邓艾因为功勋卓著被授予太尉。钟会忌惮邓艾的势力和名气，对他进行污蔑和陷害，最后邓艾与儿子一起被杀害。

杨修捷对[①]，罗友默记[②]

　　《后汉》：杨修，字德祖，太尉震玄孙。好学有俊才，为丞相曹操主簿。操平汉中，欲因讨刘备，而不得进。欲守之，又难为功。操出教，唯曰"鸡肋"而已。众莫能晓，修独曰："夫鸡肋，食之则无所得，弃之则可惜，公归计决矣！"操于此回师，修之几决多有此类。又尝出行，筹操有问外事，乃逆为答记，敕守舍儿，若有令出，依次通之，既而果然。操怪其速，廉之知状，忌修，后因事杀之。《语林》曰：修至江南，读曹娥碑。碑背有八字曰：黄绢幼妇，外孙齑臼。操不解，问修曰："卿知否？"修曰："知之！"操曰："且勿言，待朕思之。"行三十里乃得之，令修解。修曰："黄绢，色丝；色丝，绝字。幼妇，少女；少女，妙字。外孙，女子；女子，好字。齑臼，受辛，受辛，辞字。"操曰："一如朕意。"俗云：有智无智校三十里。

　　《世说》云：罗友少时，多谓之痴，常伺人祠，欲乞食，了无作容。为人强记，从桓宣武伐蜀，按行蜀城，道陌果木皆默记之。后宣武集蜀道事，亦有遗忘，皆名列之，坐者叹服。

　　①杨修捷对：杨修，字德祖，弘农华阴（今陕西华阴）人。是著名的"四知"太尉杨震的玄孙。太尉杨彪之子，母亲袁氏为司徒袁安曾孙女、袁术之女。

　　《后汉书·杨修列传第四十四》：杨修爱好学习，有才华，在丞相曹操帐下担任主簿。曹操平定汉中后，想趁势讨伐刘备。但是进攻受阻，据守又难以取得寸功。曹操传出命令，只是"鸡肋"两个字。外人不解其意，只有杨修说：“鸡肋这个东西，吃起来没有肉，扔掉吧又挺可惜，曹公退兵的决心已经定下来了！”曹操因此班师。杨修具有敏锐的判断力，总是能这样见微知著。

一次，杨修有事外出，但是推算曹操当天会来询问事情，于是就提前写好答案，交给守家的僮仆，让他按顺序回答问题即可。曹操果然派人来问事，僮仆依次回答。曹操奇怪为什么回答得如此神速，调查出来原因后，由此忌恨杨修，随后借机把他杀掉了。

《语林》载：杨修陪曹操行军江南，读曹娥碑，碑的后面有八个字：“黄绢幼妇，外孙齑臼。”曹操不解其意，问杨修：“你知道这八个字是什么意思吗？”杨修说：“知道！”曹操说：“你先别说出来，让我考虑考虑。”继续前行了三十里，曹操终于想明白了，就让杨修公布谜底。杨修说：“‘黄绢’是有颜色的丝绸，色丝便是‘绝’字；‘幼妇’是少女，即‘妙’字；‘外孙’是女儿之子，那是‘好’字；‘齑’是捣碎的姜蒜，它们是辛辣的食物，而‘齑臼’就是捣烂姜蒜的容器，就是‘受辛之器’，‘受’旁加‘辛’就是‘辝’，它是‘辞’的异体字。所以‘黄绢幼妇，外孙齑臼’，谜底便是‘绝妙好辞’。这是在称赞曹娥碑的碑文写得好！”曹操说：“正和我意！”这也是俗语“智差三十里”的出处。

②罗友默记：罗友，襄阳（今湖北襄阳）人。《世说新语·任诞》：罗友年轻时，很多人认为他痴呆。他经常在别人家祭祀的时候，趁机讨一些供品吃，而毫无惭怍之色。罗友记忆力强大，跟随桓温征伐蜀地，巡视蜀地的城池时，把城池情况，包括道路宽窄、果木多少，都默记在心。后来桓温收集当年蜀中之事，凡有所遗忘，罗友都能逐一罗列，无所遗漏，众人皆叹服。

杜康造酒^①，苍颉制字^②

魏武帝乐府《短歌行》曰："慨当以慷，忧思难忘。何以解忧，惟有杜康！"注谓：杜康，古之造酒者。《吕氏春秋》曰："仪狄造酒。"

《淮南子》曰："昔苍颉作字书，而天雨粟，鬼夜哭。"许慎曰："苍颉始视鸟迹之文，造书契则诈伪萌生，去本趋末，弃耕作之业，务锥刀之利。天知其将饿，故为雨粟。鬼恐为文书所劾，故夜哭也。"旧云"龙潜藏"，未详所出。

①杜康造酒：魏武帝曹操的乐府《短歌行》有"慨当以慷，忧思难忘。何以解忧，惟有杜康"的句子。注解说：杜康，是古代第一个造酒的人。而《吕氏春秋》里又有"仪狄造酒"的说法。到底杜康和仪狄谁是第一个造酒的人，还待学者进一步考证。还一种说法是"仪狄作酒醪，杜康作秫酒"，似乎他们造的酒并不一样。也或许酒最初并不是由一个人独立酿造出来的，而是当时大家共同努力的结果。

②苍颉制字：《淮南子·本经训》："过去苍颉发明了文字，天上下起粟米雨，鬼在夜里哭泣。"许慎说："苍颉根据鸟兽留下的脚印和爪痕发明了文字，因为文字的出现，人类文明从而进步，但人类最初的淳朴就会消失，人们就会产生诈伪，就会舍本逐末。他们不再专注于耕种，而致力于工具的发明。上天知道人类将要挨饿，所以降下粟雨。鬼怪怕自己被新发明的文字弹劾，所以夜里因为恐惧而哭泣。"过去的注解里还有"龙潜藏"的说法，不知道这句话的出处在哪里。

樗里智囊^①，边韶经笥^②

《史记》：樗里子，名疾，秦惠王之弟。疾室在昭王庙西渭南阴乡樗里，故俗谓之樗里子。滑稽多智，秦人号曰智囊。秦武王立，以樗里子、甘茂为左右丞相。疾卒，葬渭南章台东，曰："后百岁是当有天子之宫夹我墓。"至汉兴，长乐宫在其东，未央宫在其西，武库正直其墓。秦人谚曰："力则任鄙，智则樗里。"

《后汉》：边韶，字孝先，陈留浚仪人。以文学知名，教授数百人。韶口辩，曾昼日假卧，弟子私嘲之曰："边孝先，腹便便；懒读书，但欲眠。"韶潜闻之，应时对曰："边为姓，孝为字；腹便便，五经笥；但欲眠，思经事。寐与周公通梦，静与孔子同意，师而可嘲出何典记？"嘲者大惭，韶之才捷皆此类。桓帝时拜大中大夫，著作东观。

①樗（chū）里智囊：樗里子，名疾，秦惠王之弟，与惠王异母。樗里子疾的家在昭王庙西边渭水之南的阴乡樗里，因此人们俗称他为樗里子。樗里子能言善辩，言辞诙谐，秦国人称他为"智囊"。

《史记·樗里子甘茂列传第十一》：秦武王继位后，任命樗里子和甘茂为左右丞相。樗里子死后被葬在渭水南边章台之东。樗里子临终时说："一百年之后，我的坟墓会夹在天子的宫殿中间。"汉朝建立后，刘邦的长乐宫在他坟墓东边，而未央宫则在他坟墓西边，武库则正对着他的坟墓。秦国人有句谚语说："骁勇孔武是任鄙，足智多谋为樗里。"

②边韶经笥：边韶，字孝先，陈留浚仪（今河南开封西北）人。以擅长写文章而知名，教授生徒数百人。边韶口才敏捷，辩才超群。

《后汉书·边韶列传第七十》：一次，边韶白天和衣睡觉，弟子们私下嘲笑他，说："这个边孝先，大腹又便便；偷懒不读书，只想来睡眠。"边韶暗中听到，立刻回应说："边是他的姓，其字为孝先；虽然腹便便，五经在里面；看着像睡觉，其实思经典。睡梦中能与周公相通，醒着时与孔子相同，学生胆敢嘲笑老师，出自哪部经典？"嘲笑者大为惭愧，边韶总是这样才思敏捷。桓帝时拜为太中大夫，在东观写作。笥（sì）：书箱。经笥：指装经书的箱子，比喻学识渊博之人。成语"大腹便便"典出于此。

滕公佳城①，王果石崖②

　　《西京杂记》：滕公驾至东都门，马鸣，跼（jū）不肯前，以足刨地久之。滕公使士卒掘马所刨地，入三尺所，得石椁（guǒ）。滕公以烛照之，有铭焉，乃以水洗写其文，文字皆古异，左右莫能知。以问叔孙通，通曰："科斗书也。"以今文写之，曰："佳城郁郁，三千年，见白日，吁嗟滕公居此室。"滕公曰："嗟乎，天也！吾死其即安此乎！"死遂葬焉。滕公，即前汉夏侯婴，官至太仆。初为滕令奉车，故号滕公。

　　《神怪志》：将军王果为益州太守，路经三峡，船中望见江崖，石壁千丈。有物悬在半崖，似棺椁。问旧行人，皆云已久。果令人悬崖就视，乃一棺也，骸骨存焉。有石志云："三百年后水漂我，欲及长江垂欲堕，欲堕不堕遇王果。"果见铭，怆然曰："数百年前知我名，如何舍去！"因留为营敛瘗埋，设祭而去。

　　①滕公佳城：夏侯婴，泗水郡沛县（今江苏沛县）人。西汉开国功臣。起初夏侯婴为沛县官府养马驾车，交好亭长刘邦。担任滕令奉车，俗称滕公。跟随刘邦起兵反秦，屡建战功，赐爵昭平侯。楚汉战争中，刘邦兵败彭城（今江苏徐州），为逃命，刘邦将自己的一双儿女（即后来的汉惠帝与鲁元公主）推下马车，多亏夏侯婴拼命救护才得以保全性命。刘邦称帝后，封汝阴侯。

　　《西京杂记卷四·滕公葬地》：滕公夏侯婴驾车经过东都门，马不断嘶鸣，原地踏步不肯前进，不停用蹄子刨地。滕公命令在马刨处开掘，向下挖有三尺深，出现一副石棺。滕公手持蜡烛照明，发现棺材上有铭文，用水冲洗辨认，文字是一些很奇怪的符号，左右都不解其意。去问叔孙通，叔孙通说："这是古代的蝌蚪文。"用现在能看懂的文字写出来就是："佳城郁郁，三千年后才见天日，滕公啊，就葬在这个墓室。"滕公说："唉，这是天意啊！我死后就葬在这里吧！"滕公夏侯婴死后真的就被埋葬在这里。滕公，即西汉夏侯婴，官至太仆。佳城，指墓地。

②王果石崖：《神怪志》：唐朝左卫将军王果被任命为益州太守，赴任路上乘船经过三峡，于船中望崖，但见壁立千丈，异常雄伟。王果忽然发现有一物悬在崖壁半腰，就像一副棺材。询问经常往返之行人，都说这个东西在这里很久了。王果派人攀上悬崖查看，果然是一副棺材，打开查看，骨骸仍在。旁边有石，上刻："三百年后水漂我，欲及长江垂欲堕，欲堕不堕遇王果。"王果见碑文，心中悲怆，说："他几百年前就知道我的名字，我如何忍心不顾而去！"于是专门为其逗留数日，选择茔地安葬，祭拜后才离开。

买妻耻樵^①，泽室犯斋^②

《前汉》：朱买臣，字翁子，吴人。家贫好读书，不治家产，常艾（yì）薪樵，卖以给食。担束薪，行且诵书。其妻亦负戴相随，羞之，求去。买臣曰："我年五十当富贵，今已四十余矣，汝苦日久，待我富贵，报汝功。"妻恚怒曰："如公等，终饿死沟中耳，何能富贵？"买臣即听去。后数岁，随上计吏为卒，将重车至长安诣阙上书，待诏公车。会邑子严助贵幸，荐买臣。召见，说《春秋》，言《楚辞》，武帝说之，拜中大夫。与严助俱侍中，久之拜会稽太守。上谓曰："富贵不归故乡，如衣绣夜行。今子何如？"买臣顿首谢，入吴界，见其故妻，妻夫治道。买臣呼令后车载其夫妻到太守舍，置园中，给食之。妻自经死。买臣乞其夫钱，令葬。悉召见故人与饮食，诸尝有恩者，皆报复焉。

《后汉》：周泽，字穉都，北海安丘人。显宗时为司徒，性简，忽威仪，颇失宰相之望。后为太常，清洁修行，尽敬宗庙。尝卧疾斋宫，其妻哀泽老病，窥问所苦，泽大怒，以妻干犯斋禁，收送诏狱谢罪，当世疑其诡激。时人为语曰："生世不谐，作太常妻。一岁三百六十日，三百五十九日斋。"后数为三老五更，《汉官仪》于"斋下"云："一日不斋醉如泥。"

①买妻耻樵：西汉朱买臣，字翁子，会稽郡吴县（今江苏苏州）人。家贫好学，卖柴为生。经同乡严助推荐，得汉武帝宠信，拜中大夫，出任会稽太守，平定东越叛乱，授主爵都尉，位列九卿。

《汉书·朱买臣列传第三十四》：买臣家贫，好读书，不懂得置办家产，以打柴为生。朱买臣常常担着柴薪，边走路边诵读经书。他的妻子背着柴跟在后面，觉得羞耻，要求离婚。朱买臣说："我年五十当富贵，现在已经四十余岁了，你跟着我受了这么多苦，等我富贵，一定好好报答你。"妻子又气又怒，说："像你这样的人，早就饿死在沟渠之中，你凭什么富贵？"朱买臣无奈，只好按妻子的要求给了她一纸休书。

多年后，朱买臣给上计吏当差，推着载有吃穿用度的行李车到长安，给朝廷上书，在公车府等待诏书，可是长期得不到批复。时间长了，吃穿用度匮乏。朱买臣外出乞讨时偶遇同乡严助，严助是皇上的红人，就把朱买臣推荐给汉武帝。

武帝召见朱买臣，朱买臣在武帝面前大谈《春秋》《楚辞》，博得武帝欢心，拜中大夫，和严助同为侍中。时间长了朱买臣又被任命为会稽太守，皇上对朱买臣说："之前项羽说过，富贵不还乡，如锦衣夜行。你马上就要回故乡当官了，现在感觉如何？"朱买臣赶紧叩头谢恩。

朱买臣进入吴县境内，见到他的前妻和现任丈夫正在修路。朱买臣大声命令后车载其夫妻到太守舍，将其安置在后园居住，供给饮食。一个月后，那个女人上吊自尽。朱买臣给她丈夫一些钱，让他将其安葬。朱买臣把老朋友全部召集在一起，纵酒言欢。之前有恩于自己的，朱买臣都加倍给予回报。

②泽室犯斋：周泽，字穉都，北海安丘（今山东安丘）人。少习《公羊严氏春秋》，隐居教授，门徒常数百人。光武帝刘秀建武末年，辟大司马府，代理议曹祭酒。汉明帝刘庄时为司徒，个性简朴，不重视威严的仪表，没有宰相的威望。后来担任太常，清正廉洁，宗庙祭祀恭敬严谨。

《后汉书·周泽列传第六十九》：一次周泽生病，但他坚持带病在皇帝祭祀的地方斋戒，妻子心疼他年纪大了又生着病，前去斋宫探望他。周泽大怒，认为妻子冒犯了斋戒的禁忌，就将其押送到诏狱治罪，大家都觉得周泽过于偏激。人们都说："活在世上好倒霉，做了太常周泽妻。一年三百六十日，三百五十九日在斋戒。"后来多次获"三老五更"殊荣。《后汉书》注引《汉官仪》："一日不斋却烂醉如泥。"

马后大练[①]，孟光荆钗[②]

《后汉》：明德马皇后，伏波将军援小女，年十岁，干理家事同成人。尝久疾，太夫人令筮之。筮者曰："此女虽久疾，后当大贵，兆不可言。"后又使相者占诸女，见后大惊曰："我必为此女称臣。"后选入宫，显宗即位，以为贵人。时贾氏生肃宗，帝命令养之，谓女人未必当自生子，但患爱子不至耳。后尽心抚育，过于所生。肃宗亦孝性淳笃，恩情天至。母子慈爱，无纤介之间。有司奏立长秋宫，帝未有所言。皇太后曰："马贵人德冠后宫，即其人也！"遂立为皇后。既正位宫闱，愈自谦肃，能诵《易经》，好读《春秋》《楚辞》，尤善《周官》《董仲舒书》。常衣大练，裙不加缘。

《后汉》：梁鸿，字伯鸾，扶风平陵人。同县孟氏有女，状肥丑而黑，力举石臼。择对至三十，父母问其故，曰："得贤如梁伯鸾者。"鸿闻而聘之，及嫁，始以装饰入门，七日而鸿不答。曰："吾欲裘褐之人，可与俱隐深山者。今乃衣绮缟，傅粉墨，岂所愿哉？"妻曰："妾自有隐居之服。"乃更为椎髻，着布衣操作而前。"鸿大喜曰："真梁鸿妻也！"字之曰德曜，名孟光，乃共入霸陵山中。

①马后大练：明德马皇后，汉明帝刘庄的皇后，是伏波将军马援的小女儿。马皇后性谦和，对太子的母亲阴皇后的服侍体贴入微，对其他妃嫔诚挚热情，对马皇后的德行宫中无人不赞。

《后汉书·明德马皇后本纪第十上》：马皇后十岁的时候，处理家务、管束仆人如同成人。马皇后曾经生病，持续很长时间还不能好转。太夫人请人为她占卜，卜者说："这个女子虽然长期生病，但以后一定大贵，天机不可泄露。"后来太夫人又别请会相面的人给女儿们占卜，这个相面的人见到马皇后，大惊说："我必将成为这个女子的臣子。"

后来马皇后被选入宫中，汉明帝即位后，把她立为贵人。当时贾贵人生下章帝，因为马皇后没有子嗣，明帝就让马皇后抚养章帝。明帝对马皇后说："女人未必一定要自己生儿子，只怕不能精心抚养啊！"于是马皇后尽心抚育章帝，胜于亲生。汉章帝也孝心敦厚，对马皇后的感情发自本心。母慈子孝，毫无嫌隙。永平三年春天，相关人员奏请设立长秋宫来确定皇后人选，皇帝没有表态。太后说："马贵人的德行在后宫最优，把她立为皇后是最为合适的！"于是被立为皇后。

成为皇后以后，行为更加谦恭。马皇后能背诵《易经》，喜好读《春秋》《楚辞》，尤其喜欢《周礼》和《董仲舒书》。经常穿着简朴的麻布衣服，裙子上连个装饰用的花边都不加。大练：质地粗糙的衣帛。

②孟光荆钗：梁鸿，字伯鸾，东汉扶风平陵（今陕西咸阳西北）人。父亲梁让，在王莽时为城门校尉。梁鸿受业太学，家贫而有节操，博览群书，无不精通。

《后汉书·逸民列传·梁鸿列传第七十三》：梁鸿同县孟家有个女儿，形体肥硕，而且又丑又黑，力气大得能举起石臼。这个女子挑选很多人家就是不同意出嫁，一直到三十岁。父母问其故，说："我要嫁给像梁伯鸾那样的贤良之士。"梁鸿听闻后马上去她家下聘礼。出嫁的时候，孟家的这个女子稍做打扮，梁鸿一连七天都不搭理她。孟氏跪问其故，梁鸿说："我要找的是身穿粗布，可以一起隐居深山之人。现在你身穿锦衣，涂脂抹粉，这是我梁鸿所希望的样子吗？"妻子回答说："我这是为了考察你的志向才这么做的，我当然有适合隐居穿的衣服啊！"于是重新梳理打扮，改变发型，身穿布衣，干着活儿来到梁鸿面前。梁鸿大喜，说："真梁鸿妻也！"给她取字为德曜，取名为孟光，夫妻二人隐居在霸陵山。荆钗：荆条做的发钗，是古代贫家妇女的常用之物。

颜叔秉烛①，宋弘不谐②

毛公《诗传》曰：昔者，颜叔子独处于室，邻之嫠（lí）妇又独处于室。夜暴风雨至而室坏。妇人趋而至，叔子纳之，而使执烛放乎旦。而蒸尽，缩屋而继之，自以为辟嫌。亦不审矣。若其审者，宜若鲁人然。鲁有男子，独处于室，邻人嫠妇又独处于室，夜暴风雨至而室坏。妇人趋而托之。男子闭户而不纳，曰："吾闻之，男女不六十不同居，今子幼，吾亦幼，不可以纳子。"妇人曰："子何不若柳下惠然，姬不逮门之女，国人不称乱。"男子曰："柳下惠固可，吾固不可。吾将以吾不可，学柳下惠之可。"孔子曰："欲学柳下惠者，未有似于是也。"

《后汉》：宋弘，字仲子，京兆长安人。光武即位，为大司空。时帝姊湖阳公主新寡。帝与共论朝臣，微观其意。主曰："宋公威容德器，群臣莫及。"帝曰："方且图之。"后引见。帝令主坐屏风后，因谓弘曰："谚言'贵易交，富易妻'，人情乎？"弘曰："臣闻贫贱之交不可忘，糟糠之妻不下堂。"帝顾谓主曰："事不谐矣。"弘所得租奉分赡九族，家无资产，以清行致称，所推进贤士三十余人，或相与及公卿者。

①颜叔秉烛：汉代毛亨注解《诗经·巷伯》：过去，颜叔子独处于室，邻居寡妇也独处于室。夜里狂风暴雨突至，寡妇家的房子被毁。这个妇人到颜叔子家避雨。颜叔子让她进屋，并让她手执火烛，屋里亮如白昼。柴薪烧完，再从屋顶抽茅草继续。其实他这种避嫌的办法还是不够谨慎。真正小心的人，应该像那个鲁国人一样。鲁国有一位男子，独处一室，邻居寡妇也是独处于室，夜里狂风暴雨大作，妇人家的屋子被冲坏了。妇人过来请求避

难，男子拒不开门，说："我听说男女不到六十岁不可以同居一室，现在你年轻貌美，我也血气方刚，我不能让你进来。"妇人说："你为什么不学学坐怀不乱的柳下惠呢？在寒冷的冬天用身体温暖一个走投无路的女子，别人不会说闲话的。"男子说："我如果是柳下惠，就可以接纳你。我知道自己做不到像柳下惠那样，所以我不能接纳你。我是用我的不接纳，学习柳下惠的接纳啊！"孔子说："想要学习柳下惠的，没有人能做到这种程度！"

②宋弘不谐：宋弘，字仲子，京兆长安（今陕西西安西北）人。宋弘的父亲宋尚，在汉成帝时官至少府。汉哀帝继位后，因为不依附权臣董贤，忤逆其旨获罪。宋弘年少时性格温顺，汉哀帝、汉平帝年间担任侍中，王莽在位期间担任共工。赤眉军攻入长安，派遣使者征召宋弘，迫不得已而应召。行至渭桥，自投于水，家人救出，假装淹死而获免。

《后汉书·宋弘列传第十六》：汉光武刘秀即位后，宋弘被任命为大司空。当时皇上的姐姐湖阳公主刚死了丈夫。皇帝和湖阳公主讨论朝廷大臣，暗中观察她的想法。公主说："宋弘的相貌和德行，朝中大臣无人能及。"皇帝说："让我想想办法。"后来皇帝召见宋弘，并提前安排公主坐在屏风后面。皇上对宋弘说："有句谚语说'地位尊贵了就更换朋友，有钱了就更换妻子'，这就是人性吧？"宋弘说："我只听说过'贫贱之交不可忘，糟糠之妻不下堂'。"皇帝回头对屏风后面的公主说："这事儿办不成了。"

宋弘的俸禄收入总是用来接济族人，家无余财，以品行清廉著称。宋弘向朝廷推荐的优秀人才达三十多人，有的相继担任公卿之职。

邓通铜山①，郭况金穴②

《前汉》：邓通，蜀郡南安人。以棹船为黄头郎，文帝尝梦欲上天不能。有一黄头郎推上天，顾见其衣尻带后穿。觉而之渐台，以梦中阴目求。见通衣后穿，梦中所见也。召问其名姓，帝悦，尊幸之。赏赐巨万以十数。官至上大夫。然无他技能，不能有所荐达，独谨身媚上而已。上使相者相通，曰："当贫饿死。"上曰："能富通在我。"于是赐蜀严道铜山，得自铸钱。邓氏钱布天下，其富如此。上尝病痈，通为上嗽吮之。上问曰："天下谁最爱我者。"通曰："宜莫若太子。"及太子入问疾，上使齰（zé）痈。太子色难之，已而闻通尝为上齰之。太子惭，由是心恨通。景帝立，通免居。人告通盗出徼外铸钱，下吏验问，尽没入之。竟寄死人家。

《后汉》：郭况，真定槁人，光武郭皇后弟。帝善况小心谨慎，年始十六，拜黄门侍郎，以后弟贵重，宾客辐辏，况谦恭下士，颇得声誉，迁大鸿胪。帝数幸其第，会诸侯亲家饮燕，赏赐金钱缣帛，丰盛莫比。京师号况家为金穴。显宗即位，数受赏赐，恩礼俱渥，终特进。

①邓通铜山：邓通，蜀郡南安（今四川乐山）人。汉文帝宠臣，恃宠得权，开铜矿，制"邓通钱"，富甲天下。汉景帝时被免官治罪，最后寄居别人家，竟被饿死。

《汉书·邓通列传第六十三》：邓通因为头戴黄色头巾擅长划船而为黄头郎。汉文帝做了一个梦，梦中自己想要登天，差一点儿就是攀不上去。忽然一个黄头郎一把将他推了上去，匆忙中回头看到那个人衣带向后系在背上。文帝醒后到渐台散心，暗暗观察周围人群以寻找梦中推己者。忽然发现邓通的衣服穿法和梦中人一样，文帝把他召来询问姓名。知道这个人叫邓通，因为"邓"的发音和"登"相似，文帝更为高兴。文帝由此开始宠幸邓通，赏赐给他上万的钱财，前后有十余次。邓通官至上大夫。

然而邓通没有什么才华和能力可以向皇上自荐，所能做的也只有小心翼翼地讨好皇帝而已。皇上让会相面的人给邓通相面，相者说："他将来会贫困交加，饥饿而死。"皇上说："能让邓通富贵的人是我，我怎么可能让他贫穷至死呢！"于是把蜀郡严道的铜山赏赐给邓通，授予他自己铸造钱币的权力。因此邓氏钱币遍布天下，邓通的财富到了如此巨大的程度。

皇上长了脓疮，邓通经常用嘴为皇上吮吸疮脓。皇上问："普天之下最爱我的人是谁？"邓通说："最爱您的人应该是太子！"等太子进来问候病情，皇上便要求太子亲自来吮吸脓血。太子虽然吸了，但是面色难看。听说邓通经常为皇上吮吸脓血，太子非常惭愧，但也由此记恨邓通。

太子继位后，是为景帝，邓通被免职，回家居住。有人告发邓通在外私自铸钱，景帝派人追查此事，将邓通家的财产全部没收。邓通不名一文，最后寄居在别人家中，饥饿而死。

②郭况金穴：郭况，真定藁城（今河北石家庄藁城区）人，是光武帝第一任皇后郭圣通的弟弟。

《后汉书·皇后纪第十上·光武郭皇后》：光武皇帝喜欢郭况为人小心谨慎，十六岁就官拜黄门侍郎。因为郭况是皇后的弟弟，所以地位尊贵，来访的宾客聚集。郭况谦虚恭敬，礼贤下士，声誉很好，升任大鸿胪。皇帝多次驾临郭况家，将公卿诸侯以及亲戚们聚在一起举办宴会。皇帝赏赐给郭况的金钱缣帛，丰厚莫比。在京城号称郭况家为金穴。汉明帝即位，也多次赏赐郭况，恩情和礼遇仍然特别丰厚，郭况官至特进。

秦彭攀辕^①，侯霸卧辙^②

《后汉》：秦彭，字伯平，扶风茂陵人。自汉兴之后，世位相承，六世祖袭为颍川太守，与昆从同时为二千石者五人，故三辅号曰万石秦氏。彭为颍川太守，仍有凤凰、麒麟、嘉禾、甘露之瑞集其郡境。肃宗幸颍川，辄赏赐钱谷，恩宠甚异。《东观汉记》曰："彭去任，老幼攀辕号泣。"

《后汉》：侯霸，字君房，河南密人。矜严有威容，家累千金，不事产业，笃志好学。王莽末为淮平太守，政理有能名。及莽败，霸保固自守，卒全一郡。更始遣使征霸，百姓老弱相携，号哭遮使者车，或当道而卧，皆曰愿乞侯君复留期年，光武时为大司徒。

①秦彭攀辕：秦彭，字伯平，扶风茂陵（今陕西兴平东北）人。自从汉朝建立，秦家的官位就世代继承。秦彭的六世祖秦袭担任颍川太守，秦氏家族中兄弟子侄同时担任二千石职务的有五人，所以三辅一带称他们为"万石秦氏"。

《后汉书·循吏传·秦彭列传第六十六》：在秦彭担任颍川太守时，有凤凰、麒麟、特别苗壮的稻禾、甘美的雨露等祥瑞在郡内反复出现，受到肃宗的嘉奖表扬。肃宗只要幸临颍川，都会赏赐秦彭钱财和谷物，对他的恩宠格外突出。《东观汉记》："秦彭任职期满离任时，老幼攀住车辕号泣不止，不舍让其离去。"

②侯霸卧辙：侯霸，字君房，河南郡密县（今河南新密）人。侯霸矜持严肃，仪容威严，家累千金，不事产业，笃志好学。

《后汉书·侯霸列传第十六》：王莽末年，侯霸为淮平太守，在治理能力方面声名卓著。到王莽失败，侯霸加固城池，严防死守，一郡得以保全。更始元年，皇上派使者征召侯霸，百姓们扶老携弱，号哭着阻拦使者车辆，或者直接躺在路上，大家都说："但愿再留侯君一年。"到光武帝刘秀时，任命他为大司徒。

淳于炙輠①，彦国吐屑②

《史记》：淳于髡，齐人。博闻强记，学无所主，其谏说慕晏婴之为人，然而承意观色为务。见梁惠王，一语连三日三夜无倦。惠王欲以卿相位待之，髡因谢去。送以安车驾驷，束帛加璧，黄金百镒（yì）。终身不仕。齐人颂曰："谈天衍，雕龙奭，炙毂过髡。"刘向《别录》：过字作輠。輠者，车之盛膏器也。炙之虽尽，犹尚有流者。言髡智不尽，如炙輠也。衍、奭，谓二驺。

晋胡毋辅之，字彦国，泰山奉高人。少有知人之鉴，性嗜酒，任纵不拘小节。与王澄、王敦、庾敳俱为太尉王衍所昵，号曰四友。澄尝与人书曰："彦国吐佳言，如锯木屑，霏霏不绝，诚为后进领袖也。"元帝时为湘州刺史。

①淳于炙輠：淳于髡，齐之赘婿。身高不满七尺，滑稽多辩，多次出使诸侯国，未尝屈辱。见识广博，记忆力强大，学问不拘泥于某一家之言。仰慕晏婴之为人，然而说话做事却致力于察言观色，逢迎他人。

《史记·孟子荀卿列传第十四》：淳于髡见梁惠王，一连谈三天三夜而毫无倦意。梁惠王想用卿相的职位任用淳于髡，淳于髡不就。于是梁惠王送给他四匹马拉的可以安稳坐下的大车，成捆的丝帛加上玉璧以及黄金百镒。淳于髡终身不仕。齐国人称颂说："高谈阔论是驺衍，精心雕饰文章是驺奭，智多善辩、口才滔滔是淳于髡。"刘向《别录》：輠（guǒ）者，古代车上盛润滑油的器具。就算油用完了，仍然会有部分剩余的油流出来。用来比喻一个人充满智慧，议论不绝。驺衍、驺奭，号称二驺。

②彦国吐屑：《晋书·胡毋辅之列传第十九》：晋胡毋辅之，字彦国，泰山奉高（今山东泰安东）人。年轻时知名度就很高，有鉴别人才的能力。生性嗜酒，放纵不拘小节。与王澄、王敦、庾敳都被太尉王衍宠幸，号称四友。王澄曾给人写信说："彦国吐佳言，如锯木屑，霏霏不绝，诚为后进领袖也。"意思是说，胡毋辅之口吐佳言，就像锯木头，木屑纷纷不断，确实堪当青年人的领袖啊！晋元帝司马睿时胡毋辅之担任湘州刺史。

太真玉台①，武子金埒②

　　《晋书》：温峤，字太真，太原祁人。性聪敏，有识量，博学能属文。少以孝悌称于邦族，成帝时，为骠骑将军、始安郡公。《世说》曰：峤丧妇，从姑刘氏家经乱离散，唯有一女甚有姿慧。姑属公觅婚，公有自婚意，答曰："佳婿难得，但如峤云何？"姑云："丧败之余，乞粗存活，便是慰吾余年，何敢希汝比。"后少日，公报姑云："已得婚处，门地婿身尽不减峤。"因下玉镜台一枚，姑大喜。既交礼，女以手披纱扇，抚掌大笑曰："我固疑是老奴，果如所卜。"玉镜台是公为刘越石长史，北征刘聪所得也。

　　晋王济，字武子，太原晋阳人。少有逸才，风姿英爽，气盖一时。好弓马，勇力绝人，善《易》及《庄》《老》，文词俊茂，伎艺过人。和峤、裴楷齐名，尚常山公主。起家拜中书郎，迁侍中，坐免官。乃移第北邙山下，性豪侈，丽服玉食。时洛京地甚贵，济买地为马埒，编钱满之，时人谓为金沟。

　　①太真玉台：温峤，字太真，太原祁（今山西祁县东南）人。出身太原温氏，博学孝悌，善于清谈。

　　《晋书•温峤列传第三十七》：温峤性情聪敏，有见识，学识渊博，善写文章，年轻时因为孝悌而被家族称赞。成帝时，为骠骑将军、始安郡公。《世说新语•假谲》载：温峤的妻子死了。他的堂姑刘氏家遭遇离散，身边只一个女儿，聪慧漂亮。堂姑嘱托温峤为女儿找门亲事，温峤私下有娶她的想法，就答应说："佳婿难求，像我这样的可以吗？"堂姑说："我家刚遭遇离乱，只求能够勉强活下去，下半辈子就心满意足了，哪敢指望找到像你这样的女婿？"几天后，温峤报告堂姑说："找到合适的人家了，对方人品与门第都不比我差。"于是送来一枚玉镜台作为聘礼，堂姑大喜。结婚那天，行完交拜礼，女子用手拨开遮脸的纱扇，抚掌大笑说："我一直就怀疑新郎是你，果不出我所料。"玉镜台，是温峤当年在刘琨手下担任长史，北征刘聪时得到的。

②武子金埒（liè）：晋王济，字武子，太原晋阳（今山西太原西南）人。少年时就有超人之才，风度姿容英俊豪爽，气盖一时。

《晋书·王济列传第十二》：王济喜欢射箭骑马，勇力绝人，精通《易经》及《庄子》《老子》，文辞优美，才华过人。与姐夫和峤及裴楷这些人齐名，娶常山公主为妻。二十岁时，应召离开家乡担任中书郎之职，逐渐升迁至侍中，后因罪免官。于是移居北邙山下。王济生性豪放奢侈，喜欢锦衣玉食。当时京城洛阳的地价很贵，王济买地用作骑马的跑道，把钱编在一起铺满跑道，当时的人们称之为"金沟"。马埒：骑马射箭的跑道。

巫马戴星，宓贱弹琴^①

《吕氏春秋》曰：宓子贱，治单父，弹鸣琴，身不下堂而单父治。巫马期以星出，以星入，日夜不居，以身亲之而单父亦治。巫马期问其故，宓子曰：我之谓任人，子之谓任力，任力者故劳，任人者故逸。

①《吕氏春秋·察贤》：宓（fú）子贱，治理单父县，每天只在堂上弹弹琴而已，连堂都不下，单父县就被治理得井井有条。而巫马期，同样治理单父县，事必躬亲，披星戴月，日夜不居，单父县也被治理得很好。巫马期问其中的缘故，宓子贱说：我的治理方法是任用贤才，你的治理方法是使用力气。任用人才者安逸，任用力气者劳苦。

郝廉留钱^①，雷义送金^②

《风俗通》：郝子廉，饥不得食，寒不得衣，一介不取诸人。曾过姊饭，留钱席下而去，每行饮水，常投一钱井中。

《后汉》：雷义，字仲公，豫章鄱阳人。初为郡功曹，擢举善人，不伐其功。义尝济人死罪，罪者后以金二斤谢，不受。金主伺义不在，默投金于承尘上，后葺理屋宇，乃得之。金主已死，无所复还，乃以付县曹。后拜侍御史，除南顿令。

①郝廉留钱：《风俗通卷三》：太原郝子廉，家境贫寒，食不果腹，衣不蔽体，但不占别人分毫便宜。曾经在姐姐家吃饭，走的时候把钱偷偷放在席下。每次外出喝水，喝完水总是将一枚钱投到井中。

②雷义送金：雷义，字仲公，豫章鄱阳（今江西鄱阳）人。雷义与同郡陈重相友善。

《后汉书·独行传·雷义列传第七十一》：起初雷义在郡里担任功曹，提拔推荐贤能，却不炫耀自己的功劳。雷义曾救过一个死刑犯，这人登门，送二斤金以示感谢，被雷义拒绝。金子的主人趁雷义不注意，悄悄把金子放在房间顶棚上。后来雷义修整房屋，才发现这些金子。但是金子的主人已死，无法物归原主，雷义就把它交给县里。雷义后来官拜侍御史，担任南顿令。

逢萌挂冠^①，胡昭投簪^②

《后汉》：逢萌，字子康，北海都昌人。之长安学，通《春秋》经。时王莽杀其子宇，萌谓友人曰："三纲绝矣，不去祸将及人。"即解冠挂东都城门，将家属浮海，客于辽东。萌素明阴阳，知莽将败，乃首戴瓦盆，哭于市，曰："新乎！新乎！"因遂潜藏，后光武征不起。

《魏志》：胡昭，字孔明，颍川人。养志不仕，始避地冀州，辞袁绍之命，遁还乡里。太祖为相，频加礼辟，昭往应命。自陈一介野生，无军国之用，归诚求去。太祖曰："人各有志，出处异趣，勉卒雅尚，义不相屈。"昭乃转居陆浑山中，躬耕乐道，以经籍自娱，闾里敬爱之。建安末，民孙狼等叛乱，自相约言："胡居士贤者，一不得犯其部落。"一州赖昭，咸无怵惕。后公车特征，会卒。挚虞作《昭赞》曰："投簪卷带，韬声匿迹。"

①逢萌挂冠：逢萌，字子康，北海都昌（今山东潍坊西）人。逢萌家贫，担任亭长职务。当时县尉行经驿亭，逢萌迎接拜谒，之后叹息说："大丈夫岂能被他人役使！"于是辞官而去，到长安游学，精通《春秋》。

《后汉书·逸民列传·逢萌列传第七十三》：当时王莽杀死自己的儿子王宇，逢萌对朋友说："三纲绝矣，不去祸将及人。"于是把自己的冠帽解下来，挂在东都城门，带着全家渡海离开，客居辽东。逢萌素来懂得阴阳之学，预知王莽将败，就头顶瓦盆，在集市上哭着说："王莽建立的新朝啊！那个新朝啊！"接着就躲了起来。后来光武帝刘秀征召他为官，没有应召。

②胡昭投簪：胡昭，字孔明，颍川（今河南禹州）人，只修养自己高超

的志向而不愿出仕为官。胡昭善于隶书，与钟繇、邯郸淳、卫觊、韦诞齐名。有"钟氏小巧，胡氏豪放"之说，世人并称"钟胡"。

《三国志·魏志十一·胡昭传》：起初，胡昭在冀州躲避战乱，拒绝袁绍对他的任命，逃回故里。曹操做汉丞相时，频频以礼相待，请他做官。胡昭不得已，前往应命。胡昭说自己只不过是一个出身乡野的书生，对军队和国家没有任何用处，真心实意地请求回家。曹操说："人各有志，出仕为官或者隐居田园都是自己的愿望。勉励你成就自己高雅的理想，我不会从道义上强迫干涉你的做法。"胡昭于是移居陆浑山，亲自耕种，喜好圣道，钻研经籍自娱自乐。乡邻们都敬爱他。

建安末年，乡民孙狼等人叛乱，他们自己立下规矩说："胡居士是位贤者，一律不得侵犯他家和他的村落。"整个州靠胡昭的庇护，而没有担惊受怕。后来朝廷派公车专门征召胡昭，碰巧胡昭去世而作罢。挚虞作《征士昭赞》："投簪卷带而去，从此销声匿迹。""挂冠"和"投簪"，都是弃官的意思。

王乔双凫^①，华佗五禽^②

《后汉》：王乔，河东人，为叶令。乔有神术，每月朔望，常自县诣台朝。显宗怪其来数，而不见车骑，密令太史伺望之。言其临至，辄有双凫自南飞来。于是候凫至，举罗张之，但得一双舄焉。后天下玉棺于堂前，乔曰："天帝独召我耶！"乃沐浴服饰，寝其中，盖便立覆。葬于城东，百姓为立庙，号叶君祠。

《后汉》：华佗，字元化，沛国谯人。兼通数经，晓养性之术。年且百岁，犹有壮容，时人以为仙。精于方药，处剂不过数种。针灸不过数处，若疾发，结于内，针药所不能及者，乃先令以酒服麻沸散。既醉无所觉，因刳破腹背，抽割积聚。若在肠胃，则断截湔（jiān）洗，除去疾秽。既而缝合，傅以神膏，四五日疮愈，一月间平复。为人性恶，且耻以医见业。曹操累书呼之，数期不反，竟杀之。广陵吴普从佗学，佗语普曰："人体欲得劳动，但不当使极耳，动摇则谷气得销，血脉流通，病不得生。譬犹户枢终不朽也！"古之仙者，为导引之事，熊经鸱顾，引挽腰体，动诸关节，以求难老。吾有一术，名五禽之戏：一曰虎；二曰鹿；三曰熊；四曰猨；五曰鸟，亦能已疾，兼利蹄足，以当导引。体有不快，起作一禽之戏，怡而汗出。因以著粉，身体轻便，而欲食。普施行之，年九十余，耳聪目明，齿牙完坚。

①王乔双凫：王乔，是河东（今山西南部地区）人，汉明帝时为叶县令。《后汉书·方术传·王乔列传第七十二》：据汉朝法律，京畿官员每逢节日要进京朝拜。王乔每次从叶县来朝拜，明帝奇怪他来这么多次了，怎么就

是不见他的车辆随从呢？就派太史暗中观察他。太史说每次王乔快到的时候，就会有一对野鸭子从南方飞过来。于是等这对野鸭再来的时候，就张网把它们捕住，竟然变成了一双鞋子。

后来，一口玉制棺材从天而降，落在王乔堂前，王乔说："这是天帝单独召见我哪！"于是沐浴更衣，睡在玉棺之中，棺盖马上就合上了。王乔被葬在城东，百姓为他立庙，称为叶君祠。

②华佗五禽：华佗，字元化，沛国谯县（今安徽亳州）人。东汉末年著名医学家，医术高超，尤擅外科，精于手术，与董奉、张仲景并称为"建安三神医"。谙熟儒家经典，通晓养生之术。华佗年近百岁而容貌若壮年，大家认为他是仙人。

《三国志•魏书二十九•华佗传》：华佗精通处方和药材，处方只用少量几种药材而已；针灸时，只对少数几个穴位施针即可。如果疾病在身体内部发作，郁积在内而针药不能及，华佗就让病人先用酒服下麻沸散。病人醉后一无所觉，于是从腹背处切开身体，把郁积的地方切除，病就好了。如果病在肠子里，就把坏掉部分切掉，清洗后再缝合，然后敷上药膏，四五天后伤口就愈合了，一月的时间就可痊愈。

华佗本来是个读书人，耻于以行医为业。曹操多次写信请他治病，华佗坚持不来，后来又因为延误约定期限最终被曹操杀害。广陵人吴普跟华佗学医，华佗对吴普说："人的身体需要运动，但又不能过劳，运动能使食物得到消化，血脉畅通，人就不会生病。就像天天转动的门轴不会腐朽，道理是一样的！古代的仙人，用导引来健身，模仿熊攀沿自悬和鸱鸟身体不动而回头顾盼，伸曲腰肢，活动各个关节，以求长寿。我有一套运动方法，叫五禽戏。这五禽分别是虎、鹿、熊、猿、鸟。这个方法能消除疾病，让人手脚敏捷，可以当作导引的健身术。当身体有所不适，练一遍五禽戏，浑身出汗后，在身上涂一层粉，就会身体轻便，食欲大增。"吴普按照这个方法锻炼，到九十多岁的时候，还能耳聪目明，牙齿坚固。

程邈隶书，史籀大篆

晋卫恒善草隶书，为字势曰："昔周宣王时，史籀始著《大篆》十五篇，或与古同，或与古异，世谓之籀书。"或曰，秦时下邽人程邈为衙狱吏，得罪，幽系云阳十年，从狱中作大篆，少者增益，多者损减，方者使圆，圆者使方，奏之始皇。始皇善之，出以为御史，使定书。或曰，邈所定乃隶字也，自秦坏古文，有八体：一曰大篆；二曰小篆；三曰刻符；四曰虫书；五曰摹印；六曰署书；七曰殳书；八曰隶书；恒，字巨山，为黄门郎，与父瓘同遇害。

《前汉·艺文志》曰：《史籀篇》者，周时史官教学童书也。与孔氏壁中古文异体。又曰：秦时始造隶书，起于官狱多事，苟趋省易，施之于徒隶也。

《晋书·卫恒列传第六》：晋卫恒善写草隶，作《四体书势》说："过去周宣王时，史籀（zhòu）开始著《大篆》十五篇，有的字与古字同，有的字与古字不同，世人称这种文字为籀书。"有人说，秦朝时下邽（今陕西渭南）人程邈为衙狱吏，犯了罪，被幽禁在云阳长达十年，在狱中作大篆，笔画少的增加几笔，笔画多的减少几笔，方者使其圆，圆者使其方，完成字体改革后，奏报给秦始皇。秦始皇认为很好，让程邈出狱，并任命他为御史，由他制定文字。有人说，程邈所定的字体是隶书，自从秦朝废了古文字，剩余八种字体，分别是大篆、小篆、刻符、虫书、摹印、署书、殳书、隶书。卫恒，字巨山，为黄门郎，与父亲卫瓘同时遇害。

《汉书·艺文志》:《史籀篇》，是周朝时史官教育儿童的教材。《史籀篇》

中的字与孔氏壁中古文字体不同。又记载说：秦朝时开始创造隶书，起因在于官府中诉讼案件太多，为了方便快捷，将隶书这种字体首先用于处理和犯人相关事务的公文中。

王承鱼盗①，丙吉牛喘②

《晋书》：王承，字安期，汝南内史湛之子。为东海太守，政尚清静，不为细察。小吏有盗池中鱼者，纲纪推之。承曰："文王之囿，与众共之。池鱼何足惜邪？"有犯夜者，为吏所拘。承问其故，答曰："从师受书，不觉日暮。"承曰："鞭挞宁越，以立威名，非政化之本。"使吏送令归家，其从容宽恕若此。渡江为元帝镇东府从事中郎，甚见优礼。承少有重誉，而推诚接物，众咸亲爱。名臣王导、卫玠、周顗、庾亮之徒，皆出其下，为中兴第一。

《前汉》：丙吉，字少卿，鲁国人，宣帝时为丞相。尝出逢清道群斗者，死伤横道，吉过之不问。吉前行，逢人逐牛，牛喘吐舌。吉止驻，使骑吏问："逐牛行几里矣？"掾史独谓丞相前后失问，或以讥吉。吉曰："民斗相杀伤，长安令、京兆尹职所当禁备逐捕，岁竟丞相课其殿最，奏行赏罚而已。宰相不亲小事，非所当于道路问也！方春少阳用事，未可太热，恐牛近行，用暑故喘，此时气失节，恐有所伤害。三公典调和阴阳，职当忧，是以问之。"掾史乃服以吉知大体。初，吉为廷尉监，治巫蛊郡邸狱，时宣帝生数月，以皇曾孙坐卫太子事系。吉哀其无辜，择谨厚女徒，令保养之。武帝疾，望气者言狱中有天子气，遣使杀狱系者。内谒者令到狱，吉闭门拒之，乃劾奏吉，上寤，因赦天下。郡邸狱赖吉得生，恩及四海。曾孙病，吉视遇甚有恩惠，为人深厚不伐善，自曾孙遭遇，绝口不道前恩，后上问，知吉有旧恩不言，大贤之，制诏封博阳侯。

①王承鱼盗：王承，字安期，西晋太原晋阳（今山西太原西南）人，是汝南内史王湛的儿子。弱冠知名，太尉王衍比之为南阳乐广。

《晋书·王承列传第四十五》：王承为东海太守时，为政清简，不苛求细节。有个小吏偷了府衙池中的鱼，主簿要求彻查。王承说："周文王的园林，与众人共享。一条鱼有什么可惜呢？"有人违禁夜行，被吏卒捉拿。王承问其故，那人回答说："跟老师读书太投入，没有注意到天黑了。"王承说："惩罚一个像宁越那样热爱读书的人来树立威名，这不是用政治教化民众的方法。"王承不但没有惩罚他，还派吏卒护送这个书生回家。王承对人的宽恕就是这样。

晋朝渡江南迁后，王承担任元帝镇东府从事中郎一职，很受尊重。王承小时候就很有声誉，待人接物真诚忠厚，大家都很喜欢他。王导、卫玠、周顗、庾亮等这些名臣都比不过他，王承可以说是晋朝中兴第一人。

②丙吉牛喘：丙吉，字少卿，是鲁国人，汉宣帝时为丞相，为麒麟阁十一功臣之一。

《汉书·丙吉列传第四十四》：一次，丙吉外出，遇到清理道路的人打群架，死伤横道，丙吉经过却不加过问。再往前走，遇到一个人牵牛赶路，牛吐着舌头，气喘吁吁。丙吉停下车，让骑吏去问："你牵着牛走几里路了？"

属官非常不解，觉得丙吉做法奇怪，刚才打架死人的事情不管不问，现在竟然对一头牛这么感兴趣。有人就嘲笑丙吉做事糊涂。丙吉说："民众争斗造成死伤，长安令和京兆尹会对他们进行调查和追捕。作为丞相，我会在年底对他们进行考核，根据他们的政绩进行赏罚。宰相不亲自过问小事，所以我不过问打架死人的事情。可是现在正值春天，少阳当令，天气不应该太热，牛却热成那样。我怕节气时令失调，这样会引起灾害的啊！丞相作为三公，职责是调和阴阳，所以我才重牛不重人啊！"属官们都很佩服丙吉，认为丙吉是一个识大体的人。

起初，朝廷发生巫蛊之祸，丙吉以廷尉右监的身份被征召到京城，汉武帝命他到郡邸监狱追查巫蛊案件。当时皇曾孙刘询（也即后来的汉宣帝）刚出生没几个月，受牵连也被羁押在狱。丙吉同情皇曾孙刘询无辜受苦，就挑选几个谨慎厚道的女囚，命令她们好好保护养育婴儿刘询。后元二年（前87），汉武帝生病，望气者说长安监狱中有天子之气。汉武帝就派使者去把监狱里的犯人全部杀掉。内谒者令（官职名）连夜赶到监狱，丙吉紧锁大门，将他拒之门外。内谒者令无奈，无功而返，在武帝面前弹劾丙吉。此时，皇上明白自己所做不妥，于是大赦天下。整个郡邸监狱的犯人因为丙吉得以活命，恩德惠及五湖四海。后来皇曾孙生病，丙吉呵护有加，关怀备至。丙吉为人厚道，但又不炫耀自己的功劳。皇曾孙刘询继位后，丙吉绝口不提之前对他儿时的帮助。后来皇亲自过问才知道丙吉对他有旧恩而不言，大为感动，确信丙吉是位贤德之人，下诏封他为博阳侯。

贾琮褰帷^①，郭贺露冕^②

《后汉》：贾琮，字孟坚，东郡聊城人。灵帝时为冀州刺史，旧典：传车骖驾，垂赤帷裳，迎于州界。及琮之部，升车言曰："刺史当远视广听，纠察美恶。何有反垂帷裳以自掩塞乎？"乃命御者褰之，百城闻风震竦。其诸臧过者，望风解印绶去。初，交阯屯兵反，有司举琮为刺史，琮到部，讯其反状，咸言赋敛过重，民不聊生，故相聚为盗贼。琮即告示，使各安其资业，招抚荒散，蠲（juān）复徭役，百姓以安。歌曰："贾父来晚，使我先反，今见清平，吏不敢犯。"在事三年，为十三州最。

《后汉》：郭贺，字乔卿，洛阳人。建武中为尚书令，晓习故事，多所匡益，拜荆州刺史。到官有殊政，百姓便之，歌曰："厥德仁明郭乔卿，忠正朝廷上下平。"显宗巡狩到南阳，特见嗟叹，赐以三公之服，黼黻冕旒，敕行部去襜帷，使百姓见其容服，以章有德。每所经过，吏人指以相示，莫不荣之，拜河南尹，以清静称。

①贾琮褰帷：贾琮，字孟坚，东郡聊城（今山东聊城）人。曾任冀州刺史、交阯刺史、度辽将军，为政清廉。

《后汉书·贾琮列传第二十一》：汉灵帝时，贾琮被任命为冀州刺史。依据旧典，刺史上任，坐的车要用三匹马拉，车四周还要围上红色的帷帐加以遮掩，下属要到州界迎接。

贾琮赴任，上车后，说："刺史应当远视广听，扬善惩恶。怎么可以闭目塞听，用帷帐把自己围起来呢？"于是命驾车的人把帷帐拉开，各地官吏知道后非常震惊。那些贪赃枉法者，就交出官印跑掉了。

起初，屯守在交趾的驻军造反，有关部门推举贾琮任交趾刺史。贾琮到任后，追查反叛原因，都说是赋敛过重，民不聊生，所以才相聚为盗贼。贾琮随即发出告示，让他们安心做自己的营生，招抚流散四处无家可归者，免除赋税和劳役，百姓由此安心生活。人们为之歌曰："姓贾的父母官来得太晚，让我先前造反，现在政治清平，官吏不敢侵犯。"贾琮在这里为官三年，政绩在十三个州郡里最为优秀。褰帷：撩起帷幔。指官吏为政廉洁清明。

　　②郭贺露冕：郭贺，字乔卿，东汉洛阳（今河南洛阳）人。祖父郭坚伯，父郭游君，并修清节，不仕王莽。

　　《后汉书·郭贺列传第十六》：建武年间郭贺为尚书令，通晓解决事情的老规矩，对自己处理事务帮助很大。官拜荆州刺史，到任后，政绩突出，百姓受益很大，他们唱歌说："郭乔卿德行仁爱又英明，忠于朝廷，做事公平。"

　　显宗巡视南阳，对郭贺特为赞赏，赐以三公的服饰，官衣官帽制作精良，花纹精美。命令他巡视属地时撤掉车上的帷帐，让百姓一睹服饰与尊容，以表彰郭贺的德行。每经过一地，官吏和民众都会指着他相互提醒，大家都觉得他风光无限。后来官拜河南尹，治理政事以清静无为著称。

冯媛当熊①，班女辞辇②

《前汉》：元帝冯昭仪，左将军奉世女，平帝祖母也。拜婕妤，内宠与傅昭仪等。上视虎圈斗兽，后宫皆坐。熊佚出圈，攀槛欲上殿。左右贵人傅昭仪等皆惊走，婕妤直前，当熊而立。上问："人情惊惧，何故前当熊？"对曰："猛兽得人而止，妾恐熊至御坐，故以身当之。"上嗟叹，倍敬重焉。

《前汉》：成帝班婕妤，越骑校尉况之女。帝游后庭，尝欲同辇载。辞曰："观古图书，贤圣之君，皆有名臣在侧，三代末主，乃有嬖女。今欲同辇，得无近之乎？"上善其言而止。太后闻之喜曰："古有樊姬，今有班婕妤。"后赵飞燕谮告许皇后与婕妤挟媚道，祝诅后宫，詈及主上。考问婕妤，对曰："妾闻'死生有命，富贵在天'。修正尚未蒙福，为邪欲以何望？使鬼神有知，不受不臣之诉。如其无知，诉之何益？故不为也。"上善其对，怜悯之，赐黄金百斤。

①冯媛当熊：汉元帝的冯昭仪，叫冯媛，是左将军冯奉世的女儿，也是汉平帝的祖母。后来被封为婕妤，得到的宠幸和傅昭仪不相上下。

《汉书·外戚传·孝元冯昭仪列传第六十七》：建昭年间，元帝临幸虎圈观看斗兽，后宫们坐在旁边陪同。突然一头熊从虎圈里逃了出来，攀着护栏就往殿上跳。左右贵人以及傅昭仪他们被吓得一哄而散，只有冯婕妤径直向前，当熊而立。熊被侍卫们杀死。事后，皇上问冯婕妤："大家惊慌失措的时候，你却跑到熊前面挡着它，这是为什么？"冯婕妤回答说："猛兽抓到人就会停下来，我担心熊侵犯到您的御座，所以就用身子挡住熊。"皇上非常感慨，对冯婕妤更为敬重。

②班女辞辇：孝成帝的班婕妤，是越骑校尉班况的女儿，为班固祖姑。少有才学，善辞赋，成帝继位之初就入选后宫，始为少使，不久立为婕妤，人称班婕妤。

《汉书·外戚传·孝成班婕妤列传第六十七》：成帝在后庭游玩，想和班婕妤同乘一辆辇车。班婕妤拒绝同乘，说："翻看古书，那些贤圣之君，都会有名臣在侧；而三代的亡国之君，总是宠幸貌美的女子。今天您如果和我乘坐同一辆辇车，那岂不是和亡国之君做法一样了吗？"皇上认为班婕妤说得对，就不再要求和她同乘。太后知道后很高兴，说："古时候有樊姬劝楚庄王不要玩物丧志，以废国事，今有班婕妤。"

后来，赵飞燕诬陷许皇后与班婕妤，说她们使用媚道取悦皇上，诅咒后宫，甚至咒骂皇上。皇上审问班婕妤，班婕妤说："我听说死生有命，富贵在天。一心行善，正道直行尚未被上天赐福，难道做歪门邪道的事情还能有什么指望吗？如果鬼神有知，不会接受臣子这种无礼的请求。如果鬼神无知，祷告有什么用呢？所以我没有做过这种事。"皇上认为班婕妤说得有道理，对她心生怜悯，赐给她黄金百斤。

王充阅市^①，董生下帷^②

《后汉》：王充，字仲任，会稽上虞人。家贫无书，尝游洛阳市肆，阅所卖书，一见辄能诵忆。遂博通众流百家之言。仕郡为功曹。充好论说，始若诡异，终有理实。以为俗儒守文，多失其真。乃闭门潜思，绝吊庆之礼，户牖墙壁，各置刀笔。著《论衡》八十五篇，释物类同异，正时俗嫌疑。刺史辟为从事，转治中。自免还家，肃宗诏公车征，不起。

《前汉》：董仲舒，广川人。少治《春秋》，孝景帝时为博士。下帷讲诵，弟子传以久次相授业，或莫见其面。盖三年不窥园，其精如此。进退容止，非礼不行，学士皆师尊之。武帝时，举贤良对策，为江都相，事易王。王，帝兄，素骄好勇。仲舒以礼义匡正，王敬重焉。治国以《春秋》灾异之变，推阴阳所以错行，求雨闭诸阳，纵诸阴，其止雨反是，行之得所欲。公孙弘治《春秋》不如仲舒，希世用事，位至公卿。仲舒以弘为从谀，弘嫉之，乃言之于上，使相胶西王。王亦帝兄，尤纵恣，闻仲舒大儒，善待之。凡相两国骄主，正身以率下，数上书谏争，教令国中。所居而治，及去位，不问家产业，以修学著书为事。朝廷有大议，使使者就问之，其对皆有明法。自魏其、武安侯为相而隆儒，及仲舒对策，推明孔氏，抑黜百家，立学校之官，州郡举茂才孝廉，皆其发之。以寿终于家，家徙茂陵，子及孙，皆至大官。

①王充阅市：王充，字仲任，会稽上虞（今浙江绍兴上虞区）人，其祖上自魏郡元城迁徙而来。王充少年丧父，乡里称孝。后到京师，受业太学，师事扶风县班彪。

《后汉书·王充列传第三十九》：王充家贫无书，经常去洛阳集市，阅读集市上所卖之书，一遍过后就能背诵。因此学问渊博，通晓诸子百家以及各行各业的思想。在郡里担任功曹。王充喜欢议论辩说，开始的时候他的观点怪异，让人感觉是在诡辩，听他说完又觉得有理有据，结论非常扎实。王充认为普通儒生拘泥经典文本的字面，不能理解其真正内涵。于是闭门在家，潜心思考，谢绝参加吊唁庆贺之类的应酬，家中门口、窗沿、墙头上到处都放着刀和笔，方便随时记录书写。撰写《论衡》八十五篇，解释物类之间的区别，匡正当时人们对一些事物和现象的疑惑。刺史征召王充为从事，又调任治中。后来主动辞职还家，肃宗下诏令公车征召他，终因王充生病而作罢。

②董生下帷：董仲舒，广川（今河北景县西南广川镇）人。汉武帝下诏征求治国方略，董仲舒在其举贤良对策中提出"天人感应""大一统"学说和"罢黜百家，表彰六经"的主张，深受武帝赞赏。著有《春秋繁露》。

《汉书·董仲舒传第二十六》：董仲舒年轻时研究《春秋》，汉景帝时为博士。下帷讲诵，弟子们按入学时间的先后顺序相互传授学业，有的学生甚至都没有见过董仲舒。董仲舒足不出户，三年不窥园，他专心治学到了这样的程度。

董仲舒进退容止，非礼不行，学生们都非常尊重他。汉武帝时，董仲舒被举荐为贤良，回答皇帝的策问，被任命为江都相，侍奉易王。易王刘非是汉武帝的哥哥，平素骄横好勇。董仲舒用礼义匡正他，深得易王敬重。董仲舒治理国家的方法是，用《春秋》里记载的灾异变化关系，来推演阴阳之道交错运行的规律。求雨的时候就关闭种种阳气，把各种阴气都释放出来，止雨时方法相反。用这种方法，每每能达到预期效果。

公孙弘研究《春秋》，水平不如董仲舒，但公孙弘的学问媚俗世事，所以能位列公卿。董仲舒认为公孙弘阿谀谄媚，被公孙弘记恨。公孙弘向皇上进谏，让董仲舒做胶西王的国相。胶西王刘瑞也是武帝的哥哥，为人尤其放纵狠毒，凶残暴戾。胶西王听闻董仲舒是位大儒，对他也较为和善。董仲舒辅佐江都王和胶西王两个骄横诸侯王，端正自身为下属做好表率，多次上书劝谏，制定政教法令在国内推行，所在郡国得到很好的治理。

　　董仲舒到该离职归家的时候，不关心自己产业有多少，只专心于研习学问和著书立说。董仲舒养病在家，每当朝廷有大的议题，总会派使者前来征求意见。董仲舒的解答总是应对得法，有理有据。

　　从汉武帝继位开始，魏其侯窦婴和武安侯田蚡先后为相，汉朝开始重视儒学。到董仲舒回答皇上的策问，开始推崇孔子，罢黜百家。设立管理学校的官吏，州郡为国家举荐茂才孝廉，这些做法都是从董仲舒开始的。董仲舒寿终正寝于家，后来董家搬迁到茂陵县，他的儿子和孙子，都做了大官。

平叔傅粉^①，弘治凝脂^②

《魏志》：何晏，字平叔，南阳宛人。尚金乡公主，为吏部尚书，驸马都尉。《世说》曰：平叔美姿，面至白，明帝疑其傅粉，夏月令食汤饼。汗出，以巾拭之，转皎白也。

晋杜乂，字弘治，成恭皇后父也。性纯和，美姿容，有盛名于江左。王羲之目之曰："肤若凝脂，眼如点漆，此神仙人也！"桓彝亦曰："卫玠神清，杜乂形清。"仕为丹阳丞。

①平叔傅粉：何晏，字平叔，南阳郡宛县（今河南南阳）人。三国时期曹魏大臣、玄学家，东汉大将军何进之孙。何晏父亲早丧，司空曹操纳其母尹氏为妾，他因而被收养，为曹操所宠爱。

《三国志·魏志九·何晏传》：何晏娶曹操的女儿金乡公主为妻，任吏部尚书、驸马都尉之职。《世说新语·容止》：何晏相貌俊美多姿，面容细腻洁白，魏明帝怀疑他傅了粉，在夏天请他吃热汤饼。何晏吃得大汗淋漓，用毛巾拭汗，仍然白净。

②弘治凝脂：东晋杜乂，字弘治，京兆杜陵（今陕西西安东南）人。成恭皇后之父、镇南将军杜预之孙、尚书左丞杜锡之子。

《晋书·杜乂列传第六十三》：杜乂性格纯厚温和，姿态和容貌俊美，有盛名于江左。王羲之见了杜乂，赞叹说："肤若凝脂，眼如点漆，真是神仙一样的人啊！"桓彝也说："卫玠精神清爽，杜乂相貌清秀。"杜乂官任丹阳丞。

杨宝黄雀^①，毛宝白龟^②

《续齐谐记》：杨宝年九岁时，至华阴山北，见一黄雀为鸱枭所搏，坠于树下，为蝼蚁所困。宝取之以归，置巾箱中，唯食黄花。百余日毛羽成，乃飞去。其夜，有黄衣童子向宝再拜曰："我西王母使者，君仁爱救拯，实感成济。"以白环四枚与宝："令君子孙洁白，位登三事，当如此环矣"。宝哀、平世隐居教授，王莽征之，遂逃遁。光武高其节，公车特征，不到。子震，安帝时为太尉，震子秉，桓帝时为太尉。秉子赐，灵帝时为太尉。赐子彪，献帝时为太尉，魏文帝时复为太尉。震至彪四世太尉，德业相继。

晋毛宝，字硕真，荥阳阳武人。进征虏将军，豫州刺史，与西阳太守樊峻以万人守邾城。石虎遣二万骑攻之，城陷。宝等率左右突围出，赴江死者六千人，宝亦溺死。初，宝在武昌，军人有于市买得一白龟养之，渐大放诸江中。邾城之败，养龟人被铠持矛，自投于水中。如觉堕一石上，视之，乃先所养白龟。长五六尺，送至岸，遂得免。

①杨宝黄雀：杨宝，东汉弘农郡华阴（今陕西华阴）人。因刻苦攻读欧阳生所传授的《今文尚书》而成为当世名儒。哀、平二帝时，杨宝隐居民间，以教书为生。是名士杨震的父亲。

《续齐谐记》：杨宝九岁那年至华阴山北，看到一只黄雀被鸱枭啄伤，掉在树下，并被一群蝼蚁围困。杨宝把黄雀带回家，将它安置在小箱子里，每天用黄花精心喂养。过了一百来天，待黄雀羽翼重新丰满后，杨宝就将它放飞了。当天夜里有一个黄衣童子，向杨宝拜了两拜，说："我是西王母的使者，前些日子受伤，承蒙您仁爱拯救，真心感谢您的救济。"这个黄衣童子拿出来四枚白色玉环，送给杨宝，说："您的子孙品德高洁，这四枚玉环能让他们位列三公。"

杨宝在汉哀帝和汉平帝时，隐居教学。后来王莽征召他为官，就赶忙逃到别的地方了。汉光武帝刘秀尊重他崇高的气节，用公车专门征召他，因为年迈没有报到，终老家中。杨宝的儿子杨震，在汉安帝时为太尉，杨震的儿子杨秉，在汉桓帝时为太尉。杨秉的儿子杨赐，在汉灵帝时为太尉。杨赐的儿子杨彪，在汉献帝时为太尉，在魏文帝曹丕时再为太尉。从杨震到杨彪，一家四世都做到太尉，功德与事业世代相继承。

②毛宝白龟：晋毛宝，字硕真，荥阳阳武（今河南原阳东南）人。进号征虏将军、豫州刺史。毛宝与西阳太守樊峻率一万人防守邾城，石虎派二万骑兵进攻邾城，城池被攻陷。毛宝、樊峻等率左右突围出城，有六千人淹死在长江里，毛宝也溺水而死。

《晋书·毛宝列传第五十一》：起初，毛宝在武昌时，有一个当兵的在集市买了一只白龟饲养。待这个白龟慢慢长大后，就把它放生到长江里。邾城陷落，这个养龟人身披铠甲，手持利刃，要投江而死。跳进长江后，感觉落在一块石头上，低头一看，竟然是先前饲养的那个白龟。这只白龟身长五六尺，把养龟人送到长江东岸，因此免于一死。

宿瘤采桑^①，漆室忧葵^②

  《古列女传》：齐闵王之后，项有大瘤，号曰宿瘤。初，闵王出游，至东郭，百姓尽观，宿瘤采桑如故。王怪，问曰："寡人出游，百姓无少长皆来观，汝不一视，何也？"对曰："妾受父母教采桑，不受教观大王。"王曰："此奇女，惜哉宿瘤！"女曰："婢妾之职，属之不二，予之不忘中心谓何？宿瘤何伤？"王大悦，曰："此贤女也！"命后乘载之。女曰："父母在内，使妾不受教而随王，是奔女也。王安用之？"王大惭，遣归，使使者奉礼，加金百镒，往聘赠之。父母惊惶，欲洗浴加衣裳。女曰："如是见王，变容更服，不见识也。"于是如故随使者至。闵王以为后，出令卑宫室，填池泽，损膳减乐，后宫不得重采。期月之间，化行邻国，诸侯朝之。侵三晋，惧秦、楚，宿瘤有力焉。及死后，燕遂屠齐，闵王逃亡而弑于外。

  《古列女传》：鲁漆室邑之女，过时未适人。当穆公时，君老太子幼，女倚柱而啸。邻妇曰："何啸之悲？子欲嫁耶？"女曰："吾岂为不嫁而悲哉？吾忧鲁君老而太子幼也。"邻妇笑曰："此鲁大夫之忧，妇人何与焉？"女曰："不然，昔晋客舍吾家，系马园中，马佚驰走，践吾葵。使吾终岁不食葵。邻女奔，随人亡，其家倩吾兄行追之，逢霖雨出，溺死。令吾终身无兄。吾闻河润九里，渐洳（rù）三百步。夫鲁国有患，君臣父子皆被其辱，祸及众庶。妇人独安所逃乎？"居三年，鲁果内乱，齐、楚攻之，连有寇，男子战斗，妇人转输不息。

①宿瘤采桑：《列女传》：齐国宿瘤女，是齐都东郭的一个采桑女，是齐闵王的王后，因为脖子上长了一个大瘤子，所以人们都叫她宿瘤。

起初，齐闵王出游，来到东郭，百姓们纷纷观看，只有宿瘤采桑如故。齐王很奇怪，就问她："寡人出游，百姓们无论老少都来观看，你却看也不看我一眼，这是为什么？"宿瘤回答说："父母让我来采桑，没有让我来看大王您！"齐王说："真是个奇女子啊，可惜长了个大瘤子！"宿瘤说："我忠于职守，安排给我的事情都专心做好，用心铭记，心中哪还有别的想法呢？一个大瘤子有什么妨碍呢？"齐王大悦，说："这真是一个贤德的女子啊！"就命后面的车载她入宫。宿瘤说："家中父母健在，如果我不向他们汇报，不接受他们的教诲就随大王入宫，那我就成私奔的女子了。君王您怎么可以任用一个私奔的女子呢？"齐王大惭，就让她回家，然后派使者带上聘礼，外加一百镒金，前去聘迎宿瘤女。她的父母非常惊慌，想要给女儿洗浴和更换衣裳。宿瘤说："那样去见齐王，又化妆又换衣服，齐王就会怀疑我的德行，就认不出我来了。"于是穿上平时的衣服跟着使者走了。

闵王把她立为王后，并下令：把宫室建造得低矮一些，填平池泽，降低膳食标准，减少音乐，后宫的衣服求朴素，不得有多种花纹。只用一个月的时间，德行感化邻国，诸侯们都来朝见。齐王出兵攻打晋国，让秦国和楚国大为惊惧，齐国取得这样的成绩，宿瘤女功不可没。宿瘤女死后，燕国便攻破齐国国都并大肆屠杀，齐闵王逃亡外地，被人杀害。

②漆室忧葵：《列女传》：鲁国漆室邑有个女子，过了适婚年龄还没有嫁人。当时是鲁穆公执政，穆公年老而太子未成年，漆室女倚在门前廊柱上高声长啸。邻家妇人问："你为什么呼啸得这么悲伤呢？你是想嫁人了对吧？"女子说："我怎么会因为没有嫁人而悲伤呢？我是忧虑鲁君年迈而太子幼小啊！"

邻妇笑着说："你说的这些是鲁国大夫们应该担忧的事情，你一个妇道人家管这么多干什么呢？"女子说："不是这样的，过去有个晋国客人借宿在我们家，把马拴在园子里，不小心缰绳松开马跑了。马踩坏了我家的葵菜，让我们一年都没有葵菜吃。还有一次，邻居家的女儿和别人私奔，他们家请我哥哥帮忙追赶，结果赶上暴雨，我哥哥被水淹死，让我终身无兄。我听说黄河能够浸润方圆九里的流域，河床三百步之内都很泥泞。一旦鲁国有祸患，君臣父子都会受辱，祸及广大民众。难道说妇人能幸免于难吗？"三年后，鲁国果然发生内乱，齐、楚两国趁机来攻。鲁国接连被侵扰，男人都要参加战斗，妇女则运输战备到前线，所有人都得不到休息。

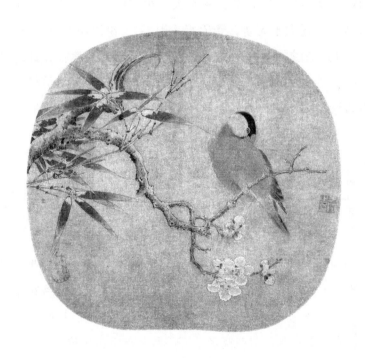

韦贤满籝[1]，夏侯拾芥[2]

《前汉》：韦贤，字长儒，鲁国邹人。为人质朴少欲，笃志于学，兼通《礼》《尚书》，以《诗》教授，号称邹鲁大儒。宣帝时为丞相，以老病乞骸骨，赐黄金百斤，加第一区。丞相致仕自贤始。少子玄成，字少翁，好学，修父业，尤谦逊下士，复以明经历位至丞相。故邹鲁谚曰："遗子黄金满籝，不如一经。"玄成相元帝十年，守正持重不及父，而文采过之。

《前汉》：夏侯胜，字长公，东平人。少好学，为人质朴守正，简易无威仪。宣帝时，迁太子大傅，受诏撰《尚书》《论语说》。赐黄金百斤，年九十卒官。初，胜授太后《尚书》，故赐钱二百万，素服五日，以报师傅之恩，儒者以为荣。始胜每讲授，常谓诸生曰："士病不明经术，经术苟明，其取青紫，如俯拾地芥耳。学经不明，不如归耕。"

①韦贤满籝：韦贤，字长儒，鲁国邹邑（今山东邹城东南）人。为人质朴，清心寡欲，笃志于学，通晓《礼记》《尚书》，教授《诗经》，号称邹鲁大儒。

《汉书·韦贤列传四十三》：宣帝时韦贤为丞相，以年迈多病请求告老还乡，皇上赐给他黄金百斤，再赐府第一座。丞相辞职就是从韦贤开始的。

韦贤的小儿子韦玄成，字少翁，爱好学习，继承父亲衣钵，谦逊有礼，礼贤下士，和父亲一样因为明晓经学而不断升职至丞相位置。所以邹鲁一带有谚语说："留给子孙黄金满箱，不如经书一部。"韦玄成担任汉元帝的丞相长达十年，操守不如父亲韦贤正直，但文采过之。

②夏侯拾芥：夏侯胜，字长公，东平（今山东东平）人。年少好学，为

人质朴，操守正直，平易近人，和蔼没有威仪。

《汉书·夏侯胜列传四十五》：汉宣帝时，任太子太傅，受诏撰写《尚书》《论语说》。书成，赐黄金百斤，九十岁时在任上去世。起初，夏侯胜教太后学习《尚书》，夏侯胜去世后太后赐钱二百万，并为他穿了五天的孝，以报师恩。这事被儒者们引以为荣。

之前，夏侯胜每次开始讲学，都要对学生说："儒生最大的问题在于对经学理解不透，一旦把经学吃透，出仕做官就和弯腰捡拾一棵小草那样容易了。经学不明，不如归耕！"

阮简旷达①，袁耽俊迈②

旧注引《竹林七贤论》曰：阮简，咸之从子，亦以旷达自居。父丧，行遇大雪寒冻，遂诣浚仪令。令为他宾设黍，简食之。以致清议，废顿几二十年。

晋袁耽，字彦道，陈郡阳夏人。少有才气，倜傥不羁，为士类所称。桓温少时，游于博徒，资产俱尽，尚有负进，思自振之方，莫知所出。欲求济于耽，而耽在艰，试以告焉。耽略无难色，遂变服怀布帽，随温与债主戏。耽素有艺名，债者闻之而不相识。谓之曰："卿当不办作袁彦道也。"遂就局，俄顷十万一赌，直上百万。耽投马绝叫，探布帽掷地曰："竟识袁彦道不？"其通脱如此。仕为从事中郎。

①阮简旷达：南朝梁刘孝标注引戴逵《竹林七贤论》：阮简，是阮咸哥哥的儿子。和阮咸一样，阮简也以旷达不拘礼节自居。阮简父亲去世的时候，天下大雪，天寒地冻。阮简无视守丧礼仪，到浚仪县令家拜访。县令为别的客人准备的食物，被阮简大快朵颐。引发别人对他的非议，以致将近二十年的时间里无人任用他。

②袁耽俊迈：袁耽，字彦道，晋陈郡阳夏（今河南太康）人。少年有才华，赌术高超，自由倜傥，不受世俗礼仪羁绊，为士人们称赞。

《晋书·袁耽传第五十三》：桓温年轻时，与一些赌徒有来往，家产输尽尚不足偿还赌债。想要回本又没有什么好办法。想请袁耽帮忙，但是袁耽正在服丧。桓温就尝试着和他说了一下，袁耽没有一丝为难，一口应允下来。换下孝服，把布帽揣在怀里，跟着桓温去找债主赌钱。债主知道袁耽的名声但不认识他，说："你总比不过袁彦道吧！"于是双方开局赌钱，十万一注，直到百万一注。袁耽押上筹码大声呼叫，从怀里摸出布帽扔在地上，说："现在认识袁彦道了吧！？"袁耽旷达不拘小节到这种程度。官至从事中郎。

苏武持节①，郑众不拜②

《前汉》：苏武，字子卿，杜陵人。武帝时以中郎将持节使匈奴。单于欲降之，乃幽武。置大窖中，绝不饮食，天雨雪，武卧啮雪，与毡毛并咽之，数日不死。匈奴以为神，乃徙武北海上，使牧羝，羝乳乃得归。武杖汉节牧羊，卧起操持，节旄尽落。昭帝立，匈奴与汉和亲。汉求武等，匈奴诡言武死。常惠教汉使者言，天子射上林中，得雁，足有系帛书，言在某泽中。由是得还，拜为典属国，秩中二千石，赐钱二百万，公田二顷，宅一区。武留匈奴十九岁，始以强壮出，及还，须发尽白。至宣帝时，以武著节老臣，令朝朔望，号称祭酒。年八十余卒，后图画于麒麟阁。法其形貌，署其官爵姓名。

《后汉》：郑众，字仲师，河南开封人。精力于学，知名于世。永平初，以明经给事中。八年，遣众持节使匈奴，众至北庭。虏欲令拜，众不为屈。单于大怒，围守闭之，不与水火，欲胁服。众拔刀自誓，单于恐而止。后复遣众，众言臣前奉使，不为匈奴拜，单于忿恨，遣兵围臣。今复衔命，必见陵折，臣诚不忍持大汉节，对毡裘独拜。帝不听，众既行，在路连上书固争。诏追还，系廷尉，会赦归家。后帝见匈奴来者，问众与单于争礼之状，皆言众意气壮勇，虽苏武不过也。复召为军司马，终大司农。

①苏武持节：苏武，字子卿，西汉杜陵（今陕西西安东南）人。父亲苏建曾三次跟随大将军卫青出击匈奴，立下战功。因父荫，与兄长苏嘉、弟弟苏贤皆拜郎官。

《汉书•苏武列传二十四》：汉武帝时，苏武以中郎将身份，手持汉节出使匈奴。单于想要招降苏武，苏武不从。单于将苏武幽禁在大窖中，断绝饮食。天下大雪，苏武睡卧在地上，将毡毛就着雪吃，过了好多天，勉强没有被饿死。匈奴人以为有神相助，就将苏武流放到北海没有人烟的地方，让他在那里放牧公羊，除非公羊生小羊，否则不许回来。苏武完全不屈服，在北海放羊的时候，不忘汉朝，睡卧起坐汉节不离手，以至于节旄尽落。

汉昭帝继位，匈奴与汉和亲。汉朝要求匈奴将苏武等人释放，匈奴却诡称苏武已死。常惠教给汉使者一套说辞，让汉使者告诉匈奴：汉朝天子在上林苑射中一只雁，雁足上系着一封帛书，信中说苏武没死，就在某个大泽之中。匈奴没有办法，只得让苏武返回汉朝。回到长安后，苏武被授予典属国之职，俸禄为中二千石，赐钱二百万，公田二顷，宅第一座。苏武被留在匈奴十九年，去的时候身强力壮，回来的时候须发尽白。到宣帝时，因为苏武是著名的有节操的老臣，命他只需要在每月的初一和十五上朝即可，号称祭酒。年八十余卒。后来苏武的图像被画在麒麟阁上。并注明官职、爵位和姓名。

②郑众不拜：郑众，字仲师，河南开封人。东汉经学家，名儒郑兴之子。郑众致力于学习，当世知名。为区别于汉末经学家郑玄，后世称郑众为先郑。

《后汉书·郑众列传第二十六》：永平初年，郑众以明经任给事中。永平八年，汉明帝派郑众手持符节出使匈奴。郑众到匈奴后，匈奴让他下拜，郑众不为之屈膝。单于大怒，派兵将郑众住的地方围困起来，不供给水火，想胁迫郑众屈服。郑众拔刀发誓，单于害怕了，不再威逼，并让郑众回到汉朝。后来，皇上想再次派遣郑众出使匈奴，郑众说："我之前奉命出使匈奴，不向他们下拜，单于记恨在心，调兵围困我。现在再次奉命出使匈奴，一定会被他们欺凌羞辱，我实在做不到手持大汉符节，对着匈奴下拜。"

皇帝不听，郑众只好出行，在路上还接连上书皇帝，据理力争。皇上下诏将郑众追回，交给廷尉治罪，正好遇到大赦被释放回家。后来皇帝接见匈奴派来的使者，询问当时郑众与单于争执的情况，都说郑众当时意气壮勇，就算和苏武比也有过之而无不及。郑众被重新召回任命为军司马，最终官至大司农。为区别汉章帝、汉和帝时的宦官郑众，人称郑司农。

郭巨将坑^①，董永自卖^②

　　旧注引《孝子传》云：后汉郭巨，家贫，养老母。妻生一子，三岁，母尝减食与之。巨谓妻曰："贫乏不能供给，共汝埋子。子可再有，母不可再得。"妻不敢违。巨遂掘地三尺余，忽见黄金一釜，釜上云："天赐孝子郭巨，官不得夺，人不得取。"

　　旧注：汉董永，少失母，养父。家贫佣力，至农月，以小车推父，置田头阴树下，而营农作。父死，就主人贷钱一万，约卖身为奴，遂得钱葬父。还，于路忽遇妇人，姿容端美，求为永妻。永与俱诣主人，令永妻："织缣三百匹，放汝夫妻。"乃织一月而毕，主人怪其速，遂放之。相随至旧相遇处，辞永曰："我天之织女也，缘君至孝，天帝令助君偿债。"言讫凌空而去。

　　①郭巨将坑：《搜神记》：东汉郭巨，家境贫寒，奉养老母至孝。儿子三岁时，郭巨母亲曾将自己的食物分给孩子吃。郭巨对妻子说："家里太穷了，无法既奉养母亲又抚养孩子，我们一起把孩子埋了吧。儿子可以再生，母亲却不可再得。"妻子不敢违抗。郭巨于是开始挖坑，掘地三尺多深的时候，忽然掘出来一坛黄金，坛子上写着："天赐孝子郭巨，官不得夺，人不得取。"按：本故事较为极端，供有限度地了解、批判性借鉴。母亲与儿子都是活生生的个体，都需要尊重与爱护。

　　②董永自卖：《搜神记》：汉董永，少年失母，对父亲非常孝顺。因为家里贫穷，靠给人家做佣工为生。在农忙的时候，董永用小车推着父亲下地，先将父亲安置在地头的树阴下，自己再去干活。父亲去世后，因为没有钱安

葬，董永就从乡里富人家借一万钱，约定以身为奴来抵债。董永安葬完父亲，去富人家做工的路上，遇到一个女子。女子姿容端庄美丽，请求做董永的妻子。董永就带着她一起拜见债主，债主让这个女子织三百匹缣来偿还债务。结果女子一个月就把三百匹缣织好了，债主很奇怪，没有想到织得这么快，只好放了董永。董永和女子前后相随离开富人家，到了最初认识的地方。这个女子和董永告别，说："我是天上的织女，你的孝行感动了天帝，我是天帝派来帮你还债的。"说完凌空而去。

仲连蹈海^①，范蠡泛湖^②

　　《史记》：鲁仲连，齐人。好奇伟俶傥之画策，不肯仕宦。游于赵，会秦围邯郸，而魏使新垣衍欲令赵尊秦昭王为帝。仲连乃见平原君，曰："梁客新垣衍安在？吾请为君责而归之。"平原君请为介绍见衍，衍曰："吾观居此围城之中者，皆有求于平原君。今观先生之玉貌，非有求者，曷为久而不去？"仲连曰："世以鲍焦为无从容而死者，皆非也。众人不知，则为一身。彼秦，弃礼义、上首功之国也，权使其士，虏使其民。彼即为帝，则连蹈东海而死耳，不忍为之民也。"于是衍不敢复言帝秦。平原君欲封之，遂辞去，终身不复见。

　　《史记》：范蠡事越王勾践，苦身勠力，与勾践深谋二十余年，卒灭吴，报会稽之耻。以为大名之下，难以久居，且勾践可与共患难，难与处安，乃装其轻宝珠玉，与其私徒属乘舟泛湖以行，终不反。适齐，变姓名，自谓鸱夷子皮，耕于海畔。父子致产数千万。齐人闻其贤，以为相。蠡叹曰："居家致千金，居官至卿相，此布衣之极也。"乃归相印，尽散其财，以分与交友乡党，怀其重宝，间行以去。至于陶，以为天下之中，交易有无之路通，可以致富。自谓陶朱公。居无何，致资累巨万，天下称陶朱公。故范蠡三徙，成名于天下，老死于陶。

　　①仲连蹈海：鲁仲连，齐国人。喜欢提出一些对旁人来说匪夷所思的高远谋略，不肯仕宦。

　　《史记·鲁仲连邹阳列传第二十三》：鲁仲连在赵国游历的时候，正赶上秦围攻赵国都城邯郸。魏国派客籍将军辛垣衍（即新垣衍）到赵国，准备劝服赵国尊奉秦昭王为帝。鲁仲连于是求见赵国公子平原君，说："魏国客人辛垣衍在哪里？我将替您谴责他，并将他赶走。"平原君就引荐鲁仲连和辛垣衍见面，辛垣衍说："我看现在留在这座被围困的城市中的人，都是有求于平原君的人。不过，我看先生您的样子，并不是有求于平原君的，为什么还一直在这里不走呢？"鲁仲连说："世人皆以为周朝隐士鲍焦之死是因为内心褊狭，只为个人打算，而不知道他是耻居污世。秦国摒弃礼义，崇尚杀伐，用权术驱使自己的士人，把民众当成奴隶。如果秦国称了帝，我鲁仲连就算投东海而死也不愿作为秦国的子民。"于是辛垣衍再也不敢提尊秦为帝的想法。平原君要给鲁仲连封赏，鲁仲连拒绝封赏，告辞而去，终身不复见。

②范蠡泛湖：范蠡，字少伯，楚国宛地（今河南南阳）人。曾辅佐越王勾践兴越灭吴，后隐居。范蠡为商业奇才，三成巨富，又三散家财。

《史记·越王勾践世家第十一》：范蠡侍奉越王勾践，苦身勠力，出谋划策二十余年，终于灭掉吴国，一洗当年在会稽山受到的耻辱。范蠡认为盛名之下往往危机四伏，难以久居。更何况勾践只可与共患难，难以共安乐，于是装上金银细软，带上身边关系亲密之人泛舟离开，一去不复返。范蠡一行人来到齐国，变更姓名，自称鸱夷子皮，在海畔耕种。父子吃苦耐劳，致力治理产业，没多久就积累家产数千万。

齐国人听说了范蠡的才能，拥他为相。范蠡慨叹说："待在家里就可以积累千金，做官就可以位居卿相，这是普通人奢望的极致啊！享有尊贵的名声太久是不吉祥的。"于是归还相印，尽散其钱财，将其分给好友与乡邻，只携带少量贵重珍宝，不告而别。来到陶地，范蠡认为这里是天下的中心，道路畅通，便于交换有无，做生意可以发家致富。范蠡于是在这里定居下来，自称陶朱公。没多久，又做到了积累资产亿万，天下人皆称道陶朱公。范蠡三次迁徙，天下闻名。最终老死于陶地。

文宝缉柳^①，温舒截蒲^②

《楚国先贤传》：孙文宝到洛阳，在太学左右得一小屋，安止母，然后入学，编杨柳为简，以写经。

《前汉》：路温舒，字长君，巨鹿东里人。父为里监门。使牧羊，温舒取泽中蒲，截以为牒，编用写书。稍习善，求为狱小吏，因学律令。转狱史，县中疑事皆问焉。太守行县，见而异之，署决曹史。又受《春秋》，通大义，举孝廉，为山邑丞。宣帝时，迁临淮太守，治有异迹。

①文宝缉柳：《楚国先贤传》：孙文宝到洛阳求学，他先在太学旁边找到一间小屋，将母亲安顿好，然后才入学学习。孙文宝把杨柳编在一起做成书简，在上面抄写经书。

②温舒截蒲：《汉书·路温舒列传第二十一》：路温舒，字长君，巨鹿（今河北平乡西南）人。父亲是东里的监门。父亲安排路温舒去放羊，放羊的时候他就割下水中的蒲草，截成简牍大小，用绳子将它们一片片地编在一起，在上面写字。学问稍有长进，请求在监狱里做一个小吏的差事，趁机学到一些法律政令，于是转为狱史。县里凡遇到疑难案例，都来向路温舒请教。太守到县里巡视，见到路温舒觉得他能力不凡，委任他担任决曹史一职。路温舒拜师学习《春秋》，通晓大义，被推举为孝廉，任山邑县丞。宣帝时，担任临淮太守，政绩优异。

伯道无儿^①，嵇绍不孤^②

《晋书》：邓攸，字伯道，平阳襄陵人。为河东太守，没于石勒。乃斫坏车，以牛马负妻子而逃。又遇贼掠其牛马。步走，担其儿及其弟子绥，度不能两全，乃谓妻曰："吾弟早亡，惟有一息，理不可绝，止应自弃我儿耳。幸而得存，我后当有子。"妻泣而从之，乃弃之。朝弃而暮及，明日系之树而去。至江东，仕为尚书右仆射。攸弃子之后，妻不复孕。过江纳妾，甚宠之。讯其家属，说是北人遭乱，忆父母姓名，乃攸之甥。攸素有德行，闻之感恨，遂不复畜妾。卒以无嗣。时人义而哀之曰："天道无知，使邓伯道无儿。"

晋嵇绍，字延祖。父康与山涛善。临诛，谓绍曰："巨源在，汝不孤矣。"后涛荐为秘书丞。始入洛，或谓王戎曰："昨于稠人中始见嵇绍，昂昂然若野鹤之在鸡群。"裴頠亦深器之，每曰："使延祖为吏部尚书，可使天下无复遗才。"累迁侍中。及惠帝蒙尘，驰诣行在所。王师败绩，百官及侍卫散溃，唯绍俨然端冕，以身捍卫。兵交御辇，飞箭雨集，遂被害于帝侧，血溅御服。帝深哀叹之。及事定，左右欲浣衣，帝曰："此嵇侍中血，勿去。"元帝表赠大尉，谥曰忠穆，祠太牢。

①伯道无儿：邓攸，字伯道，平阳襄陵（今山西襄汾东北）人。

《晋书·良吏·邓攸列传第六十》：西晋末年，邓攸出任河东太守，后在永嘉之乱中被石勒俘虏。邓攸被俘后虽接受了石勒任命的官职，但不忘寻找机会返回晋朝。因此在石勒领兵渡泗水时趁机逃离。邓攸砍坏车子，用牛马驮着妻子儿女逃跑，途中遇到强盗，牛马被抢走，不得已只好步行逃难。

邓攸用担子担着自己的儿子和侄子邓绥。邓攸考虑带着两个孩子逃难的话，恐怕谁也无法活命，就和妻子商量说："我弟弟很早就去世了，现在只有这一个孩子，按情理来说不能让弟弟绝后，只能把我们自己的孩子丢弃了。如果我们有幸能活下来，以后还会再有孩子的。"妻子哭泣着同意了。于是邓攸就把儿子抛弃了。邓攸早上把儿子抛弃，晚上儿子又追过来。第二天邓攸把儿子绑在树上后离开。

过江之后，邓攸仕为尚书右仆射。邓攸抛弃儿子之后，妻子不再怀孕。邓攸就纳了一个妾，非常宠爱她。询问这个妾家里还有什么人，说是北方遭遇战乱才流落江南的。这个妾说出自己父母的姓名后，邓攸发现她竟然是自己的外甥女。邓攸平素重视德行，知道妾的情况后非常悔恨，于是不再纳娶，终生没有子嗣。当时人们称赞邓攸的道义而为他悲哀，说："老天不长眼，竟然让邓伯道断绝子嗣。"

②嵇绍不孤：《晋书·忠义传·嵇绍列传第五十九》：嵇绍，字延祖，西晋谯国铚县（今安徽宿州西南）人。嵇绍的父亲嵇康与山涛关系友善。嵇康被杀前，对嵇绍说："有山涛在，你不会成为孤儿的。"之后，山涛推荐嵇绍为秘书丞。

嵇绍刚到洛阳的时候，有人对王戎说："昨天在人群中第一眼看到嵇绍，昂昂然若野鹤之在鸡群。"尚书左仆射裴頠也非常器重嵇绍，常说："如果让嵇绍当了吏部尚书，天下就不会有被埋没的人才了。"多次升迁，官到侍中。

后来晋惠帝在出征中遇险，嵇绍奉诏紧急前往皇帝身边护驾。军队大败，百官和侍卫溃不成军，只有嵇绍官服齐整，神态端庄，毫无丢盔弃甲惊慌失措的样子，用身体护卫着皇帝。敌军攻到皇帝车辇前面，车毂交错，飞箭如暴风骤雨，厮杀惨烈，嵇绍在皇帝身边因护卫皇帝战死，鲜血喷溅到皇帝的御服上。惠帝深深地哀叹嵇绍。等到事态平息，左右想要为皇帝洗衣服，皇帝说："这衣服上有嵇侍中的血，不要洗掉。"

永嘉六年（312），晋元帝司马睿为左丞相时，认为嵇绍以死报国意义重大，但封赏太薄，与他的功劳不相匹配，于是上表请求赠予嵇绍太尉，用太牢的礼仪来祭祀他。晋元帝即位后，赐嵇绍谥号为忠穆，用太牢之礼祭祀。

绿珠坠楼①，文君当垆②

　　《晋书》：石崇，字季伦，渤海南皮人。拜卫尉。有妓曰绿珠，美而艳，善吹笛。中书令孙秀使人求之。崇时在金谷别馆，方登凉台，临清流，妇人侍侧。使者以告，崇尽出其婢妾十数人以示之，皆蕴兰麝，被罗縠（hú），曰："在所择。"使者曰："受命指索绿珠，不知孰是？"崇勃然曰："绿珠吾所爱，不可得也。"秀怒，乃劝赵王伦诛崇。遂矫诏收之。崇正宴楼上，介士到门，崇谓绿珠曰："我今为尔得罪。"绿珠泣曰："当效死于官前。"因自投于楼下而死。崇诣东市，叹曰："奴辈利吾家财。"收者曰："知财致害，何不早散之？"崇不能答，遂被害。

　　《前汉》：卓文君，蜀郡临邛富人卓王孙女。新寡，好音。司马相如与客至其家，酒酣设琴而以琴心挑之。相如从车骑，雍容闲雅甚都，文君窃从户窥之，心悦而好之，恐不得当也，夜亡奔相如。相如与驰归成都，家徒四壁立。卓王孙大怒。文君久之不乐，谓长卿曰："第俱如临邛，从昆弟假贷，犹足以为生。"乃之临邛，尽卖车马，买酒舍，令文君当垆，相如自著犊鼻裈，与庸保杂作涤器于市中。王孙耻之，杜门不出。昆弟诸公更谓王孙曰："有一男两女，所不足者非财也。今文君既失身于长卿，长卿故倦游，虽贫，其人材足依也。"王孙分与文君僮百人、钱百万，归成都，买田宅为富人。久之，蜀人杨得意为狗监，侍武帝。帝读《子虚赋》而善之，曰："朕独不得与此人同时哉！"得意曰："臣邑人司马相如自言为此赋。"上惊，召之以为郎。

①绿珠坠楼：石崇（249—300），字季伦，小名齐奴，渤海南皮（今河北南皮东北）人。父亲是西晋开国元勋号称"娇无双"的美男子石苞。石苞临终，分财物与诸子，独不及崇，曰："此儿虽小，后自能得。"

《晋书·石崇列传第三》：石崇蓄养了一位姬妾，名叫绿珠，娇美而艳丽，擅长吹笛。中书令孙秀知道绿珠貌美，派人来索要。石崇当时正在金谷别墅登台纳凉，眺望河水清澈，蜿蜒从台下流过，美人陪侍左右，岁月静好。孙秀的使者告诉石崇来意后，石崇就把自己十几个婢妾全部叫出来，展示给使者看。个个吐气如兰，人人衣着锦绣。石崇大方地说："请随便挑！"使者说："我受命专门来索要绿珠，不知哪个是她？"石崇勃然大怒，说："绿珠是我的挚爱，怎么可以给你？"使者反复劝说，石崇就是不肯。使者回去报告孙秀，孙秀大怒，怂恿赵王司马伦诛杀石崇。孙秀于是假传圣旨前去逮捕石崇。石崇正在楼上宴饮，武士们拥堵大门，石崇对绿珠说："我今天是因为你而获罪啊！"绿珠哭着说："我愿意当面以死相报！"于是跳楼而死。石崇被押到东市行刑时，叹息说："孙秀那个奴才是贪图我家的财产啊！"押他的人说："既然知道财产可以致命，为什么不早早破财免灾？"石崇不能回答，遂被害。

②文君当垆：司马相如，字长卿，西汉蜀郡成都（今四川成都）人。仰慕蔺相如之为人，故更名为相如。少时好读书，口吃而善著书，擅长击剑、弹琴。事孝景帝，为武骑常侍。因汉景帝不好辞赋，故称病免官离开，游于梁。后归蜀，琴挑卓文君，与之私奔，当垆卖酒。司马相如与卓文君的故事为后世流传。

《汉书·司马相如传第二十七》：卓文君，是蜀郡临邛（今四川邛崃）富人卓王孙的女儿。卓文君是个爱好音乐的女子，她的丈夫刚去世，司马相如与别人到她家做客。酒喝到酣畅时司马相如为大家弹琴助兴，而暗暗用琴声撩逗卓文君。相如出行，有车骑随从相伴，形象雍容华贵，闲雅大方，卓文君偷偷从门缝看到后，心生爱慕，唯恐自己配不上司马相如。卓文君夜里私奔到相如身边。司马相如带着卓文君骑快马急返成都家中，司马相如家徒四壁，空空如也。卓王孙知道后大为愤怒。卓文君在司马相如家一直闷闷不乐，她对司马相如说："你只管和我再回临邛，就算从我的兄弟们那里借钱，也是能够维护我们的生计的。"二人于是又回到临邛，把车马全部卖掉，买下一家酒舍。卓文君当垆卖酒，司马相如则穿上牛鼻短裤，与雇工以及打杂的伙计一起干活，亲自在市场上洗涤酒器。卓王孙觉得丢脸，在家闭门不出。兄弟和长辈们轮流劝说卓王孙："你有一男两女，家里并不缺钱。现在卓文君与司马相如已经成家，司马相如厌倦了做官，虽然贫穷，但是他的能力与才华还是值得托付的。"卓王孙于是分给卓文君僮仆一百人、钱一百万，夫妻二人重返成都，置办田地房宅，成为富人。蜀地人杨得意担任皇帝的狗监，侍奉在汉武帝身边。一次，武帝读了司马相如写的《子虚赋》，非常欣赏这篇文章，说："可惜这个作者不是我们这个时代的人啊！"杨得意对武帝说："我的同乡司马相如说这篇文章是他写的。"武帝很惊喜，召见司马相如，并任命他为郎官。垆：通"炉"，卖酒的柜台，可以热酒。

下 卷

伊尹负鼎^①，宁戚叩角^②

《史记》：伊尹欲干汤而无由，乃为有莘氏媵臣，负鼎俎，以滋味说汤，致于王道。或曰："伊尹处士。"汤使人聘迎之，五反，然后肯往从汤。言素王及九主之事，汤举任以国政。

《三齐略记》：齐桓公夜出迎客，宁戚疾击其牛角，高歌曰："南山矸（gān），白石烂，生不逢尧与舜禅，短布单衣适至骬（gàn）。从昏饭牛薄夜半，长夜漫漫何时旦。"桓公召与语，说之，以为大夫。

①伊尹负鼎：伊尹：商初大臣。因为其母亲在伊水居住，以伊为氏。辅佐商汤，灭夏兴商。汤的孙子太甲为帝时，不行君道，被伊尹放于桐宫。三年后，太甲悔过，伊尹于是迎太甲复位。

《史记·殷本纪》：伊尹想求见成汤却没有门路，于是就给有莘氏当陪嫁的奴仆，背着锅鼎和砧板，以烹饪调味的道理来劝谏成汤施行王道仁政。另一种说法是，有人告诉成汤："伊尹是位有德行但隐居不仕的人。"汤派人前去聘请伊尹，往返了五次，伊尹才答应出仕。伊尹向汤谈论远古帝王以及三皇、五帝和大禹的事迹，成汤于是推举伊尹来治理国政。负鼎：背负鼎俎，指辅佐君王。

②宁戚叩角：《三齐略记》：周朝宁戚，卫国人，家里贫穷，靠给人拉车维持生计。一次拉车去齐国，夜里就睡在牛车下面。齐桓公夜里出门迎接客人。宁戚敲着牛角，高声唱道："南山的岩石啊，白净灿烂；遗憾我生不逢时啊，没有生在尧舜禅让的时代。我的短布单衣啊，仅及膝盖；从黄昏开始喂牛啊，直至夜半；这长夜如此漫长啊，何时才能到明天？"齐桓公听到路边的歌声，把宁戚召来问话，非常高兴，任用宁戚为大夫。

赵壹坎壈①，颜驷蹇剥②

《后汉》：赵壹，字元叔，汉阳西县人。体貌魁梧，望之甚伟。恃才倨傲，为乡党所摈，乃作《解摈》。屡抵罪，几至死，友人救得免。乃贻书谢恩，为《穷鸟赋》。后举郡上计到京师，时司徒袁逢受计，计吏数百人，皆拜伏庭中，壹独长揖。逢异之，令左右让之。对曰："昔郦食其长揖汉王，今揖三公，何遽怪哉？"逢下堂执手，延置上座。河南尹羊陟与逢共称荐之，名动京师，士大夫想望其风采。后州郡争致礼命，十辟公府，并不就。初，逢使善相者相壹，云："仕不过郡吏。"竟如其言。

《汉武故事》曰：上至郎署舍，见一老郎须眉皓白。问："何时为之？"对曰："臣姓颜名驷，文帝时为郎。文帝好文而臣好武，景帝好老而臣尚少，陛下好少而臣已老，是以三叶不遇也。"上感其言，擢为会稽都尉。一本作"景帝好美臣貌丑"。

①赵壹坎壈：赵壹，字元叔，汉阳郡西县（今甘肃天水西南）人。身材魁梧，相貌超群，极富才华，看上去伟岸高大。因为性格耿介狂放，恃才傲物，被同乡人排斥，于是写《解摈》一文，讲述正邪不相容的道理，申明自己不愿同流合污的态度。多次获罪，差点儿被杀，多亏友人相救得以免死。事后给朋友写信感谢，不敢直言，所以写《穷鸟赋》一文以表心志。有代表作《刺世疾邪赋》。

《后汉书·文苑列传·赵壹列传第七十》：赵壹被推荐为郡里到京城做上计业务的官吏，到京师后，当时是司徒袁逢接受郡里的计簿。郡国来京城上计的官吏有数百人之多，他们都拜伏在庭中，甚至不敢抬头看一眼，只有赵壹长揖不拜。袁逢很奇怪，让左右去责备赵壹。赵壹说："之前郦食其对汉王刘邦都是长揖不拜，现在对作为三公的您作揖，有什么好奇怪的吗？"袁逢知赵壹为非常之人，下堂拉着他的手，请他到殿堂上首就座。

河南尹羊陟与袁逢一起推荐赵壹，赵壹一下子名动京师，士大夫都想一睹他的风采。后来州郡争着送来礼物并聘请他做官，公府十次任命，赵壹都没有接受。起初，袁逢让擅长相面的人为赵壹看相，相面的人说："赵壹仕途坎坷，做官不会高于郡吏。"结果正如其言。坎壈（kǎn lǎn）：困顿，坎坷。

②颜驷蹇剥：班固《汉武故事》：汉武帝幸临郎官的署舍，见到一个年纪很大的郎官，胡子眉毛都白了。武帝就问："你当郎官多久了？为什么年纪这么大了还仅仅是个郎官？"那人回答说："臣姓颜名驷，文帝时为郎。文帝好文而臣好武，景帝好老而臣尚少，陛下好少而臣已老，所以三朝都没有遇到机会，不能升迁。"武帝被他感动，提拔他为会稽都尉。还有一个版本说"景帝好美臣貌丑"。蹇（jiǎn）剥：时运不济。

龚遂劝农^①，文翁兴学^②

《前汉》：龚遂，字少卿，山阳南平阳人。以明经为官。宣帝时，渤海左右郡岁饥，盗贼并起，二千石不能禽制。上选能治者，以遂为渤海太守，年七十余。遂至界，移书敕属县，罢捕盗贼吏，诸持钼锸田器者皆为良民，吏毋得问；持兵者乃为盗贼。盗贼悉平，民安土乐业。遂乃开仓廪假贫民，选用良吏，慰安牧养焉。遂见齐俗奢侈，好末技，不田作，乃躬率以俭约，劝民务农桑。民有带刀剑者，使卖剑买牛，卖刀买犊。吏民皆富贵，狱讼止息。后征遂，议曹王生素嗜酒，亡节度，从至京师。会遂引入宫，王生曰："天子即问君，何以治渤海？宜曰皆圣主之德，非小臣之力。"遂受其言以对。上说，笑曰："君安得长者之言而称之？"对曰："臣非知此，乃议曹教戒臣也。"上以遂老，不任公卿，拜水衡都尉，王生为丞，以褒显遂云。

《前汉》：文翁，庐江舒人。少好学，通《春秋》。景帝末为蜀郡守，仁爱好教化。见蜀地僻陋，有蛮夷风，欲诱进之。乃选郡县小吏开敏有材者，亲自饬厉，遣诣京师，受业博士。数岁，蜀生皆成就还归，以为右职官，有至郡守、刺史者。又修起学官于成都市中，招下县子弟为学官弟子，为除更繇，高者以补郡县吏，次为孝弟力田。每行县，益从学官诸生明经饬行者与俱，使传教令，出入闺阁。吏民见而荣之，争欲为学官弟子，富人至出钱以求之。由是大化，蜀地学于京师者比齐鲁焉。武帝乃令天下郡国皆立学校，自文翁始。文翁终于蜀，吏民为立祠堂，岁时祭祀不绝。至今巴蜀好文雅，文翁之化也。

①龚遂劝农：龚遂，字少卿，山阳郡南平阳县（今山东邹城）人，以明经为官，至昌邑郎中令，侍奉昌邑王刘贺。刘贺行为不端，骄奢淫逸。龚遂为人忠厚，刚毅有大节，对刘贺进行劝谏，引用经义，陈述祸福，以至于痛哭流涕。

《汉书·循吏传·龚遂列传第五十九》：汉宣帝时，渤海郡附近的郡县闹饥荒，盗贼并起，太守无法平息叛乱。皇上选拔有治理才能的人，于是任命龚遂为渤海太守，当时龚遂已七十有余。龚遂到了渤海郡，发布公告要求各属县停止缉捕盗贼，凡持锄头、镰刀等农具的人都算良民，官吏不得追究过问；只有坚持拿着兵器不放下的人，才算盗贼。于是集结的饥民和贼盗纷纷解散，叛乱平息，民众得以安居乐业。龚遂于是开粮仓救济贫民，选用清廉官吏，让他们安抚民众，处理地方事务。

龚遂见渤海郡一带风俗奢侈，喜好从事商业经营，不务耕种。龚遂以身作则，率先履行节俭，规劝民众耕地种田，植桑养蚕。"民有带刀剑者，使卖剑买牛，卖刀买犊。吏民皆富贵，狱讼止息。"

后来皇上征召龚遂，他的议曹叫王生，平素是个嗜酒之人，没有节制。王生请求跟着一起去京师，龚遂不忍拒绝，就答应了。龚遂被召见入宫，王生说："天子如果问您用什么办法把渤海郡治理得这么好，你就说这都是皇上的圣德，不是我的力量。"龚遂采纳王生的建议来回答皇上的询问。皇上非常高兴，笑着说："你的这个说法真是忠厚长者的说法啊，是从哪里学来的？"龚遂回答说："其实我并不知道应该这样回答皇上的问题，是我的议曹教我这样说的。"皇上考虑到龚遂年迈，不适合再任公卿，于是拜他为水衡都尉，让王生为水衡丞，以示对龚遂的褒奖。

②文翁兴学：文翁，庐江舒（今安徽庐江西南）人，西汉循吏。年少时爱好学习，通晓《春秋》。

《汉书·循吏传·文翁列传第五十九》：景帝末年为蜀郡太守，个性仁爱，爱好教化百姓。文翁见蜀地位置偏僻，风俗陋习较多，有蛮夷风气，想要诱导改进这里的习俗。于是选取郡县开明聪敏有才华的小吏，亲自对他们进行告诫勉励，派遣到京师长安，向博士学习儒家文化。几年后学成归来，文翁将其委任在高位，再通过考察将表现优秀者推送给朝廷，有的官至郡守或刺史。

文翁又在成都市中修建学宫，招收成都下县的子弟来学习，为其免除税赋和徭役。成绩优秀者作为郡县官吏的后备，差一些的则让他们担任孝悌、力田这样的乡官。每次从郡到县里巡视的时候，文翁总是从学校挑选一些通晓经书、品行端正的学生，让他们陪同，一起宣传推行教化政令，并得到出入郡县官府的机会。官吏和百姓非常羡慕，争着到学宫学习，甚至有钱人家愿意出钱购买机会。蜀地风俗因此大为改观，从蜀地到京师学习者的数量堪比齐鲁之地的优秀学子数量。汉武帝下令天下各郡国都要设立学校，就是自文翁开始的。文翁寿终于蜀地，吏民们为他设立祠堂，每年按时祭祀，长年不绝。到现在，巴蜀之地喜好文雅，这都是文翁教化的遗风。

晏御扬扬^①，五鹿岳岳^②

《史记》：晏平仲婴为齐相，出，其御之妻，从门间而窥其夫。其夫为相御，拥大盖，策驷马，意气扬扬，甚自得也。既而归，其妻请去。夫问其故，妻曰："晏子长不满六尺，身相齐国，名显诸侯。妾观其出，志念深矣，常有以自下者。今子长八尺，乃为人仆御，然子之意，自以为足，妾是以求去。"其后，夫自抑损，晏子怪问之，御以实对，晏子荐以为大夫。

《前汉》：五鹿充宗，字君孟。时为少府贵幸，为《梁丘易》。自宣帝时，善梁丘氏说，元帝好之，欲考其异同，令充宗与诸易家论。充宗乘贵辩口，诸儒莫能与抗，皆称疾不敢会。有荐朱云者，召入，摄齐（zī）登堂，抗首而请，音动左右。既论难，连拄五鹿君。诸儒为之语曰："五鹿岳岳，朱云折其角。"遂为博士。

①晏御扬扬：晏婴（？—前500），字仲，谥平，人称晏平仲。齐国夷维（今山东高密）人，春秋后期齐国著名政治家、思想家。事齐灵公、庄公、景公三朝，以节俭力行被重用。担任齐相后，生活节俭，食不重肉，妾不衣帛。

《史记·管晏列传》：晏婴为齐国国相。一次外出，晏婴车夫的妻子，从门缝里看自己的丈夫。她的丈夫为晏婴驾车，头顶是华丽的车盖，鞭打着拉车的四匹马，一副得意扬扬的样子。车夫回家后，妻子请求离婚。车夫赶紧问是什么原因，妻子说："晏婴身高不足六尺，而身为齐相，名显诸侯。可是我看他出行时，志向和思想深沉，待人谦卑有礼而不居高临下。而你呢，身高八尺，仅仅是别人的车夫，却一副志得意满的样子，我要和你离婚。"

车夫从此改变自己，谦逊待人，谨慎做事。晏婴很奇怪，问他为什么有这样的变化，车夫以实相告，晏婴于是推荐他做了大夫。扬扬，得意貌。

②五鹿岳岳：五鹿充宗，字君孟。《齐论语》和《梁丘易》的传人。参加经学和易学的辩论，舌战群儒，被朱云折服。

《汉书•朱云列传第三十七》：五鹿充宗担任少府之职，被皇上宠幸，研究《梁丘易》。从宣帝时，开始重视梁丘氏对《易经》的研究观点，元帝也爱好《梁丘易》，想要比较一下《梁丘易》和其他学派解读《周易》的区别，就让五鹿充宗与和其他研究《周易》的学者论辩。

五鹿充宗因为身份地位显贵而且口才很好，儒生们没有人敢和他过招，都推说生病而避开。有人推荐朱云，皇帝召朱云进宫来辩，朱云提起衣服下摆，登堂入室，昂首环顾，请求开始，声音浑厚洪亮，震动左右。论辩开始，朱云接连反驳五鹿充宗。儒生们评价说："五鹿岳岳，朱云折其角。"皇上任命朱云为博士。岳岳：动物的角高大的样子。因为五鹿充宗的姓里带一个"鹿"字，所以这里用"鹿角"比喻五鹿充宗的才华。以鹿角高耸比喻五鹿充宗位尊气盛，锋芒毕露。

萧朱结绶^①，王贡弹冠^②

《前汉》：萧育，字次君，东海兰陵人。哀帝时为光禄大夫、执金吾。少与陈咸、朱博为友，著闻当世。往者有王阳、贡禹，故长安语曰："萧朱结绶，王贡弹冠。"言其相荐达也。

王吉，字子阳，琅邪皋虞人。少好学，明经，宣帝时为谏大夫。与同郡贡禹为友，世称"王阳在位，贡公弹冠"，言其取舍同也。禹，字少翁，以明经洁行著闻，仕至御史大夫。

①萧朱结绶：萧育，字次君，萧望之之子，东海兰陵（今山东兰陵）人，相国萧何八世孙。汉哀帝时为光禄大夫、执金吾。朱，指朱博，字子元，杜陵（今陕西西安东南）人。

《汉书·萧育列传第四十八》：小时候萧育与陈咸、朱博为友，因为萧育和陈咸皆为公卿子弟，名气很大。陈咸最先为官，十八岁为左曹，二十余岁官至御史中丞。当时朱博仅为杜陵亭长，被萧育和陈咸引荐，得以在贵戚王氏门下任职。后来官至九卿。过去王阳、贡禹二人为友，王阳为益州刺史，贡禹乃弹冠相庆，等着他推荐自己，王阳果然向成帝推荐贡禹。所以长安有言："萧朱结绶，王贡弹冠。"是说他们好朋友之间相互推荐做官而显达。结绶：佩系印绶，指出仕为官。

②王贡弹冠：王吉，字子阳，琅邪皋虞（今青岛即墨东北）人。年轻时热爱学习，通晓儒家经典。

《汉书·王吉列传第四十二》：汉宣帝时王吉为谏大夫，与同郡贡禹为友。王吉被提拔为益州刺史，贡禹很高兴，掸去帽子上的灰尘，等着王吉推荐自己。没有多久，王吉就向汉成帝推荐了贡禹。世称"王阳在位，贡公弹冠"，是说他们价值观相同。贡禹，字少翁，琅邪（今山东诸城）人，以通晓经典、行为廉洁而闻名，官至御史大夫。

庞统展骥^①，仇览栖鸾^②

《蜀志》：庞统，字士元，襄阳人。少时朴钝，未有识者。司马徽有知人鉴，称统当为南州士之冠冕，由是渐显。先主领荆州，统以从事守耒阳令。在县不治，免官。吴将鲁肃遗先主曰："庞士元非百里才也，使处治中、别驾之任，始当展其骥足耳。"诸葛亮亦言之于先主。先主以为治中从事，亲待亚于亮。遂并为军师中郎将。

《后汉》：仇览，字季智，一名香，陈留考城人。为蒲亭长，劝人生业，农毕，乃令子弟就学，剽轻游恣者，皆役以田桑。赈恤穷寡，期年大化。初到，有陈元者独与母居，而母诣览，告元不孝。览亲到元家，与其母子饮。因为陈人伦孝行，譬以祸福之言。元卒成孝子。乡邑为之语曰："父母何在？在我庭，化我鸱（chī）枭，哺所生。"时考城令王涣政尚严猛，闻览以德化人，署为主簿，谓曰："主簿闻陈元之过，不罪而化之，得毋少鹰鹯（zhān）之志邪？"览曰："以为鹰鹯，不若鸾凤。"涣谢遣曰："枳棘非鸾凤所栖，百里岂大贤之路。"以奉资勉入太学。学毕归乡里，州郡并请，皆以疾辞。

① 庞统展骥：庞统（179—214），字士元，号凤雏，汉末荆州襄阳（今湖北襄阳）人，刘备重要谋士，才智与诸葛亮齐名。少年时淳朴鲁钝，没有人看好他。司马徽善于识人，称庞统算得上南州读书人的翘楚，于是庞统渐渐为人所知。

《三国志·蜀志七·庞统传》：先主刘备统领荆州时，庞统以州从事的身份代行耒阳令。在位不谋其政，被免官。吴将鲁肃给刘备写信说："庞士元的志向和能力不是区区一个百里小县所能满足的，让他担任治中、别驾这样的职务，才有可能让他一展才能。"诸葛亮也将庞统推荐给刘备。刘备于是格外器重庞统，任他为治中从事，亲密程度仅次于诸葛亮。让庞统和诸葛亮一起任军师中郎将。展骥：良马驰骋奔腾。比喻优秀人才有机会发挥才能。

②仇览栖鸾：仇览，字季智，亦名仇香，陈留考城（今河南民权东）人。他青年时作为书生淳朴寡言，不为乡人了解。后入太学，为学者符融、郭泰所推重。

《后汉书·循吏传·仇览列传第六十六》：仇览担任蒲亭长，鼓励民众从事营生。农忙后，要求孩子到学校学习；那些剽悍好勇，游手好闲之徒，就让他们种田养蚕。救济和抚恤穷苦和孤寡之人，只用一年的时间社会风气就大为提高。

仇览刚为亭长的时候，有个叫陈元的人，单独与母亲居住，但母亲找到仇览，控告陈元不孝。仇览亲自到陈元家，与他们母子二人一起吃饭。为陈元讲述人伦关系中的孝道，并用祸福关系打比方来教育他，让他最终成为孝子。乡里的人都说："父母在哪里？就在我的厅堂上。仇览感化我这食母的恶鹰，反哺生养我的父母。"

当时考城县令王涣施政严猛，听闻仇览以德化人，让他暂时担任主簿。王涣对仇览说："你当时听到了陈元的过错，不治他的罪反而感化他，岂不是少了鹰鹯追逐鸟雀的威慑力？"仇览说："我认为用鹰鹯之威猛教育人，不若用鸾凤之德感化人。"王涣向仇览道歉说："荆棘不是鸾凤所应该栖息的地方，我这区区百里之地不应该是大贤的出路。"于是资助仇览入太学学习。仇览学成归乡后，州郡都请他前来任职，但都被其以生病为由推辞。

葛亮顾庐[①]，韩信升坛[②]

　　《蜀志》：诸葛亮相先主。先主病笃，召亮属以后事，谓曰："君才十倍曹丕，必能安国，终定大事。若嗣子可辅，辅之，如其不才，君可自取。"亮涕泣曰："臣敢竭股肱之力，效忠贞之节，继之以死！"又为诏敕后主曰："汝与丞相从事，事之如父。"自是事无巨细，皆决于亮。尝上疏，其略曰："臣本布衣，躬耕于南阳，苟全性命于乱世，不求闻达于诸侯。先帝不以臣卑鄙，猥自枉屈，三顾臣于草庐之中，咨以当世之事。"后常以木牛流马运粮，据武功五丈原与司马宣王对于渭南，相持百余日，卒于军，年五十四，谥忠武侯。亮长于巧思，损益连弩，木牛流马，皆出其意。推演兵法，作八阵图，咸得其要云。

　　《前汉》：韩信，淮阴人。家贫无行，不得推择为吏。后属项羽，为郎中，数以策干羽，羽弗用。亡归汉，汉王以为治粟都尉，上未之奇。数与萧何语，何奇之。信度上不用，即亡。何追之，居一二日来谒。上骂曰："诸将亡以十数，公无所追，追信诈也。"何曰："诸将易得，至如信，国士无双。王必欲争天下，非信无可与计事者。"于是择日斋戒，设坛场具礼，拜为大将，一军皆惊。后封楚王，都下邳。谋反，赦为淮阴侯。卒为吕后所斩。

　　①葛亮顾庐：葛亮，指诸葛亮，字孔明，琅邪阳都（今山东临沂）人。《三国志·蜀书·诸葛亮传第五》：诸葛亮为先主刘备的丞相。刘备病情严重，召见诸葛亮安排后事，说："你的才能十倍于曹丕，一定能安定国家，成就统一大业。如果我的儿子刘禅是那块料，继任后可堪辅佐你就辅佐他；如果

不才，你就取而代之吧！"

诸葛亮泪流满面，说："臣一定会竭尽全力辅佐，极尽忠诚，死而后已！"刘备又下诏告诫后主说："你与丞相共事，要事之如父。"从此，政事无论大小，都由诸葛亮来决定。诸葛亮曾上书后主，大意是："臣本布衣，躬耕于南阳，苟全性命于乱世，不求闻达于诸侯。先帝不以臣卑鄙，猥自枉屈，三顾臣于草庐之中，咨以当世之事。"后来常用木牛流马运送粮草，据守武功的五丈原，和宣王司马懿在渭水之南对峙，相持百余日后，诸葛亮死于军营，五十四岁，谥号为忠武侯。

诸葛亮擅长巧妙的思考。改进连发的弓弩，制造木牛流马，都是出于诸葛亮的创意。推算演绎兵法，设计八阵图，都得到了其中的精髓。

②韩信升坛：韩信（？—前196），淮阴（今江苏淮安淮阴区西南）人。西汉开国名将，汉初三杰之一，于汉朝建立有伟功，历任大将军、左丞相、相国，封齐王、楚王、淮阴侯等。后因功高见疑，被吕雉及萧何合谋处死于长乐宫钟室。

《史记·淮阴侯列传》：起初，韩信家境贫寒，品行不端，所以没有机会当官。后来依附项羽，为郎中，多次向项羽进谏献策，都不被采用。韩信于是从项羽那里逃出，归顺汉王刘邦。不过，汉王刘邦也没有发现韩信有什么过人之处，仅仅让韩信担任治粟都尉的小职务。韩信多次与萧何谈话，萧何确信韩信是位奇才。韩信考虑到汉王也不会重用自己，于是又一次从部队上逃跑了。萧何听说韩信逃走，顾不得向刘邦报告，马上去追韩信，过了一两天萧何才把韩信追上，回来后赶紧拜见汉王。刘邦见到萧何，骂他说："将领们逃跑了十几个，你都不去追赶，一个韩信你却这么着急地去追赶，肯定是在骗我！"萧何说："诸将易得，至如信，国士无双。王必欲争天下，非信无可与计事者。"于是汉王听从萧何的建议，选择良辰吉日，诚心斋戒，设置高坛，谨遵礼节，拜韩信为大将。全军皆惊。后来韩信被封为楚王，定都下邳。因为被人告发谋反，罪过被赦免，改封为淮阴侯。最终被吕后杀害。

王裒柏惨^①，闵损衣单^②

《晋书》：王裒，字伟元，城阳营陵人。少立操尚，博学多能。其父仪为文帝司马，见杀，裒痛父非命，未尝西向而坐，示不臣朝廷也。隐居教授，庐于墓侧，且夕常至墓所拜跪，攀柏悲号，涕泣著树，树为之枯。母性畏雷，母没，每雷辄到墓，曰："裒在此。"及读《诗》，至"哀哀父母，生我劬劳"，未尝不三复流涕。门人受业者，并废《蓼莪》之篇。家贫躬耕，计口而田，度身而蚕。或有助之者不听，遭乱恋垄不去。

旧注云：闵损，字子骞。早丧母，父娶后母，生二子。损至孝不怠。母疾恶之，所生子以绵絮衣之，损以芦花絮。父冬日令损御车，体寒失靷（yǐn）。父责之，损不自理。父察知之，欲遣后母。损泣启父曰："母在一子寒，母去三子单。"父善之而止。母亦悔改，待三子均平，遂成慈母。

①王裒柏惨：王裒（póu），字伟元，城阳营陵（今山东昌乐东南）人。少年时，行为就能坚持操守，博学多能。王裒的父亲王仪高风亮节，气度优雅，为人正直，晋文帝时担任司马之职，却因直言被杀。

《晋书·孝友·王裒列传五十八》：王裒悲痛于父亲死得冤枉，从此坐下时不再面向西方，以示自己不再做晋朝臣子的决心。王裒隐居生活，以教授学徒为生。王裒在父亲的墓旁筑庐而住，早上和晚上都要到父亲墓前拜跪，手攀柏树悲泣哭号。眼泪落在树上，树为之枯萎。王裒母亲生前怕听到打雷，母亲去世后，每次打雷王裒就到墓前，和母亲说："儿子在这里！儿子在这里！"每每读到《诗经·蓼莪》"哀哀父母，生我劬劳"这一句时，没有不反复哭泣流泪的。门人弟子们，也不再读《蓼莪》篇，以免引起王衰的悲伤。

王裒家贫，亲自耕种，根据家中人口数量种合适的田地，根据穿衣服的多少养正好的蚕。有人想为他提供帮助也不接受。遭遇社会动乱，因为眷恋父母的坟墓不忍逃走，最后被贼寇杀害。

②闵损衣单：闵损，字子骞，春秋末期鲁国（今鱼台县大闵村）人，孔子高徒，在孔门中以德行与颜回并称，为孔门十哲之一。孔子曾称赞他说："闵子骞真是一位真正的孝子啊，人们从来不怀疑他的父母兄弟对他的赞誉。"

闵损母亲去世得早，父亲娶后妻，又生了两个儿子。闵损对后母极为孝顺，没有半点懈怠。但是后母不喜欢闵损，冬天给自己的亲生儿子穿厚厚的棉衣，而给闵损穿芦花做的"棉衣"。

一天，闵损用车拉着父亲外出，因为天气太冷，拉车的绳子从肩膀上滑落，闵损冻得捡不起来。闵损受到父亲的责备，并不为自己辩解。父亲最终知道了事件的原委，打算休掉母亲。闵损哭着劝父亲："母在一子寒，母去三子单。"父亲被闵损说服，母亲也后悔自己的所作所为，痛改前非，对三个孩子同样亲爱，最终成为一位慈祥的母亲。

蒙恬制笔①，蔡伦造纸②

《初学记》云：《博物志》："蒙恬造笔。"又《尚书中侯》："玄龟负图出，周公援笔以时文写之。"《曲礼》云："史载笔。"此则秦之前已有笔矣。盖诸国或未之名，而秦独得其名，恬更为之损益耳。故《说文》曰："楚谓之聿，吴谓之不律，燕谓之拂，秦谓之笔也。"旧注引《博物志》云："蒙恬为秦将，制笔自此始。"今本无之。

《后汉》：宦者蔡伦，字敬仲。和帝时转中常侍，加尚方令。监作秘剑及诸器械，莫不精工坚密，为后世法。自古书契，多编以竹简，其用缣帛者谓之为纸。缣贵而简重，并不便于人。伦乃造意，用树肤、麻头及敝布、渔网以为纸，奏上之。帝善其能，自是莫不通用。故天下咸称蔡侯纸。

①蒙恬制笔：蒙恬，秦朝将领。唐朝徐坚编撰的《初学记》引用《博物志》载："蒙恬造笔。"另外《尚书中侯》也记载："有玄龟背负天下地形图从洛水出来，周公执笔用当时的文字将它抄写出来。"《曲礼》："诸侯会盟时，史官都会带笔参加。"这都说明秦朝之前已经有笔了。

可能各诸侯国并没有为笔起一个统一的名字，只有秦国将它的名字统一了。蒙恬对笔进行了改进，而不是发明了它。所以许慎《说文解字》说："楚国称它为聿，吴国称它为不律，燕国称它为拂，秦国称它为笔。"旧注引《博物志》说："蒙恬是秦国大将，制笔是从他开始的。"现有的版本中没有这一句话。

②蔡伦造纸：宦官蔡伦，字敬仲，东汉桂阳（今湖南郴州）人。汉和帝

时，蔡伦转任中常侍，加封尚方令。主管制作尚方宝剑及其他器械，做工精良，坚固细密，被后世效法。

《后汉书·宦者传·蔡伦列传第六十八》：自古以来书籍都是将竹简编在一起，那些用绢帛制作的被称为纸。绢帛昂贵而竹简沉重，使用起来都不方便。蔡伦就发挥想象力，用树皮、麻头、破布和渔网来造纸。纸造出来后，呈给皇帝御览，皇帝嘉赏蔡伦的能力，自此以后这种纸天下通用，人们称其为蔡侯纸。

孔伋缊袍^①，祭遵布被^②

《说苑》曰：子思居于卫，缊袍无表，二旬九食。田子方闻之，使人遗狐白裘，恐其不受，因谓之曰："吾假人遂忘之，吾与人如弃之。"子思辞而不受。子方曰："我有子无，何故不受？"子思曰："伋闻之，妄与不如遗弃物于沟壑。伋虽贫，不忍以身为沟壑，是以不敢当。"

《后汉》：祭遵，字弟孙，颍川颍阳人。少好经书，家富给而恭俭。从光武平河北，拜征虏将军。遵为人廉约小心，克己奉公，赏赐尽与士卒，家无私财，身衣韦裤布被，夫人裳不加缘，帝以是重焉。及卒，愍悼尤甚，车驾素服临之。丧礼成，亲祠以太牢。既葬，车驾复临其坟，存见夫人室家。其后会朝，帝每叹曰："安得忧国奉公如祭征虏乎？"其见思如此。

①孔伋缊袍：孔伋（jí）（前483—前402），字子思，孔子嫡孙，孔鲤之子，受业于孔子的高足曾参。孔子的思想学说由曾参传子思，子思再传孟子。后人把子思、孟子并称为思孟学派。是"四书"之一《中庸》的作者，后世尊为"述圣"。

《说苑·立节》：子思居住在卫国的时候，以乱麻织成的袍子外面没有罩衣，二十天才吃了九顿饭。田子方知道后，派人送来一件狐白裘衣，担心子思不接受，就特意跟他说："我借给别人东西，一转身就忘了；我送给别人东西就像是丢弃了它。"子思辞而不受。田子方说："这个东西我有你没有，为什么不接受呢？"子思说："我听人家说过，随便给人东西还不如把它们当废物直接扔到沟里。我子思虽然贫困，不忍心把自己当成沟壑让人随便往里扔东西，所以我不敢接受您的馈赠。"缊袍，破旧的袍子。缊，乱麻，旧絮。

②祭遵布被：祭（zhài）遵，字弟孙，颍川颍阳（今河南许昌）人，"云台二十八将"之一。母亲去世，祭遵亲自背土，垒造坟茔。

《后汉书·祭遵列传第十》：祭遵少年时期就热爱学习儒家经典，家庭富有但是行为谦恭节俭。随从汉光武帝刘秀平定河北，拜征虏将军。祭遵为人廉洁谨慎，克己奉公，皇上给的赏赐全部分给士卒，家无私财。穿皮衣皮裤，盖布被子，夫人的衣裳不加花边修饰，光武帝因此非常器重他。

祭遵去世的时候，皇上非常悲伤哀痛，穿孝服率百官亲临吊唁。丧礼完成后，皇上又亲自用规格最高的太牢礼仪祭祀他。祭遵下葬后，皇上的车驾又到坟上吊唁，慰问接见他的夫人和家属。以后朝廷集会的时候，光武帝常常感慨，说："向哪里再找到像祭征虏那样既忧国忧民，又克己奉公的人啊？"皇上思念他到了这样的程度！

周公握发^①，蔡邕倒屣^②

《史记》曰：武王崩，周公相成王，而使其子伯禽代就封于鲁。戒之曰："我，文王之子，武王之弟，成王之叔父。我于天下亦不贱矣，然我一沐三握发，一饭三吐哺，起以待士，犹恐失天下之贤人。子之鲁，慎无以国骄人。"

《后汉》：蔡邕，字伯喈，陈留圉人。少博学，好辞章、数术、天文，妙操音律。闲居玩古，不交当世。后为中郎将。献帝西迁，王粲徙长安，邕见而奇之。时邕才学显著，贵重朝廷，常车骑填巷，宾客盈坐。闻粲在门，倒屣迎之。粲至，年既幼弱，容状短小，一座尽惊。邕曰："此王公之孙，有异才，吾不如也。吾家书籍文章，尽当与之。"粲曾祖龚、祖畅，皆为三公。

①周公握发：周公，姬姓，名旦，因其采邑在周，爵为上公，故称周公。周文王姬昌第四子，周武王姬发之弟，孝悌仁厚。武王即位后，辅佐武王，处理很多政务。一年救乱，二年克殷，三年践奄，四年建侯卫，五年营成周，六年制礼乐，七年致政成王。封于曲阜，留朝执政，长子伯禽就封。

《史记·鲁周公世家》：武王去世后，周公辅佐年幼的成王，而让儿子伯禽去鲁国，代替自己受封。临行，周公告诫伯禽说："我，是文王的儿子，武王的弟弟，成王的叔叔。对于全天下的人来说我的地位很高了，然而我洗一次头要三次握住头发，停下洗头和优秀的人谈话；吃一顿饭的工夫，三次把吃到嘴里的饭吐出来，着急和贤士交流，就算这样还担心错失天下的贤士。你到了鲁国，千万不要因为自己是鲁国国君而傲慢待人。"

②蔡邕倒屣（xǐ）：蔡邕，字伯喈，陈留围县（今河南杞县西南）人。少年博学，爱好写文章、数学、天文，精通音律，擅长弹琴。闲居在家，赏玩古籍，不与当世人结交。

《后汉书·蔡邕列传第五十》：蔡邕后为中郎将。汉献帝向西将都城迁至长安，王粲也迁居到长安。蔡邕见到王粲后很吃惊，认为他不同凡响。当时蔡邕才能与学问都很著名，在朝廷位高权重，为人所尊重。来拜访蔡邕的达官贵人很多，常车骑填巷，宾客盈坐。王粲前来拜访，蔡邕听闻王粲登门，赶紧出门迎接，慌忙中把鞋都穿倒了。王粲进来，年纪轻轻，个头矮小，在座的客人都很吃惊。蔡邕说："这是王公的孙子，有异才，我不如他。我家的书籍文章，尽当都送给他。"王粲的曾祖是王龚、祖父是王畅，都位至三公。倒屣：倒穿着鞋。比喻着急迎客，匆忙中把鞋子穿倒了。

王敦倾室^①，纪瞻出妓^②

《晋书》：王敦，字处仲。少有奇人之目，尚武帝女襄城公主，拜驸马都尉。明帝初，移镇姑苏，因领扬州牧。谋逆病死，剖棺戮尸。初，石崇以奢豪矜物，厕上常有十余婢侍列，皆有容色。置甲煎粉、沉香汁，有如厕者，皆易新衣而出。客多羞脱衣，而敦脱故著新，意色无怍。群婢曰："此客必能作贼。"又尝荒恣于色，体为之弊。左右谏之，敦曰："此甚易耳！"乃开后阁，驱诸婢数十人，并放之。时人叹异。

《世说》：王遵与周顗及诸朝士，诣尚书纪瞻家观妓。瞻有爱妾，能作新声。顗问答之，颜无怍色。有司奏顗耽荒，诏原之。今本无载。

①王敦倾室：王敦，字处仲，琅邪临沂（今山东临沂北）人，王戎为其堂兄，王导为其堂弟。王敦眼睛奇特，娶晋武帝司马炎的女儿襄城公主为妻，拜任驸马都尉。明帝初年，王敦改为镇守姑苏，任命自己为扬州牧。王敦后来谋逆叛乱，病死后被开棺戮尸。

《晋书·王敦列传第六十八》：起初，石崇生活奢侈豪华，无视他人。他家厕所里常有十余名相貌俊秀的婢女列队伺候，厕所里备有甲煎粉、沉香汁以保持厕所气味清新。如厕完毕后，要更换新衣服后再出来。客人们大多羞于脱衣，而王敦脱掉旧衣服更换新衣服时，毫不在意，没有任何羞愧不自然的神色。婢女们都说："这个客人肯定能成为贼人。"

王敦又曾沉迷于女色，身体受到损害。亲近的人规劝他节制一些，王敦说："这事儿容易办到！"于是打开后阁门，直接把数十名婢女全部从家里赶出去放掉了。当时人们都惊异叹服。

②纪瞻出妓：纪瞻，字思远，丹杨秣陵（今江苏南京）人。旧注引用
《世说新语》：王遵与周顗（yǐ）以及其他官员，一起到尚书纪瞻家看他家的
一名家妓表演歌舞。纪瞻有位爱妾，能唱新的曲调。周顗当着众人调戏她。
有人向皇帝上奏弹劾周顗沉湎于荒诞淫乱，后来周顗被下诏原谅。现在版本
的《世说新语》中没有记载这个故事。

暴胜持斧^①，张纲埋轮^②

《前汉》：暴胜之，字公子。武帝末，郡国盗贼群起，胜之为直指使者，衣绣衣，持斧，逐捕盗贼，督课郡国。东至海，以军兴诛不从命者，威振州郡。

《后汉》：张纲，字文纪，犍为武阳人。少明经学，辟为御史。时顺帝委纵宦官，有识危心。纲尝感激，慨然叹曰："秽恶满朝，不能奋身出命，扫国家之难，虽生吾不愿也。"汉安初，遣八使循行风俗，皆耆儒知名，多历显位。唯纲年少，官次最微。余人受命之部，而纲独埋其车轮于洛阳邮亭，曰："豺狼当路，安问狐狸！"遂奏大将军梁冀等无君之心十五事，京师震竦。时冀妹为皇后，诸梁姻族满朝，帝虽知言直，不忍用。终广陵太守。

①暴胜持斧：暴胜之（？—前91），字公子，河东（今山西夏县西北）人。汉武帝时，为直指使者，追捕盗贼，监察郡国，威震州郡。尝荐隽不疑，有识人之誉。

《汉书·隽不疑列传第四十一》：汉武帝末年，郡国盗贼群起，暴胜之被任命为直指使者，身穿绣衣，手持斧头，逐捕盗贼，并监察各郡国的治理情况。暴胜之的执法范围一直到东部沿海，对违抗命令者用严厉的军法惩处，一时威震州郡。持斧：手持御赐尚方斧，指皇帝特派的执法大臣。

②张纲埋轮：张纲，字文纪，犍为郡武阳（今四川彭山东）人，汉初留侯张良的后代。少明经学，征辟为御史。

《后汉书·张纲列传第四十六》：汉顺帝放纵宦官，有识之士心存忧虑。

张纲感慨激愤，叹息说："满朝乌烟瘴气，如果不能以身请命为国家效力，一扫国难，纵然苟活也非我所愿！"

汉安初年，朝廷派遣八位使者考察民间风俗，他们都是举世闻名的大儒，大多在显要位置任职。只有张纲年少，职位最低微。其他人都受命到任，而张纲独自将车轮埋在洛阳邮亭，说："如豹狼一样的大奸佞当道，为什么要拿狐狸一样的小混混开刀？"于是启奏皇上，弹劾大将军梁冀等人十五件欺君罔上之事，整个京师为之震惊恐惧。当时梁冀的妹妹是顺帝皇后，朝廷上下多是梁家姻亲。皇帝虽然知道张纲所言正直真实，终不愿采用。张纲官至广陵太守。埋轮：埋车轮于地，以示坚守不妥协。

灵运曲笠^①，林宗折巾^②

《世说新语》：谢灵运好戴曲柄笠，孔隐士谓曰："卿欲希心高远，何不能遗曲盖之貌？"谢答曰："将不畏影者，未能忘怀。"又《南史》：谢灵运，晋车骑将军玄之孙。为学博览群书，文章之美，与颜延之为江左第一。袭封康乐公，世称谢康乐。公为永嘉太守，郡有名山水，素所爱好，肆意游遨。族弟惠连，十岁能属文，灵运嘉赏之，云："每有篇章，对惠连辄得佳语。"尝于永嘉西堂思诗，竟日不就。梦见惠连，即得"池塘生春草"，大以为工，尝云："此语有神助，非吾语也。"后为侍中，免官。寻山陟岭，必造幽峻，登蹑尝著木屐。起为临川内史。有逆志，徙广州弃市。灵运诗书皆兼独绝，每文竟手自写之。宋文帝称为二宝。

《后汉》：郭泰，字林宗。辟举不应，性明知人，好奖训士类。容貌魁伟，褒衣博带，周游郡国。尝于陈、梁间行，遇雨，巾一角垫，时人乃故折巾一角，以为"林宗巾"，其见慕如此。或问范滂曰："林宗何如人？"滂曰："隐不违亲，贞不绝俗。天子不得臣，诸侯不得友，不知其他。"林宗虽善人伦，而不为危言核论，故宦官擅政而不能伤。及党事起，名士多被害，惟林宗、袁闳得免。闭门教授，弟子以千数。及卒，四方之士千余人会葬，同志者共刻石立碑，蔡邕为其文，谓卢植曰："吾为碑铭多矣，皆有惭德，唯郭有道无愧色耳。"其奖拔士人，皆如所鉴。

①灵运曲笠：谢灵运（385—433），南朝宋陈郡阳夏（今河南太康）人，东晋名将谢玄之孙，因袭封康乐公，称谢康公、谢康乐。

《世说新语》：谢灵运喜欢戴曲柄斗笠，隐士孔淳说："你既然内心仰慕高洁旷远的情操，为什么离不开高官车驾华盖一样的曲柄斗笠呢？"谢灵运回答说："恐怕害怕影子的人，会一直记着影子吧！"言已无意于权贵，一切和权贵无关；而孔隐士内心不能割舍权贵，总把外物和权贵相关联。暗讽孔隐士名为隐士，内心却总不忘权贵。

另《南史·谢灵运列传第九》：谢灵运，晋车骑将军谢玄的孙子。谢灵运博览群书，擅写文章，文辞优美，与颜延之并为江左第一。世袭爵位被封为康乐公，世称谢康乐。谢灵运担任永嘉太守，永嘉郡境内有名山胜水，正投谢灵运所好，于是在山水间恣意纵情遨游。

族弟谢惠连，十岁能写文章，谢灵运很欣赏他，常说："每次要写作，面对惠连便有了好句子。"谢灵运曾在永嘉西堂酝酿诗篇，苦思冥想终日没有进展。忽然梦见惠连，就得到"池塘生春草"佳句，大为满意，自以为很工巧。谢灵运曾说："此语有神助，非吾语也！"

后为侍中，被免官。谢灵运爬山，一定要探寻最幽静险峻之处。他爬山往往会穿一种可以装前后齿的木屐，上山时鞋后跟装齿，下山时则在鞋前端装齿，便于走山路。后又提拔为临川内史，有叛逆之心，被拉到广州市场杀掉。灵运诗文和书法当世无二，每次写文章都要自己亲手抄录。南北朝宋文帝称谢灵运的书法和诗作为二宝。

②林宗折巾：郭泰（128—169），字林宗，东汉太原介休（今山西介休东南）人。在东汉末桓、灵二帝时期士人集团同宦官集团的激烈斗争中，郭泰为士人集团和太学生的主要代表，朝廷征召荐举他为官，不应召。最初被太常赵典举为有道，故后世称之为"郭有道"。

《后汉书·郭泰列传第五十八》：郭林宗善于识人，爱褒奖提携士人。容貌魁武伟岸，穿宽松的衣服系宽大的衣带，周游于各个郡国。郭林宗曾经在陈、梁一带行路，突遇大雨，头巾的一角因为淋湿而下垂，当时人们就故意将头巾的一角向下折，称为"林宗巾"，人们对他的仰慕到了这样的程度。

有人问汝南人范滂："郭林宗是什么样的人？"范滂说："他隐居而不自绝于亲人，他贞洁而不脱离人情世故。如非自愿，天子不能强迫他当臣子，诸侯无法和他交朋友，其他的就不知道了。"

　　郭林宗虽然善于品评人物，但是不发布偏激的危言耸听的言论，所以宦官专权的时候没有被伤害。后来，发生党锢之祸，很多名士被迫害，只有郭林宗、袁闳得免。在家闭门教授学生，弟子达到千人之多。郭林宗去世的时候，从四方赶过来送葬的有上千人。意气相投的人为他刻石立碑，蔡邕撰写碑文。事后蔡邕对卢植说："我写过很多碑文，文中过多赞美之辞让我感到惭愧，只有给郭林宗写碑文，我对他的赞美问心无愧。"郭林宗褒奖提拔的士人，其后来的表现和郭林宗最初的评价一致。

屈原泽畔，渔父江滨①

《史记》：屈原名平，楚之同姓，为怀王左徒。博闻强识，明于治乱，娴于辞令，王甚任之。上官大夫与之同列，争宠而心害其能，因谗之，王怒而疏平。后秦昭王欲与怀王会，平曰："秦，虎狼之国，不如无行。"怀王稚子子兰劝王行，王死于秦。长子顷襄王立，以子兰为令尹。子兰使上官大夫短原于王，王怒而迁之。原至江滨，披发行吟泽畔，颜色憔悴，形容枯槁。渔父问曰："子非三闾大夫欤，何故至于此？"原曰："举世混浊而我独清，众人皆醉而我独醒，是以见放。"渔父曰："夫圣人不凝滞于物，而能与世推移。举世混浊，何不随其流而扬其波？众人皆醉，何不哺其糟而啜其醨（lí）？何故怀瑾握瑜而自令见放为？"原曰："吾闻之，新沐者必弹冠，新浴者必振衣。安能以身之察察，受物之汶汶者乎？宁赴常流，而葬乎江鱼之腹中耳，又安能以皓皓之白，而蒙世之温蠖（huò）乎！"乃作《怀沙》之赋，怀石自投汨罗以死。后百余年，贾生为长沙王太傅，过湘水，投书以吊之。

①屈原泽畔，渔父江滨：屈原，战国末期楚国丹阳（今湖北秭归）人，忠君爱国，却屡遭排挤，被流放于湘沅之间，最终投汨罗江而死。屈原是伟大的浪漫主义诗人，创立"楚辞"文体，开创"香草美人"隐喻传统。代表作品有《离骚》《九歌》等。

《史记·屈原贾生列传》：屈原，名平，楚国王室同姓，担任楚怀王左徒之职。"博闻强志，明于治乱，娴于辞令。入则与王图议国事，以出号令；出则接遇宾客，应对诸侯"，深得楚王信任。上官大夫和屈原官职级别相同，为了在楚王面前争宠而嫉妒屈原才能。因为上官大夫的谗言陷害，楚王怒而疏远屈原。后来秦昭王想与楚怀王会盟，屈原说："秦国是虎狼之国，不要前去和他们会盟。"怀王的小儿子子兰力劝楚王前去参加会盟，结果楚怀王被扣留，最后客死秦国。长子顷襄王即位，以子兰为令尹。

子兰让上官大夫在楚王面前说屈原的坏话，楚王一怒之下将屈原放逐。屈原在长江边，披头散发，边走边吟唱，颜色憔悴，形容枯槁。渔父问："莫非你是三闾大夫屈原吗，怎么来这里了？"屈原说："举世混浊而我独清，众人皆醉而我独醒，所以被流放。"渔父说："圣人不会一成不变地拘泥于一个事物，而是能随着社会的变化而改变自己。举世混浊，你为什么不随波逐流呢？众人皆醉，你为什么不趁机捞些酒肉而大快朵颐呢？你为何要怀抱美玉一般高洁的理想不放，而让自己被放逐呢？"屈原说："我听说，新沐者必弹冠，新浴者必振衣。谁愿意将自己清清白白的身体，被外界污染呢？我宁愿跳进长江，葬身鱼腹，也不愿让自己高洁的品格被世俗的泥淖所污染！"于是作《怀沙》赋，怀抱石头投汩罗江而死。

一百多年之后，东汉的贾谊担任长沙王太傅，路过湘水，写《吊屈原赋》投到湘水里来怀念吊唁他。

魏勃扫门^①，潘岳望尘^②

《前汉》：魏勃少时欲求见齐相曹参，家贫无以自通。乃常独早扫齐相舍人门外，舍人怪之，因特令阍者而问之。勃曰："愿见相君无因，故为子扫。"于是舍人见勃，曹参因以为舍人。

晋潘岳为黄门侍郎，性轻躁，趋世利，与卫尉石崇等谄事贾谧。每候其出，与崇辄望尘而拜。谧与之亲善，号"二十四友"，岳为其首。谧构愍怀太子之文及晋书限断，皆岳之辞也。初，岳为琅邪内史，孙秀为小史，给岳，而狡黠自喜。岳恶其为人，数挞辱之，秀常衔忿。及赵王伦辅政，秀为中书令，遂诬岳及石崇谋为乱，同被诛。谧，韩寿子，贾充妇郭槐养为己子。时贾后淫虐，谧干预国事，权侔人主。

①魏勃扫门：魏勃，西汉齐国中尉，受齐王信任，在平定诸吕之乱中起到重要作用。因擅自发兵而被灌婴责问。魏勃解释说："失火之家，岂暇先言大人而后救火乎！"退立一旁，两股战栗，似乎有话要说，终究没有开口。灌婴看着他说："人说魏勃勇敢，胆小如此，看来也只不过一个庸人罢了！"于是将魏勃免职，不再追究。

《史记·齐悼惠王世家》：魏勃年轻时，想要求见齐相曹参，但家贫没有背景，也没有关系可以疏通。就每天早上一个人，天不亮就到曹参的舍人家门外，帮这个舍人打扫卫生。舍人很奇怪，特意让守门人询问原因。魏勃说："我想拜见相君曹参，却没有门路，所以为舍人打扫，希望能给予引荐。"于是舍人接见了魏勃并把他引荐给曹参，曹参任用魏勃为舍人。

②潘岳望尘：潘岳，亦名潘安。字安仁，荥阳中牟（今河南中牟）人，

美姿仪，少以才颖见称，乡邑号为奇童，谓终、贾之俦也。

《晋书·潘岳列传第二十五》：潘岳担任黄门侍郎之职，性格轻浮急躁，热衷追逐权势与利益，与卫尉石崇等人谄媚巴结贾谧。每次在贾谧出门的时候，他们就等候在路边，贾谧车子还没到，远远看到车子扬起的尘土就开始顶礼膜拜。贾谧与他们关系友善，号称"二十四友"，潘岳为"二十四友"之首。贾谧构陷愍怀太子的文章，以及关于《晋书》年限的讨论，皆出自潘岳手笔。

起初，潘岳为琅邪内史，孙秀是名小史，服务潘岳。孙秀为人狡诈且自以为是。潘岳厌恶他的品行，多次鞭打羞辱他，被孙秀怀恨在心。等到赵王司马伦辅政，孙秀被任命为中书令，于是诬陷潘岳和石崇密谋叛乱，潘岳和石崇同时被杀。贾谧，是韩寿的儿子，因外祖父贾充的儿子贾黎民早卒而无后，过继给贾充为嗣，改姓贾，贾充的夫人郭槐视为己出。贾充的女儿贾南风，嫁晋惠帝司马衷，后被立为皇后。贾谧是皇后贾南风的侄子。当时皇后贾南风荒淫暴虐，贾谧趁势干预国事，权力几乎要与皇上相等。

京房推律①，翼奉观性②

  《前汉》：京房，字君明，东郡顿丘人。治《易》，事梁人焦延寿。寿曰："得我道以亡身者，京生也。"其说长于灾变，分六十卦，更直日用事，以风雨寒温为候，各有占验。房用之尤精。好钟律，知音声。孝元时，以孝廉为郎，与石显、五鹿充宗有隙，出为魏郡太守。房自知数以论议为大臣所非，不欲远离左右。及为太守，忧惧，乃上封事言灾异。既而显告房非谤政治，归恶天子，诖（guà）误诸侯王，遂弃市。房本姓李，推律自定为京氏。

  《前汉》：翼奉，字少君，东海下邳人。明经术，好律历阴阳之占。元帝即位，征之。奉上封事曰："治道要务，在知下之邪正。"于是有辰时客主邪正之语。其略曰："参之六合五行，则可以见人性，知人情。观性以历，观情以律，明主所宜独用。"官至谏大夫。

  ①京房推律：京房，字君明，东郡顿丘（今河南清丰西南）人。研究《周易》，师从梁（今河南开封）人焦延寿。焦延寿说："能得我的真传，但也因此送命的人，一定是京房！"焦延寿的《周易》学说擅长预测自然界发生的灾变现象，把《周易》分为六十卦，把这六十卦和每天要做的事情对应起来，再以风雨寒温等气候变化为表征，每次占卜都能应验。京房把这个方法用得最精。京房爱好音律，通晓音乐。

  《汉书·京房列传第四十五》：汉元帝时，京房被举荐为孝廉而做了郎官。与石显、五鹿充宗有矛盾，被派到京城外担任魏郡太守。京房知道自己多次向皇帝提的建议为大臣们反对，所以不想离开皇帝身边。做太守后，内心忧惧，就给皇上上密奏说将有灾异发生。不久，石显诬告京房诽谤朝政，说天子坏话，连累诸侯王，于是京房被杀害。京房本姓李，推算律令后，将自己的姓氏改为京。

②翼奉观性：翼奉，字少君，东海下邳（今江苏睢宁西北）人。精通经学，喜好天文历法、阴阳占卜之术。

《汉书·翼奉列传第四十五》：汉元帝即位后，征召翼奉待诏宦者署中。翼奉给皇上密奏说："治理的要务在于知道下属的邪正。"翼奉给皇上讲解时辰与时间的主客邪正关系，大意是，根据日期或者根据一天中十二个时辰来定吉凶的方法是不准确的，要观察它的来源，弄清楚它的过程，参考东南西北上下这六个方位，加上五行，就可以看透人性，了解人情了。以天文历法观察人性，以十二律了解人情，是圣明的君主应该专门掌握的方法。翼奉官至谏大夫。

甘宁奢侈①，陆凯贵盛②

《吴志》：甘宁，字兴霸，巴郡临江人。少有气力，好游侠，招合轻薄少年，为之渠帅。仕孙权，以功拜折冲将军。《吴书》曰：宁轻侠杀人，藏舍亡命，闻于郡中。其出入，步则陈车骑，水则连轻舟，侍从被文绣，帏帐以珠玉为饰，常以缯锦维舟，去或割弃，以示奢也。《江表传》曰：曹公出濡须，临江饮马。权率众应之，使宁为前部督，敕使夜入魏军。宁选健儿百余人，径诣曹公营下，逾垒入营，斩数十级，北军惊骇。权曰："孟德有张辽，孤有兴霸，足相敌也。"

《吴志》：陆凯，字敬风，吴人。丞相逊族子，孙皓时为丞相。《世说》曰：皓问凯："卿一宗在朝有几人？"答曰："二相五侯，将军十余人。"皓曰："盛哉。"凯曰："君贤臣忠，国之盛也；父慈子孝，家之盛也。今政荒民弊，覆亡是惧，臣何敢言盛也。"

①甘宁奢侈：甘宁，字兴霸，巴郡临江（今重庆忠县）人，祖先甘茂为战国时秦国丞相。

《三国志·吴志十·甘宁传》：甘宁少年勇武，气力过人，爱交游行侠。纠合一批地痞混混之类的轻浮少年，自己为其首领，呼啸而来，呼啸而去。甘宁虽粗猛好杀，然富有谋略，轻财敬士，能厚养健儿，健儿亦乐为用命。后来在东吴孙权处任职，因立功官拜折冲将军。

《吴书》：甘宁重义轻生，常因仗义杀人而到处躲藏，郡中闻名。甘宁喜好奢华，出行时，陆路就车骑陈列，水路则舟船相连，侍从们也都身穿花纹精美的锦绣。船舱的帏帐镶嵌珠玉，驻船时用丝绸做缆绳，走的时候直接割断抛弃，以显示奢侈。

《江表传》：曹操出兵濡须，临江饮马。孙权率众应战，派甘宁领兵三千为前部督，下令甘宁夜袭魏军。甘宁选出精锐健儿百余人，径直潜至曹操营寨前，翻过壁垒进入曹营，斩杀数十人，曹军大为恐慌。孙权称赞道："曹孟德有张辽，我有甘宁，足以和他相抗衡。"

②陆凯贵盛：《三国志·吴志十六·陆凯传》：陆凯，字敬风，吴郡吴县华亭（今上海松江）人。出身江东名门吴郡陆氏，为丞相陆逊的侄子、大司马陆抗的族兄，孙皓时为丞相。

《世说新语·规箴》：孙皓问陆凯："你的家族在朝为官的有几人？"陆凯回答说："有两个为丞相，五人被封侯，将军十来人。"孙皓说："真兴盛啊！"陆凯说："君主贤明，臣子忠诚，这样国家会兴盛；父亲慈爱，子女孝顺，家庭会兴盛。现在政务荒废，民生凋敝，国家有倾覆灭亡之忧，我哪敢说兴盛啊！"

干木富义[①]，於陵辞聘[②]

《淮南子》曰：段干木辞禄而处家，魏文侯过其闾而轼之。其仆曰："干木布衣之士，君轼其闾，不已甚乎？"文侯曰："干木不趋势利，怀君子之道，隐处穷巷，声施千里，寡人敢勿轼乎？干木光于德，寡人光于势；干木富于义，寡人富于财。势不若德尊，财不若义高，干木虽以己易寡人，弗为。"

《古列女传》：楚王闻於陵子终贤，欲以为相，使使者持金百镒往聘之。子终入谓妻曰："王欲以我为相。今日为相，明日结驷连骑，食方丈于前，可乎？"妻曰："夫子织屦以为食，非与物无治也。左琴右书，乐亦在其中矣。夫结驷连骑，所安不过容膝；食方丈于前，所甘不过一肉。今以容膝之安，一肉之味，而怀楚国之忧，其可乎？乱世多害，妾恐先生之不保命也。"于是子终出谢使者，遂相与逃，而为人灌园。《高士传》曰：陈仲子，字子终，齐人。辞母兄，将妻适楚，居於陵，自号於陵仲子。

①干木富义：段干木，战国初年魏国名士。师从子夏，与田子方友善，为孔子再传弟子。清高隐居，不慕名利。魏文侯求贤若渴，礼敬段干木。段干木被感动，辅佐文侯，助魏国强大。

《淮南子·修务训》：段干木辞官隐居在家。魏文侯经过他的闾巷，凭靠在车子的轼木上对着段干木家的方向致敬。他的仆从说："段干木就是一介布衣，您身为君主，对着他家的闾巷凭轼致敬，是不是过于恭敬了？"文侯说："干木不谄媚势利，内心怀有君子之道，就算隐居于偏僻的陋巷，也能闻名于千里之外，我岂能不对他致敬！段干木在德行上引人注目，寡人在权势上引人注目；段干木在道义上富有，寡人在财物上富有。权势没有德行尊贵，财富不如道义高洁。让段干木和我交换位置，他是不会同意的。"

②於陵辞聘：《古列女传》：楚王听闻於（wū）陵子终贤能，打算聘他为相，派使者持金百镒前往聘请。於陵子终到内室和妻子商量说："楚王欲以我为相。今日为相，我们明日出门就会有众多车辆护送，每辆车都由四匹马拉着，吃饭的时候，饮食丰盛，面前一丈见方的地方都会摆满美食，我能接受楚王的聘请吗？"妻子说："你本来靠打草鞋养家糊口，也有机会与人交往；左手弹琴右手持书，生活乐趣也颇多。如果你做了楚国的国相，结驷连骑，能让你安心的也不过容膝之地；食前方丈，让你满足的也不过是吃到嘴里的那一小块肉。现在你为了这容膝之安，一肉之味，而去为整个楚国担忧，你觉得值得吗？现在我们身处乱世，祸乱很多，我担心你到时候自身难保啊！"于是於陵子终从内室出来，谢绝使者的邀请。随后夫妻二人一起出逃，以给人家浇灌菜园为生。《高士传》载：陈仲子，字子终，是齐国人。辞别母亲和兄长，带着妻子到楚地，隐居在於陵，自称於陵仲子。

元凯传癖①，伯英草圣②

　　《晋书》：杜预，字元凯。既立功之后，从容无事，乃耽思经籍，为《春秋左氏经传集解》。又参考众家谱第，谓之《释例》。又作《盟会图》《春秋长历》，备成一家之学。比老乃成，又撰《女记赞》。当时论者谓预文义质直，世人未之重。唯秘书监挚虞赏之曰："左丘明本为《春秋》作传，而《左传》遂自孤行。《释例》本为《传》设，而所发明何但《左传》，故亦孤行。"时王济解相马，又甚爱之。而和峤颇聚敛。预尝称济有马癖，峤有财癖。武帝闻之谓曰："卿有何癖？"对曰："臣有《左传》癖。"终司隶校尉，位特进，赠征南大将军。初，预好为后世名，尝言"高岸为谷，深谷为陵"，刻石为二碑，纪其勋绩。一沉岘山之下，一立岘山之上，曰："焉知此后不为陵谷乎？"

　　《后汉》：张芝，字伯英，敦煌酒泉人。善草书。卫恒曰："章帝时，齐相杜度号善作篇，后有崔瑗、崔寔亦皆称工。杜氏杀字甚安，而书体微瘦；崔氏甚得笔势，而结字小疏；伯英因而转精甚巧。"凡家之衣帛，必书而后练之。临池学书，池水尽黑。下笔为楷则，号匆匆不暇草书，寸纸不见遗。世尤宝其书，韦仲将谓之草圣。

　　①元凯传癖：杜预（222—284），字元凯，京兆杜陵（今陕西西安东南）人，西晋政治家、军事家和学者，为平定东吴的统帅之一。从小博学多通，被誉为"杜武库"，有立功、立言的志向。娶司马懿女儿为妻，在司马昭执政后渐受重用。

　　《晋书·杜预列传第四》：杜预平定东吴有功，在闲暇之余，沉湎于研究儒家经典书籍，撰写了《春秋左氏经传集解》。又参考众家研究成果，撰写《春秋释例》。还撰写了《盟会图》《春秋长历》，完成他自己独立的学术体系，这一工作直到杜预老年才完成。还撰写了《女记赞》。

当时有人评价说，杜预的文章内容与行文质朴直率，不被世人重视。只有秘书监挚虞非常欣赏他，说："左丘明写《左传》，本来是为《春秋》作传，后来左丘明的《左传》独立发行。《春秋释例》本为解读《左传》而作，但其阐发的内容又不限于《左传》，所以《春秋释例》也被独立发行。"

当时王济懂得相马，又很爱马；和峤喜欢聚敛钱财。杜预曾说王济有马癖，和峤有财癖。晋武帝听说后，问杜预："那爱卿你有什么癖好呢？"杜预回答说："臣有《左传》癖。"杜预官至司隶校尉，加位特进，死后追封征南大将军。

杜预重视在后世留名，曾说："高山可以变为峡谷，峡谷也可以变迁为山陵。"杜预把自己的功勋刻在两块石头上，一块埋在岘山山脚下，一块立在岘山山顶，说："谁知道以后山脚不会变成山陵，山巅不会成为谷底呢？"

②伯英草圣：张芝，字伯英，敦煌渊泉（今甘肃瓜州东）人，大司农张奂的儿子。东汉书法家，擅长写草书，被称为"草书之祖"。

《晋书·卫恒列传第六》：西晋书法家卫恒评价说："汉章帝时，齐相杜度号称善于书法，后来又有崔瑗、崔寔书法工巧。杜度的书法收笔恰到好处，而字体偏瘦；崔氏和杜度相反，擅长笔势，而在收笔上稍有不足；张芝在此基础上字体更为精致工巧。"

张芝家里的衣服布帛，必定先写上字，再对着细细琢磨。张芝在水池边学习写字，池水都黑了。下笔一定要做到规范，自谦匆忙没有时间写草书，一寸大小的纸片也舍不得扔掉，世人视其书法为珍宝，韦诞（字仲将）称其为"草圣"。

冯异大树①，千秋小车②

《后汉》：冯异，字公孙，颍川父城人。好读书，通《左氏春秋》《孙子兵法》。汉兵起，以郡掾守父城。光武为司隶，道经父城，即开门迎，光武署为主簿。及王郎起，光武自蓟东南驰，至饶阳无蒌亭。天寒，众饥疲，异上豆粥。明旦，光武曰："昨得公孙豆粥，饥寒俱解。"及至南宫，遇大风雨，光武入道傍舍燎衣，异进麦饭菟肩。因渡滹沱河，还拜偏将军。为人谦退不伐，行与诸将相逢，辄引车避道。进止皆有表识，军中号为整齐。每所止舍，诸将并坐论功，异常独屏树下，军中号曰"大树将军"。及破邯郸，乃更部分诸将，各有配隶，军士皆言愿属大树将军，光武以此多之。后封阳夏侯，拜征西大将军，赐珍宝衣服钱帛。诏曰："仓卒无蒌亭豆粥、滹沱河麦饭，厚意久不报。"异稽首谢。

《前汉》：车千秋，本姓田氏，为高寝郎。会卫太子为江充所谮败，久之，武帝颇知太子冤。千秋上急变讼曰："子弄父兵罪当笞，天子之子，过误杀人，当何罪哉？臣尝梦见一白头翁，教臣言。"上大感悟，召千秋至前。千秋长八尺余，体貌甚丽，帝见而悦之，谓曰："父子之间，人所难言，公独明其不然，此高庙神灵使公教我，公当为我辅佐。"立拜大鸿胪。数月为丞相，封富民侯。千秋无他材能术学，又无伐阅功劳，特以一言寤意，旬月取宰相封侯，世未尝有。初，千秋年老，上优之，朝见得乘小车入宫殿中，故因号曰"小车丞相"。

①冯异大树：冯异，字公孙，颍川父城（今河南宝丰东）人。好读书，精通《左氏春秋》《孙子兵法》。东汉开国名将，位居云台二十八将第七位。

《后汉书·冯异列传第七》：汉兵起事，冯异以郡掾身份据守父城。当时，汉光武帝刘秀为司隶校尉，带兵路过父城，冯异开城门迎接，光武帝任命冯异为主簿。到王郎在邯郸起兵，光武帝刘秀从蓟县东部向南急行军，一直行军到饶阳无蒌亭。当时天气寒冷，众官兵又累又饿，冯异给刘秀端上豆粥。第二天早上，刘秀说："昨天吃了你的豆粥，饥寒俱消。"军队继续前行到南宫县境内，遇狂风暴雨，刘秀到路边空房子里烤衣服，冯异做了麦子饭和野菜献给刘秀吃。军队接着渡过滹沱河，回来后冯异被任命为偏将军。

冯异为人谦让不自夸，路上与其他将领相逢，则主动避让。无论行军还是驻扎都做好标记，军中都称赞他带兵严整。每次宿营，诸将并坐论功，冯异则会避开，独坐树下不参与讨论，军中称他为"大树将军"。

攻破邯郸后，部队调整部署，重新配备将领及其属官，军士们都说愿意做大树将军的部属，光武帝因此对冯异更为器重。后来冯异官封阳夏侯，拜征西大将军，皇上赐给他很多珍宝、衣服、钱帛，并下诏说："难忘紧迫危急之下，无蒌亭的豆粥、滹沱河的麦子饭和野菜，深情厚意一直没有报答，这些东西聊表心意。"冯异稽首感谢。

②千秋小车：车千秋，原本姓田，长陵（今陕西咸阳东北）人，祖上为齐国田氏。汉武帝时，车千秋担任护卫汉高祖寝陵的郎官。

《汉书·车千秋列传第三十六》：卫太子刘据因为江充的陷害而被处死。时间久了，皇上明白之前太子发兵不是造反，是不得已而为之。车千秋给皇上呈送紧急奏章，说："儿子调动父亲的军队，按罪应该受到鞭打。天子的儿子，过失杀人，能当何罪呢？我曾梦见一个白头发的老人，他教给我应该怎么处理这样的事情。"皇上大为感慨并醒悟过来，知道太子刘据是因为惶恐发兵，于是召见车千秋。车千秋身高八尺有余，体格伟岸，相貌俊美，武帝见后很赏识他，对他说："父子之间的事情，别人不好评价，只有你明白事情的真相，知道作为父亲，我是不愿伤害太子的，这是高祖的神灵，派你来指教我，你应当成为我的辅佐。"立即提拔车千秋为大鸿胪。几个月后又提拔为丞相，封为富民侯。车千秋没有其他的才华和能力，也没有什么功劳和阅历，仅仅因为一句话点醒了皇上，只用几个月的时间就官至宰相并被封侯，真是世间少有。

当初，车千秋年老，皇上为了优待照顾他，允许他乘坐小车上朝，人称"小车丞相"。

漂母进食①，孙钟设瓜②

《前汉》：韩信家贫，尝从下乡南昌亭长食。亭长妻苦之，乃晨炊蓐食。食时信往，不为具食，信自绝去。至城下钓，有一漂母哀之，饭信数十日。信曰："吾必重报母。"母曰："大丈夫不能自食，吾哀王孙而进食，岂望报乎？"淮阴少年又侮信，众辱信曰："能死刺我，不能出胯下。"信孰视，俯出胯下，一市皆笑，以为怯。及信为楚王，召漂母，赐千金。及下乡亭长钱百，曰："公，小人，为德不竟。"召辱己少年，以为中尉，告诸将相曰："此壮士也，方辱我时，宁不能死？死之无名，故忍而就此。"

《幽冥录》：孙钟少时家贫，种瓜。瓜熟，有三人来乞瓜，钟引入庵中，设瓜及饭。饭讫，谓钟曰："蒙君厚惠，今示子葬地，欲得世世封侯？为欲数代天子？"又曰："我司命也。君下山百步，勿反顾。"钟下六十来步回看，并为白鹤飞去。钟遂于此葬母，冢上有气属天。钟后生坚，坚生权，权生亮及休，权孙和生皓，为晋所灭，降为归命侯。

①漂母进食：韩信，是淮阴（今江苏淮安淮阴区西南）人。韩信始为布衣时，因为家境贫寒，又品行不端，所以没有机会被推荐做官。韩信又不懂经商，就常常到别人家寄食，大家都讨厌他。

《史记·淮阴侯列传》：韩信微时，家境贫寒，曾多次在下乡南昌亭亭长家蹭饭，一连数月。亭长的妻子很苦恼，就提前做饭，然后端到床上吃，吃完饭继续睡觉。到了该吃饭的时间，韩信又来了，看亭长和妻子还在床上睡觉，不给他准备饮食，一怒之下，离开后不再回来。

韩信到城下护城河里钓鱼，有一个洗衣服的老婆婆看韩信可怜，给韩信饭吃，一连给了几十天。韩信说："我一定会重重地报答您。"老婆婆说："男子汉大丈夫自己养活不了自己，我是看你可怜才给你饭吃，难道是为了要你的回报吗？"

淮阴屠户中有个少年当众羞辱韩信，说："你要是有勇气的话，就用剑刺我，否则就从我胯下爬过去。"韩信盯着他看了很久，最后慢慢伏下身子从少年胯下爬了过去。街上的人都嘲笑韩信，以为他是个怯懦之人。

等到韩信被封为楚王，召见那个洗衣服的老婆婆，赐给她千金。赐给下乡南昌亭亭长百钱，说："你是一个小人，做好事有始无终。"又召见当年羞辱自己的屠户中少年，任他为中尉，并告诉诸位将相说："他是一位壮士，当年羞辱我时，我难道不能杀了他吗？杀了他没有意义，所以我忍受了他的羞辱而成就现在的功业。"

②孙钟设瓜：孙钟，东汉人，三国吴孙权的先祖。《幽冥录》：孙钟年轻时家贫，种瓜为业。瓜熟的时候，有三人来要瓜吃。孙钟把他们带到瓜庵，给他们切瓜还管他们吃饭。吃完饭，他们对孙钟说："感谢您的款待，今天给您指点一片墓地，您是想让子孙数代为天子，还是世世都封侯？"孙钟说能让后代当几代天子就满足了。三人又告诉孙钟说："我们是命运之神。你现在下山，一直往前走，百步之内不要回头。"孙钟下山，走了六十来步，忍不住回头看，发现三人变为三只白鹤飞去。母亲去世后，孙钟将母亲葬在神人指点的墓地，下葬当天，坟上有气体生出，直冲云霄。孙钟后来生下儿子孙坚，孙坚生孙权，孙权生孙亮及孙休，孙权的孙子孙和生孙皓。东吴被晋灭，孙皓投降后被封为归命侯。

壶公谪天①，蓟训历家②

《后汉》：汝南费长房，为市掾。市中有老翁卖药，悬一壶于肆头，及市罢，辄跳入壶中，市人莫之见。唯长房于楼上睹之，异焉。因往再拜，奉酒脯。翁知长房之意其神也，谓曰："子明日可更来。"长房旦日复诣翁，翁与俱入壶中。唯见玉堂严丽，旨酒甘肴盈衍其中。共饮毕而出，翁约不得与人言之。后乃就楼上候长房，曰："我神仙之人，以过见责。今当去，能相随乎？楼下有少酒，与卿为别。"长房使人取之，不能胜。又令人扛之，犹不能举。翁闻笑而下楼，以一指提上。视器如一升许，二人终日饮不尽。

《神仙传》：蓟子训，齐人。举孝廉，除郎中，又为都尉。人莫知其有道。在乡里，常以信让与人，二百余年颜色不老。曾往抱邻舍婴儿，误堕地。儿家素尊子训，即埋之。二十余日，子训自外来，抱儿还之。家恐是鬼，子训既去，掘视所埋，但泥而已。又诸老人鬓白者，子训与对坐共语，宿昔皆还黑。京师贵人，莫不虚心欲见，争请子训往，尽令太学诸生为请子训。子训曰："吾某月日当往。"到期子训以食时发，日中到，未半日行千余里。乃见书生，问："谁欲见我？卿尽语之，我日中当往。"到日中，子训果往二十三处。诸贵人喜，自谓先诣之，明日相参问，各言子训衣服颜色如一，而所论说随主所语不同，远近惊异。子训自乘青骡，出东门陌上，徐徐行，诸贵人走马，逐不能及。行半日，而相去常一里许，乃止。

①壶公谪天:《后汉书•方术传•费长房列传第七十二》:费长房，汝南（今河南平舆北）人，曾做市场管理员。集市上有位老人卖药，将一只壶悬挂在店铺口。等到集市结束，老人就跳到壶里，市场上没有人注意到。只有费长房在楼上正好看到这一幕。费长房心中好奇，就前去拜见，并奉上好酒和肉脯。老人知道费长房识破他是神仙了，就对费长房说："你明天再来吧！"

费长房第二天如约而至，老人带着他一起跳到壶里。只见壶里面宽敞辽阔，房舍华丽，美酒佳肴，充盈其中。二人痛饮美酒后再相携而出，老人告诫费长房不得向别人透露此事。后来老人在楼上等候费长房，见面后说："我是神仙之人，因为犯错被处罚而从仙界来到人间。今天我受罚期满，就要重回仙界了，你愿意跟着吗？我在楼下准备了一点儿酒，与你道个别。"费长房让人去拿酒，发现根本拿不动，又找十个人去抬，仍然是搬不起来。老人笑着下楼，用一根手指头就把酒提到楼上了。看起来酒器也就能盛一升酒的样子，但是二人喝了一整天也没有喝完。

②蓟训历家:《神仙传卷七》:蓟子训，是齐国临淄人。被推举为孝廉，授官为郎中，后从军拜驸马都尉。起初人们并不知道他有道术。在乡里，蓟子训与人交往，诚信谦让，二百余年来容貌不改。

蓟子训抱着邻居家的婴儿逗玩儿，一失手孩子掉在地上摔死了。孩子的家长平素很尊重蓟子训，没有怪罪蓟子训，只叹息孩子命不好，就把孩子埋掉了。二十多天后，蓟子训从外面进来，抱着邻居家的婴儿还给邻居。婴儿家长开始以为孩子是鬼，等子训走后，赶紧挖开埋孩子的地方，孩子不见了，只有泥土。有位老人头发胡须花白，子训和他对面坐着聊天后，一夜之间老人的头发和胡须就全黑了。

京师的富贵人家，都诚心想见到子训一面，争着邀请他。蓟子训邻居家的孩子是位太学生，在京城读书，有钱人家求这个学生邀请蓟子训。子训说："我在某月某日前往。"到了约定的日期，子训以辰时出发，午时就到了京师，不到半天走了一千余里的路程。蓟子训见到书生，问："谁想见我？你告诉所有想见我的人，跟他们说我中午就去。"到了中午时分，子训果然同时前往二十三户人家。贵人们都很高兴，以为蓟子训先到的是自己家。第二天这些贵人们相互交流，他们说出来的蓟子训的衣服颜色、样式一模一样，而和不同的人说的话却不一样，大家都非常惊异。蓟子训回家的时候，骑一匹青骡，从城东门田间小路离开，青骡缓步慢行，那些贵人们骑着快马相送，可是怎么也追不上。追了半天，一直是相差一里地的样子，实在没有办法追上，只好停止。

刘玄刮席[1]，晋惠闻蟆[2]

《后汉》：刘玄，字圣公，光武族兄。王莽末，平林陈牧等聚众，号平林兵，圣公往从之。及破莽军，号圣公为更始将军。众虽多，无所统一，遂共立更始为天子。更始即帝位，南面朝群臣，素懦弱，羞愧流汗，举手不能言。初入都宛城，时汉兵诛王莽，传首诣宛，县于市。遂北都洛阳，后迁长安。初，莽败，惟未央宫被焚，余宫馆无所毁，官府市廛，不改于旧。更始既至，居长乐宫，升前殿，郎吏以次列庭中。更始羞怍，俯首刮席，不敢视。后赤眉贼入关见杀。

晋惠帝初为太子，朝廷咸知不堪政事，武帝亦疑焉。尝使决尚书事，不能对，贾妃遣左右代对，遂安。及居大位，政出群下，纲纪大坏，货赂公行。势位之家，以贵陵物，忠贤路绝，谗邪得志，更相荐举，天下谓之互市。尝在华林园闻虾蟆声，谓左右曰："此鸣者为官乎？为私乎？"或对曰："在官地为官，在私地为私。"及天下荒乱，百姓饿死，帝曰："何不食肉糜？"其蒙蔽皆此类。

①刘玄刮席：《后汉书·刘玄列传第一》：刘玄，字圣公，新莽末年南阳蔡阳（今湖北枣阳西南）人，是汉光武帝刘秀的族兄。王莽末年，饥荒瘟疫不断，平林人陈牧等聚众起义，号称平林兵，刘玄前往投奔。后来击破王莽军，称刘玄为更始将军。军队虽然人数众多，但是没有统一的指挥，于是将领们推立更始将军刘玄为天子。刘玄即位后，群臣朝见，因为刘玄平素懦弱，见此场面，羞愧流汗，举着手紧张得连话都说不出来。开始的时候，刘玄建都宛城（今河南南阳），当时汉兵诛杀王莽，将他的首级传送到宛城，

更始帝命人将其悬于市中。于是将都城从宛城北迁至洛阳，后来又向西迁都至长安。

起初，王莽兵败，在长安，只有未央宫被焚毁，其余宫殿场馆一无所毁，国家的府库、市场等不改旧貌。更始皇帝到长安后，居住在长乐宫，登上前殿，郎吏等官员按顺序排列，在大庭中参拜他。更始皇帝还是显出很羞愧的样子，头低得都要刮着席子了，不敢直视众位大臣。后来赤眉军入关，更始帝刘玄被杀。

②晋惠闻蟆：《晋书·帝纪第四·惠帝》：晋惠，指晋惠帝司马衷，晋武帝司马炎次子，智力低下。当初，晋惠帝还是太子的时候，朝廷上下都知道他的能力不足以管理朝政，就连他的父亲晋武帝司马炎也持怀疑态度。武帝曾经让惠帝处理尚书需要负责的事务，惠帝不知道该怎么应答，贾妃派左右代为应对，太子的地位才得以稳固。

晋惠帝登基后，朝政全部由臣下决断，法纪纲常因此败坏，腐败贿赂公然大行其道。有权势有地位的人家，仗势欺人，忠诚贤良之士退隐，谗佞奸邪小人得志。他们相互举荐，权力交换，天下之人称其为互市。晋惠帝曾在华林园听到蛤蟆叫声，问左右："它们鸣叫是为公还是为私？"有人回答说："在公家地盘上叫的就是为公，在私人地盘上叫的就是为私。"晋惠帝竟然深信不疑。等到天下大乱，灾荒满地，百姓饿死，晋惠帝听说饿死了人，不解地问左右："他们既然没有粮食吃，为什么不食肉粥？"他总是愚蠢无知到这种程度。

伊籍一拜①，郦生长揖②

《蜀志》：伊籍，字机伯，山阳人。先主以为左将军从事中郎，遣使吴。孙权闻其才辩，欲逆折以辞。籍适入拜，权曰："劳事无道之君乎？"对曰："一拜一起，未足为劳。"机捷类如此。权甚异之。

《前汉》：郦食其，陈留高阳人。好读书。家贫落魄，无衣食业，为里监门，县中贤豪不敢役，谓之狂生。沛公略地至高阳，召食其入见。沛公方踞床，使两女子洗。食其长揖不拜，曰："足下必欲举义兵，诛无道秦，不宜踞见长者。"于是沛公辍洗，起延上坐谢之。既下陈留，号为广野君。韩信东击齐，又使食其说齐王田广，罢历下兵，凭轼下齐七十余城。及信兵至，广以为食其卖己，乃烹之。

①伊籍一拜：《三国志·蜀志八·伊籍传》：伊籍，字机伯，山阳（今山东金乡）人。刘备任命伊籍为左将军从事中郎，派遣他使吴。孙权对伊籍的辩才早有耳闻，准备用言语挫败打击他。伊籍参拜孙权，孙权问："侍奉无道昏君很辛苦吧？"伊籍马上回答说："算不上辛苦，也就参拜一下，一弯腰一起身的事儿。"伊籍就是这样机智敏捷。孙权觉得他与众不同。

②郦生长揖：郦食其（lì yì jī），陈留高阳（今河南杞县西南）人。好读书。家境贫寒，潦倒落魄，没有可以养活自己的营生，做了一名监管里门的小吏。县里的贤达之士以及豪强们都不敢役使他，称他为"狂生"。

《汉书·郦食其列传第十三》：沛公刘邦攻城略地到了高阳县，召见郦食其。郦食其来的时候，沛公正坐在床边，伸着腿让两个女子给他洗脚。郦食其长长地作了一个揖，但没有躬身下拜，跟沛公说："如果你一定要起义兵，讨伐暴虐无道的秦王朝，不应该如此傲慢无礼地接见长者。"于是沛公赶紧停止洗脚，起身请郦食其上坐并向他道歉。在郦食其的帮助下，沛公攻取陈留，赐予郦食其广野君称号。

韩信向东攻打齐国，刘邦又派郦食其游说齐王田广，田广听从郦食其的建议撤走历下守军，郦食其以三寸不烂之舌取得齐国七十余城。等韩信的军队到达，田广以为是郦食其出卖自己，就将郦食其烹杀。

马安四至[①]，应璩三入[②]

《前汉》：司马安，汲黯姊子，少与黯为太子洗马。安文深巧，善宦，四至九卿，终河南太守。昆弟以安故，同时至二千石十人。

《文章叙录》：应璩，字休琏，汝南人。博学，好属文。魏明文帝世，历散骑常侍。齐王即位，迁侍中、大将军长史。曹爽秉政，多违法度，璩为《百一诗》以讽焉。其略曰："前者堕官去，有人适我间。田家无所有，酌醴焚枯鱼。问我何功德，三入承明庐。"其言虽颇谐合，多切世要，世共传之。

①马安四至：《汉书·汲黯列传第二十》：司马安，濮阳（今河南濮阳）人，是汲黯姐姐的儿子，年轻时与汲黯同为太子洗马。司马安擅长舞文弄墨，玩弄法律条文，善于当官，四次做到九卿之职，官至河南太守。他的兄弟们因为司马安的原因，官至二千石俸禄的有十人。

②应璩三入：《文章叙录》：应璩，字休琏，汝南南顿（今河南项城西）人。学识渊博，擅长写文章。魏文帝和魏明帝朝，历官散骑常侍。齐王曹芳即位后，应璩被提拔为侍中、大将军长史侍郎、散骑常侍、侍中，为皇帝侍从官员，可以从皇宫侧面的承明庐出入。因为皇帝年幼，大将军曹爽和太尉司马懿共同辅政。曹爽执掌国政，行事多次违反法度，应璩写《百一诗》以讽刺。诗中有以下句子："前者堕官去，有人适我间。田家无所有，酌醴焚枯鱼。问我何功德，三入承明庐。"意思就是说，罢官归来后，有朋友到我家做客，我殷勤招待。朋友问我何德何能，竟然多次出入承明庐。

郭解借交^①，朱家脱急^②

《前汉》：郭解，字翁伯，河内轵人。静悍，不饮酒。少时阴贼，感慨不快意，所杀甚众。以躯藉友报仇，臧命作奸，剽攻不休。及铸钱掘冢，不可胜数。适有天幸，窘急常得脱。长更折节为俭，以德报怨，厚施而薄望。后坐客杀人，解实不知。御史大夫公孙弘议曰："解布衣，为任侠行权，以睚眦杀人，当大逆无道。"遂族解。

《前汉》：朱家，鲁人。鲁人皆以儒教，而朱家用侠闻。所臧活豪士以百数，其余庸人，不可胜言。然终不伐其能。饮其德所尝施者，惟恐见之。振人不赡，先从贫贱始。家亡余财，衣不兼采，食不重味，乘不过軥（qú）牛。专趋人之急，甚于己私。既阴脱季布之厄，及布尊贵，终身不见。自关以东，莫不延颈愿交。

①郭解借交：《汉书·游侠传·郭解列传第六十二》：郭解，字翁伯，河内郡轵县（今河南济源）人。身材短小，沉静勇悍，不饮酒。年轻时心狠手辣，稍有不如意，就会杀很多人。为朋友报仇，不惜性命。藏匿逃犯，作奸犯科，抢劫掠夺。还私自铸钱，偷坟盗墓，坏事不可胜数。却又总能得到上天保佑，每次窘迫危急之际总能得以解脱。等到长大，改变操守，行为节俭，以德报怨，厚施而薄望。后因门客杀人获罪，其实郭解并不知情。御史大夫公孙弘向皇上奏议说："郭解仅仅是一介布衣，为人任侠，玩弄权术，因为小事就随便杀人，应该判处他大逆不道之罪。"于是郭解全族皆被诛杀。借交，指舍身助人报仇。

②朱家脱急：《汉书·游侠传·朱家列传第六十二》：朱家，鲁国人，汉

初侠士。鲁国人接受儒家教化，而朱家则是因行侠闻名。受官府通缉而被他藏匿，以及因困苦被他救助的豪杰之士有一百多个，至于那些普通人，更是不可胜数。然而朱家始终不夸耀自己的能力和功劳，不彰显自己的德行。朱家帮助过很多人，因为不想被对方感恩，朱家总是怕再和他们相见。救济别人，先从穷人开始。

家中没有多余的钱财，朱家衣服朴素，没有多种颜色，吃饭只有一个菜，出门仅坐牛车。专门去帮助和解救别人的燃眉之急，比自己的事情都用心。暗中帮助季布脱离困厄，等季布地位尊贵，终身不见。从函谷关以东，没有人不是伸长脖子，盼着和他结交。

虞延刻期^①，盛吉垂泣^②

《后汉》：虞延，字子大，陈留东昏人。延初生，其上有物，若一匹练，遂上升天，占者以为吉。及长，长八尺三寸，腰带十围，力能扛鼎。性敦朴，不拘小节，又无乡曲之誉。王莽末，天下大乱。延常婴甲胄，拥卫亲族，捍御劫盗，赖其全者甚众。建武初，除细阳令。每至岁时伏腊，辄休遣徒系归家，并感恩德，应期而还。有因于家被病，自载诣狱，既至而死，率掾官属殡于门外，百姓感悦。永平中为三公。

《会稽典录》：盛吉，字君达。拜廷尉，性多仁惠，务在哀矜。每冬月，罪囚当断，其妻执烛，吉持丹笔，相向垂泣。

①虞延刻期：虞延，字子大，陈留东昏（今河南兰考北）人。虞延刚生下来的时候，身上有条像白练一样的东西，缓缓地升上天空，占卜的人认为这个征兆很吉利。

《后汉书·虞延列传第二十三》：虞延长大后，身高八尺三寸，腰带十围，力能扛鼎，性格敦厚。因为不拘小节，不被乡里人赞誉。新朝末年，天下大乱。虞延身穿盔甲，保卫亲族，防御盗贼，他的保卫让很多人活命。

建武初年，虞延被任命为细阳县令。每年到伏日、腊日这样的节日，就放在押的囚徒回家团聚。囚徒们感谢虞延恩德，到期都能及时回来，没有人趁机逃跑。有的囚徒在家生病，找车拉着自己也要坚持回来，刚到就死了。虞延率领属下将他葬在城外，百姓非常感动。永平年间，虞延位列三公。刻期，在严格规定的期限内。

②盛吉垂泣：《会稽典录》：盛吉，字君达，会稽（今浙江绍兴）人。任

廷尉之职。盛吉性格仁爱宽惠，哀伤怜悯别人的不幸。每年的十一月，囚犯应当被处决的时候，盛吉的妻子端着蜡烛，盛吉拿着丹笔，相对垂泪哭泣，不忍下笔判决。

豫让吞炭①，鉏麑触槐②

《史记》：豫让，晋人。尝事范、中行氏，去而事智伯，智伯尊宠之。赵襄子与韩、魏合谋灭智伯，三分其地。襄子怨智伯，漆其头为饮器。让曰："士为知己者死，女为悦己者容，我必为智伯报仇。"乃变名姓为刑人，入宫涂厕，中挟匕首，欲以刺襄子。襄子如厕心动，搜之，则豫让也，襄子义而释之。又漆身为厉，吞炭为哑，使形状不可知，伏于桥下。襄子至桥马惊，曰："此必豫让。"问曰："子事范、中行氏，智伯灭之，不为报仇而反臣智伯。智伯已死，独何报仇之深？"对曰："臣事范、中行氏，众人遇我，我故众人报之。智伯国士遇我，我故国士报之。"襄子曰："寡人赦子，亦已足矣，子自为计。"让曰："臣固伏诛，然愿请君之衣而击之，以致报仇之意。"襄子持衣与之，乃拔剑三跃而击之，曰："吾可以下报智伯矣。"遂伏剑而死。

《左氏传》曰：晋灵公不君，厚敛以雕墙，从台上弹人，而观其避丸也。宰夫腼（ér）熊蹯不熟，杀之，置诸畚，妇人载过朝。盾为正卿，骤谏，公患之，使鉏麑贼之。晨往，寝门辟矣，盛服将朝，尚早，坐而假寐。麑退叹而言曰："不忘恭敬，民之主也。贼民之主，不忠。弃君之命，不信。有一于此，不如死也。"触槐而死。

①豫让吞炭：《史记·刺客列传第二十六》：豫让，春秋战国晋国人。曾侍奉范氏、中行氏，后来又去侍奉智伯，智伯非常尊重宠信他。赵襄子与韩氏、魏氏联合，剪灭智伯，三分其地。赵襄子最怨恨智伯，将智伯的头骨漆上漆，做成饮酒的器具。

豫让说："士为知己者死，女为悦己者容，我必为智伯报仇。"于是改变姓名，乔装成一个服刑的犯人，到赵襄子宫中涂刷厕所，暗藏匕首，伺机行刺。赵襄子上厕所的时候，心中突然悸动，下令将涂厕之人拘捕并搜身审问，知道他是豫让。赵襄子赞赏豫让的忠义而将其释放。

豫让又把漆涂在身上，让身体溃烂成疮，再吞下烧红的木炭让自己哑嗓，这样别人从外形以及声音上就无法认出自己。豫让潜伏在赵襄子必经的桥下等待。赵襄子刚到桥头，马就受惊，赵襄子说："豫让一定在这里。"抓到豫让后，赵襄子问："你也侍奉过范氏、中行氏，智伯把他们都灭了，你不但不为他们报仇反而做了智伯的臣子。智伯已经死了，你为什么要这样深怀血仇大恨地为他报仇呢？"豫让回答说："我侍奉范氏、中行氏，他们给我的是普通人的待遇，我就用普通人的标准回报他们。智伯把我尊为国士，所以我就用国士的标准回报他。"赵襄子说："你为智伯报仇，名声已经成就了。我赦免你也已经够多了，你说怎么处理这件事情吧。"

豫让说："您把我杀掉，我毫无怨言，但我有一个请求，请您让我在您的衣服上刺几剑，表达我为智伯报仇的心意。"赵襄子就把衣服交给豫让，豫让于是跳起来用剑刺了衣服三次，说："我可以到地下见智伯了。"于是伏剑而死。

②鉏麑（chú ní）触槐：鉏麑，春秋时期晋国人。《左传·宣公二年》：晋灵公不行君道，横征暴敛用来装潢宫室。在高台上用弹弓射人，看人在下面慌乱躲避。厨师炖熊掌没有做熟，晋灵公就把厨师杀掉，把尸体放在筐子里，让宫女用车拉着招摇过市。赵盾为正卿，多次劝谏晋灵公。灵公对赵盾怀恨在心，派大力士鉏麑去刺杀他。

鉏麑早上潜入赵盾家，卧室门已经打开，赵盾穿戴严整准备上朝。时间还早，赵盾坐着打盹。鉏麑看到后从赵盾家退出来，叹息说："对国君时刻保持恭敬，真是百姓的靠山啊！我如果伤害百姓的靠山，这样做不忠；但是如果放过赵盾，背弃君王的命令，就是不信。无论如何我都会占据一条，还不如死掉呢。"于是鉏麑一头撞在槐树上，折颈而死。

阮孚蜡屐，祖约好财[1]

《晋书》：阮孚，字遥集，始平太守咸之子。元帝以为安东参军。蓬发饮酒，不以王务撄心。转从事中郎，终日酣纵，常为有司所按。迁散骑常侍，尝以金貂换酒，复为所司弹劾。帝宥之。初，祖约性好财，孚性好屐，同是累而未判其得失。有诣约，见正料财物，客至，屏当不尽，余两小簏，以著背后，倾身障之，意未能平。或有诣阮，正见其蜡屐，因自叹曰："未知一生当著几量屐！"神色闲畅，于是胜负始分。终广州刺史。约，字士少，豫州刺史逖之弟。苏峻克京师，矫诏以为侍中，为石勒所杀。

①阮孚蜡屐，祖约好财：阮孚，字遥集，陈留尉氏（今河南尉氏）人，始平郡太守阮咸的儿子。晋元帝任命他为安东参军。阮孚常披头散发饮酒，不把政务放在心上。转任丞相从事中郎，整日纵饮，常被相关部门按察。升迁为散骑常侍，曾用金貂换酒喝，再一次被相关部门弹劾。皇帝总是原谅他。

《晋书·阮孚列传第十九》：起初，祖约喜好钱财，阮孚喜欢木屐，他们都被自己的癖好连累，大家不能判出二人高下。有人拜访祖约，见他正在整理财物，看见客人到访，来不及将财物全部收起，外面还剩两小筐，就放在身后，斜着身子遮挡，脸色很不自然。有人拜访阮孚，他正用蜡涂木屐。阮孚见客人进来，对着客人叹息说："人这一辈子，不知道能穿几双木屐啊！"神色自然悠闲舒畅，于是胜负始分。阮孚官至广州刺史。

祖约，字士少，范阳遒县（今河北涞水）人，是豫州刺史祖逖之弟。苏峻攻陷京师建康，执掌政权，假传命令任祖约为侍中，后祖约为石勒所杀。

初平起石^①，左慈掷杯^②

《神仙传》：黄初平，丹溪人。年十五，家使牧羊。有道士见其良谨，使将至金华山石室中，四十余年不复念家。其兄初起，索之不得见。后在市有道士善卜，乃就占之。道士曰："金华山中有牧羊儿，是卿弟非邪？"初起即随道士寻见，兄弟悲喜。问羊何在，初平曰："近在山东。"初起往视，了不见羊，但见白石无数。还曰："无羊。"初平曰："羊在耳，但兄自不见。"便乃俱往。初平言："叱叱！羊起！"于是白石皆起，成羊数万头。初起曰："我兄弟得神通如此，吾可学否？"初平曰："唯好道便得。"初起便弃妻子，留就初平，共服松脂、茯苓。至五千日，能坐在立亡，日中无影，有童子之色。后还乡，诸亲死亡略尽，乃去，以方教授南伯逢。易姓为赤，初起改为鲁班，初平改为赤松子。其后传服此药得仙者数十人。

《神仙传》：左慈，字元放，卢江人。少明五经，兼通星气。见汉祚将尽，乃叹曰："值此衰运，官高者危，才高者死，当代荣华，不足贪也。"乃学道术，尤明六甲，能役鬼神，坐致行厨。精思于天柱山中，得石室《九丹金液经》，能变万端。曹操闻而召之，闭一室中，断谷食，日与二升水，期年出之，颜色如故。操欲学道，左慈曰："学道当清净无为。"操怒，谋杀之，为设酒。慈乞分杯饮酒。时天寒，温酒尚未熟，慈拔簪以画杯酒，即中断，分为两向。慈饮其半，送半与操。操未即饮，慈乞自饮。饮毕，以杯掷屋栋，杯便悬著栋动摇，似鸟飞之状，似欲落不落。一坐瞩目视杯，已失慈所在。操尝会宾，顾众曰："珍羞俱备，所少吴江鲈鱼耳。"慈求铜盘贮水，以竹竿钓，须臾引鲈出。操曰："一鲈不周坐席。"慈更饵钩，沉之复引出，皆三尺余。操鲙之，恨无蜀姜。慈曰："易得。"

操恐近取之，因曰："吾前遣人到蜀买锦，可报令增一端。"语顷，即得姜还，使报命。后返验问增锦之状，若符契也。

①初平起石：黄初平，也叫皇初平，后世称为黄大仙，著名道教神仙。丹溪人，原是一名放羊的牧童，山中修炼得道。

《神仙传》：黄初平十五岁那一年，家里让他出去放羊。路遇一位道士，道士见初平善良恭谨，把他带到金华山的一个石室中。初平在这里生活了四十多年，自由自在，没有想家。他的哥哥黄初起，到处寻找他，未果。集市上有道人善卜，初起就去道士那里占卜。道士占卜后，说："金华山有个牧童，是不是你的弟弟啊？"黄初起于是跟着道士前去寻找，真的见到了弟弟。兄弟相见，悲喜交加。哥哥问："当年让你放羊，羊后来都去了哪里啊？"黄初平说："很近，就在山的东边。"初起赶紧去山的东面查看，没有发现羊，只有很多白色的大石头。初起回来说："山的东面没有羊。"初平说："羊就在那里，只是哥哥看不见罢了。"于是兄弟二人再去山的东面寻找。初平说："羊儿们都站起来！"于是白色石头都站了起来，变成数万只羊。初起说："弟弟你有这么大的神通，我能学一学吗？"初平说："只要你是真心求道就能学。"初起便舍弃妻子儿女，留在初平这里学道，一起服用松脂、茯苓。五千天后，黄初起能做到眼睁睁地坐在那里，站起来却消失了。中午站在太阳下面，却没有影子，虽然年岁不断增长，但一直面如儿童。后来兄弟二人返回家乡，亲人们差不多全部去世，于是又离开家乡重回金华。

他们把一个药方传给南伯逢。传说服用此药得道成仙的人有数十个。兄弟俩把姓改为赤，初起改名为鲁班，初平改名为赤松子。

②左慈掷杯：左慈，字元放，庐江（今安徽庐江西南）人。年轻时就通晓五经，同时兼通占星望气之术。

《神仙传》：左慈预测到汉朝气数将尽，叹息说："在这个衰败的世道，当官的会有危险，有才的会死掉，眼前的荣华富贵，不值得留恋啊！"

左慈于是学习道术，尤其精通六甲之术，能够役使鬼神，坐在桌前能直接召来饭菜。他在天柱山中精思，于一座石室中得到《九丹金液经》，从此能够千变万化，非常神奇。曹操听闻后把左慈召来，将他关在一间房子里，断绝食物，每天只给二升水。一年之后再把他放出来，面容颜色如故。曹操想跟着左慈学道，左慈说："学道应当清静无为，与世无争。"曹操愤怒，谋划杀掉左慈。曹操置办酒席宴请左慈，席间左慈请求和曹操共饮一杯酒。当时天气寒冷，酒还没有被温热。左慈拔下自己的发簪，在酒杯中一划，酒杯就从中间分成两半，酒在半块酒杯中不洒出来。左慈饮下其中的半杯，把另外半杯送给曹操。曹操没有马上饮用，左慈就请求自己把这半杯也喝掉。饮完后，随手往上一扔，杯子便悬在房梁上，来回摇动，像鸟飞的样子，摇摇欲坠，欲坠不坠。全屋的人都在看酒杯，等杯子落下来，左慈已经不见了。

一次，曹操宴请宾客，和众人说："美食一应俱全，只是缺少吴江鲈鱼啊！"左慈要来一个铜盘，盘里倒上水，再拿来一根竹竿，开始在铜盘里钓鱼，没多久就钓出来一条鲈鱼。曹操说："一条鲈鱼不够在座的宾客吃。"左慈就换一个饵钩，反复把钩放到水里再提出来，每次都会钓出一条鲈鱼，都是三尺长的样子。曹操让人做鱼，可惜没有蜀地的姜。左慈说："这个容易。"曹操担心左慈就近随便拿块姜代替蜀姜，就说："我前些天派人去蜀地买锦，你去蜀地买姜的时候顺便跟他们说再多买两匹锦。"曹操刚说完，左慈就从蜀地取到姜了，向曹操复命。后来等买锦的回来，再验问增加的锦的样子，和曹操的要求完全符合。

武陵桃源①，刘阮天台②

　　陶潜《桃花源记》云：晋太元中，武陵人捕鱼，缘溪行，忘路之远近。忽逢桃花林，夹岸数百步，中无杂树，芳华鲜美，落英缤纷。渔人甚异之，复前行，欲穷其林。林尽水源，得一山，山有小口，仿佛若有光。便舍舟从口入。初极狭，才通人。复行数十步，豁然开朗，土地平旷，屋舍俨然，有良田、美池、桑竹之属。阡陌交通，鸡犬相闻。其中往来种作男女，衣着悉如外人，黄发垂髫，怡然自乐。见渔人，乃大惊，问所从来。具答之。便邀还家，为设酒杀鸡作食，村中咸来问讯。自云先世避秦乱，率妻子邑人来此绝境，不复出，遂与外人间隔。问今是何世，乃不知有汉，无论魏晋。此人为具言，闻皆叹惋。余人各复延至其家，皆出酒食，停数日，辞去。既出，得其船，便扶向路，处处志之。及郡，诣太守说，太守即遣人随往，寻向所志，遂迷不复得路。

　　《续齐谐记》：汉明帝永平中，剡县有刘晨、阮肇，入天台山采药，迷失道路。粮尽，望山头有桃，共取食之，如觉少健。下山得涧水，饮之并澡洗。望见蔓菁果从山后出，次有一杯流出，中有胡麻饭屑。二人相谓曰："去人不远。"因过水，行一里，又度一山，出大溪，见二女，颜容绝妙，世未有。便唤刘、阮姓名如有旧，喜问郎等来何晚。因邀过家，厅馆服饰精华，东西各有床，帐帷设七宝璎珞，非世所有。左右直，悉青衣端正，都无男子。须臾进胡麻饭、山羊脯甚美，又设甘酒。有数十客将三五桃至，云来庆女婿。各出乐器，歌调作乐。日向暮，仙女各还去。刘、阮就所邀女家止宿，行夫妇之道。留十五日，求还，女曰："来此皆是宿福所招，得与仙女交接，流俗何所乐？"遂住半年。天气和适，常如三二月，百鸟哀鸣，悲思求归甚切。女曰："罪根未灭，使君子如此。"更唤诸仙女，共作歌吹，送刘、阮：“从此山洞口去，不远至大道。”随其言，果得还家乡，并无相识。乡里怪异，乃验得七代子孙。传闻上祖入山不出，不知何在。既无亲属，栖泊无所。却欲还女家，寻山路不获。至太康八年，失二人所在。

①武陵桃源：武陵，郡名。郡治在今湖南常德。陶渊明《桃花源记》：东晋孝武帝太元年间，有个武陵人以捕鱼为生。一天，他划船沿溪而下，忘路之远近。忽然遇到一片桃花林，夹岸数百步，中间没有别的树，花草鲜美，落英缤纷。

这个打鱼人非常惊异，继续向前划船，想要找到桃林的尽头。林子的尽头就在溪流的源头那里。渔人发现面前是一座山，山上有个山洞，隐隐约约有亮光透出。渔人舍弃渔船钻进山洞。洞口狭窄，仅容一人。往前钻几十步，突然开阔明朗。渔人被突然出现在眼前的一幕惊呆：这里土地平旷，屋舍俨然，有良田沃土、优美的池塘、桑树竹林，景色宜人。田间小路交错相通，鸡鸣狗叫声清晰可闻。田间往来耕种的男女，衣着打扮和世人并无二致。老人与孩子自得其乐。

这里的人们见到渔人，大吃一惊，问他是从哪里来的。渔人详细地讲了事情的经过。有人邀请渔人到家做客，杀鸡设酒款待。村里人都来了解情况，他们跟渔人说祖先在秦朝时躲避战乱来到这个与世隔绝的地方，就没有再出去过，与外人断绝了联系。大家问渔人现在是什么朝代，他们竟然不知道有过汉朝，更别说后来的魏晋了。渔人把社会历史发展详细地说给村里人听，大家听后无不叹惋。村人轮流宴请渔人，都拿出家中最好的酒食招待他。渔人在这里逗留数日，向村里人告辞离去。

渔人重新从山洞出来，找到自己的渔船，按原路返回，一路做好标志。回到郡里，向郡守报告了这件奇事。太守随即派人跟着渔人前往，但是标志消失。一群人迷失方向，再也找不到通往桃花源的路了。

②刘阮天台：《续齐谐记》：汉明帝永平年间，剡县的刘晨和阮肇相约一起去天台山采药，迷失道路被困在山中。二人随身携带的食物全部吃完，濒临绝境。忽然发现山头有一片桃林，二人爬上山采了一些桃子吃，不仅能止饥渴，还感觉体力充沛，年轻有活力。下山时路过一处山涧，山涧中流水清澈，他们喝了涧水，并用水洗漱。

他们忽然发现水流中漂着蔓菁果，过一会儿又漂过来一个杯子，杯子里有吃剩下的胡麻饭屑。二人都说："这里离人家不远。"于是他们沿着水流寻找人家，走了有一里路，又翻过一座山。溪流变宽阔，见水边有两个女子，颜容绝妙，世上未有。

这两个女子远远望到刘晨和阮肇，就像老朋友一样喊他们的名字，高兴地问："两位郎君，你们怎么来得这么晚啊？"于是把他们邀请到家，家中房间服饰精美绝伦，东西房间各有床铺，床帷以七宝璎珞装饰，都是世上没有的珍奇。服侍左右的婢仆，清一色都是相貌俊美的女子。很快，胡麻饭、山羊肉脯被端上来，味道极佳，还有美酒佐餐。

饭后，来了很多宾客，每人都拿三五个桃子做贺礼，说是庆贺女婿归来。大家各自拿出自己的乐器，唱歌奏乐，欢庆一堂。一直到天色将暮，仙女们各自离去。刘、阮二人分别到邀请自己的女子家止宿，行夫妇之道。留宿十五日，刘晨和阮肇请求回家，女子说："你们能来这里，都是之前的福分换来的，能和仙女生活，世俗的快乐哪还值得一提？"于是他们又住了半年。这里长年温暖舒适，犹如阳春二三月，百鸟哀鸣，二人思乡心切。女子说："你们这是罪根未灭，才有此想法。"

于是把诸仙女们召集起来，一起唱歌奏乐，送刘、阮二人回家，并告诉他们："从这个山洞口往前走，不远就能看到大路。"刘晨和阮肇按仙女指引的路径，果然得以回到家乡，却没有一个认识的人。乡里的景观发生了非常大的变化，一打听这些人已是他们的七代子孙。传说先人进山采药，一去不回，不知最后去了哪里。二人既没有亲属，又无住所可存身。想再回到山中女子那里，那条山路却再也找不到了。至太康八年，不知二人所踪。

王俭坠车，褚渊落水^①

《南史》：齐司徒褚渊，字彦回。因送湘州刺史王僧虔，阁道坏，落水。仆射王俭惊跳下车。谢超宗抵掌笑曰："落水三公，坠车仆射。"彦回出水，沾湿狼藉。超宗先在僧虔舫，抗声曰："有天道焉，天所不容。有地道焉，地所不受。投畀河伯，河伯不受。"彦回大怒曰："寒士不逊。"超宗曰："不能卖袁、刘得富贵，焉免寒士。"俭，字仲宝，祖昙首，父僧绰，俱为侍中。俭幼笃学，丹阳尹袁粲见之曰："宰相之门，栝柏豫章虽小，已有栋梁气矣，终当任人家国事。"仕至中书监。寡嗜欲，惟以经国为事。少有宰相志，赋诗曰："稷契匡虞夏，伊吕翼商周。"旧本"俭"作"常"，误也。渊年十余时，父有牛堕井，营救喧扰，渊下帘不视。有门生盗其衣，渊见谓曰："可密藏之，无令人知。"门生惭而去。宋明帝时，迁吏部尚书。有人求官，密袖一饼金，出示之，曰："人无所知。"渊曰："卿自应得官，无假此物。若见与，必相启。"此人惧，收金而去。后为尚书令，归心齐高帝，帝立，进位中书监。世以名节讥之。百姓语曰："可怜石头城，宁为袁粲死，不作彦回生。"粲为司徒，与尚书令刘彦节贰于高帝，死其事。

①王俭坠车，褚渊落水：谢超宗，陈郡阳夏（今河南太康）人，南北朝宋著名的文人，谢灵运的孙子，广州刺史谢凤的儿子。早年受到祖父的牵累，流放岭南。好学有文辞，盛得名誉。被宋孝武帝赞赏曰："超宗殊有凤毛，灵运复出。"宋明帝泰始年间，担任殿中郎。

《南史·谢超宗列传第九》：齐司徒褚渊，字彦回，河南阳翟（今河南禹州）人。褚渊送湘州刺史王僧虔，因为阁道损坏，褚渊跌落水中，仆射王俭受惊吓跌下车。谢超宗拍掌大笑，说："落水三公，坠车仆射。"褚渊从水中出来，浑身湿透，非常狼狈。

谢超宗在王僧虔船上，大声说："有天道啊，天容不下你。有地道啊，地不搭理你。投给河伯啊，河伯也不接受你。"褚渊大怒，说："你这个酸秀才太无礼了。"超宗说："我没有像你那样出卖袁粲、刘秉得到富贵，怎么能免除寒酸？"因为褚渊和袁粲同为宋明帝刘彧（yù）的顾命大臣。但在萧道成取代宋建立齐朝的过程中，袁粲为宋死节，褚渊却失节于齐。因此，褚渊常被嘲讽。

《南史·王俭列传第十二》：王俭，字仲宝，琅邪临沂（今山东临沂北）人，祖父王昙首，父亲为王僧绰，俱为侍中。王俭从小笃志学习，丹阳尹袁粲见他之后评价说："王家是宰相之家，栝（kuò）柏豫章这样的树木，就算在小时候，也能看出将来可以做栋梁，这孩子未来一定能承担国家大任。"官至中书监。王俭没有太多嗜好和欲望，只把治理国家作为要务。少年就有宰相之志，曾写诗说："稷契匡正虞夏，伊吕辅佐商周。"

《南史·褚彦回列传第十八》：褚渊十来岁的时候，父亲最喜爱的牛无故堕入井中，大家吵吵嚷嚷地在那里打捞营救，褚渊放下帘子看都不看一眼。有个门生偷褚渊的衣服，被褚渊发现。褚渊说："好好藏起来，不要让别人知道。"门生惭愧而去。

宋明帝时，褚渊升迁为吏部尚书。有人求官，在袖子里秘密藏一块金饼，没有人的时候偷偷送给褚渊，说："没有人知道。"褚渊说："你本来是应该得到官职的，不需要凭借这块金饼。你如果非要送给我，我只好报告官府了。"此人害怕，收金而去。

褚渊后来为尚书令，归顺齐高帝萧道成。萧道成登基后，进位中书监。世人常在节操方面讥讽他。百姓语曰："可怜石头城，宁做袁粲守节而死，不做彦回变节而生。"袁粲为司徒，与尚书令刘彦节（即刘秉）刺杀齐高帝萧道成没有成功，被处死。

季伦锦障①，春申珠履②

《晋书》：石崇，字季伦，父苞，位至司徒。临终，分财物与诸子，独不及崇。其母以为言，苞曰："此儿虽小，后自能得。"为荆州刺史，劫远使商客，致富不赀。后拜卫尉，财产丰积，室宇宏丽。后房百数，皆曳纨绣，珥金翠，丝竹尽当时之选，庖膳穷水陆之珍。与贵戚王恺、羊琇之徒以奢靡相尚。恺以饴澳釜，崇以蜡代薪；恺作紫丝布步障四十里，崇作锦步障五十里以敌之；崇涂屋以椒，恺用赤石脂。武帝每助恺，尝以珊瑚树赐之，高二尺许，枝柯扶疏，世所罕比。恺以示崇，崇以铁如意击碎。恺声色方厉，崇曰："不足多恨，今还卿。"乃命左右，悉取珊瑚树，有高三四尺者六七株，条干绝俗，光彩耀日，如恺比者甚众。恺恍然自失。

《史记》：楚考烈王以黄歇为相，封春申君。是时，齐有孟尝君，赵有平原君，魏有信陵君，方争下士，招致宾客，以相倾夺。赵平原君使人于春申君，春申君舍之于上舍。赵使欲夸楚，为瑇瑁簪，刀剑室以珠玉饰之，请命春申君客。春申君客三千余人，其上客皆蹑珠履，以见赵使。赵使大惭。

①季伦锦障：《晋书·石崇列传第三》：石崇，字季伦，渤海南皮（今河北南皮东北）人，父亲石苞，位至司徒。石苞临终时，给儿子们分家产，几个儿子人人有份，唯独不分给小儿子石崇。母亲为石崇申述，石苞说："你别看这个儿子年幼，以后这些钱财他都能得到。"石崇为荆州刺史时，打劫远来的使者与商客，积累下来的财富不计其数。后来官拜卫尉，财产极多，房屋宏大壮丽。妻妾上百人，穿锦绣，戴金玉，丝竹管弦各种乐器全用当时

最好的。饮食穷尽山珍海味。与贵戚王恺、羊琇这些人在奢靡豪华上相互攀比竞争。

王恺用糖浆洗锅，石崇把蜡烛当柴烧；王恺用紫丝布做四十里的屏障，石崇就用锦做五十里屏障；石崇用香草椒兰涂墙，王恺就用赤石脂涂墙。因为王恺是晋武帝司马炎的舅舅，在和石崇斗富时，晋武帝常常帮助王恺。晋武帝曾赐给王恺一棵珊瑚树，高约二尺许，枝干错落，世所罕见。王恺将这棵珊瑚树展示给石崇，石崇顺手拿起铁如意就将树击碎了。王恺责备石崇，声色俱厉。石崇说："不用生那么大的气，现在就还你一个。"于是命令左右，把家里的珊瑚树都取来让王恺挑，三四尺高的有六七株，枝条和树干精美绝伦，光彩耀眼，和王恺一样的有很多。王恺见后若有所失。

②春申珠履：《史记·春申君列传第十八》：楚考烈王任命黄歇为楚国国相，封他为春申君。当时，齐国有孟尝君，赵国有平原君，魏国有信陵君，他们争相礼贤下士，招揽宾客，相互争夺人才。赵国平原君派使者到春申君那里，春申君把使者安排在上等宾舍。赵国使者想在楚国炫耀自己国家的富有，戴上玳瑁簪子，刀剑的鞘上用珠玉镶嵌，请求会见春申君的门客。春申君的门客有三千余人，其上宾就连鞋子上都缀满珍珠，赵国使者见后大为惭愧。

甄后出拜，刘桢平视①

《魏志》：文帝甄后，汉太保甄邯后，袁绍为中子熙纳之。熙出为幽州，后留奉姑。及冀州平，文帝纳后于邺。《魏略》曰：邺城破，绍妻及后共坐皇堂上，文帝入绍舍，见绍妻及后。后怖，以头伏姑膝上，绍妻两手自搏。文帝谓曰："刘夫人云何如此？令新妇举头。"姑乃捧后令仰，文帝就视，见其颜色非凡，称叹之。太祖闻其意，遂为迎取。《典略》曰：太子尝请诸文学，酒酣坐欢，命夫人甄氏出拜。座中众人皆咸伏，而刘桢独平视。太祖闻之，乃收桢，减死输作。

①甄后出拜，刘桢平视：《三国志·魏志五·文昭甄皇后》：文昭甄皇后，是汉朝太保甄邯的后代，袁绍把她娶为次子袁熙的妻子。袁熙出任幽州刺史，甄氏留在冀州，侍奉婆婆，即袁绍的妻子刘氏。袁绍兵败，冀州被曹操平定。因甄氏貌美绝伦，魏文帝曹丕在邺城纳其为妾。《魏略》载：邺城被曹操攻破，袁绍的妻子和甄氏一起坐在大堂上，曹丕到袁绍府中，见到袁绍妻子和甄氏。甄氏因为害怕，把头伏在袁绍妻子的膝上，袁绍妻子则双手捆绑。曹丕说："夫人为什么要这么做？让你的儿媳妇把头抬起来。"袁绍的妻子刘氏让甄氏仰身抬头，曹丕看甄氏相貌绝美，连连感叹。曹操看出曹丕的心意，就将甄氏娶为曹丕的妻子。《典略》载：曹丕为太子时，曾宴请诸位文学之士，喝到酒酣耳热，一座欢快的时候，曹丕命夫人甄氏出来拜见大家。座中宾客都俯身低头行礼，以示尊重，只有刘桢平视甄氏。刘桢，字公幹，东平宁阳（今山东东平）人，"建安七子"之一。曹操听说后大怒，逮捕刘桢，开始判为死刑，后来免去死刑罚做苦役。

胡嫔争樗，晋武伤指^①

《晋书》：胡贵嫔，名芳，父奋，家世将门，为镇军大将军。武帝多简良家女以充内职，自择其美者，以绛纱系臂。芳既入选，下殿号泣。左右止之曰："陛下闻声。"芳曰："死且不畏，何畏陛下。"拜为贵嫔。时帝多内宠，平吴后，复纳孙皓宫人数千，掖庭殆将万人。而并宠者甚众，帝莫知所适，常乘羊车，恣其所之，至便宴寝。宫人乃取竹叶插户，以盐汁洒地而引帝车。然芳蒙幸，殆有专房之宠，侍御服饰亚于皇后。帝尝与之樗蒲，争矢，遂伤上指。帝怒曰："此固将种也。"对曰："北伐公孙，西拒诸葛，此非将种而何？"帝有惭色。芳生武安公主也。

①胡嫔争樗，晋武伤指：《晋书·胡贵嫔列传第一》：胡贵嫔，名芳，将门之后，西晋镇军大将军胡奋之女，祖父胡遵为曹魏车骑将军。

晋武帝司马炎大量挑选良家女子来充实后宫，再从中选出漂亮女子，在她们的胳膊上系一条绛色丝绢。胡芳入选后，下殿就号啕大哭。左右制止她说："不要让陛下听到。"胡芳说："死且不畏，何畏陛下。"胡芳被封为贵嫔。

当时武帝有很多受宠的嫔妃，平定吴国后，又收纳孙皓的几千名宫女，以至后宫的嫔妃有近万人之多。受武帝宠爱的人很多，以至于武帝不知该去哪位妃子那里为好，常常乘坐羊车，任羊随意游走，走到哪位嫔妃处就在那里宴寝。宫女们拿竹叶插在门上，把盐水洒在地上来吸引武帝的羊车。然而胡芳不像别的宫女那样刻意争宠，却享有皇帝专门的宠爱，侍奉和服饰仅次于皇后。

武帝曾与胡芳玩樗蒲游戏，夺箭时胡芳抓伤武帝手指。武帝生气地说：

"这么粗鲁，肯定是武将的后代！"胡芳回答说："你的爷爷司马懿北伐公孙渊，西拒诸葛亮，不是武将的后代是什么人的后代呢？"武帝面有惭色。胡芳生武安公主。

石庆数马^①，孔光温树^②

《前汉》：石奋，赵人。孝文帝时，官至太中大夫。无文学，恭谨无与比。长子建，次甲，次乙，次庆，皆以驯行孝谨官至二千石。景帝曰："石君及四子皆二千石，人臣尊宠，乃举集其门。"号奋为万石君。庆，武帝时为太仆，御出，上问车中几马，庆以策数马毕，举手曰："六马。"庆于兄弟最为简易，然犹如此。后为丞相。

《前汉》：孔光，字子夏，孔子十四世孙。经学尤明。以高第为尚书，转仆射尚书令，凡典枢机十余年。有所言辄削草稿，以为章主之过以奸忠直，人臣大罪。有所荐举，惟恐人之闻知。沐日归休，兄弟妻子燕语，终不及朝省政事。或问光："温室省中树皆何木也？"光默不应，答以他语，其不泄如是。哀帝立，拜丞相。及王莽权盛，称宰衡，光固辞位。太后诏曰："国之将兴，尊师而重傅。"其令太师毋朝，十日一赐餐，赐灵寿杖。光凡为御史大夫、丞相各再，一为大司徒、太傅、太师，历三世，居公辅位。

①石庆数马：万石君名奋，西汉温（今河南温县西南）人，父亲是赵人。赵国灭亡后，徙居温县。高祖刘邦东击项羽，路过河内郡。当时石奋年仅十五，担任郡里小吏，侍奉高祖。高祖与语，爱其恭敬，问他："你家里还有什么人？"石奋回答说："家境贫穷，上有老母，不幸失明。还有个姐姐，会弹琴。"高祖问："你愿意追随我吗？"石奋说："愿竭尽全力。"于是高祖召石奋的姐姐入宫为美人，以奋为中涓。

《汉书·万石君石奋列传第十六》：汉文帝时，石奋官至太中大夫。没有文化学问，但是恭敬谨慎无人能比。长子为石建，次子为石甲，三子为石乙，四子为石庆，都因为品行温良，孝顺恭谨，而官至二千石。景帝说："石君和四个儿子都是二千石的官，作为臣子，这是尊宠的极致，竟然都集中到了他家。"于是称呼石奋为万石君。

石庆在武帝时为太仆，为皇帝驾车出行，皇上问拉车的马是几匹，石庆用马鞭指着马，逐一清点完毕后，举手报告说："一共六匹马。"石庆在几个兄弟中做事是最简单随意的，都还谨慎如此。后来石庆官至丞相。

②孔光温树：《汉书·孔光列传第五十一》：孔光，字子夏，西汉曲阜（今山东曲阜）人，是孔子的十四世孙。孔光特别擅长经学，经过考核，因为成绩优秀而被任命为尚书。后转任仆射、尚书令，掌管政府机要长达十余年。孔光上书言事的奏章总是不断地修改删减，他认为直言进谏，用彰显皇上过错的方法来获取忠诚正直的美名，是臣子的大罪。

孔光荐举别人做官时，总是担心有人听到。放假回家休息的时候，和兄弟、妻子儿女的日常谈话，始终不涉及朝廷政事。有人问孔光："未央宫温室殿里的树，都是些什么树啊？"孔光沉默不回答这个问题，然后岔开话题说别的事情。孔光不泄密到这种程度。

汉哀帝即位，孔光担任丞相。后被加封宰衡称号。因王莽权势日盛，于是孔光坚持辞职。太后下诏书说："国之将兴，一定要尊敬和重用老师。"下令太师孔光不用上朝，每十天赏赐他一顿餐饭，赐给他灵寿拐杖。孔光两次担任御史大夫和丞相，一次担任大司徒、太傅、太师，历仕三朝皇帝，位居辅政大臣的高位。

翟汤隐操^①，许询胜具^②

《晋书》：翟汤，字道深，寻阳人。笃行纯素，廉洁不屑世事，耕而后食。永嘉末，寇害相继，闻汤名德，皆不敢犯，乡邻赖之。辟召不至。子庄，字祖休，遵汤之操，不交人物，惟以弋钓为事。及长不复猎。或问："渔猎同是害生，何止去其一？"庄曰："猎自我，钓自物，未能顿尽，故先节其甚者。且夫贪饵吞钩，岂我哉？"时以为知言。晚节亦不复钓。征命不就。子矫，亦有高操，屡辞辟命。矫子法赐，孝武时以散骑郎征，不至。世有隐行云。

旧注引《世说》云：许询，字玄度，好游山泽，而体便登陟。时人曰："许非徒有胜情，有济胜之具。"询隐永兴幽穴，每致四方诸侯之遗。或谓许曰："尝闻箕山人似不尔耳。"许曰："筐篚（fěi）苞苴，固当轻于天下之宝。"

①翟汤隐操：《晋书·隐逸·翟汤列传第六十四》：翟汤，字道渊，晋南阳（今属河南）人，侨居寻阳（今江西九江）。淳朴敦厚，行为廉洁，不关心人际琐事，自己耕种，自己收获，自己养活自己。永嘉末年，贼寇相继为害，凡是听到翟汤名声和德行者，都不敢前来冒犯，乡邻赖之以安。朝廷多次征召，都不去。

翟汤的儿子翟庄，字祖休，遵循翟汤的操守，不与人交际，只把狩猎钓鱼当成正事。长大后不再打猎。有人问："钓鱼和打猎都是害生，为什么只停止其中一种？"翟庄说："打猎这种事情，我是主动的；钓鱼这件事情，鱼是主动的，是它自己上钩。我还做不到两样癖好一次性全部戒掉，所以先戒除严重的。况且鱼贪饵吞钩，怎能怪我？"当时人们认为这是非常有智慧的话。到了晚年，翟庄鱼也不钓了，朝廷征召翟庄做官，翟庄和他父亲一样，拒绝为官。翟庄的儿子为翟矫，同样有高尚的情操，多次拒绝朝廷的任命。翟矫的儿子叫翟法赐，孝武帝征召法赐为散骑郎，同样是不到任。他家世代有隐逸之行。

②许询胜具：旧注引用《世说新语·栖逸》：许询，字玄度，高阳（今河北高阳）人。喜好游历山川大泽，而且身体强健敏捷，适合登山。当时人们说："许询不光有高雅的性情，也有能够到达胜境的好身体。"许询隐居在永兴县幽深的岩洞中，经常引来四方诸侯的馈赠。有人对许询说："我听说当年许由隐居箕山不像你这样啊，尧让给他天下他可是都不接受的啊！"许询说："一筐食物而已，比天下轻多了。"

优旃滑稽[①]，落下历数[②]

《史记》：优旃，秦倡，侏儒，善为笑言，然合于大道。秦始皇时，置酒而天雨，陛楯者皆沾寒。旃哀之，谓曰："汝欲休乎？我即呼汝，汝应曰诺。"有顷临槛，大呼曰："陛楯郎。"郎曰："诺。"优旃曰："汝虽长，何益，幸雨立。我虽短，幸休居。"于是始皇使得半相代。尝欲大苑囿，旃曰："善。多纵禽兽于其中，寇从东方来，令麋鹿触之足矣。"始皇以故辍止。二世立，又欲漆其城，旃曰："佳哉！漆城荡荡，寇来不能上。即欲就之，易为漆耳，顾难为荫室。"二世笑而止。

《前汉》：造《太初历》，方士唐都，巴郡落下闳与焉。都分天部，而闳运算转历。其法以律起历，曰："律容一龠，积八十一寸，则一日之分也。与长相终。律长九寸，百七十一分而终复，三复而得甲子。夫律，阴阳九六爻象所从出也。故黄钟纪元气谓之律。律，法也，莫不取法焉。"赞曰："历数则唐都、落下闳。"

①优旃滑稽：《史记·滑稽列传第六十六》：优旃，秦国侏儒艺人，善于说笑，内容却能符合大道理。秦始皇时，一次置办酒席而天下大雨，殿前持盾卫士都湿透受寒。优旃可怜他们，说："你们想休息吗？我如果呼唤你们，要马上回答我。"过了一会儿，优旃靠近护栏，大声呼唤："执盾的卫士们！"儿郎们都答应说："诺。"优旃说："你们虽然身材高大，但是有什么用呢？只能站在雨中。我虽然矮小，却有幸能在屋里休息。"于是秦始皇让他们分成两队，轮流执勤。

秦始皇想要扩大苑囿，优旃说："这是好事儿啊。在里面多饲养一些禽兽，这样敌人从东方来犯的时候，我们虽然失去民心，但是让麋鹿用角顶他们就可以了。"秦始皇因此停止了这个项目。秦二世即位后，想把城墙涂一遍漆。优旃曰："好办法啊！把城墙漆得光溜溜的，敌人来了就爬不上。要想完成这个好事儿，涂漆倒是不难，只是给城墙建一个遮阴的房子挺麻烦。"秦二世笑着停止了这个打算。

②落下历数：《汉书·律历志》：落下，指落下闳，字长公，巴郡阆中（今四川阆中）人。汉武帝下诏撰写《太初历》，方士唐都和落下闳都参与了这项工作。唐都负责划分天上星宿的分布，落下闳推算历数。方法是用音律中的黄钟律管来确定历数。黄钟是一个用竹管做成的律管，用它吹奏出来的声音为音乐中的基音。黄钟律管的长度为 9 寸，截面积为 9 平方分，落下闳称其容积为 81 寸。用此数字，将一天分为 81 分，经计算一个月的长度为 $29\frac{43}{81}$。$\frac{43}{81}$ 借给下月，本月即为 29 天。下月即为 30 天。黄钟律管的容量为一龠，这是 1200 粒标准黍的体积，两龠为一合（gě），十合为一升。

用黄钟来调整元气称为律。律，就是法则，一切以律为法。班固说："擅长天文历法的有唐都、落下闳。"历数：指天文、数算之学，是一种观测天象以推算年时节候的方法。

曼容自免^①，子平毕娶^②

《前汉》：邴丹，字曼容，琅邪人。养志自修，为官不肯过六百石，辄自免去。

《后汉》：向长，字子平，河内朝歌人。隐居不仕，性尚中和，好通《老》《易》。贫无资食，好事者更馈焉，受之，取足而反其余。读《易》至《损》《益》卦，叹曰："吾已知富不如贫，贵不如贱，但未知死何如生耳。"建武中，男女娶嫁既毕，敕断家事勿相关，遂肆意游五岳名山，不知所终。

①曼容自免：《汉书·龚胜列传第四十二》：邴丹，字曼容，琅邪人。坚持操守志向的修行，为官俸禄不肯超过六百石，一旦超过就辞职而去。

②子平毕娶：《后汉书·逸民传·向长列传第七十三》：向长，字子平，河内朝歌（今河南淇县）人。隐居不仕，性格中正平和，喜爱并精通《老子》《周易》。家境贫寒，没有家产和粮食，好心人轮流给他提供所需，向长接受别人的馈赠，但只取自己需要的部分，多余的全部退还。读《周易》到《损卦》和《益卦》，感叹说："我本来已经知道富贵不如贫穷，高贵不如低贱，但是还不知道死和生比较有什么区别。"建武年间，儿女婚嫁的事情操办完毕后，向长和家里切断联系，尽情游历五岳名山，最后没有人知道他的消息和行踪。

师旷清耳①，离娄明目②

《吕氏春秋》曰：晋平公铸为大钟，使工听之，皆以为调。师旷曰："不调，请更铸之。"平公曰："工皆以为调矣。"师旷曰："后世有知音者，将知不调，臣窃为君耻之。"至师涓，果知钟之不调。是师旷欲善调钟，以为后之知音也。

《庄子》曰：黄帝游乎赤水之北，而遗其玄珠，使离朱索之，即离娄也。《慎子》曰：离娄之明，察毫末于百步之外。下水，尺不能见浅深，非目不明，其势难睹也。

①师旷清耳：师旷，字子野，春秋时晋国宫廷乐师，精于审音调律。《吕氏春秋·长见》：晋平公铸了一口大钟，使乐工听之，都说音调准确，音声和谐。师旷却说："钟声不和谐，请再铸一口。"平公说："乐工们都说和谐啊！"师旷说："后世肯定会有精通音律者，他会发现钟声是不和谐的。我真是替你难为情。"后来，师涓果然发现钟声不和谐。师旷之所以想把钟声调整得更为和谐，是因为后世有精通音律的人啊！清耳：专心倾听。这里指耳朵敏锐，对声音的辨识度极高。

②离娄明目：《庄子》：黄帝在赤水的北岸游玩，不小心把玄珠丢失，派视力明亮的离朱寻找。离朱就是离娄。《慎子·逸文》：离朱视力非常好，能够看清百步之外禽兽的细毛，但是把尺子放到水里测量，他却看不到水的浅深情况，不是他的眼睛不行，是形势让他难以看清啊。

仲文照镜①，临江折轴②

《晋书》：殷仲文，陈郡人。转尚书，素有名望，自谓必当朝政。又谢混之徒，畴昔所轻者，并皆比肩，常怏怏不得志。忽迁东阳太守，意弥不平。后谋反伏诛。仲文尝照镜，不见其面，数日而遇祸。

《前汉》：临江闵王荣，景帝子，立为太子，废为临江王。三岁，坐侵庙壖（ruán）地为宫。上征荣，荣行，祖于江陵北门。既上车，轴折车废。江陵父老流涕，窃言曰："吾王不反矣。"荣至，诣中尉府对簿。中尉郅都簿责讯王，王恐自杀。葬蓝田，燕数万衔土置冢上，百姓怜之。

①仲文照镜：殷仲文，是南蛮校尉殷觊之弟。殷仲文年少有才华，容貌俊美。堂兄殷仲堪将他推荐给会稽王司马道子，被任命为骠骑参军，给予其超常规赏赐和优待。殷仲文的妻子是桓玄的姐姐，桓玄造反，攻入京师，当时殷仲文正为新安太守，便弃郡投靠桓玄。等桓玄篡位入宫，其床突然下陷，群下失色，殷仲文机智地说："大概是陛下圣德深厚，大地载受不住。"桓玄大悦。殷仲文生性贪吝，大量收受财货和贿赂，家累千金，仍然不满足。桓玄为刘裕所败，殷仲文随桓玄西逃，其珍宝玩好悉藏地中，皆变为土。仲文善属文，为世所重。

《晋书·殷仲文列传第六十九》：殷仲文，东晋陈郡（今河南淮阳）人。殷仲文改任尚书，他平素名望很高，也非常自负，自称一定会执掌朝政。再加上殷仲文过去根本看不起的谢混这些人在职务和社会地位上与自己平起平坐，所以经常怏怏不乐。忽然又被任命为东阳太守，更是愤愤不平。后谋反被处死。仲文死前，照镜子的时候，看不到自己的脸，没过几天果然被刘裕杀掉。

②临江折轴：临江闵王刘荣，是汉景帝刘启庶长子，汉武帝刘彻的哥哥，曾被立为太子，后被废为临江王。

《汉书•临江闵王刘荣列传第二十三》：刘荣被废为临江王三年后，因为侵占汉文帝庙的空地建立宫室而获罪。皇上征召刘荣。刘荣出发前在江陵北门祭祀路祖。上车后，四轴折断，车子报废。江陵父老流着泪，悄悄地说："或许我们的大王回不来了。"刘荣到京师，到中尉府受审。担任中尉职务的郅都负责以供状严格审讯刘荣，刘荣恐惧而自杀，葬于蓝田，当时有数万只燕子衔土置其坟上，百姓都很怜悯他的遭遇。

栾巴噀酒^①，偃师舞木^②

《神仙传》：栾巴，蜀郡人。汉帝召为尚书。正朝大会，巴独后到，颇有醉色。不饮，而以酒望西南噀之。有司奏巴大不敬。诏问巴，巴对曰："臣乡里以臣能治鬼护病，为臣立庙，今旦耆老皆入庙致飨，是以来迟。适臣本县成都市失火，臣噀酒为雨，以灭火灾。"诏原罪，即遣使往验其言。答云，正旦失火，食时有大雨从东北来，火乃息，雨皆酒气。后一日，大风，天雾暗，失巴所在。寻问之，其日还成都，与亲戚别去，而升天矣。巴，字叔元，见《后汉》。

《列子》曰：周穆王西巡狩，道有献工人，名偃师。王问曰："若有何能？"曰："臣有所造，愿王观之。"越日谒见王，王曰："若与偕来者何人耶？"对曰："臣之所造能倡者。"王视之，趣步俯仰，信人也。巧夫鍼（qīn）其颐，则歌合律；捧其手，则舞应节。千变万化，唯意所适。王以为实人也，与盛姬内御并观之。技将终，倡者瞬其目而招王之左右侍妾。王怒，欲诛偃师。偃师立剖散倡者，以示王。皆傅会革、木、胶、漆、白、黑、丹、青之所为。

①栾巴噀酒：栾巴，字叔元，东汉成都（今四川成都）人，一说魏郡内黄（今河南内黄西）人。喜欢道术，顺帝时以宦官的身份供职于嫔妃的宫室。后来阳气通畅，就向顺帝请求辞职，顺帝于是提拔他为郎中，四次任桂阳太守。

《神仙传·栾巴》：汉顺帝征召栾巴为尚书。正月初一皇帝宴会群臣，只有栾巴最后来到，一副醉醺醺的样子。皇上赐给他酒，含在嘴里不咽下去，却冲着西南方向喷吐。司礼人员向皇帝启奏栾巴大不敬。皇帝诏问栾巴，栾巴回答说："我故乡的父老乡亲因为我能治鬼护病，为我立庙，今天早上故乡的老人们到庙里给我上供，我吃了些供品又喝了些供酒，所以来迟。正赶上成都失火，刚才我吐酒为雨，是用来灭火灾的。"皇上下诏赦免栾巴的大不敬罪，随即派遣使者前往成都验证。使者回来汇报说，正月初一那天成都确实有火灾，吃饭的时辰有大雨从东北来，把火浇灭，雨水有一股子酒味。

后来有一天，狂风大作，天昏地暗，不知道栾巴去了哪里。到处打听才知道，当天他回老家成都，与亲戚告别，然后升天而去。栾巴，字叔元，在《后汉书·栾巴列传第四十七》有记载。噀（xùn）酒：把酒含在嘴里向外喷。

②偃师舞木：《列子·汤问》：周穆王西行巡视，路上有位叫偃师的艺人，向穆王毛遂自荐。穆王问他："你有什么能耐？"回答说："我制造了一件东西，想请大王观赏一下。"

第二天偃师前来觐见，穆王问："跟你一起来的这个人是谁？"偃师回答说："这是我造的一个能歌舞的艺人。"穆王很惊讶，看它快走、慢走、抬头、低头，和真人完全一样。更巧妙的是，拍拍它的脸，就能唱歌，合于韵律；抬抬它的手，则能按照节拍跳舞。千变万化，随心所欲。穆王以为这是一个真人，就让自己宠爱的妃子盛姬和后宫的嫔妃们一起来看。

表演即将结束的时候，这个艺人挤眉弄眼勾引穆王左右的侍妾。穆王大怒，要杀掉偃师。偃师吓坏了，赶紧把这个艺人拆解开，让穆王看，全是由皮革、木头、胶水、油漆，以及做颜料的白垩、黑炭、丹砂、靛青等材料组成的。

德润佣书^①，君平卖卜^②

《吴志》：阚泽，字德润，越会稽人。家世农夫，至泽好学，居贫无资，常为人佣书以供纸笔，所写既毕，诵读亦遍。追师论讲，究览群籍，兼通历数，由是显名。仕孙权为中书令、侍中、太子太傅，每朝大议，经典所疑，辄咨访之。以儒学勤劳，封都乡侯。

《前汉》：严遵，字君平，蜀郡人。修身自保，非其服弗服，非其食弗食。卜筮于成都市，以为卜筮者贱业而可以惠众。人有邪恶非正之问，则依著龟为言利害。与人子言依于孝，与人弟言依于顺，与人臣言依于忠，各因势导之以善。裁日阅数人，得百钱，足自养，则闭肆下帘而授《老子》。博览无不通，依老庄之指，著书十余万言。扬雄少时从游学，及雄仕京师，数为朝廷在位贤者称君平德。年九十余终。

①德润佣书：《三国志·吴志第八·阚泽传》：阚泽，字德润，会稽山阴（今浙江绍兴）人。家里世代务农，到阚泽勤奋好学。因家境贫寒，没有任何家产，阚泽常为人抄写书籍，以换取笔墨纸砚。一本书抄完，他也就诵读一遍，牢记在心。阚泽遍寻老师，讨论讲习。博览群书，无所不读，同时精通天文历法，于是名声显赫。虞翻将阚泽比之扬雄和董仲舒："阚生矫杰，盖蜀之扬雄。"又曰："阚子儒术德行，亦今之仲舒也。"

阚泽在东吴孙权处担任中书令、侍中、太子太傅等职务。每当朝廷有重大议题，或者经典内容有所不解，就请教咨询阚泽。因其勤奋研究儒学，被封为都乡侯。

②君平卖卜：《汉书·王贡两龚鲍传第四十二·序》：严遵，字君平，蜀

郡（今四川成都）人。修行自身，保持节操，不该穿的不穿，不该吃的不吃。在成都集市上以算卦占卜为生。严遵认为卜筮虽然是低贱的行业，但是可以帮到普通人。每当有人咨询为非作歹邪恶之事，严遵就会依照蓍草和龟甲的显示给他言明利害，劝其向善。给当儿子的占卜，就按照孝道解说；给当弟弟的占卜，就用顺从的道理解释；给做臣子的占卜，就按照忠诚的理论解卦。根据不同的情况，因势利导，劝人向善。每天仅仅为有限的人占卜，只要挣到一百钱，能够养活自己了，就停止为人占卜，关闭店门，放下帘子而传授《老子》。

严遵博览群书，无所不通，按照老子和庄子的道家思想，著书十万余言。扬雄年轻时跟着严遵学习，后来在京师做官，多次对当朝有贤德的官员称赞严遵。严遵终生以占卜为业，在九十多岁去世。

叔宝玉润①，彦辅冰清②

《晋书》：卫玠，字叔宝。五岁，风神秀异，祖父瓘曰："此儿行异于众，顾吾年老，不见其成长耳。"玠舅骠骑将军王济，隽爽有风姿，每见玠辄叹曰："珠玉在侧，觉我形秽。"又尝语人曰："与玠同游，宛若明珠之在侧，朗然照人。"玠妻父乐广，有海内重名，议者以为"妇翁冰清，女婿玉润"。

《晋书》：乐广，字彦辅。年八岁，夏侯玄见之，谓其父曰："广神姿朗彻，当为名士。可令专学，必能兴卿门户。"卫瓘见而奇之，命诸子造焉，曰："此人之水镜，见之莹然，若披云雾而睹青天也。"王衍自言："与人语甚简，及见广，便觉己之烦。"其为识者叹美如此。

①叔宝玉润：卫玠（286—312），字叔宝，河东安邑（今山西夏县西北）人。是魏晋之际继何晏、王弼之后著名清谈家和玄学家。为晋朝美男，风采极佳，为众人所仰慕。

《晋书·卫玠列传第六》：卫玠五岁时，风采与神情异于常人，他的祖父卫瓘说："这个孩子与众不同，遗憾我老迈，等不到他长大了。"卫玠的舅舅骠骑将军王济，英俊豪爽，气质非凡。每次见到卫玠就会感叹："和卫玠在一起，总感觉身边有珠玉，让我自惭形秽。"又曾对人说："和卫玠一同出游，宛若明珠之在侧，光彩照人。"卫玠妻子的父亲乐广，四海之内名声很高，认识乐广和卫玠的人都说"妇翁冰清，女婿玉润"。玉润，像宝玉一样光洁温润。

②彦辅冰清：乐广，字彦辅。南阳郡淯阳县（今河南南阳南）人。西晋名

士。出身寒门，早年即有重名，受卫瓘、王戎、裴楷等人欣赏，因而得入仕途。裴楷曾经和乐广畅谈，申旦达夕，深为佩服地感叹说："我不如他啊！"

《晋书·乐广列传第十三》：乐广八岁那年，征西将军夏侯玄见他后，对乐广的父亲说："乐广神情姿态明朗透彻，未来一定能成为名士。应该让他专心学习，一定能光耀你家的门楣。"尚书令卫瓘见了他也啧啧称奇，命儿子们登门拜访求教，说："乐广犹如人中水镜，对人有明鉴深察的能力，见到他就内心明亮透彻，犹如拨开云雾见青天。"王衍曾说："我和别人说话简单明了，等到见了乐广，便觉得自己说话啰唆，让人生厌。"乐广就是如此被有识之士赞赏。冰清：像冰一样清洁透彻，比喻品行高洁。

卫后发鬓^①，飞燕体轻^②

张衡《西京赋》曰："卫后兴于鬓（zhěn）发，飞燕宠于体轻。"卫后，前汉孝武帝皇后也，字子夫。其家号曰卫氏，出平阳侯邑。初为平阳公主讴者，武帝被霸上，还过主，既饮，讴者进。帝独悦子夫。帝起更衣，子夫侍尚衣，轩中得幸。主因奏子夫送入宫。子夫上车，主抚其背曰："行矣，强饭勉之，即贵，愿无相忘。"后生男据，遂立为皇后，而男为太子。遭巫蛊事起，江充为奸，太子与后共诛充。太子败亡，后自杀。

《前汉》：飞燕，孝成帝赵皇后也。本长安宫人，初生，父母不举，三日不死，遂收养之。及壮，属阳阿主家学歌舞，号曰"飞燕"。帝尝微行出过主，作乐，见而悦之，召入宫，大幸。女弟后入，俱为婕仔，贵倾后宫，立为皇后。后宠少衰，而弟绝幸为昭仪。姊弟专宠十余年，皆无子。及帝暴崩，民间归罪昭仪，昭仪自杀。哀帝立，尊后为皇太后。帝崩见废自杀。《西京杂记》曰：飞燕为皇后，女弟在昭阳殿。后体轻腰弱，善行步进退，昭仪不能及；但弱骨丰肌，尤工笑语，二人并色如红玉，为当时第一。

①卫后发鬓：张衡《西京赋》："卫后兴于鬓发，飞燕宠于体轻。"意思是说，"汉武帝皇后卫子夫因为头发乌黑茂密被宠幸，汉成帝皇后赵飞燕则是因为身体轻盈受宠。"

《汉书·外戚传·孝武卫皇后列传第六十七》：皇后卫子夫，是汉武帝的皇后，字子夫。其家号称卫氏，出身于平阳侯封邑内。卫子夫最初是汉武帝姐姐平阳公主家的歌姬。

汉武帝在霸上祭祀神灵，返回的途中，顺道看望平阳公主。饭后，歌姬献艺，武帝唯独喜欢卫子夫。皇帝起身更衣，子夫服侍，得到皇上的宠幸。平阳公主借机奏请皇帝将子夫送入宫中。子夫上车时，公主抚着她的背，说："走吧，好好吃饭，等你富贵了，不要忘了我。"卫子夫生下儿子刘据后，被立为皇后，刘据被立为太子。后来遭受巫蛊之祸，被江充陷害，太子与皇后一起发兵诛杀江充。汉武帝命丞相刘屈氂调兵镇压，太子败亡后自杀。鬒：头发又黑又密的样子。

②飞燕体轻：赵飞燕，西汉成帝的皇后和哀帝时的皇太后。本是宫中婢女，因其舞姿轻盈如燕飞凤舞，故人称"飞燕"。被汉成帝刘骜宠幸，封为倢伃，后废许皇后，立飞燕为后。赵飞燕之妹赵合德亦被立为昭仪，两姐妹专宠后宫，显赫一时。

《汉书·外戚传·孝成赵皇后列传第六十七》：赵飞燕，是汉孝成皇帝的皇后。本来是长安的宫人，刚生下来的时候，父母不养活她，扔掉后竟然三天不死，又捡回家抚养。长大后，到阳阿公主家学习歌舞，被称为"飞燕"。成帝微服出行，拜访阳阿公主。阳阿公主派人为皇帝表演乐舞，成帝见到赵飞燕非常喜欢她，就召她入宫，极为宠幸。赵飞燕有个妹妹也被召进宫，姐妹二人都被封为倢伃，在整个后宫最受宠幸。

飞燕被立为皇后之后，皇上对她的宠幸稍有减少，而飞燕的妹妹倍受宠幸，被封为昭仪。姐妹二人受皇上专宠十余年，二人都无子嗣。后来成帝暴病而死，民间归罪昭仪，昭仪就自杀了。哀帝即位，尊奉赵飞燕为皇太后。哀帝死后被贬为庶人，自杀而死。《西京杂记》：飞燕为皇后，妹妹在昭阳殿。赵皇后飞燕体态轻盈，腰姿细软，行走姿态优雅，进退得体，她的妹妹昭仪比不过她。但是妹妹肌肤丰满，柔若无骨，笑语动人。二人貌如红玉，为当时第一。

玄石沉湎^①，刘伶解醒^②

《博物志》曰：昔刘玄石于中山酒家酤酒，酒家与千日酒，忘言其节度，归至家当醉。而家人不知，以为死也，权葬之。酒家计千日满，乃忆玄石前日酤酒，醉向醒耳。往视之，云："玄石之死三年，已葬。"于是开棺，醉始醒。俗云："玄石饮酒，一醉千日。"

《晋书》：刘伶，字伯伦，沛国人。放情肆志，常以细宇宙、齐万物为心。常乘鹿车，携一壶酒，使人荷锸随之，谓曰："死便埋我。"其遗形骸如此。尝渴甚，求酒于妻，妻捐酒毁器，泣涕谏曰："君饮酒太过，非摄生之道，宜断之。"伶曰："善！吾不能自禁，当祝鬼神自誓，可具酒肉。"妻从之，伶跪祝曰："天生刘伶，以酒为名。一饮一斛，五斗解酲。妇人之言，慎不可听。"仍引酒御肉，隗然复醉。尝醉与俗人相忤，其人攘袂奋拳而往，伶徐曰："鸡肋不足以安尊拳。"其人笑而止。伶未尝厝（cuò）意文翰，著《酒德颂》一篇。尝为建威参军。太始初对策，盛言无为之化，时辈皆高第得调，伶独以无用罢，竟以寿终。

①玄石沉湎：《博物志卷十》：从前刘玄石在中山郡的一家酒店买酒，酒家卖给他千日酒，却忘了告诉他酒后千日方醒这一情况。回家后，刘玄石喝得烂醉。家人误以为刘玄石已死，就将他收殓入棺埋葬了。

酒家在满一千天的时候，突然想起刘玄石之前在他家买酒，此时应该醒酒了。酒家就到刘玄石家探望他，家里人说："玄石已死三年，早已安葬。"于是打开棺材，刘玄石醉酒刚醒。人们都说："玄石饮酒，一醉千日。"沉湎：指沉溺于不良嗜好。如沉湎酒色。在这里指刘玄石喝酒后一醉不醒。

②刘伶解醒：刘伶，字伯伦，西晋沛国（今安徽濉溪西北）人，"竹林七贤"之一，曾为建威参军。崇尚老庄思想，纵酒放诞，蔑视传统礼法。身长六尺（约现在的 1.41 米），容貌甚陋。性格放荡不羁，恬淡少语，认为小大是相对而言的，相对万物，宇宙并不为大，万物相同，并没有区别。与阮籍、嵇康为至交。

《晋书·刘伶列传十九》：刘伶经常乘坐鹿车，携带一壶酒随时纵饮，使人扛锹在后面跟着，说："喝死在哪里就把我埋在哪里。"他不在意生死到这种程度。一次，刘伶口渴，向妻子要酒，妻子把酒倒掉，把酒器砸坏，哭着劝刘伶："你喝得太多了，对身体不好，请你把酒戒了吧！"刘伶说："好吧！不过我自己控制不了我自己，我要向鬼神祭祀祷告，向鬼神发誓戒酒，你去准备一些祭祀的酒肉吧！"妻子听从刘伶的安排，为他准备好供品。刘伶跪下祷告说："天生我刘伶，酒是我的命。一次饮一斛，五斗能治病。妇人说的话，千万不要听。"说完就开始大口喝酒，大口吃肉，又一次颓然醉倒在地。

一次刘伶喝醉，与一位粗汉产生冲突，那人捋起衣袖，挥拳上来就要打人，刘伶缓缓地说："我这瘦得像鸡肋一样的小身板怎么能承受得住您那尊贵的拳头。"那人就笑着停了下来。刘伶平素不把心思用在写文章上，写过一篇叫《酒德颂》的文章。曾在建威将军王戎帐前任参军之职。晋武帝司马炎泰始初年，刘伶参加对策选拔，在对策中大力提倡道家无为而治的教化方式。同辈们都因成绩优秀而升迁，只有刘伶因为无所作为而被罢免。最后得以寿终正寝。解醒：解除醉酒的状态。醒（chéng）：喝酒后神志不清的样子。

赵胜谢躄[1]，楚庄绝缨[2]

　　《史记》：平原君赵胜，赵之诸公子。喜宾客，宾客至者数千人。相赵惠文王及孝成王，三去相，三复位。家楼临民家，民家有躄（bì）者，槃散行汲，美人居楼上，见，大笑之。明日，躄者至门，请曰："士之不远千里而来者，以君能贵士而贱妾。臣不幸有罢（pí）癃之病，而君之后宫笑臣，臣愿得笑臣者头。"胜笑应曰："诺！"终不杀。岁余，宾客稍稍引去者过半。胜怪问之，客曰："以君不杀笑躄者，以为爱色而贱士，即去耳。"胜乃斩笑者头，自造躄者，因谢焉。后乃复来。

　　《说苑》曰：楚庄王赐群臣酒。日暮酒酣，灯烛灭，有引美人之衣者。美人援绝其冠缨，告王趣火来上，视绝缨者。王曰："赐人酒，使醉绝礼，奈何欲显妇人之节，而辱士乎？"乃命左右曰："今日与寡人饮，不绝冠缨者不欢。"群臣百余人，皆绝去其冠缨而上火，尽欢而罢。后晋与楚战，有一臣常在前，五合五获首，却敌，卒胜晋人。庄王怪问，乃夜绝缨者显报王也。

　　①赵胜谢躄：赵胜，赵国宗室大臣，赵武灵王之子，赵惠文王之弟，封于平原县（今山东武城），号平原君。在赵惠文王和赵孝成王时任相，以善于养士而闻名。与齐孟尝君、楚春申君、魏信陵君齐名，时称战国四公子。

　　《史记·平原君虞卿列传第十六》：平原君赵胜，在赵国众公子之中，他最为贤能。喜好招徕宾客，以至拥有宾客数千人。曾担任赵惠文王和赵孝成王的国相，三次被罢免，又三次被起用。

　　平原君家的楼和老百姓的房子紧临。有个瘸子，走路蹒跚，一瘸一拐地到井边打水。平原君的美人在楼上，见那个瘸子走路滑稽，忍不住哈哈大笑起来。第二天，那个瘸子到平原君门上，请求说："士人们之所以愿意不远千里投奔到您的门下，是因为你能尊重士人而轻视美人。我不幸身体残疾，驼背又瘸腿，您后宫的美人放肆地讥笑我，我希望能得到嘲笑我的那个人的头。"赵胜笑着说："可以！"但赵胜一直不杀那个美人。一年之后，竟然有过半的宾客陆陆续续地离开了平原君。赵胜很奇怪，有个宾客说："因为您一直不愿意杀掉那个嘲笑瘸子的美人，大家觉得您重色贱士，所以就离开了。"赵胜于是斩下那个美人的头，亲自登瘸子的家门道歉，宾客们就又逐渐回来了。躄（bì）：腿瘸。

②楚庄绝缨：楚庄，指楚庄王，"春秋五霸"之一。《说苑·复恩》：楚庄王宴请群臣，一直喝到日暮，酒兴仍酣。灯烛忽然熄灭，有个大臣趁黑拉美人的衣服。美人扯下这个人的帽带，告诉楚王赶紧把灯烛点上，找到那个被扯断帽带的人。楚王说："我请大家喝酒，有人醉后失礼，为什么要显示美人的贞节而羞辱臣下呢？"于是命令左右说："大家今天和我一起饮酒，不扯断帽带不尽兴。"群臣百余人，都把自己的帽带扯下，然后点亮灯烛，最后大家尽欢而散。

后来晋国与楚国交战，有一个大臣总是奋勇冲锋在前，在五场战斗中五次斩获敌首，最后大败晋军。楚庄王很奇怪，就问他为何如此英勇，竟然是那天晚上被美人扯断帽带之人。他用这种方法报答楚王的恩德。

恶来多力，飞廉善走[①]

《史记》：飞廉生恶来。恶来有力，飞廉善走，父子俱以材力事纣。恶来、飞廉为诸侯，武王伐纣，并杀恶来。是时飞廉为纣居北方。《晏子春秋》曰：恶来手裂虎兕。皇甫谧曰：作石棺于北方。

①恶来多力，飞廉善走：《史记·秦本纪第五》：飞廉生下恶来。恶来力气大，飞廉善奔跑，父子俩靠各自的能力侍奉纣王。恶来喜进谗言，爱诋毁诸侯，让诸侯之间有嫌隙。武王伐纣，把恶来一并杀掉。当时飞廉为纣出使北方。《集解》引《晏子春秋》：恶来能手裂虎豹与犀牛。皇甫谧曰：飞廉在北方为纣打制石椁。

赵孟疵面①，田骈天口②

旧注云：晋赵孟，字长舒，为尚书令史。善清谈，面有疵点，时人曰："诸事不决问疵面。"

《七略》曰：田骈，齐人。好谈论，时号曰"天口骈"。言其口如天，不可穷也。

①赵孟疵面：旧注云：晋国赵孟，字长舒，为尚书令史。善于清谈，脸上长黑痣，当时人们常说："诸事不决问疵面。"疵，黑斑，痣。

②田骈天口：《七略》：田骈，是齐国人。喜好谈论，当时人称"天口骈"。言其嘴大如天，滔滔不绝，没有尽头。

张凭理窟①，裴頠谈薮②

《晋书》：张凭，字长宗，吴郡人。有志气，为乡闾所称。举孝廉，负其才，自谓必参时彦。初，欲诣刘惔，乡里及同举者共笑之。既至，惔处之下坐，神意不接。凭欲自发而无端。会王濛就惔清言，有所不通，凭于末坐判之，言旨深远，足畅彼我之怀，一坐皆惊。惔延之上坐，清言弥日，留宿至旦遣之。凭既还船，须臾惔遣传教觅张孝廉船，召与同载。遂言之于简文帝。帝召与语，叹曰："张凭勃窣为理窟。"官至御史中丞。

《晋书》：裴頠，字逸民，司空秀之子。弘雅有远识，博学稽古，少知名。中丞周弼见而叹曰："頠若武库兵纵横，一时之杰也。"乐广尝与頠清言，欲以理服之，而頠辞语丰博，广笑而不言。时人谓頠为言谈之林薮。累迁左仆射，后为赵王伦所害。

①张凭理窟：张凭，字长宗，吴郡（今江苏苏州）人。志向远大，才华出众，被乡邻称赞。张凭被推举为孝廉，自负其才，认为必能跻身当世精英名流。

《晋书·张凭列传第四十五》：起初，张凭欲拜访名士刘惔，乡人和那些同时被举为孝廉者都笑话他。到了之后，刘惔安排张凭坐在下首，对他并不重视，一副爱搭不理的样子。张凭想要表现自己，一时又找不到话题。正赶上王濛来刘惔处清谈，义理有所不通的地方，张凭就在末座远远地分析评判。言辞简约，内涵深远，听后让人豁然开朗，心情舒畅，举座皆惊。刘惔于是请张凭上坐，清言一整天，又留他住宿，天亮告辞。张凭回到船上，欲乘船归去。没多久，刘惔就派人找到张凭，召他与自己同车前往京城拜见天子。刘惔将张凭推荐给简文帝。文帝召张凭并与之谈话，感叹说："张凭才华横溢，言论舒缓而能切中义理，真是义理的渊薮。"官至御史中丞。理窟：指张凭学识渊博，集众家之理，取之无穷。窟：人或事物聚集的地方。

②裴頠谈薮：裴頠（wěi），字逸民，河东闻喜（今山西闻喜）人，司空裴秀之子。性情高雅，有远见卓识，学识渊博，研习古典，少年成名。

《晋书·裴頠列传第五》：御史中丞周弼见到裴頠，感叹说："裴頠就像一座武器库，内有各种兵器，真是一代豪杰。"乐广曾与裴頠清言，想要从义理上说服他，但是裴頠言辞丰富广博，乐广笑而不能对。当时人们都说裴頠为言谈之林薮。多次升迁到尚书左仆射，后来被赵王司马伦杀害。谈薮：指裴頠言辞丰富，滔滔不绝。薮：人或物聚集的地方。

仲宣独步①，子建八斗②

　　《魏志》：王粲，字仲宣，山阳高平人。除黄门侍郎，以西京扰乱不就，乃之荆州，依刘表。表以粲貌寝而体弱，进退不甚重也。归太祖，累拜侍中。曹植与杨修书曰："今世作者，可略而言：昔仲宣独步于汉南，孔璋鹰扬于河朔，伟长擅名于青土，公干振藻于海隅，德琏发迹于大魏，足下高视于上京。当此之时，人人自谓握灵蛇之珠，家家自谓抱荆山之玉也。"孔璋，陈琳字。伟长，徐干字。公干，刘桢字。德琏，应场字也。

　　《魏志》：陈思王曹植，字子建。年十岁余，诵读《诗》《论》及辞赋数十万言，善属文。太祖尝视其文曰："汝倩人耶？"植曰："言出为论，下笔成章，奈何倩人？"时铜雀台新成，太祖悉将诸子登台，使各为赋。植援笔立成可观，太祖甚异之。每进见难问，应声而对，特见宠爱。文帝即位，累封陈王。旧注引谢灵运云："天下才共有一石，子建独得八斗，我得一斗，自古及今，同用一斗。奇才博敏，安有继之？"

---

　　①仲宣独步：王粲（177—217），字仲宣，山阳郡高平（今山东邹城西南）人。东汉末年著名文学家，"建安七子"之一，文才出众，被誉为"七子之冠冕"。初仕刘表，后归曹操。

　　《三国志·魏志二十一·王粲传》：朝廷征召王粲为黄门侍郎。因为西京局势混乱，没有就任，于是到荆州，依附刘表。刘表因为王粲相貌丑陋，身体羸弱，性格不羁而不重用他。后来王粲又归附曹操，多次升迁后官至侍中。

　　曹植曾给杨修写信说："当今文章优秀者，屈指可数。从前王仲宣独步汉南，陈孔璋在河朔可为翘楚，徐伟长在青土名列前茅，刘公干在海边罕有人及，应德琏在魏地发迹，而你在上京睥睨群雄。现在，人人都觉得自己就像手握隋侯珠，怀抱和氏璧一样，掌握了做学问的本质和写文章的真谛。"孔璋，是陈琳的字。伟长，是徐干的字。公干，是刘桢的字。德琏，是应场的字。

②子建八斗：曹植（192—232），字子建，沛国谯（今安徽亳州）人。三国时期曹魏诗人、文学家，建安文学的代表人物。是魏武帝曹操之子，魏文帝曹丕之弟，生前曾为陈王，去世后谥号"思"，因此又称陈思王。后人因他文学上的造诣而将他与曹操、曹丕合称为"三曹"。

《三国志·魏志十九·陈思王曹植传》：陈思王曹植十来岁的时候就诵读《诗经》《论语》及辞赋数十万字，能写一手好文章。一次，太祖曹操看了曹植的文章，问："你是不是请人代笔了？"曹植说："我出口为论，下笔成章，怎么会请别人帮我呢？"

当时铜雀台新落成，曹操把几个儿子都叫上，一起登台赏景。曹操让大家每人以铜雀台为题写一篇赋。曹植拿起笔一挥而就，文采斐然，曹操大为惊异。曹植觐见曹操时，曹操总会提出一些问题考验他，而曹植则能应声解答，因此深受曹操宠爱。

魏文帝曹丕即位后，曹植累封陈王。旧注引谢灵运："天下士人的才华加起来共有一石的话，曹植一个就独占八斗，我谢灵运占了一斗，自古及今所有的人加起来共占一斗。如果不是学识渊博，才思敏捷者，谁能为其后继？"

广汉钩距[①]，弘羊心计[②]

　　《前汉》：赵广汉，字子都，涿郡蠡吾人也。迁京兆尹，威名流闻。其发奸擿（tī）伏如神，政清，吏民称之不容口。自汉兴，治京兆者莫能及。为人强力，天性精于吏职，尤善为钩距，以得事情。钩距者，设欲知马贾，则先问狗，已问羊，又问牛，然后及马，参伍其贾，以类相准，则知马之贵贱，不失实矣。唯广汉至精能行之，他人效者莫能及。郡中盗贼、闾里轻侠，其根株窟穴所在，及吏受取请求铢两之奸，皆知之。后上书告丞相魏相事失实。宣帝恶之，下广汉廷尉狱，又坐贼杀不辜数罪，吏民守阙号泣者数万人。或愿代死，竟坐要（同"腰"）斩，百姓追思歌之至今。

　　《前汉》：桑弘羊，雒阳贾人子。武帝时，以心计用事，年十三为侍中，与大农丞东郭咸阳、孔仅三人者言利，事析秋毫，拜御史大夫。昭帝时谋反伏诛。

　　①广汉钩距：赵广汉，字子都，涿郡蠡吾（今河北博野西南）人。被任命为京兆尹，威名远扬。赵广汉揭发隐藏的罪恶犹如神助，所以京兆之地政治清明，官民交口称赞。从汉朝建立，治理京兆者无人能及。

　　《汉书·赵广汉列传第四十六》：赵广利为人精明强干，内心坚定，行动有力，天生擅长为官之道。尤其擅长用钩距之法来判别事情真伪。钩距之法就是，比如要想知道马的价格，就先考察了解狗的价格，然后问羊的价格，再问牛的价格，最后再问马的价格，将这些价格相互参照对比，按类别相衡量，就能知道马的价格贵贱、与事实是否相当。这种方法只有赵广汉用得最为纯熟，其他人效仿不来。成语"问牛知马"源于此。

郡中盗贼、乡间狂徒的贼窝老巢所在，以及下属官吏收取贿赂，哪怕是一铢一两的贪污，赵广汉都心知肚明。后来，广汉上书告发丞相魏相，因弄错事实而被宣帝疏远，将广汉押到廷尉牢狱，广汉还犯有杀害无辜，不据实情审案等罪。官吏和民众守在宫阙前号泣者有数万人，有人愿意代广汉一死。广汉最终被判腰斩，百姓追思歌颂他直到今天。

②弘羊心计：桑弘羊，河南洛阳人，西汉时期政治家、理财专家、汉武帝的顾命大臣之一，官至御史大夫。

《史记·平准书第八》：桑弘羊，是洛阳商人的儿子。武帝时，因为擅长心算，十三岁就被召为侍中。和大农丞东郭咸阳、孔仅三人追求财利，可谓到了不放过一丝一毫的地步。桑弘羊官拜御史大夫。昭帝时因谋反被杀。

卫青拜幕[①]，去病辞第[②]

《前汉》：卫青，字仲卿，其父郑季，河东平阳人。以县吏给事侯家。平阳侯曹寿尚武帝姊阳信长公主。季与主家僮卫媪通，生青。青有同母兄卫长君，及姊子夫。子夫自平阳公主家得幸武帝，故青冒姓卫氏。给事建章，后拜车骑将军。击匈奴，以功封长平侯。元朔中，将三万骑出高阙，追匈奴右贤王。得右贤裨王十余人，众男女万五千余人，畜数十百万。引兵还，至塞，天子使使者持大将军印，即军中拜青为大将军。诸将皆以兵属，立号而归。《李广传》注，卫青征匈奴，绝大漠，大克获，帝就拜大将军于幕中府，故曰幕府。

《前汉》：霍去病，大将军卫青姊少儿子也。其父霍仲孺，先与少儿通，生去病。及卫皇后尊，去病以后姊子，年十八为侍中。从大将军征匈奴，以功封冠军侯、骠骑将军。乃置大司马位，去病秩禄皆与青等。去病为人少言不泄，有气敢往。上尝欲教之吴、孙兵法，对曰："顾方略何如耳，不至学古兵法。"上为治第，令视之。对曰："匈奴不灭，无以家为也。"上益重爱之。

①卫青拜幕：卫青，字仲卿，西汉河东平阳（今山西临汾西南）人，最初为平阳公主家奴，后被汉武帝重用，官至大将军，封长平侯。首次出征匈奴告捷，打破匈奴不可战胜的魔咒。卫青善于以战养战，用兵敢于深入，奇正兼擅，曾七战七胜。为汉朝北部疆域的稳定和拓展贡献极大。

《汉书·卫青霍去病列传第二十五》：卫青的父亲名叫郑季，郑季任县吏之职，在平阳侯家当差。平阳侯曹寿娶汉武帝姐姐阳信长公主为妻。郑季与公主的奴婢卫媪私通，生下卫青。卫青有同母异父的哥哥卫长君和姐姐卫子夫、卫少儿。卫子夫在平阳公主家被汉武帝宠幸，所以卫青就冒姓卫氏。卫青起初在建章宫供职，后来官拜车骑将军。

因为抗击匈奴有功，被封为长平侯。元朔年间，卫青带领三万骑兵出兵高阙，追击匈奴右贤王。捕获右贤王十余个小王，男女一万五千余人，牲畜上百万头，凯旋。军队到边塞，天子已派使者捧着大将军印到达，就在军中任命卫青为大将军。其他诸位将军皆归卫青统领，确立大将军号令后班师回京。《李广传》注：卫青征讨匈奴，深入大漠绝地，大获全胜，武帝就在军营帐幕围成的府署中任命卫青为大将军。所以把行军时帐幕围成的府署叫幕府。

②去病辞第：霍去病（前140—前117），西汉河东郡平阳县（今山西临汾西南）人。汉武帝时期杰出军事家，是名将卫青的外甥，任大司马骠骑将军。好骑射，善于长途奔袭。霍去病多次与匈奴战，逼得匈奴节节败退，有"封狼居胥"佳话。

《汉书·卫青霍去病列传第二十五》：霍去病，大将军卫青姐姐卫少儿的儿子。霍去病的父亲霍仲孺，与卫少儿私通，生下霍去病。等到卫子夫皇后被尊宠，霍去病因为是皇后姐姐的儿子，十八岁即为侍中。跟随大将军卫青征讨匈奴，以功封冠军侯、骠骑将军。武帝设置大司马职位，以大将军卫青、骠骑将军霍去病为大司马，霍去病官阶和俸禄与卫青等同。

霍去病为人沉默寡言，不泄露别人的机密，有勇气，能担当。武帝曾让他学习吴起、孙武的兵法，霍去病说："打仗只需要把方针策略用好就可以了，不学古人的兵法。"皇上为霍去病修建了府第，让他去看看。霍去病说："匈奴不灭，我不愿置办家业。"皇上对他更加器重和宠爱。

郦寄卖友^①，纪信诈帝^②

《前汉》：郦寄，字况，高阳人，丞相商之子。与吕禄善。及高后崩，大臣欲诛诸吕。吕禄为将军，军于北军，太尉周勃不得入。乃使人劫商，令寄绐禄。禄信之，与出游。勃乃得入，据北军，遂诛诸吕。天下称郦况卖友。

《前汉》：纪信为将军，项羽围汉王荥阳。信曰："事急矣，臣请诳楚，可以间出。"于是夜出女子东门二千余人，楚兵四面击之。信乃乘王车，黄屋左纛，曰："食尽，汉王降楚。"楚皆呼"万岁"。之城东观，以故汉王得与数十骑出西门遁，羽见信，问："汉王安在？"曰："已出去矣。"于是羽烧杀信。

①郦寄卖友：郦寄，字况，高阳（今河南杞县西南）人，汉丞相郦商之子。

《汉书·郦商列传第十一》：郦寄与汉高后吕雉的侄子赵王吕禄关系友善。高后死后，大臣欲诛灭吕氏家族。当时吕禄为将军，统领北军。太尉周勃拿不到北军的指挥权，就派人劫持郦商，要挟郦寄欺骗吕禄。吕禄信任郦寄，和他一起出游。周勃于是进入北军，掌握了军权，遂将诸吕诛死。天下人都说郦寄出卖朋友。

②纪信诈帝：纪信（？—前204），字成，赵国人，曾参与鸿门宴，随刘邦起兵抗秦。身形与样貌恰似刘邦。

《汉书·本纪第一（上）·高帝刘邦（上）》：楚汉相争，项羽将汉王围困在荥阳，纪信将军说："现在事情危急，我申请前去欺骗楚军，您可以偷偷逃走。"当天夜里从东门放出两千多女子，楚军四面攻击她们。纪信乘上汉王的车子，黄缯车盖，左竖纛旗，曰："粮食吃完了，汉王降楚。"楚兵皆呼万岁，都到城东观看汉王投降。汉王于是与数十骑出西门逃遁。项羽见到纪信，问："汉王在哪里？"纪信说："已经出城了。"项羽一怒之下将纪信烧死。

济叔不痴①，周兄无慧②

《晋书》：王湛，字处冲，少有识度，龙颡大鼻，少言语。初有隐德，人莫能知。兄弟宗族皆以为痴，其父昶独异焉。阖门守静，不交当世，冲素简淡，器量隤（tuí）然，有公辅之望。兄子济轻之，尝诣湛，见床头有《周易》，问曰："叔父何用此为？"湛曰："体中不佳时，脱复看耳。"济请言之，因剖析玄理，微妙有奇趣，皆济所未闻。武帝亦以湛为痴，每见济辄嘲之，曰："卿家痴叔死未？"济常无以答，及是又问，济曰："臣叔殊不痴。"因称其美。帝曰："谁比？"济曰："山涛以下，魏舒以上。"后仕至汝南内史。

《左氏传》：晋栾书、中行偃使荀䓨、士鲂逆周子于京师而立之，是为悼公。周子有兄，无慧不辨菽麦，故不可立。杜预曰："菽，大豆。豆麦殊形易别，故以为痴者之候。"不慧，盖世所谓曰痴。

①济叔不痴：王湛（249—295），字处冲，西晋太原晋阳（今山西太原西南）人，王昶之子，王浑之弟，王承之父。年少有识，龙额大鼻，沉默寡言。二十八岁方出仕，历任秦王文学、太子洗马、尚书郎、太子中庶子、汝南内史等。

《晋书·王湛列传第四十五》：王湛从小就有见识和风度。最初，王湛低调做人，帮助别人而不张扬，人们对他没有太多了解。兄弟和族人们都以为王湛痴呆，只有父亲王昶看出他与众不同。王湛常常闭门在家，远离喧嚣，不与世人交往，素朴简约，淡泊自处，器量随和，有宰相之才。

王湛哥哥的儿子王济轻视他，曾到王湛住所，见床头有本《周易》，就问：“叔叔床头放本《周易》干什么？”王湛说：“身体不舒服时，偶尔翻翻。”王济请他谈谈《周易》，王湛于是将玄妙深奥的道理，剖析得深刻细微而且妙趣横生，这些道理就连才华过人的王济也是闻所未闻。

晋武帝也一直以为王湛痴呆，每次见到王济都嘲笑他叔叔，这次又问：“你家那个傻叔叔还健在吧？”之前王济常常无法回答。这次王济就说：“我的叔叔一点儿也不傻。”于是把王湛的优点告诉武帝。武帝说：“能和谁相比？”王济说：“在山涛以下，在魏舒以上。”王湛后官至汝南内史。

②周兄无慧：《左传·成公十八年》：晋国栾书、中行偃派荀罃、士鲂到京师迎接周子，把他立为国君，这就是晋悼公。晋悼公有个哥哥，没有智慧，区分不开豆子和麦子，所以不能将他立为国君。杜预说：“菽就是大豆。”豆子和麦子外形差别很大，形状容易识别出来，所以不辨菽麦就是痴人的特征。不慧，即世人所谓白痴。

虞卿担簦①，苏章负笈②

《史记》：虞卿，游说之士，蹑蹻担簦，说赵孝成王。一见赐黄金百镒，白璧一双，再见为赵上卿，故号为虞卿。

《前汉》：苏章，字游卿，北海人。去官，不仕于王莽。旧注曰：章负笈追师，不远千里。

①虞卿担簦：《史记·平原君虞卿列传第十六》：虞卿，是位游说之士，脚踩草鞋，肩扛雨伞，去游说赵孝成王。第一次见面，赵孝成王赐给他黄金百镒、白璧一双；第二次见面虞卿被拜为赵国上卿，所以被称为虞卿。簦：古代有柄的笠，类似现在的伞。

②苏章负笈：苏章，字游卿，北海人。辞官离职，不愿在王莽朝任职。旧注说：苏章负笈从师，不远千里。《后汉书》亦有苏章传记，似乎不是同一个人。

《后汉书·苏章列传第二十一》载：苏章，字儒文，东汉扶风平陵（今陕西咸阳西北）人。苏章少年博学，能属文。安帝时举贤良方正，对策高第，为议郎。敢言直谏，在皇帝面前多次议论朝政得失，言论切中时弊。出任武原县令，遇灾年，开仓赈灾，救活三千余户。汉顺帝时调任并州刺史，因执法触怒豪强及当权者，被免官，乃隐居乡里。后来朝廷征召他为河南尹，不就。卒于家。笈：用竹藤编织，用以放置书籍、衣巾、药物等的小箱子。

南风掷孕①，商受斮涉②

　　晋惠帝贾皇后，名南风，父充，位三公。初，武帝欲为太子取卫瓘女，曰："卫公女有五可，贾公女有五不可。卫家种贤而多子，美而长白；贾家种妒而少子，丑而短黑。"元后固请荀顗、荀勖并称充女之美，乃定婚。南风妒忌多权诈，太子畏惑之，嫔御罕有进幸者。性酷虐，尝手杀数人，或以戟掷孕妾，子随刃堕地。武帝怒将废之，荀勖等救，得不废。及立为皇后，遂荒淫放恣，专制天下，威服内外。初，诛杨骏及汝南王亮、太保卫瓘、楚王玮等，皆临机专断，天下咸怨。及太子废，赵王伦等因众怒谋废后。后惧，遂害太子，以绝众望。伦乃率兵入宫废之，矫诏赉（jī）金屑酒赐死。

　　《书·太誓》曰：商王受斮朝涉之胫，剖贤人之心。

　　①南风掷孕：晋惠帝贾皇后，名南风，父亲为太宰贾充，位居三公。

　　《晋书·列传第一·惠贾皇后》：起初，晋武帝司马炎想为太子娶卫瓘的女儿，武帝说："卫瓘的女儿有五点可取之处，贾充的女儿有五点不可取之处。卫家的后代'美而长白'，贤良而且多子；贾家的后代'丑而短黑'，生性嫉妒而且少子。"

　　但晋武帝的皇后想与贾家联姻，就请荀顗（yǐ）、荀勖（xù）盛赞贾充女儿贾南风贤惠，促使武帝司马炎最终和贾家定下婚约。贾南风生性妒忌，擅权谋，能诡诈，太子畏惧她又被她迷惑。其他嫔御少有被太子宠幸的。贾南风性情残酷暴虐，曾亲手杀死数人。一次用戟投掷一名怀孕的姬妾，孕妇肚子被划开，孩子随着戟刃堕落在地。晋武帝一怒之下要废除贾妃，因为荀勖等极力相劝，才得以不废。太子继位，贾南风被立为皇后。贾南风荒淫放纵，行事独断，专制天下，威震朝廷内外。

起初，诛杀杨骏及汝南王司马亮、太保卫瓘、楚王司马玮等，都是她独断专行的事情，招致全天下怨恨。太子被废黜后，众人愤怒，赵王司马伦等人谋划废掉贾后。皇后惧怕，害死太子，以绝众望。司马伦率兵入宫废掉贾后，贬其为庶人，后又矫诏以金屑酒将她毒死。

②商受斲涉：《尚书·泰誓》曰：商纣王砍断寒冬早上涉水的人的小腿，就是为了看一看他的小腿为什么耐寒；还挖出贤人的心，来验证传说中贤人心有七窍是不是实情。商受：帝辛，子姓，名受，商朝末代君主，世称"纣"，即商纣王。斲（zhuó）：砍、斩。

广德从桥^①，君章拒猎^②

　　《前汉》：薛广德，字长卿，沛郡相人。以鲁诗教授，御史大夫萧望之荐广德经行，宜充本朝。为博士，论石渠，后拜御史大夫。为人温雅，有蕴藉，及为三公，直言谏争。元帝酎祭宗庙，出便门，欲御楼船，广德当乘舆车，免冠顿首曰："宜从桥。陛下不听臣，臣自刎，以血污车轮，陛下不得入庙矣。"上不悦，光禄大夫张猛曰："臣闻主圣臣直，乘船危，就桥安，圣主不乘危，御史大夫言可听。"上曰："晓人不当如是邪？"乃从桥。后乞骸骨，赐安车驷马，黄金六十斤。悬其安车传子孙。

　　《后汉》：郅恽，字君章，汝南西平人。明天文历数。王莽时，寇贼群发。恽至长安上书，莽大怒，收系诏狱，劾以大逆。犹以恽据经谶难即害之，使近臣胁令自告，狂病不觉所言，恽乃瞋目詈曰："所陈皆天文圣意，非狂人所能道。"会赦出，乃南遁苍梧。建武中为上东城门候。帝尝出猎夜还，恽拒关不开，不受诏。帝乃回从东中门入。明日恽上书谏曰："昔文王不敢盘于游田，以万民为忧，而陛下远猎山林，夜以继昼，其如社稷宗庙何？"书奏，赐布百匹，贬东中门候为参封尉，再迁长沙守。

　　①广德从桥：薛广德，字长卿，沛郡相县（今安徽濉溪西北）人。在楚国传授鲁人申培注解的《诗经》，御史大夫萧望之向朝廷推荐薛广德，认为他行为正直，通晓经学，应该在朝为官，因此被征召为博士。宣帝甘露三年（前51），儒生们在石渠阁论学，广德也曾参与议论。后官拜御史大夫。

　　《汉书·薛广德传第四十一》：薛广德为人温文尔雅，含蓄宽容有涵养，位至三公时，又直言敢谏。汉元帝准备用酎酒祭祀宗庙，出便门后，就准备乘楼船过河。薛广德拦住皇上车驾，免冠顿首，说："皇上您应该从桥上过河。您如果不听我的劝告，我就自刎在您的车前。鲜血喷到您的车轮上，车轮被污，你就无法进入宗庙祭祀了。"

皇上大为不悦，光禄大夫张猛解围说："我听说只有皇上圣明，臣子才敢于直言。乘船危险，从桥上走就安全得多，圣明的君主是不会以身涉险的，刚才御史大夫劝告您的话您可以三思。"皇上说："劝告人不应当用这样的方法和态度吗？"于是从桥上过了河。

后来薛广德请求辞官回乡，皇上赐给他安车驷马，黄金六十斤。沛郡把皇帝所赐安车悬示子孙后代，以显荣耀。

②君章拒猎：郅恽，字君章，汝南郡西平县（今河南西平西）人，精通天文历数。

《后汉书·郅恽列传第十九》：王莽执政时，社会动乱，寇贼群发。郅恽到长安上书，劝王莽不要窃取帝位。王莽大怒，将郅恽逮捕入狱，定为谋反罪。但是因为郅恽所言皆依据经典谶纬，难以马上杀害他。于是派近臣威胁郅恽，让郅恽自称精神失常，所说都是狂言。郅恽于是怒目而视，高声怒骂："我所说的都是天意呈现，不是一个神经病能编造出来的。"幸运的是，不久遇到天下大赦被释放出狱，郅恽于是去南方的苍梧山隐居。

建武年间，郅恽被举荐为上东城门候。一次，皇帝出城狩猎，夜深才还。郅恽拒不开门，不接受皇帝诏令。无奈，皇帝只得绕道从东中门入城。第二天郅恽给皇帝上书，劝谏说："之前周文王不敢畋猎游乐，是因为他忧虑万民疾苦。现在陛下您远猎山林，夜以继日，这么做对国家社稷和列祖列宗怎么交代？"郅恽奏书呈报上去后，皇上赐给他布百匹，将东中门的门官贬为参封县尉。郅恽后来改任长沙太守。

应奉五行^①，安世三箧^②

《后汉》：应奉，字世叔，汝南南顿人。少聪明，自为童儿及长，凡所经履，莫不暗记。读书五行并下，为郡决曹史。行部四十二县，录囚徒数百千人，及还，太守问之，奉口说罪系姓名，坐状轻重，无遗脱，时人奇之，官至司隶校尉。谢承书曰："奉年二十时，尝诣彭城相袁贺，贺时出行，闭门。造车匠于内开扇，出半面视奉，奉去。后数十年，于路见车匠，识而问之。"

《前汉》：张安世，字子儒，少以父汤任为郎，用善书给事尚书，精力于职，休沐未尝出。武帝幸河东，尝亡书三箧，诏问莫能知。唯安世识之，具作其事，后购求得书，以相校，无所遗失。上奇其材，擢为尚书令。昭帝立，为右将军光禄勋，封富平侯，事武帝三十余年，忠信谨厚，勤劳政事，夙夜不怠。宣帝时为大司马车骑将军。安世为公侯，食邑万户，身衣弋绨，夫人自纺绩，家僮七百人，皆有手技做事，内治产业，累积纤微，是以能殖其货富于霍光。

①应奉五行：《后汉书·应奉列传第三十八》：应奉，字世叔，汝南南顿（今河南项城西）人。自幼聪明，从小到大，凡所经历过的事情，都能逐一清清楚楚地记下来。读书很快，一目五行。应奉担任郡里的决曹史，到下属四十二县巡视，记录囚徒上千人。回来后，向太守汇报工作，应奉不看材料，直接口述罪犯姓名，罪行轻重，没有任何遗漏，人们都觉得神奇。应奉官至司隶校尉。

谢承在他的《后汉书》中记载：应奉二十岁那年，去拜访彭城相袁贺。

正赶上袁贺出行在外，家门关闭。应奉叫门，袁贺家的造车匠人开门露出半张脸说主人不在，应奉怅然而归。后来又过了数十年，应奉在路上遇到造车匠人，还能认出这个匠人，并热情打招呼。

②安世三箧：《汉书·张安世列传第二十九》：张安世，字子儒，少年时因为父亲张汤的地位被任命为郎官。后来因为擅长书法而供职尚书台，恪尽职守，就算休假的时间也坚守岗位，不愿外出。

武帝驾幸河东，丢失书籍三箱，诏问众人，没有人知道书上写的是些什么。只有张安世能记住书籍内容，并将其全部写出来。后来又买到这些书，将书和张安世记录的内容比对，没有内容遗失。皇上很是惊奇，提他为尚书令。张安世侍奉汉武帝三十余年，忠信谨厚，勤劳政事，夙夜不怠。汉昭帝即位，霍光奏请任张安世为右将军光禄勋，封富平侯。宣帝时为大司马车骑将军。

张安世虽然贵为公侯，食邑万户，但衣着简朴。常常身穿黑色粗布，夫人亲自纺绩。家中奴仆七百人，个个有手艺，人人有一技之长。置办产业，一点一滴地积累，家产超过大将军霍光。

相如题柱①，终军弃繻②

《前汉》：司马相如，字长卿，蜀郡成都人也。少好读书，学击剑，名犬子。既学，慕蔺相如之为人，更名相如。以赀为郎，事景帝为武骑常侍，非其好也。病免，家贫无以自业，及卓文君从奔，后卓王孙分与财物，为富人。久之，武帝召以为郎，邛、笮君长闻南夷与汉通，得赏赐多，愿为内臣妾。请吏比南夷，拜相如中郎将，建节往使，因巴蜀吏币物，以赂西南夷。至蜀，太守以下郊迎，县令负弩矢先驱，蜀人以为宠。于是卓王孙、临邛诸公，皆因门下献牛酒以交欢。王孙喟叹自以得使女尚长卿晚。相如略定西南夷，邛、笮、冉、駹、斯榆之君，皆请为臣妾，除边关，边关益斥。旧注云：蜀城北七里有升仙桥，相如题其柱曰："大丈夫不乘驷马车，不复过此桥。"

《前汉》：终军，字子云，济南人。少好学，以辨博能属文闻于郡中。年十八，武帝选为博士，步入关，关吏与军繻。军问以此何为，吏曰："为复传，还当合符。"军曰："大丈夫西游，终不复传还。"弃繻而去。及为谒者，使行郡国，建节东出关。关吏识之，曰："此使者乃前弃繻生也！"后擢谏大夫，使南越，自请："愿受长缨，必羁南越王而致之阙下。"军往说越王，王请举国内属。其相吕嘉，不欲内属，发兵攻杀其王。及汉使者皆死，军死时年二十余，故世谓之终童。

①相如题柱：《汉书·司马相如传第二十七》：司马相如，字长卿，蜀郡成都人。少年爱好读书，并学习击剑，取名犬子。完成学业后，因为思慕蔺相如为人，改名为相如。

司马相如靠家里用钱买了一个郎官，侍奉汉景帝，担任武骑常侍。但这个职位并非司马相如所好，以生病为借口，辞去官职。司马相如家境贫寒，无以为业。和卓文君私奔后，卓文君的父亲卓王孙被迫分一部分家财给司马相如，从此成为富人。

过了很久，汉武帝召司马相如为郎官。这时，西南少数民族部族邛（qióng）、筰（zuó）的君长听说南夷已经与汉朝交往，得到的赏赐很多，愿意成为汉朝的臣国。请求在他们的部族设立官吏来管辖，希望得到和南夷一样的待遇。于是天子拜相如为中郎将，命他持汉节出使，通过巴郡和蜀郡的官吏和货币财物来拉拢、收买西南夷。

司马相如到达蜀郡，太守率领下属到郊外迎接，县令用迎接贵宾的礼节欢迎，背负弓箭在前面引路，蜀郡的人都觉得深受天恩，至为荣幸。于是卓王孙和临邛父老，通过关系到司马相如门下敬献牛肉和美酒，来结识和搞好关系。卓王孙喟然叹息，恨把女儿嫁给司马相如太晚。相如平定西南夷，邛、筰、冉、駹和斯榆的君长，都请求做汉朝的臣国。于是原来的关隘被拆除，使汉朝的边关向外扩展很多。

旧注云：蜀郡城北七里有座升仙桥。司马相如早年离开故乡赴京城游历，在桥柱上写道："大丈夫不乘驷马车，不复过此桥。"

②终军弃繻：终军，字子云，西汉济南（今山东济南）人。年少好学，学识渊博，有辩才，文笔好，乡里闻名。

《汉书·终军列传第三十四》：终军十八岁时，被汉武帝选为博士弟子，报到时步行通过函谷关。守关的官吏交给终军一块丝织的符信，终军问这是做什么用的，官吏回答说："等你再回来的时候，以此为凭。"终军说："大丈夫西游，肯定不需要再凭原来的符信为证。"扔下这个符信就走了。后来终军被任命为谒者，奉命巡查郡国，手持朝廷符节向东出关。守关的官吏认出终军，说："这个使者不就是之前扔掉符信的儒生吗？"

终军被提拔为谏大夫，将要出使南越，向皇帝请命说："请给我一条长绳，一定能擒住南越王，将他带到陛下殿前。"终军游说南越王，南越王同

意举国归顺汉朝。但是南越的国相吕嘉不同意归顺，起兵杀死南越王，终
军和汉朝使者一同被杀。终军死的时候年仅二十余岁，世谓之"终童"。

繻（xū）：古时用丝帛制成的出入关卡的凭证。

孙晨藁席^①，原宪桑枢^②

《三辅决录》：孙晨，字元公，家贫，织席为业。明《诗》《书》，为京兆功曹。冬月无被，有藁一束，暮卧朝收。

《庄子》曰：原宪居鲁，环堵之室，茨以生草，蓬户不完，桑枢瓮牖，二室褐以为塞，上漏下湿，匡坐而弦。子贡乘大马，中绀而表素，轩车不容巷。往见宪。宪华冠縰履，杖藜而应门。子贡曰："嘻，先生何病？"宪曰："无财谓之贫，学而不能行谓之病。今宪贫也，非病也。"子贡逡巡有惭色。

①孙晨藁席：《三辅决录》：孙晨，字元公，家境贫寒，以织席为生。通晓《诗经》《尚书》，曾担任京兆功曹职务。冬天没有棉被，只有一束稿秆，晚上铺开睡在上面，早上再收起来。藁（gǎo）：同"稿"，干枯的稻草秆。

②原宪桑枢：原宪，春秋末年宋国商丘人，孔子弟子。原宪出身贫寒，个性狷介，安贫乐道。孔子为鲁司寇时，曾做过孔子的家宰，孔子给他九百斛的俸禄，原宪推辞不要。

《庄子·让王》：原宪居住在鲁国，房子只有一丈见方，以青草为顶，破损的房门由蓬草编成，用桑条做门轴，用瓮口做窗户，用粗布衣服塞住窗口，屋顶漏雨，地下泥泞。原宪端端正正地坐着弹琴唱歌。子贡乘坐高头大马拉的车子，车子大得巷子都进不去，衣服内衣青红，外衣素白，就这样来见原宪。

原宪头戴桦树皮做的帽子，穿着没有脚后跟的鞋子，拄着藜木拐杖来开门迎接客人。子贡说："哎，先生你这是得了什么病？"原宪说："我听说，无财谓之贫，学习而不能用于实践谓之病。我现在是贫，不是病。"子贡面有惭色，进退不知如何是好。枢：门轴；桑枢瓮牖：用桑树做门轴，用瓦罐做窗户，比喻家境贫寒。

端木辞金^①，钟离委珠^②

《家语》：端木赐，字子贡。鲁国之法：赎人臣妾于诸侯者，皆取金于府。子贡赎之，辞而不取金。孔子闻之，曰："赐失之矣。夫圣人举事，可以移风易俗，而教导可以施于百姓。非独适身之行也。今鲁国富者寡，而贫者众，赎人受金则为不廉，何以相赎乎？自今以后，鲁人不复赎人于诸侯。"

《后汉》：钟离意，字子阿，会稽山阴人。显宗征为尚书，时交阯太守张恢坐赃千金伏法，以资物薄入大司农。诏赐群臣，意得珠玑，委地而不拜赐。帝怪问，对曰："孔子忍渴于盗泉之水，曾参回车于胜母之间，恶其名也。此赃秽之宝，诚不敢拜。"帝叹曰："清乎，尚书之言。"乃更以库钱三十万赐意，转仆射，出为鲁相。以爱利为化，人多殷富。卒，遗言上书陈升平之世，难以急化，宜少宽暇。帝感伤其意，诏赐钱二十万。

①端木辞金：端木赐（前520—前456），复姓端木，字子贡，春秋末年卫国人。孔门十哲之一，孔门四科言语科高才生。利口巧辞，有干济才，办事通达，善于货殖，为孔子弟子首富。孔子曾称其为"瑚琏之器"。孔子死后，众弟子守孝三年而去，独子贡又庐墓三年。子贡维护孔子身后声誉，司马迁说："夫使孔子名布扬天下者，端木赐先后之也。"

《孔子家语·致思第八》：鲁国法律规定，如果有鲁国人在别的诸侯国当奴隶，凡是将这个奴隶赎回鲁国者，都可以从鲁国国库领取补偿金。子贡将一个奴隶赎回，却谢绝从国库领钱。孔子知道后，说："这件事情端木赐处理得不妥。圣人做事情，不能只从自身考虑合不合适。因为圣人所作所为能够移风易俗，会教育和引导百姓，所以不仅仅是圣人一个人的事情。现在鲁国穷人多，富人少。端木赐救赎奴隶不接受补偿，这样就开了一个先河，别人再救赎奴隶，如果从国库领取补偿就会显得不廉洁，那么用什么来赎人呢？从今以后，鲁国人就不再从诸侯国赎人了。"

②钟离委珠：《后汉书·钟离意列传第三十一》：钟离意，字子阿，会稽山阴（今浙江绍兴）人。汉显宗即位后，征召钟离意为尚书，当时交阯太守张恢贪污千金，被依法处置。赃物被造册登记后交由大司农，皇帝下诏将其赏赐给群臣。钟离意分到一批珠宝，他将珠宝扔在地上而且也不拜谢赏赐。皇帝怪而问之，钟离意回答说："孔子口渴，但是忍着不喝盗泉之水；曾参路过一个叫胜母的里巷，就绕道而过，是因为厌恶它们的名字。这些贪污来的珍宝，我不敢对着它们敬拜。"皇帝感叹说："尚书的话多么清廉啊！"于是换成府库里的三十万钱赐给钟离意。

钟离意后来任尚书仆射，出任鲁国国相。用仁爱和利义教化民众，百姓富足。死后，留遗书向皇帝上书陈述太平盛世的治理方略是不能操之过急，应该宽松宽容以待。皇帝感动于钟离意的忠诚，下诏赐钱二十万。

季札挂剑①，徐稚置刍②

　　《史记》：吴季札，吴王寿梦季子也。初，使北，过徐君。徐君好季札剑，口弗敢言。季札心知之，为使上国，未献。还，至徐，徐君已死。乃解其宝剑，系徐君冢树而去。从者曰："徐君已死，尚谁予乎？"季子曰："不然，始吾心已许之，岂以死倍吾心哉？"札封于延陵，故号延陵季子。《新序》曰：徐人嘉而歌之曰："延陵季子兮不忘故，脱千金之剑兮带丘墓。"

　　《后汉》：徐稚，字孺子，豫章南昌人。家贫，常自耕稼，非其力不食，恭俭义让，所居服其德。屡辞举不就。桓帝时，陈蕃、胡广上疏荐之，备礼征，不至。尝为太尉黄琼所辟，琼卒，乃往设鸡酒薄祭，哭毕而去，不告姓名。时会者郭林宗等闻之，疑其稚也。遣茅容追及之，共言稼穑之事，临诀谓容曰："为我谢林宗，大树将颠，非一绳所维，何为栖栖不遑宁处。"及林宗有母忧，往吊之，置生刍一束于庐前而去。众怪，不知其故，林宗曰："此必南州高士徐孺子也。《诗》不云乎？'生刍一束，其人如玉。'吾无德以堪之。"

　　①季札挂剑：季札（前576—前484），姬姓，名札，又称公子札、延陵季子、季子，春秋时吴国人。为避王位"弃其室而耕"于常州武进焦溪的舜过山下。

　　《史记·吴太伯世家第一》：吴国的季札，是吴王寿梦的第四个儿子。当初，季札出使时，向北路过徐国，前去拜访徐君。徐君喜欢上了季札的剑，但是不敢说出来。季札心知肚明，但是也没有说出来，因为季札还要出使中原诸国，不能把宝剑赠送给徐君。等季札完成出使任务，再回到徐国，不幸徐君已经死了。季札解下自己这把宝剑，挂在徐君坟头的树上走了。随从问："徐君已经死了，你还要送给谁呢？"季札说："不是这样的，开始的时候我心里已经把剑许给徐君了，怎么能因为徐君的去世就违背我的心呢？"

季札被封于延陵，人称延陵季子。刘向《新序》：徐国人称赞季札并为之歌曰："延陵季子兮不忘故，脱千金之剑兮带丘墓。"

②徐稚置刍：《后汉书•徐稚列传第四十三》：徐稚，字孺子，豫章南昌（今江西南昌）人。家境贫寒，亲自耕种与收获，自食其力，不是自己亲手耕种的粮食不吃。为人恭敬、节俭、仁义、礼让，乡里都敬佩他的德行。多次拒绝别人对他的推举，不去任职。汉桓帝时，陈蕃、胡广都给皇帝上书推荐徐稚，朝廷用完备的礼节征召他，仍然不接受当官。

徐稚曾经被太尉黄琼征辟，也是没有接受。黄琼去世，徐稚前往吊唁，设鸡酒薄祭，哭完后直接离去，也不告诉别人自己的姓名。当时来吊唁的还有郭林宗等几十位名士，听到后，怀疑这个人是徐稚。就让口才好的书生茅容去追赶，追上后二人一起谈论耕种收获这样的农事。临别时，徐稚对茅容说："请替我感谢郭林宗，并告诉他大树将要倾倒，一根绳子是拉不住的，为什么如此奔波忙碌而不赶快找个安静的栖身之所呢？"后来，郭林宗母亲去世，徐稚前往吊唁，只在坟前放下一把青草，然后就离去了。众人奇怪，不知这是什么意思，郭林宗说："这个人肯定是南州高士徐孺子啊！《诗经》里说过：'青草一把，那个人德行如玉。'我的德行担当不起他给这么高的赞誉啊！"

朱云折槛^①，申屠断鞅^②

《前汉》：朱云，字游，鲁人也。容貌甚壮，以勇力闻，好倜傥大节，当世高之。举方正为槐里令，坐废锢。成帝时，张禹以帝师位特进，甚尊重。云上书求见，公卿在前，云曰："今朝廷大臣，上不能匡主，下亡以益民，皆尸位素餐，臣愿赐尚方斩马剑，断佞臣一人，以厉其余。"上问："谁也？"对曰："安昌侯张禹。"上大怒曰："小臣居下讪上，廷辱师傅，罪死不赦。"御史将云下，云攀殿槛折，呼曰："臣得下从龙逄、比干游于地下，足矣。未知圣朝何如耳。"御史遂将云去，于是左将军辛庆忌免冠解印绶，叩头殿下曰："此臣素著狂直于世，使其言是，不可诛。其言非，固当容之，臣敢以死争。"庆忌叩头流血，上意解，然后得已。后当治槛，上曰："勿易，因而辑之，以旌直臣。"云自后不复仕。

《后汉》：申屠刚，字巨卿，扶风茂陵人。丞相嘉七世孙，刚性方直，常慕史鳅（qiū）、汲黯之为人。平帝时，举贤良方正对策，王莽令元后下诏罢归。建武七年，征拜侍御史，迁尚书令。光武尝欲出游，刚以陇蜀未平，不宜宴安逸豫，谏不见听，遂以头轫乘舆轮，帝遂为止。以数切谏失旨，出为平阴令，复拜太中大夫。旧注云：以刀断马鞅，未详所出。

①朱云折槛：朱云，字游，是鲁国人。容貌威武，身材伟岸，以勇气闻名。朱云洒脱不羁，不拘小节而能恪守大义，深得世人尊重。被举荐为方正，担任槐里县县令，后来因犯法被革职禁锢。

《汉书·朱云列传第三十七》：汉成帝时，张禹以皇帝老师的身份位居特进之职，受皇帝尊宠。朱云上书求见，当着众公卿的面，朱云跟皇上说：

"现今的朝廷大臣，上不能辅佐君主，下不能让民众受益，人人尸位素餐，臣希望皇上能赐给我尚方斩马剑，让我斩杀一个佞臣，以儆效尤。"皇上问朱云想要杀谁，朱云回答说："就是安昌侯张禹。"皇上大怒，说："身居下位的臣子胆敢讪谤上级，当廷羞辱皇上的师傅，你的罪过应该被处死，不能赦免。"御史捉住朱云，要把他拖到殿下。朱云死死攀住殿前护杆不走，并大声呼喊着："您杀了我，我就可以到地下和因直谏被杀的忠臣关龙逢、比干他们做朋友了，能和他们交游我也就心满意足了。只是不知道您这样对待忠臣，朝廷会成什么样子。"

御史终于把朱云拉走，左将军辛庆忌摘下帽子，解下印绶，叩头说："朱云这个人素来以狂傲直率著称，如果他说得对，就不应该杀他。如果他说得不对，应该对他加以宽容，我斗胆舍命为他求情。"辛庆忌叩头在地，血流满面，皇上的怒气这才有所平息，饶恕了朱云。后来修理栏杆时，皇上说："别改动栏杆，照原来的样子修补即可，用来旌表正直的大臣。"朱云自此以后不再当官。

②申屠断鞅：《后汉书·申屠刚列传第十九》：申屠刚，字巨卿，扶风茂陵（今陕西兴平东北）人。汉文帝时期丞相申徒嘉的七世孙，性格耿直，刚正不阿，常仰慕春秋时卫国大夫史鳅和汉武帝时东海郡太守汲黯，他们二人对皇帝都敢直言进谏。汉平帝时，被举荐为贤良方正，所对之策被王莽认为是荒诞不经，违背大义。于是王莽请元后，即汉元帝皇后（王莽的姑姑）下诏，罢免申屠刚的职务，让他回家务农。

建武七年，申徒刚被征召任命为侍御史，又升迁为尚书令。一次，光武帝刘秀要外出畋猎游乐，申徒刚以陇西郡、蜀郡一带还没有平定为由，劝皇上不要贪图安逸享乐。见皇帝不听从劝谏，申徒刚就用头顶住皇帝的车轮，不让车驾前进，皇帝只好取消行程。因为多次劝谏都不合皇帝的心意，被派出京师，外任平阴县令，后来又任太中大夫。旧注中说：申徒刚为了阻止皇帝，用刀切断马胸前拉车的皮带。故事出处不详。鞅：马胸前拉车的皮带。马拉车靠这个皮带受力，皮带被割断，马无法用力，车子自然无法前进。

卫玠羊车①，王恭鹤氅②

  《晋书》：卫玠，总角乘羊车入市，见者以为玉人，观者倾都，拜太子洗马。以天下乱，移家南行，至豫章。时王敦镇豫章，长史谢鲲雅重玠，相见欣然，言论弥日。敦谓鲲曰："昔王辅嗣吐金声于中朝，此子复玉振于江表，微言之绪，绝而复续，不意永嘉之末，复闻正始之音。何平叔若在，当复绝倒。"玠尝以人有不及，可以情恕，非意相干，可以理遣。故终身不见喜愠色。玠以敦豪爽不群，好居物上，恐非忠臣，求向建业。京师人士，闻其姿容，观者如堵。会卒，时谓之看杀。

  《晋书》：王恭，字孝伯，太原晋阳人。少有美誉，清操过人，自负才地高华，有宰辅之望。为佐著作郎。叹曰："仕官不为宰相，才志何足以骋。"累迁安北将军，为会稽王道子所害。恭美姿仪，人多爱悦，或目之云："濯濯如春月柳。"尝披鹤氅裘，涉雪而行。孟昶窥见曰："此真神仙中人也。"恭为性不弘，暗于机会，尤信佛法，临刑犹诵佛经。

  ①卫玠羊车：卫玠，字叔宝，河东安邑（今山西夏县西北）人。《晋书·卫玠列传第六》：卫玠少年时曾坐羊拉的车到集市游玩，见到者都以为是冰雕玉砌之人，满城的人都去围观。官至太子洗马。因为天下大乱，卫玠举家南下至豫章。当时王敦镇守豫章，长史谢鲲敬重卫玠，"相见欣然，言论弥日"。王敦对谢鲲说："过去王弼在中原的谈论就像音乐开始时的金声，卫玠这人在江南的谈论就像演奏结束时的玉振。深刻精微的言论，断绝后终于又被接续上了。没有想到永嘉末年，还能听到正始年间的玄谈之音。何晏如果在世，一定倾倒。"

卫玠认为人总会有这样那样的缺点，可以根据情况被宽恕，除非故意冒犯，可以从事理上得到宽容。所以终身不见卫玠喜怒形于颜色。

卫玠见王敦豪爽不合群，好出人头地，恐怕不是国之忠臣，日后有谋反的可能，就谋求去京师建业。建业的人早听说卫玠姿容秀美，于是观者如堵。卫玠本来积劳成疾，诱发病情加重而死，当时人们都说卫玠是被看死的，是谓"看杀卫玠"。

②王恭鹤氅：王恭（？—398），字孝伯，小字阿宁，太原晋阳（今山西太原西南）人。东晋大臣，王濛之孙，王蕴之子，孝武定皇后王法慧之兄。官至前将军、青兖二州刺史。

《晋书·王恭列传第五十四》：王恭年轻时就有很好的声誉，操守清洁，超过常人。自负有才华而且出身高贵，时常怀有担任宰相辅佐君王的志向。起初他担任佐著作郎，叹息说："当官不为宰相，远大的理想怎么能实现呢！"多次升迁到安北将军，后来被会稽王司马道子杀害。

王恭容貌俊美，姿态优雅，人们都很喜欢他，有人看到王恭，称赞说："清朗明媚，就像春天的柳树。"曾经身披鹤毛做的外套，踏雪而行。孟昶看到后说："真是神仙一般的人物啊！"王恭性格不够宽容，因而错失很多机会。笃信佛法，临刑前还不断地吟诵佛经。

管仲随马[①]，仓舒称象[②]

　　《韩非子》曰：管仲、隰朋从桓公伐孤竹，春往冬返，迷惑失道。管仲曰："老马之智可用也。"乃放老马而随之，遂得道。行山中无水，隰朋曰："蚁冬居山之阳，夏居山之阴，蚁壤一寸而仞有水。"乃掘地，遂得水。以管仲、隰朋之智，至其所不知，不难师于老马与蚁，今人不知以其愚心师圣人之智，不亦过乎。

　　《魏志》：邓哀王冲，字仓舒，武帝子。少聪察岐嶷，五六岁有若成人之智。时孙权曾致巨象，太祖欲知其斤重，访之群下，莫能出其理。冲曰："置象大船之上，而刻其水痕所至，称物以载之，则校其可知矣。"太祖大悦，即施行焉。时军国多事，用刑严重，凡应罪戮，而为冲微所辨理，赖以济宥者，前后数十。太祖数对群臣称述，有欲传后意，会卒。

　　①管仲随马：管仲，名夷吾，颍上（今属安徽颍上）人，春秋时期齐国著名政治家、军事家。管仲少年丧父，生活贫寒。后被鲍叔牙推荐，担任齐国国相，辅佐齐桓公，对内大兴改革，富国强兵；对外尊王攘夷，九合诸侯，一匡天下。使齐国成为春秋五霸之首。

　　《韩非子·说林上》：管仲、隰朋跟从齐桓公讨伐孤竹国，春往冬返，迷了路。管仲说："让我们借用一下老马的智慧吧。"于是放开老马缰绳，让它随意向前，部队则紧跟其后，最终大家找到了路。

　　走到山里，饮水短缺，隰朋说："蚂蚁冬天在山的南面做窝，夏天在山的北面做窝，如果蚂蚁窝边的堆土能有一寸高，那么土堆下面一仞深处就会有水源。"于是用这个办法掘地得水。管仲、隰朋这么聪明的人，在遇到不知道的事情，都愿意向老马和蚂蚁求教，现在的人不知道自己的不聪明，不愿意向圣人学习，这不是太过分了吗？

②仓舒称象：《三国志·魏书二十·武文世王公·邓哀王曹冲》：邓哀王曹冲，字仓舒，魏武帝曹操的儿子。从小聪慧明察，五六岁就有成人的智力。当时孙权曾送给魏国一头巨象，太祖曹操想要知道这头象的重量，询问群臣，没有人知道怎么称量它。曹冲说："把这头象牵到大船上，在船舷上刻下水面的高度，再把东西放到船上，让吃水线一致，这样根据物体的重量就可以知道大象的重量了。"曹操大为高兴，马上按这个方法去做。当时军队和国家事务繁忙，刑法严峻，那些因为被判有罪而要被处死的人，被曹冲暗中查明真相，而得以被宽恕的，前后有数十人。太祖多次对群臣讲述曹冲的聪明仁慈，有传位给他的意思，遗憾的是曹冲十三岁那年因病去世。

丁兰刻木[①]，伯瑜泣杖[②]

  《孝子传》：丁兰事母孝，母亡，刻木为母事之。兰妇误以火烧母面，应时发落如割。

  《说苑》：伯瑜有过，其母笞之，泣。母曰："他日笞未尝泣，今泣，何也？"对曰："他日得罪，笞常痛，今母之力不能痛，是以泣。"

  ①丁兰刻木：丁兰：东汉孝子，河内（今河南沁阳）人，《二十四孝》中"刻木事亲"主人公。

  《孝子传》：丁兰侍奉母亲极为孝顺，母亲去世后，刻了一个很像母亲的木头人，每天像母亲生前那样侍奉木人。一次，丁兰的妻子做饭时，火苗不小心烤着木人的脸，丁兰妻子的头发当时像刀割一样脱落一地。

  ②伯瑜泣杖：《说苑卷三·建本》：韩伯瑜犯错，他的母亲用竹板打他，韩伯瑜伤心地哭了。母亲问："之前打你，从来不哭，今天为什么哭了？"韩伯瑜回答说："之前犯错误时，被母亲责打，每次都非常痛。今天母亲打我不如之前痛了，我知道这是因为母亲年迈力衰，想到这些，我就忍不住难过地伤心痛哭。"

陈逵豪爽^①，田方简傲^②

《世说·爽豪》篇：晋陈逵，字林道，住西岸。都下诸人共邀至牛渚，陈善言理，诸人欲共言折陈。陈以如意拄颊，望鸡笼山，叹曰："昔孙伯符志业不遂。"于是竟坐不得谈。伯符，孙策字。

《史记》：魏文侯伐中山，使子击守之，子击逢文侯之师田子方于朝歌，引车避，下谒。子方不为礼，子击因问曰："富贵者骄人乎？且贫贱者骄人乎？"子方曰："亦贫贱者骄人耳！夫诸侯而骄人，则失其国；大夫而骄人，则失其家。贫贱者，行不合，言不用，则去之楚越，若脱躧（xǐ）然。奈何其同之哉！"子击不怿而去。

①陈逵豪爽：《世说新语·爽豪》：东晋陈逵，字林道，颍川许昌（今河南许昌）人。住长江北岸，京都的朋友们相约到牛渚山游玩。陈逵善谈玄理，大家想要一起和陈逵辩论，以驳倒他。陈逵却用一把如意托着腮，眼望鸡笼山，叹息说："当年孙伯符的志向和事业都没有如愿啊！"于是满座的人直到集会结束都无法和陈逵谈论。伯符，是孙策的字。

②田方简傲：田子方，魏国人，魏文侯的友人，是孔子弟子子贡的学生，道德学问闻名于诸侯，魏文侯聘他为师，执礼甚恭。

《史记·魏世家第十四》：魏文侯攻下中山国，派子击驻守在那里。子击在朝歌路遇文侯的老师田子方，就把自己的车退让到一旁并下车向田子方行礼。田子方没有还礼，子击就问："是富贵的人应该傲慢一些呢？还是贫贱的人应该傲慢一些呢？"田子方说："当然是贫贱者可以更傲慢一些啊！那些富贵的人，比如诸侯如果对人傲慢，就会失其国，大夫对人傲慢无礼，就会失其家。贫贱的人在一个地方，如果对方的行为不合自己心意，自己的建议不被采纳，就离开这个地方到楚国、越国去，就像脱掉草鞋一样。贫贱者和富贵者对待别人的态度和方法怎么可以相同呢？"子击不高兴地走了。简傲：高傲，傲慢。

黄向访主^①，陈寔遗盗^②

《后汉》：黄向，豫章人。尝行于路，拾得金囊，乃访主还之。

《后汉》：陈寔，字仲弓，颍川许人。少作县吏，后为都亭刺佐。有志好学，坐立诵读，县令奇之。听受业太学，后除太丘长，修德清静，百姓以安。吏白欲禁讼者，寔曰："讼以求直，禁之理将何申？"卒无讼者。去官，吏人追思之。在乡间，平心率物，有争讼辄求判正。晓譬曲直，退无怨者。至乃叹曰："宁为刑罚所加，不为陈君所短。"时岁荒，有盗夜入其室，止于梁上，寔阴见之，呼子孙正色训之曰："夫人不可不自勉，不善之人，未必本恶，习以性成，遂至于此，梁上君子是矣。"盗大惊，自投于地，稽颡归罪。寔曰："视君状貌，不似恶人，当由贫困。"令遗绢二匹。自是一县无盗。后累命不起，卒于家。海内赴者三万余人，制衰（cuī）麻者以百数，共刊石立碑，谥文范先生。

①黄向访主：东汉黄向，豫章（今江西南昌）人。曾经在路上捡到一包金子，就想办法找到失主，将金子归还。

②陈寔遗盗：陈寔（shí）（104—186 或 187），字仲弓，颍川许（今河南许昌东）人。做过太丘长，故号陈太丘。与子陈纪、陈谌并著高名，时号"三君"，又与同邑钟皓、荀淑、韩韶等人以清高有德行闻名于世，合称为"颍川四长"。

《后汉书·陈寔列传第五十二》：陈寔年轻时做县吏，后为都亭刺佐。志向远大，爱好学习，无论是坐着还是站着只要有时间就诵读文章。县令很惊奇，就让他到太学深造，后来担任太丘长。施行德教，为政清静，百姓安居乐业。县吏中有人向陈寔请示，想禁止人们来打官司，陈寔说："百姓来诉讼就是想寻求公平正直，如果禁止人们诉讼，那么让民众向哪里讲道理去呢？"最终没有禁止人们打官司，但是终究没有人来打官司。陈寔后来解职回乡，当地吏民对他深为怀念。

陈寔在故乡，待人接物心平气和，凡有争讼就公平评判。向当事人晓明是非曲直，事后人人都无怨言。以至有人感叹说："宁愿被刑罚处理，也不愿被陈君批评。"

当时年景不好，闹了饥荒，有个盗贼夜里偷偷潜入他的房间，躲藏在房梁上，被陈寔暗中发现。陈寔把子孙们叫进房间，严肃地教训他们说："一个人不可以不勤勉努力。坏人可能本性并不是穷凶极恶之人，但是养成了不好的习性，就成了坏人，就像躲在房梁上的这位君子就是这个情况。"盗贼大惊，赶紧跳下来，叩头请罪。陈寔说："看你的气质和相貌，不像一个恶人，应该是因为贫困你才做这种事情。"陈寔就让家人拿来二匹绢送给他，从此全县无盗贼。

后来多次任命他做官都没有赴任，在家中去世。前来吊唁的人有三万多，披麻戴孝的有一百多人，共同为陈寔立碑，谥号为文范先生。

庞俭凿井^①，阴方祀灶^②

《风俗通》：庞俭，亡其父，随母流落，后居卢里，凿井得铜，遂富。因求奴，得老苍头于家，数日，苍头自言："堂上母是我妇。"母闻乃问之，奴曰："妇，艾氏女，字阿宏，左足下有黑子，右腋下有赤痣，如半栉大。"母曰："我翁也。"遂为夫妇如初。时人曰："卢里庞公，凿井得铜，买奴得翁。"

《后汉》：阴识，字次伯，南阳新野人。光烈皇后兄，封原鹿侯。显宗时拜执金吾，位特进。其先出自管仲，世奉其祀，谓为相君。宣帝时，阴子方者，至孝有仁恩。腊日晨炊，而灶神形见，子方再拜受庆，家有黄羊，因以祀之，自是暴至巨富。田有七百余顷，舆马仆隶比于邦君。子方常言，我子孙必将强大，至识三世而遂繁昌。故后常以腊日祀灶荐黄羊焉。

①庞俭凿井：《风俗通》：庞俭，因遭遇世乱，与父亲失散，陪着母亲四处漂流，后来在卢里住了下来。庞俭为家里凿一口井，竟然挖到铜矿，因此成为富人。后来庞俭买了一个奴仆，几天后，奴仆自言自语说："这家的老夫人是我的妻子。"庞俭的母亲听到后就问他，奴仆说："我的妻子姓艾，字阿宏，左脚下有黑记，右腋下有红痣，就像半个梳子那么大。"母亲说："真的是我丈夫啊！"于是夫妇团聚如初。当时人们说："卢里庞公，凿井得铜，买奴得翁。"

②阴方祀灶：阴识，字次伯，南阳新野（今河南新野县）人。光烈皇后阴丽华异母兄，封原鹿侯。汉显宗时拜执金吾，位列特进。

《后汉书·阴识列传第二十二》：阴识的祖先是齐国国相管仲，后来管仲的七世孙管修从齐国移居楚国，在楚国阴地任大夫，于是后世改姓为阴。阴氏世世代代祭祀先祖管仲，称他为"相君"。汉宣帝时，有位叫阴子方的后人，孝悌仁爱。有年腊月，阴子方做早饭的时候，发现灶神现身，阴子方两次跪拜，接受灶神的赐福。阴子方家有只黄羊，于是就用它祭祀灶神，从此开始发财，变得暴富。阴子方家有田地七百余顷，车马奴仆媲美国君。阴子方常说："我子孙一定会强大。"到阴识这里是第三代，家族就变得繁荣昌盛。所以后世人们在腊日祀灶的时候，都会用黄羊作为供品。

韩寿窃香^①，王濛市帽^②

《晋书》：韩寿，字德真，南阳堵阳人。美姿貌，善容止。贾充辟为司空掾，充每宴宾客，其女辄于青琐中窥之，见寿悦焉。女大感想，发于寤寐，婢后往寿家，具说女意，并言其女光丽艳逸，端美绝伦。寿闻而心动，令为通殷勤。婢以白女，女遂潜修音好，厚相赠结，呼寿夜入。寿逾垣而至，家中莫知，时西域有贡奇香，一著人则经月不歇。帝甚贵之，唯赐充及大司马陈骞。其女密盗以遗寿。僚属闻其芬馥，称之于充，充意知女与寿通，即以妻焉。官至散骑常侍，河南尹。

《晋书》：王濛，字仲祖，太原晋阳人，哀靖皇后父也。少放纵不羁，不为乡曲所齿。晚节始克己励行，有风流美誉。善隶书，美姿容，尝览镜自照，称其父字曰："王文开生如此儿耶！"居贫，帽败，自入市买之，妪悦其貌，遗以新帽，时人以为达，终司徒长史。

①韩寿窃香：韩寿，字德真，南阳堵阳（今河南南阳方城东）人。相貌俊美，举止优雅。

《晋书·贾谧列传第十》：贾充任韩寿为司空掾。贾充每次宴请宾客，他的小女儿贾午就在窗里偷看韩寿，喜欢得不能自拔。贾午一天到晚心神不定，寝食难安。贾午的奴婢到韩寿家，向韩寿表明贾午心意，并保证贾午容貌光鲜，美艳绝伦。韩寿闻而心动，让奴婢向贾午表达自己殷勤相交的意愿。

奴婢回去后把情况向贾午表明，贾午于是和韩寿暗中结好，"厚相赠结，呼寿夜入"。韩寿夜里翻墙到贾家，贾家没人察觉。当时西域进贡了一种奇香，一旦接触身体香味经月不散。皇帝特别珍爱这个香，只赐给贾充和大司马陈骞一小部分。贾午偷偷地把父亲的香拿出来一些送给韩寿。贾充的幕僚闻到韩寿身上的香味，到贾充那里称赞，贾充才知道女儿和韩寿私通，于是就把女儿嫁给韩寿。韩寿后来官至散骑常侍，河南尹。

②王濛市帽：王濛，字仲祖，太原晋阳（今山西太原西南）人，是晋哀帝司马丕哀靖皇后的父亲。

《晋书·外戚·王濛列传第六十三》：王濛年轻时放荡不羁，行为为乡里不齿。到晚年才注意维护节操，克制自己，勤励做事，有风雅美誉。王濛相貌俊美，举止风雅，擅长隶书。曾揽镜自照，称呼着父亲的字，说："王文开，你怎么生了这么好的一个儿子呢？！"王濛家中贫困，一次，帽子破了，自己到集市买帽子。卖帽子的妇女喜欢王濛的美貌，送了他一顶新帽子，当时人们都认为他很通达。官至司徒长史。

勾践投醪[①]，陆抗尝药[②]

  《古列女传》：楚子发攻秦，军绝粮，士卒并分菽粒而食之，子发朝夕刍豢（huàn）黍粱。大破秦军而归，其母闭门而不内，使人数之曰："子不闻越王勾践之伐吴欤？客有献醇酒一器者，王使人注江之上流，使士卒饮其下流，味不及加美，而士卒战自五也。异日有献一囊糗（qiǔ）糒（bèi）者，王又以赐军。军士分而食之，甘不足逾嗌（yì）而战自十也。今子为将，士卒并分菽粒，子独刍豢黍粱，何也？子非吾子，无入吾门。"子发谢其母，然后内之。

  《吴志》：陆抗，字幼节，丞相逊次子，为吴将。时晋平南将军羊祜镇南夏，石城以西尽为晋有，降者不绝，祜增修德信以怀初附，吴人悦服。称羊公不名。祜与抗相对，使命交通。抗称祜德量虽乐毅、诸葛孔明不能过也。抗尝病，祜遗之药，抗服之无疑心。人多谏抗，抗曰："羊祜，岂鸩人者？"时以为华元、子反复见于今。抗每告其戍曰："彼专为德，我专为暴，是不战而自服也。"各保分界而已，无求细利。孙皓闻以诘抗，抗曰："一乡一邑不可无信义，况大国乎？臣不如此，正足彰其德，于祜无伤也。"抗终大司马荆州牧。

  ①勾践投醪：《列女传卷一·楚子发母》：楚国大将子发带兵攻秦，军队粮草断绝，到了每粒豆料都要几个士卒分食的程度，而子发却早晚都有大鱼大肉和细粮吃。后来终于大破秦军而归。子发的母亲却紧闭房门不接纳凯旋的子发，并让人责备他说："你难道没有听说过越王勾践攻打吴国的事情吗？有宾客献上一坛醇酒，越王派人把酒倒在长江上游，让士卒在长江下游

饮用，味道虽然和江水一样，而士卒的战斗力增加了五倍。又有一天，有人献上一袋干粮，越王又把它赐给军士分享。那么多军士分这一小袋干粮，香味连喉咙也到不了而军士的战斗力却增加了十倍。现在你身为大将，士卒们到了分吃豆料的程度，你自己却有美食，这是为什么呢？我没有你这样的儿子，你不要进我的门。"子发赶紧向母亲谢罪，母亲才让他进屋。醪（láo）：汁滓混合的酒，即浊酒。亦可指醇酒。在这里我们采用醇酒这一意项。

②陆抗尝药：陆抗（226—274）：字幼节，吴郡吴县（今江苏苏州）人。三国时期吴国名将，陆逊次子，孙策外孙。拜大司马、荆州牧。

《晋书·羊祜列传第四》：晋朝的平南将军羊祜镇守南夏，石城以西都为晋所有，吴国投降晋朝的人接连不断。羊祜用德行与诚信安抚初降者，吴国人都心悦诚服。称他为羊公而不称呼他的名字。

羊祜与陆抗两军对垒，通过使者相互往来。陆抗称赞羊祜的品德与雅量，认为就算是乐毅、诸葛孔明也比不上他。陆抗曾经生病，羊祜给他送药，陆抗直接服下毫无疑心。大家都劝陆抗小心，陆抗说："羊祜不是给别人下毒的人！"人们都认为这是先秦时宋国华元和楚国子反在今天又出现了。

陆抗屡屡告诫士兵说："对方一心施行德行，我们如果一心为政残暴，那么不用交战我们就得臣服他们了。各自守护住分界就可以了，不要在意小的利益。"孙皓听闻交战双方和睦相处，就责问陆抗。陆抗说："一乡一邑不可无信义，况大国乎？我如果不这样做，正好彰显羊祜的美德，对他却没有任何伤害。"陆抗位至大司马、荆州牧。

孔愉放龟^①，张颢堕鹊^②

《晋书》：孔愉，字敬康，会稽山阴人。与同郡张茂伟康、丁潭世康齐名，时人号曰会稽三康。建兴初，出为丞相掾。后以讨华轶功，封余不亭侯。愉尝行经余不亭，见笼龟于路者，愉买而放之溪中，龟中流左顾者数四，及是铸侯印，而印龟左顾，三铸如初，印工以告，愉乃悟，遂佩焉。

《博物志》：张颢为梁相，新雨后，有鸟如山鹊，飞翔近地。市人掷之堕地，民争取之，即为一圆石。颢令搥破之，得一金印。文曰"忠孝侯印"。颢字智伯，常山人，汉灵帝时为太尉。

①孔愉放龟：孔愉，字敬康，会稽山阴（今浙江绍兴）人。与同郡张茂（字伟康）、丁潭（字世康）齐名，当时人称"会稽三康"。

《晋书·孔愉列传四十八》：建兴初年，孔愉出任丞相掾。后来因为讨伐华轶有功，封余不亭侯。之前孔愉曾经路过余不亭，见有人用笼子在河里捉龟。孔愉把捉到的龟买下来放生，龟游到河水中流后，向左看了好几次。现在铸造余不亭侯印，而印上的龟形总是向左偏，连铸多次也是如此。铸印的工人把这个情况报告给孔愉，孔愉有所悟解，于是佩戴上了这枚印章。

②张颢堕鹊：《博物志卷七》：张颢为梁相的时候，一天刚下过雨，有只像山鹊的鸟，贴地飞翔。街上的人都拿东西投掷它，鸟落在地上后，大家都去抢它，竟然变成一块圆圆的石头。张颢命人将石头砸破，里面有一块金印，写着"忠孝侯印"。张颢字智伯，是常山人，汉灵帝时为太尉。

田豫俭素^①，李恂清约^②

《魏志》：田豫，字国让，渔阳雍奴人。齐王时，领并州刺史，外胡闻其威名，相率求献，州界宁肃，百姓怀之。征为卫尉，屡乞逊位，司马宣王以为豫克壮，书喻未听。豫书答曰："年过七十而居位，譬犹钟鸣漏尽，而夜行不休，是罪人也。"遂固称疾。拜太中大夫，食卿禄薨。豫清约俭素，赏赐散之将士，每胡狄私遗，悉簿藏官不入家。家常贫匮，虽殊类咸高豫节。

《后汉》：李恂，字叔英，安定临泾人。拜御史，持节使幽州。宣布恩泽，慰抚北狄，所过皆图写山川屯田聚落，悉封奏上。肃宗嘉之，拜兖州刺史。以清约率下，尝席羊皮，服布被。后迁武威太守，归乡潜居山泽，结草为庐。与诸生织席自给。岁荒，司空张敏、司徒鲁恭馈粮悉无所受，徙居新安关下，拾橡实以自资。年九十六卒。

①田豫俭素：田豫，字国让，渔阳雍奴（今天津武清东北）人。正始初年，田豫兼任并州刺史。境外胡人闻其威名，相继来朝进贡，并州边界安宁肃静，百姓都很怀念他。

《三国志·魏志二十六·田豫》：后来，田豫被征召为卫尉，屡次请求逊位，太傅司马懿认为田豫身体还很健壮，写信告诉不允许辞职。田豫写信回答说："一个人年过七十仍居官位，这就像晨钟已响，滴漏已经漏尽，而仍然夜行不休，这是在犯罪啊！"于是坚决称病重，请求辞职。改授太中大夫，给予卿的俸禄，八十二岁去世。田豫清廉节俭朴素，皇上给的赏赐总是分享给将士，每次胡人、狄人私下赠送的财物，全部登记在册上交官府收藏，从不往家带。家境贫寒却不收敛财物，就是异族人也都敬仰田豫的节操。

②李恂清约：《后汉书·李恂列传第四十一》：李恂，字叔英，安定临泾（今甘肃镇原东南）人。官拜御史，持节出使幽州，宣扬皇恩，安抚北狄。所见的山川、屯田部落，全都绘图记录下来，全部密封后上奏朝廷。受到汉肃宗嘉奖，官拜兖州刺史。李恂为政清廉，谦恭待人，经常睡羊皮，盖布被。后来改任武威太守，因罪免职后回归乡里，隐居山泽中，居住草庐里，与诸生织席自给。

当年闹了饥荒，司空张敏和司徒鲁恭给李恂送来粮食，但都被婉拒，把家搬到新安关下，拾橡树果子养活自己。九十六岁去世。清约：清廉节俭。

义纵攻剽①，周阳暴虐②

《前汉》：义纵，河东人。少时尝与张次公俱攻剽为群盗。纵有姊，以医幸王太后，上拜纵为中郎，迁长安令。直法行治，不避贵戚，迁河内都尉。至则诛灭其豪穰氏之属，道不拾遗。为南阳太守，破碎宁成家。徙定襄太守，至则掩其狱中重罪轻系及私入相视者，一切捕鞠（jū），杀四百余人。郡中不寒而栗。时赵禹、张汤为九卿，然其治尚宽，辅法而行，纵以鹰击毛挚为治。后以废格沮事弃市。

《前汉》：周阳由，景帝时为郡守。武帝立，由居二千石中最为暴酷骄恣，所爱者挠法活之，所憎者曲法灭之。所居郡，必夷其豪，为守，视都尉如令，为都尉，陵太守，夺之治。后为河东都尉，与守争权弃市。

①义纵攻剽：义纵，西汉河东郡（今山西夏县西北）人。年轻时曾经与张次公一起做强盗，以剽掠抢劫为生。义纵有个姐姐，精通医术，被王太后宠幸。在太后的安排下，皇上任命义纵为中郎，后又被调任为长安令。

《汉书·酷吏传·义纵列传第六十》：义纵治理，依法办事，不畏惧和回避尊贵的外戚。调任河内都尉，甫到任就诛灭当地豪强穰氏团伙，社会安宁，路不拾遗。义纵由河内都尉调任南阳太守，查办当地豪强宁成，将其抄家。又调任定襄太守，到任后将定襄监狱内重罪轻系的人以及探望他们的人一起拘捕，杀四百余人，让郡中人不寒而栗。

当时赵禹、张汤都因为执法严酷而身为九卿，然而和义纵相比，他们还算宽缓，还用法律辅助行事，义纵则用恶鹰捉鸡的凶残酷烈来治理政事。后以不敬君王、阻碍王事被弃市。

②周阳暴虐：周阳由，本姓赵氏，因其父以淮南厉王刘长舅父的身份而被封为周阳侯，遂改姓周阳氏。周阳由因外戚身份被任命为郎官，先后侍奉汉文帝和汉景帝。

《汉书·酷吏传·周阳由列传第六十》：周阳由在汉景帝时担任郡守。武帝即位后，官员们处理政事，都守法谨慎，而周阳由在二千石级别的官员中最为暴虐残酷，骄横放纵。他所喜爱的人犯了死罪，就曲解法律让那人活命；他所憎恨的人，就算没有罪过，也要捏造罪名将其处死。无论他在哪个州郡当官，都要将该郡的豪强铲除干净。在州郡，太守和都尉品级大致相当，职务上太守管理民众，都尉负责军事。周阳由担任太守时，将都尉看作县令，等他做了都尉，又凌驾于太守之上，争夺太守正常的权力。后来周阳由任河东都尉，与太守胜屠公争权，互相上告，周阳由被弃市。

孟阳掷瓦^①，贾氏如皋^②

《晋书》：张载，字孟阳，安平人。性闲雅，博学有文章。父收为蜀郡太守。太康初，至蜀省父，道经剑阁。载以蜀人恃险好乱，因著铭以作诫。益州刺史张敏奇之，表上其文，武帝遣使镌之剑阁山焉。仕至中书侍郎。载甚丑，每行，小儿以瓦石掷之，委顿而反。

《左传》：叔向适郑，鬷（zōng）蔑恶，欲观叔向，从使之收器者而往，立于堂下，一言而善。叔向将饮酒，闻之，曰："必鬷明也。"下，执其手而上，曰："昔贾大夫恶，娶妻而美，三年不言不笑。御以如皋，射稚，获之，其妻始笑而言。贾大夫曰：'才之不可以已！我不能射，汝遂不言不笑。'"

①孟阳掷瓦：张载，字孟阳，安平武邑（今河北衡水安平）人，父亲张收为蜀郡太守。张载性格闲适雅致，博学有才，擅长写文章。与其弟张协、张亢，都以文学著称，时称"三张"。

《晋书·张载列传第二十五》：太康初年，张载至蜀郡探望父亲，途经剑阁。张载因为蜀人喜欢凭险作乱，就写了一篇铭文作为劝诫。益州刺史张敏很惊奇，将张载的文章上表启奏给皇帝。晋武帝派人将文章镌刻在剑阁山上。张载官至中书侍郎。张载相貌丑陋，每次出门，小儿以瓦石投掷他，张载总是心情低落，委顿而返。

②贾氏如皋：鬷（zōng）蔑，字然明，又称鬷明。春秋时期郑国大夫，智者。

《左传·昭公二十八年》：叔向到郑国去，鬷蔑想要观察叔向。鬷蔑因为长得丑，就跟着收拾器具的人一起前往。站在堂下，只说一句话。这句话说得很得体，叔向正要喝酒，听到后说："说话的人一定是鬷明。"叔向走下堂，拉着鬷蔑的手回到堂上，说："当年贾大夫长得很丑，娶了一个美貌的妻子，妻子三年都不说话，不开口笑。贾大夫就驾车带着她去沼泽地打野鸡，收获很多，他的妻子才开始说话和微笑。贾大夫说：'不能缺少才能啊，我如果不擅长射箭，你就一直不说不笑了。'"叔向讲这个故事，是庆幸鬷蔑说了一句话，不然差点儿和他错过。如：去；皋：沼泽，湖泊。

颜回箪瓢^①，仲蔚蓬蒿^②

《论语》：一箪食，一瓢饮，在陋巷，人不堪其忧，回也不改其乐。贤哉回也！

《高士传》：张仲蔚，扶风平陵人。明天官，博物，善属文，好诗赋。常居穷素，所处蓬蒿没人。闭门养性，不治名利。清高，时人莫知，惟刘龚知之。终身不仕，三辅重焉。

---

①颜回箪瓢：颜回（前521—前481）：字子渊，一作颜渊，又称颜子、颜生、颜叔。是孔子最得意的学生，潜心学习，"不伐善，不施劳"，为孔门四科德行科高才生。谦逊好学，"不迁怒，不贰过"。对孔子无事不从，无言不悦。不幸短命早死，后世尊为"复圣"。

《论语·雍也》：孔子称赞颜回说："颜回真是一个贤良的人啊，一竹筐简单的饭食，一瓢凉水，在偏僻简陋的巷子里，别人都受不了这种孤苦，颜回却自得其乐。他真是一个贤良的人啊！"箪（dān）：古代盛饭的圆形竹器。

②仲蔚蓬蒿：《高士传·张仲蔚》：张仲蔚，东汉扶风平陵（今陕西咸阳西北）人。通晓天文，学识渊博，擅长写文章，喜好诗赋。家境贫寒，院子里的蓬蒿野草比人都高。闭门不出，修身养性，不争名夺利。为人清高，不被人知晓，只有刘龚和他友善，是他的知音。张仲蔚终身不仕，为三辅一带所敬仰。

麋竺收资①，桓景登高②

《蜀志》：麋竺，字子仲，东海朐人。仕先主，累拜安汉将军。《搜神记》曰：竺尝从洛归，未达家，数十里路见妇人，从竺求寄载。行可数里，妇谢去，谓竺曰："我天使也，当往烧东海麋竺家。感君见载，故以相语。"竺因私请之。妇曰："不可得不烧，君可驰去，我当缓至，日中火发。"竺乃还家，遽出财物。日中而火大发。

《续齐谐记》：汝南桓景，随费长房游学累年。长房谓之曰："九月九日，汝家当有灾厄，急宜去，令家人各做绛囊，盛茱萸以系臂，登高山，饮菊酒，此祸可消。"景如言登高。夕还，见鸡犬牛羊，一时暴死。长房闻之曰："代之矣。"今世人每至九日，登山饮菊酒，带茱萸囊是也。

①麋竺收资：《三国志·蜀志八·麋竺》：麋竺（又作糜竺），字子仲，东海郡朐县（今江苏连云港西南）人。东汉末年刘备帐下重臣，累拜安汉将军。

《搜神记卷四》：麋竺曾从洛阳回家，离家还有数十里，路边有位妇人，请求麋竺载她一程。大概没有走几里路，妇人道谢告辞。对麋竺说："我是天上派下来的使者，要去烧东海麋竺家。多谢你让我搭车，所以告诉你。"麋竺于是私下请求她的饶恕，妇人说："不烧是不可以的，你可以赶紧回家，我在路上慢慢地走，正午就会起火。"麋竺就赶紧回家，把家中财物紧急搬出来。正午时分，家中果然发起大火。

②桓景登高：《续齐谐记》：汝南桓景，跟随费长房游学多年。费长房告诉他："九月九日，你家会有灾难。你赶紧回家，让家人每人都做一个绛色的香囊，在里面盛上茱萸系在胳膊上，登上高山，饮菊酒，此祸可消。"桓

景就按费长房所说登上高山。晚上才回家，见家中的鸡犬牛羊，同时暴死。长房听后说："这些家禽和家畜是代你家人死的。"现在世人每到九月九日，登山饮菊花酒带茱萸囊，就是从那个时候开始的。

雷焕送剑^①，吕虔佩刀^②

《晋书》：初，吴之未灭，斗牛间常有紫气。道术者皆以吴方强盛未可图，惟张华以为不然。及吴平，紫气愈明。华闻豫章雷焕妙达纬象，乃要焕宿，屏人共寻天文，登楼仰观。焕曰："惟斗牛间有异气，宝剑之精，上彻于天耳。"华问在何郡，曰："在豫章丰城。"华即署焕为丰城令。焕到县，掘狱基，得石函，中有双剑，并刻题，一曰龙泉，一曰太阿。其夕气不复见。焕遣使送一与华，留一自佩。或曰："得两送一，张公可欺乎？"焕曰："本朝将乱，张公当受其祸，此剑当系徐君墓树耳，灵异之物，终当化去。"华得剑，报焕书曰："详观剑文，乃干将也，莫邪何不至？虽然，天生神物，终当合耳。"华诛，失剑所在。焕卒，子华为州从事，持剑行经延平津，忽于腰间跃出堕水。使人没水取之，不见剑，但见两龙，各长数丈，蟠萦有文章。没者惧而反。须臾光彩照水，波浪惊沸。于是失剑。

《魏志》：吕虔，字子恪，任城人。迁徐州刺史。请王祥为别驾，民事一以委之。世多其能任贤。初，虔有佩刀，工相之，以为登三公，可服此刀。虔谓祥曰："苟非其人，刀或为害。卿有公辅之量，故以相与。"祥为三公，临薨，以刀授览曰："汝后必兴，足称此刀。"览后奕世多贤才，兴于江左。

①雷焕送剑：《晋书·张华列传第六》：起初，晋朝还没有伐灭吴国，斗星和牛星之间常有紫气。懂得道术的人认为这是吴国气数未尽，仍然强盛，暂时还不能攻取，只有张华不以为然。等到吴国被平定，紫气更加明显。

张华听说豫章的雷焕精通谶纬天象，于是邀请雷焕与他同宿，屏退众人后张华和雷焕一起登楼仰观天象。雷焕说："只有斗、牛两座星宿之间有气象不寻常，这是宝剑的精气，直达上天。"张华问剑气是从哪个郡发出的，雷焕说："在豫章丰城。"

张华随即委任雷焕做丰城县令。雷焕到任后，掘开监狱地基，得到一具石匣子，里面有一双宝剑，都刻着字，一把叫龙泉，另一把叫太阿。当晚斗、牛星宿间的紫气就消失了。雷焕派人将其中一把宝剑送给张华，另一把留下自佩。有人跟雷焕说："得到两把宝剑却只上交一把，欺骗张华合适吗？"雷焕说："本朝将乱，张公会在祸乱中遇难，这把剑最终会被季札一样的人将其挂在徐君坟墓的树上！灵异之物，终究会化成别的东西离去，不可能永远被人类佩带的。"张华得到剑，给雷焕写信说："我认真观察了一下剑上的文字，这把剑是干将剑，莫邪剑为什么没有出现？不过它们是天生神物，纵然现在不出现，终究能会合在一起。"

后来张华被杀，剑不知所踪。雷焕死后，他的儿子雷华担任州从事，一次，带剑途经延平渡口，剑忽然从腰间跃出来跳入水中。雷华让人赶紧打捞，怎么也找不着了。只见水底有两条龙，各长数丈，身上有花纹，盘曲缠绕在一起。一会儿水中发出耀眼的光彩，波涛汹涌。打捞者吓得赶紧上岸，宝剑就再也找不到了。

②吕虔佩刀：吕虔，字子恪，任城（今山东微山西北）人，担任徐州刺史。任用王祥担任别驾一职，民事全部委托给他处理，世人都赞扬吕虔善于任用贤能之人。

《三国志·魏志十八·吕虔》《晋书·王祥王览列传第十三》：起初，吕虔有把佩刀，工匠看了，认为只有位登三公的人，才可以佩带此刀。吕虔对王祥说："如果没有那个福分，佩带这把刀可能会有祸患。你有辅佐君王的才能，因此我想把这把刀送给你。"王祥后来身列三公之位。王祥临死，又把刀转交给王览，说："你的后人一定会兴盛，肯定能配得上这把刀。"王览后代累世出贤才，在江南非常闻名。

老莱斑衣^①，黄香扇枕^②

《高士传》：老莱子，楚人。少以孝行，养亲极甘脆。年七十，父母犹存。莱子服斑斓之衣，为婴儿戏于亲前，言不称老。为亲取食上堂，足跌而偃，为婴儿啼，诚至发中。楚室方乱，乃隐耕于蒙山之阳，著书号《老莱子》。莫知所终。

《后汉》：黄香，字文强，江夏安陆人。博学经典，究精道术，能文章，京师号曰："天下无双，江夏黄童。"官至尚书令、魏郡太守。陶渊明曰：香九岁失母，思慕骨立。事父竭力致养。冬无被裤，而尽滋味，暑则扇床枕，寒则以身温席。和帝嘉之，特加异赐。

①老莱斑衣：《高士传》：老莱子，春秋末楚国隐士，少年时就因孝敬父母为人所知。奉养父母极其用心，总是想方设法为父母找到美味的食物。老莱子七十岁时，父母还健在。他穿上花衣服，像婴儿一样在双亲面前嬉戏，说话的时候从不言老，以免父母听到伤心。一次，老莱子给堂上的父母端食物，不小心脚滑跌倒，他就假装婴儿一样啼哭，孝敬父母的真诚完全发自内心。见楚国将要发生动乱，隐居蒙山之阳，以耕种为生。写有《老莱子》一书，莫知其所踪。

②黄香扇枕：《后汉书·黄香列传第七十》：黄香，字文强，江夏安陆（今湖北安陆）人。黄香学识渊博，通晓经典，精通道术，能写文章，京师称他："天下无双，江夏黄香。"官至尚书令、魏郡太守。

黄香九岁时母亲去世，因为思念母亲而形销骨立。他侍奉父亲，竭尽全力。黄香冬天没有被子和棉裤，却尽力让父亲吃上美食。暑天用扇子为父亲扇凉床枕，寒冬则用身子给父亲温暖被窝。汉和帝嘉赏他，赏赐格外优厚。

王祥守奈^①，蔡顺分椹^②

《晋书》：王祥，字休徵，琅邪临沂人。性至孝。继母朱氏不慈，而祥愈恭谨。父母疾，衣不解带，汤药必亲尝。母尝欲生鱼，时天寒水冻，祥解衣将剖冰求之，冰忽自解，双鲤跃出。母又思黄雀炙，复有黄雀数十，飞入其幕。乡里惊叹，以为孝感所致。有丹奈（nài）结实，母命守之，每风雨，辄抱树而泣。笃孝纯至如此。汉末遭乱，扶母携弟避庐江，隐居三十年，不应州郡辟命。年衰耳顺，乃应召。举秀才，累迁太尉。武帝拜太保。

《后汉》：蔡顺，字君仲，汝南人。少孤养母。母终未葬，里中灾。火将逼其舍，伏棺号哭叫天，遂越烧它室。太守韩崇召为东阁祭酒。母平生畏雷，自亡后，每有雷震，辄围冢泣曰："顺在此。"崇闻，辄差车马到墓所。后举孝廉不就。旧注云：王莽末，天下大荒。顺拾椹，赤黑异器盛之。赤眉见而问之，顺曰："黑者奉母，赤者自食。"贼知其孝，乃遗米二斗，牛蹄一只。

①王祥守奈：王祥（184—268），字休徵，琅邪临沂（今山东临沂北）人，历仕东汉、魏、西晋三代。仕魏官至司空、太尉，在晋朝官至太保。为《二十四孝》中"卧冰求鲤"的主人公，是"书圣"王羲之先祖王览的同父异母兄。

《晋书·王祥列传第三》：王祥生性孝顺，继母朱氏没有慈爱之心，而王祥待继母极为恭敬谨慎。父母生病，王祥总是衣不解带，汤药必亲尝。继母曾想吃活鱼，当时是天寒水冻的冬天，王祥脱下衣服想要破冰捉鱼，冰面忽然自己裂开，两条鲤鱼从冰下跃出。又有一次，继母想吃烤黄雀，就有数十只黄雀，飞进他家的帷帐。乡里惊叹，以为是王祥的孝心感动上天所致。

家里有棵红沙果树，结了很多果子，继母让王祥看守着这棵树和这些果子。每当刮风下雨，王祥就抱着树哭泣，唯恐有果子掉下来，他的孝心真诚到这种地步。

汉末社会动乱，扶母携弟躲避到庐江，隐居三十年，州郡征召他做官，都不接受任命。年近六十的时候，在弟弟的劝说下才接受任命。被推举为秀才，多次升迁到太尉。晋武帝时官拜太保。奈（nài）：一种沙果。

②蔡顺分椹：蔡顺，字君仲，汝南（今河南平舆）人。幼年丧父，独自奉养母亲。母亲去世后还没有入土，邻里发生火灾。火势逼近蔡顺家的房子，蔡顺爬在棺材上号哭叫天，于是火势越过他家继续向前蔓延。

《后汉书·蔡顺列传第二十九》：太守韩崇召蔡顺为东阁祭酒。蔡顺母亲生前特别害怕打雷，去世后，每有雷震的时候，蔡顺就绕着母亲的坟，哭着说："母亲不要害怕，你的孩子蔡顺在这里陪你。"韩崇听闻后，每次打雷就派车马到蔡顺母亲的墓地。后来被推举为孝廉，因为蔡顺不想远离父母坟墓，就没有接受。旧注：王莽末年，天下大荒。蔡顺捡拾桑椹活命，把红色的和黑色的桑椹用两个容器分开装。赤眉军遇到后问他为什么，蔡顺说："黑色的桑椹给母亲吃，红色的我自己吃。"赤眉军被他的孝心感动，就送他二斗米，牛蹄一只。

淮南食时^①，左思十稔^②

《前汉》：淮南王安，高祖之孙。好书鼓琴，不喜弋猎狗马驰骋。亦欲以行阴德拊循百姓，流名誉，招致宾客方术之士数千人，作为内外篇，又有中篇，言神仙黄白之术。武帝时好艺文，以安属为诸父，辩博，善为文辞，甚尊重之。每为报书及赐，常召司马相如等，视草乃遣。初，安入朝，使为《离骚传》，旦受诏，日食时上。每宴见，谈说得失及方技赋颂，昏暮然后罢。后谋反自杀。

《晋书》：左思，字太冲，齐国临淄人。貌寝口讷，而辞藻壮丽。造《齐都赋》，一年乃成。复欲赋《三都》，乃诣著作郎张载访岷邛之事。遂构思十稔，门庭藩溷（hùn），皆著笔纸，遇得一句，即便疏之。自以所见不博，求为秘书郎。及赋成，时人未之重。自以其作不谢班、张，以示皇甫谧。谧称善，为其赋序，张载为注《魏都》，刘逵注《吴》《蜀》而序之。张华见曰："班、张之流也。"于是竞相传写，洛阳为之纸贵。初，陆机欲为此赋，闻思作，抚掌而笑。与弟云书曰："此间有伧父，欲作《三都赋》，须其成，当以覆酒瓮耳。"及思赋出，机叹服，以为不能加，遂辍笔焉。

①淮南食时：淮南王刘安，是高祖刘邦之孙。好读书弹琴，不喜欢驰骋打猎、饲养犬马。用施行仁德的方法治理百姓，名声广为流传。刘安招揽天下宾客以及各种方术之士达数千人，编撰《淮南子》一书，包括内篇二十一篇、中篇八篇（失传）、外篇三十三篇（失传）。内篇论道，中篇养生，外篇杂说，中篇主要讨论得道成仙以及炼制丹术的方法。当时汉武帝喜好文学，

因为刘安是汉武帝的叔父，又博学善辩，能写好文章，所以汉武帝非常尊重他。皇上每次给刘安写信或者赏赐的时候，总是先让司马相如等人把草稿预览一遍后再送走。

《汉书·淮南厉王刘长列传第十四》：起初，刘安入朝时，皇上让他写《离骚传》，早上接到诏令，中午吃饭的时候就把成稿交上了。皇上每次宴请接见他，总能畅谈古今得失以及方术、技艺、赋颂，一直聊到天色很晚才结束。后来因为谋反被迫自杀。

②左思十稔：左思（约250—305），字太冲，齐国临淄（今山东淄博东北）人，西晋文学家，其《三都赋》被人喜爱传抄，以致"洛阳纸贵"。晋武帝泰始年间，左思的妹妹左芬被选入宫，于是举家移居洛阳，任秘书郎。

《晋书·文苑传·左思列传第六十二》：左思相貌丑陋，口舌笨拙，言语木讷，但写文章却辞藻华丽，言语宏壮。撰写《齐都赋》，一年乃成。想要再给魏、蜀、吴三都作赋，就拜访著作郎张载，请教岷山郡和临邛的情况。于是构思十年，门庭间，篱笆上，厕所里，都放着笔和纸，偶尔得到一句，便马上写下来。左思认为自己的见识还不够广博，便请求担任秘书郎职务。

《三都赋》写成后，不被时人看重。左思认为自己的赋作不逊于班固、张衡的作品，于是将文章给皇甫谧评阅。皇甫谧大加赞赏，为其写序，张载为《魏都赋》作注，刘逵为《吴都赋》《蜀都赋》作注并写序。张华读后评价说："左思和班固、张衡水平相当，属于同一层次。"于是众人竞相传写，洛阳为之纸贵。

起初，陆机想写这篇赋，听闻左思已经着手写作，拍掌而笑，给弟弟陆云写信说："这里有个村夫，想要写《三都赋》，等他写完，肯定是一堆废纸，只能用来糊酒坛子吧。"等左思的赋写完，陆机叹服，认为无以复加，于是辍笔不写。稔（rěn）：指庄稼成熟。因为庄稼一年一熟，也指一年。十稔即十年。

刘惔倾酿①，孝伯痛饮②

《晋书》：何充，字次道，庐江灊人。康帝时，为中书监、录尚书事。充能饮酒，雅为刘惔所贵。惔每云："见次道饮，令人欲倾家酿。"言其能温克也。旧本"惔"作"恢"，误。

《世语》：王孝伯曰："名士不必须奇才，但使常无事痛饮酒，熟读《离骚》，便可称名士。"

①刘惔倾酿：刘惔（dàn），字真长，沛国相县（今安徽濉溪西北）人。何充，字次道，庐江灊（qián）县（今安徽霍山东北）人。晋康帝时，何充为中书监、录尚书事。

《晋书·何充列传第四十七》：何充能饮酒，很被刘惔看重。刘惔常说："见何充饮酒，让人想把家里的佳酿全拿出来。"是说何充海量且酒后能克制自己。旧本将"惔"写作"恢"，错了。

②孝伯痛饮：《世说新语·任诞》：王恭，字孝伯，太原晋阳（今山西太原西南）人。他说："名士不必须有旷世奇才，只需要无烦事扰心，只要能够痛饮美酒，熟读《离骚》，就可称为名士。"

女娲补天^①，长房缩地^②

《淮南子》曰：往古之时，四极废，九州裂，天不兼覆，地不周载。火爁（làn）炎而不灭，水浩洋而不息。猛兽食颛（zhuān）民，鸷鸟攫老弱。于是女娲炼五色石以补苍天，断鳌足以立四极，杀黑龙以济冀州，积芦灰以止淫水。苍天补，四极正，淫水涸，冀州平，狡虫死，颛民生。

《后汉》：费长房既遇仙翁，欲求道，而顾家人为忧。翁乃断一青竹，度与长房身齐，使悬之舍后。家人见，即其形也，以为缢死，遂葬之。长房随入深山，群虎中留使独处，长房不恐。又卧于空室，以朽索悬万斤石于心上，众蛇来啮索且断，长房亦不移。翁曰："子可教也。"复使食粪，粪中有虫，臭甚，长房意恶之。翁曰："子几得道，恨于此不成。"长房辞归。翁与一竹杖曰："骑此任所之，则自至。既至，可以杖投葛陂中。"又为作一符曰："以此主地上鬼神。"长房乘杖，须臾来归。自谓去家适经旬日，已十余年矣。即以杖投陂，顾视则龙也。遂能医疗众疾，鞭笞百鬼。后失其符，为众鬼所杀。

①女娲补天：《淮南子·览冥训》：远古时，四方撑天的大柱子倒了，九州大地开裂，天不能全部覆盖大地，大地也不能全部承载万物。熊熊大火经久不息，滔滔洪水不受控制。猛兽吞食无辜的民众，猛禽攫取老弱之人。于是女娲炼五色石以补苍天，斩断大龟的四足再把天支起来，杀掉黑龙拯救冀州，堆积芦灰阻止泛滥的洪水。苍天得以修补，四极被扶正，洪水退去，冀州安定。毒虫猛兽被杀死，勤劳善良的人们又能安居乐业，繁殖生息了。

②长房缩地：费长房，汝南（今河南平舆）人。《后汉书·方术传·费长

房列传第七十二》：费长房遇到仙翁，想要跟随他学道，又怕家人担忧。仙翁就折断一根青竹，取和费长房等高的一段，让他悬挂在自家房后。家人看见这根竹子，就是费长房的样子，以为他缢死了，就将其埋葬。

长房随仙翁进入深山。仙翁将费长房独自留在群虎中，费长房一点儿也不害怕。又让他睡在一个空荡荡的房子里，用一根即将朽断的绳索系上一块有万斤重的大石头悬挂在他胸口上面，又有很多条蛇来咬啮绳索而且马上就要被咬断，费长房也不挪动身体。仙翁说："孺子可教也！"于是又让他吃粪便，粪便恶臭，里面还有很多蛆虫，费长房很恶心。仙翁曰："你差不多要得道了，可惜这一关没有通过。"费长房辞别仙翁回家。仙翁送给他一根竹杖，说："骑上它，可以到任何你想去的地方。到了之后，可以把这根竹杖丢到长有葛草的池塘中。"

仙翁又给他画了一张符，说："用这个可以控制地上的鬼神。"费长房乘着竹杖，一会儿就到了家。自以为离开家也就十来天，其实人间已过十多年。费长房把竹杖丢到池塘，回头一看竹杖原来是条龙。

费长房于是为民众治疗百病，鞭笞百鬼。后失其符，为众鬼所杀。

又据《神仙传》，费长房有神术，能缩地脉，可以快速千里往返。缩地，传说中化远为近的神仙之术。

季珪士首^①，安国国器^②

《魏志》：崔琰，字季珪，河东武城人。迁中尉，甚有威重，朝士瞻仰，太祖亦敬惮焉。明帝时，崔林尝与陈群论冀州人士，称琰为首。林，琰从弟，少无名望，虽姻族犹轻之。琰常曰："大器晚成，终必远至。"孙礼、卢毓始入军府，琰曰："孙疏亮亢烈，刚简能断。卢清警明理，百炼不消，皆公才也。"后咸至鼎辅。

《前汉》：韩安国，字长孺，梁成安人。徙睢阳，事梁孝王为中大夫。后坐法抵罪，蒙狱吏田甲辱安国，安国曰："死灰独不复然乎？"甲曰："然即溺（niào）之。"无何，汉使使者拜内史，起徒中为二千石。田甲亡，安国曰："甲不就官，我灭而宗。"甲肉袒谢。安国曰："公等足与治乎？"卒善遇之。为人多大略，智足以当世取舍，而出于忠厚。贪嗜财利，然推举皆廉士贤于己者，士亦以此称之。唯天子以为国器，官至御史大夫，行丞相事。

①季珪士首：崔琰，字季珪，清河郡东武城（今山东武城西北）人。担任中尉，相貌威严，举止庄重，朝中大臣们非常敬仰他，就连太祖曹操对他也很敬畏忌惮。

《三国志·魏志十二·崔琰》：魏明帝时，崔林曾与陈群品评冀州人士，称崔琰为士人之首。崔林，是崔琰的堂弟，年轻时默默无闻，就连妻子家族的人都轻视他。崔琰常说："大器晚成，终能行远。"孙礼、卢毓刚进入曹操军府的时候，崔琰说："孙礼豁达坦率，刚毅果断。卢毓清醒机警，明察义理，二人百折不挠，都是可以成为三公的人才。"后来都位列三公，执掌朝政。

②安国国器：韩安国，字长孺，梁国睢阳（今河南商丘南）人。后来搬家至睢阳，事奉梁孝王为中大夫。

《汉书·韩安国列传第二十二》：韩安国因为犯法被治罪，蒙县的狱吏田甲羞辱他。韩安国说："难道你不怕死灰复燃吗？"田甲说："那我就尿灭它。"没多久，朝廷派使者任命韩安国为内史，从服劳役的犯人直接成为俸禄二千石的官员。田甲吓得弃官逃走，韩安国说："田甲如果不回来就任，我就屠灭他的宗族。"田甲脱去上衣，露着背前来谢罪。韩安国说："你这样的人值得我治罪吗？"最后友善地对待他。

韩安国有雄韬伟略，才智足以逢迎世俗，但是都出于忠厚之心。韩安国贪嗜钱财，不过他所推举的人都是廉洁之士，士人因此都称赞和仰慕他。就连天子也知道他有治国之才，官至御史大夫，代理丞相处理事务。

陆玩无人^①，贾诩非次^②

《晋书》：陆玩，字士瑶，吴人。器量淹雅，累转尚书、散骑常侍。寻而王导、郗鉴、庾亮相继薨，朝野以为三良既没，以玩有德望，乃迁司空。既而叹息，谓宾客曰："以我为三公，是天下为无人。"谈者以为知言。玩翼亮累世，常以弘重为人主所贵嘉。性通雅，不以名位格物。诱纳后进，谦礼布衣，由是缙绅之徒，莫不荫其德宇。

《魏志》：贾诩，字文和，武威姑臧人。少时人莫知，唯阎忠异之，谓诩有良、平之奇。后拜尚书，典选举，多所匡济。文帝时，为太尉。《荀勖别传》曰：晋司徒阙，武帝问勖，答曰："三公具瞻所归，不可用非其次。昔魏文帝用贾诩，孙权笑之。"

①陆玩无人：陆玩，字士瑶，吴郡吴县（今江苏苏州）人。器量宽宏，儒雅待人，多次转任尚书、散骑常侍职务。

《晋书·陆玩列传第四十七》：王导、郗鉴、庾亮相继去世，朝廷内外认为三位贤良大臣已经去世，因为陆玩有德行和名望，就推举他为司空。陆玩在会见宾客时叹息说："以我为三公，是天下无人哪！"评论这件事的人认为他情商高，会说话。

陆玩接连辅佐多位皇帝，因为他弘毅庄重，每位皇帝对他都深为倚重和嘉赏。陆玩性情通达雅制，不以自己的名望和地位欺人，常奖励和提携后进，待人谦恭，因此很多人能走向仕宦之路，都是陆玩提拔的结果。

②贾诩非次：《三国志·魏志十·贾诩》：贾诩，字文和，武威姑臧（今甘肃武威）人。年轻时没有什么名声，只有阎忠认为他与众不同，说他有张

良、陈平的才能。后官拜尚书，主管人才的选拔和推举，做了很多匡扶朝廷，治理社会的事务。魏文帝曹丕继位后，官至太尉。《荀勖别传》：晋司徒职位有空缺，晋武帝问荀勖谁可堪任，荀勖回答说："像司徒这样的三公职位，为大家共同注目，不可以降格以求而选用那些不称职的人。当年魏文帝曹丕选用贾诩为太尉，就曾被孙权嘲笑。"非次，指破格，超迁官职。

何晏神伏①，郭奕心醉②

《魏志》：王弼，山阳人。好论儒道，辞才逸辩。注《易》及《老子》，年二十余卒。何劭为其传曰：弼，父业，为尚书郎。时裴徽为吏部郎，弼未冠，往造焉。徽一见异之，问曰："夫'无'者诚万物之所资，然圣人莫肯致言，而老子申之无已者何？"弼曰："圣人体无，无又不可以训，故不说也。老子是有者也，故常言无所不足。"何晏为吏部尚书，甚奇弼，叹曰："仲尼称后生可畏，若斯人者，可与言天人之际乎？"

晋郭奕，字大业，太原阳曲人。高爽有识量，少所推先。见阮咸心醉，不觉叹焉。山涛称其高简有雅量。太康中为尚书，有重名，朝臣皆出其下。

①何晏神伏：何晏，字平叔，南阳宛县（今河南南阳）人。王弼，字辅嗣，山阳（今河南焦作）人。喜好谈论儒家和道家思想，文辞和才华超群，有辩才。注解《周易》及《老子》，不幸的是二十余岁染病去世。

《三国志·魏志二十八·钟会》：何劭给王弼写传记说：王弼，字辅嗣，曾任尚书郎，王业之子。裴徽为吏部郎时，不到二十岁的王弼登门拜访。二人一谈倾心，裴徽大为惊异，问他："老子说'天下万物生于有，有生于无'，如果'无'确实是万物生长的基础，那么为什么圣人并不这么强调，而老子却要反复地加以申明呢？"王弼说："圣人体悟的是'无'，'无'是没有办法解释清楚的，所以圣人不加以言说。老子体悟的是'有'，所以能说'无'的不足之处。"

何晏为吏部尚书，对王弼非常佩服，叹息说："孔子说后生可畏，像王弼这样的后生，可以和他谈论天道与人道关系啊！"神伏：极为佩服。

②郭奕心醉：《晋书·阮咸列传第十九》《晋书·郭奕列传第十五》：郭奕，字大业，太原阳曲（今山西阳曲西南）人。志向高远，为人直爽，有评判人高下的能力，很少推重他人。但是郭奕对阮咸一见心醉，对他情不自禁地赞叹不已。山涛称赞郭奕性格高超，简约有雅量。太康年间，郭奕官至尚书，名望很高，朝中大臣排名都在其后。

常林带经[①]，高凤漂麦[②]

《魏志》：常林，字伯槐，河内温人。避地上党，耕种山阿。当时旱蝗，林独丰收，尽呼比邻，升斗分之。仕至光禄大夫。《魏略》曰：林少单贫，自非手力，不取之于人。性好学，汉末为诸生，带经耕锄，其妻饷之，虽在田野，相敬如宾。

《后汉》：高凤，字文通，南阳叶人。家以农为业。凤专精诵读，昼夜不息。妻尝之田，曝麦于庭，令凤护鸡。天暴雨至，而凤持竿诵经，不觉潦水流麦，妻还怪问方悟。后为名儒，年老执志不倦，太守连召请，恐不得免，乃诈与寡嫂讼田。后举直言，到公车，托病隐身渔钓。

①常林带经：《三国志·魏志二十三·常林》：常林，字伯槐，河内温（今河南温县西南）人。到上党躲避战乱，在山坡耕种。当时发生旱灾和蝗灾，只有常林的庄稼丰收。他把邻居们召集到一起，把自家的粮食一升一斗地和邻居们全分了。仕至光禄大夫。《魏略》：常林父母去世得早，家境贫寒，除非是自己劳动所得，不取之于人。天性好学，汉末为诸生，在田间耕种的时候也要带上经书学习，他的妻子给他送饭，虽然在田野，夫妻二人仍然相敬如宾。

②高凤漂麦：《后汉书·逸民传·高凤列传第七十三》：高凤，字文通，是南阳叶（今河南南阳叶县）人。家里以务农为业。高凤专心读书，昼夜不息。一次，高凤的妻子要去地里干活，走之前把麦子晾晒在庭院里，让高凤看着鸡不要啄食。暴雨突至，而高凤拿着赶鸡的竹竿诵经不止，水流把麦子冲走都不知道。等妻子回来后责怪他才醒悟过来。高凤后来成为著名学者，

到老年仍然笃志于学，不知疲倦。太守接连征召他，高凤担心推辞不掉，就谎称在与寡嫂争田地打官司。后因敢直言被推举，到公车后，推托有病逃走，隐居钓鱼。

孟嘉落帽^①，庾敳堕帻^②

《晋书》：孟嘉，字万年，江夏人。少知名。为征西桓温参军，温甚重之。九月九日，温燕龙山，僚佐毕集。时佐吏并著戎服，有风至，吹嘉帽堕落，嘉不之觉。温使左右勿言，欲观其举止。嘉良久如厕，温令取还之，命孙盛作文嘲嘉。著嘉坐，嘉还见，即答之，其文甚美。嘉好酣饮，愈多不乱。温问："酒有何好，而卿嗜之？"嘉曰："公未得酒趣耳。"又问："听妓，丝不如竹，竹不如肉，何也？"答曰："渐近使之然。"

《晋书》：庾敳，字子嵩，颍川鄢陵人。长不满七尺，而腰带十围。雅有远韵，参东海王越军事，转军咨祭酒。时刘舆见任于越，人士多为所构，惟凯纵心事外，无迹可间。后以其性俭家富，说越令就换钱千万，冀其有吝，因此可乘。越于众座中问凯，凯颓然已醉，帻堕机几，以头就穿取，徐答云："下官家故有两千万，随公所取。"舆于是乃服。越甚悦，因曰："不可以小人之虑，度君子之心。"后石勒乱被害。

①孟嘉落帽：孟嘉（296—349），字万年，武昌（今湖北鄂州）人。为陶侃女婿，陶渊明外祖父。

《晋书·孟嘉列传第六十八》：孟嘉年轻时就有名声，为征西将军桓温的参军，为桓温所器重。一年的九月九日，桓温在龙山设宴款待大家，僚佐们悉数参加。当时大家都身穿戎装，一阵风吹来，把孟嘉的帽子吹掉，孟嘉毫无察觉。桓温示意左右勿言，想看孟嘉的反应。过了很久，孟嘉去厕所。桓温让人把帽子捡回来，又让孙盛写文章嘲笑他，把帽子和文章放在孟嘉座位显眼的地方。孟嘉回来看见孙盛的文章，马上应答，为自己落帽失礼辩护，文辞华美，为大家所叹服。

孟嘉喜好痛饮，喝得再多也不失礼。桓温问他："酒有什么好的，你这么痴迷它？"孟嘉说："您是还没有体会到酒中的乐趣啊！"桓温又问："听歌妓表演，为什么弦乐不如管乐，管乐不如歌喉呢？"孟嘉回答说："是因为弦乐、管乐、声乐，它们不断接近音乐的本质的原因。"

②庾敳堕帻：庾敳（ái），字子嵩，颍川鄢陵（今河南鄢陵西北）人。身高不满七尺，而腰带十围。行为高雅，韵致深远，参与东海王司马越军事事务，又转任军咨祭酒。

《晋书·庾敳列传第二十》：刘舆得司马越信任，士人多被他构陷，只有庾敳纵心事外，远离纠纷，让刘舆找不到把柄。因为庾敳极为节俭而家财万贯，于是刘舆说服司马越与庾敳换钱千万，希望庾敳吝啬不肯，这样陷害他就有机可乘。司马越就在宴席上当众问庾敳这个事情，庾敳这时候已颓然大醉，头巾掉在桌子上，他直接用头把头巾顶起来，又慢慢地回答说："下官家现在有两千万，随时恭候您来搬取。"刘舆于是很敬佩庾敳。司马越也非常高兴，说："不可以用小人之心，度君子之腹啊！"后来石勒叛乱，庾敳为其所害。帻（zé）：又称巾帻，是古代男子包裹鬓发、遮掩发髻的巾帕。

龙逢板出^①，张华台坼^②

旧注引《论语阴嬉谶》曰：庚子之日，金板克书，出地庭中，曰："臣族虐王禽。"宋均曰："谓杀关龙逢之后。庚子之旦，庭中地有此板异也。龙同姓称族，王虐杀我，必见禽也。"

《晋书》：张华，字茂先，范阳方城人。学业优博，辞藻温丽，器识弘广。初未知名，著《鹪鹩赋》。阮籍见之曰："王佐才也。"由是声名始著。晋受禅，拜黄门侍郎。华强记默识，四海之内，若指诸掌。武帝尝问汉宫室制度，应对如流，听者忘倦。数岁，拜中书令。赞成伐吴之计，封广武县侯。名重一世，众所推服，声誉益甚，有台辅之望。惠帝时，拜中书监，尽忠匡辅，弥缝补阙。虽当暗主虐后之朝，而海内晏然，华之功也。进司空，第舍及监省，数有妖怪。少子韪以中台星坼，劝华退位。华不从，曰："天道玄远，惟修德以应耳。不如静以待之，以俟天命。"卒之以忠正，为赵王伦、孙秀矫诏害之，朝野悲痛。华好人物，士有一介之善，为之延誉。雅爱书籍，尝徙居，载书三十乘，天下奇秘，世所希有者，悉在华处。博物洽闻，世无与比。

①龙逢板出：龙逢，即关龙逢，一说关龙逢，传说中的夏桀之臣，因劝谏夏桀被其囚杀。旧注引《论语阴嬉谶》：庚子日拂晓，有金板刻成的书契，在庭院地中出现，说："大臣被虐杀，君王终究也会被擒获。"宋均注解说："夏桀杀关龙逢之后，庚子日拂晓，夏桀庭中出现金板异象。关龙逢与桀同姓，为同一家族，桀王虐杀同族，一定会被擒拿。"

②张华台坼（chè）：张华，字茂先，范阳方城（今河北固安西南）人。

西晋文学家、政治家。西汉留侯张良十六世孙。张华幼年丧父，亲自牧羊，家贫勤学，学业优博，辞藻温丽，胸襟宽广，见识远大。起初还未知名时，张华写了《鹪鹩赋》一文。阮籍读后说："这是能够辅佐君王的才华啊！"于是声名鹊起。仕晋官至司空，封壮武郡公。晋惠帝时爆发的八王之乱中，遭赵王司马伦杀害，夷三族。死后家无余财。

《晋书·张华列传第六》：晋武帝司马炎受魏元帝曹奂禅让帝位，建立西晋，拜张华为黄门侍郎。张华博闻强识，四海之内，了如指掌。晋武帝司马炎曾问张华汉朝宫室制度，应对如流，听者忘倦。几年后，张华官拜中书令。赞成晋武帝讨伐吴国的计划，被封为广武县侯。名重一世，为大家推重和信服，声望和名誉越来越高，有位列三公，辅佐君王的声望。

晋惠帝时，拜中书监，极尽忠诚，匡正辅佐朝廷，弥缝补阙。虽然这个时期皇帝昏庸，皇后暴虐，而四海安定，全赖张华之功。张华位进司空之后，府邸和官署多次出现妖怪。小儿子张韪因为中台星散裂，劝张华退位。张华不听，说："天道玄远，神秘莫测，唯一的办法是修养德行以应对变化。不如安静地等待，听天由命。"

最终因为忠诚正直，张华被赵王司马伦、孙秀矫诏害死，朝野悲痛。张华爱惜人才，但凡一个士人有一技之长，略有德行，张华都会大加称赞，提高他的声誉。张华热爱书籍，一次搬家，书籍装满了三十辆大车。天下稀有版本的书籍，张华家里都有。因此博物多闻，世上无人能比。

董奉活燮①，扁鹊起虢②

　　《神仙传》：董奉，字君异，侯官人。杜燮为交州刺史，得毒病，死三日。奉时在南方，乃以三丸药内其口中，令人举其头摇而消之。食顷，燮开目，动手足，颜色还，半日能起坐，遂活。奉还庐山下居，为人治病，不取钱物，使病愈者为种一株杏，数年有数十万株，郁然成林。杏子大熟，奉于林中作仓，宣语欲买杏者，但自取之，一器谷得一器杏。每谷少而取杏多者，有虎逐之。有偷杏虎逐啮死，家人知，送杏还，死者即活。自是买杏者自平量之，不敢欺。奉以所得粮谷赈救贫穷，供给行旅。民间仅百年，乃升天，颜色常如年三十时也。

　　《史记》：扁鹊，渤海郑人，姓秦，名越人。少时长桑君知扁鹊非常人，出其怀中药予之饮，乃悉取其禁方书予之，忽然不见。扁鹊以此视病，尽见五脏症结，特以诊脉为名耳。后过虢，虢太子死。扁鹊曰："臣能生之。"乃使弟子子阳厉针砥石，以取外三阳五会，有间太子苏。乃使子豹为五分之熨，以八减之齐和煮之，以更熨两胁下。太子起坐，更适阴阳，但服汤二旬而复故。故天下尽以扁鹊为能生死人。过邯郸，闻贵妇人，即为带下医。过洛阳，闻周人爱老人，即为耳目痹医。入咸阳，闻秦人爱小儿，即为小儿医，随俗为变。秦太医令李醯自知技不如扁鹊，使人刺杀之。至今言脉者由扁鹊。

　　史扁鹊传索隐云：按言五分之熨者，谓熨之令温暖之气入五分也，八减之齐者，谓药之齐和，所减有八，越人当时有此方也。

①董奉活燮：董奉，字君异，侯官（今福建福州）人。医术高明，与南阳张仲景、谯郡华佗齐名，并称"建安三神医"。

《神仙传卷十·董奉》：杜燮为交州刺史，得重病而死，已死三日。董奉当时正好在南方，他将三个药丸放到杜燮口中，让人抱住杜燮的头反复摇动。过一顿饭的时间，杜燮睁开了眼，能动弹手足，脸色也慢慢红润，半日后就能坐起来，又活了过来。

后来，董奉隐居庐山，为人治病，不取钱物，只要求病人痊愈后为他种一棵杏树。几年后，杏树有数十万棵，郁然成林。杏子熟时，董奉在杏林中建一个粮仓，向买杏的人声明，凡买杏者，需要自助量取，多大容器的谷子可以换多大容器的杏子。耍小聪明的人，向粮仓里放谷子的时候，不装满容器，而取杏的时候却装得满满的。这样就会有老虎出来追他。有偷杏的人甚至被老虎追逐咬死，家人知道后，赶紧把杏再送回来，死者马上复活。从此买杏的人就公平量取，不敢欺诈了。董奉把卖杏所得粮食用来赈济救助贫穷的人，同时供给行旅之人。后世因此以"杏林春暖""誉满杏林"称誉医术和德行高尚的医学家。董奉在人间仅生活一百来年，就成仙升天了，相貌一直如三十岁的样子。

②扁鹊起虢：《史记·扁鹊仓公列传第四十五》：扁鹊，是渤海郡郑（今河北任丘北）人，姓秦，名叫越人。扁鹊年轻时，在客馆遇到一个叫长桑君的客人，这人知道扁鹊不同寻常，将怀中随身携带的药给扁鹊喝，再将自己所有的秘方书籍送给扁鹊，然后就一下子消失不见了。

从此扁鹊为别人看病，能一眼看出五脏病症所在，诊脉只不过是个幌子罢了。后来扁鹊路过虢国，虢国太子死了。扁鹊说："我能让他活过来。"扁鹊就让弟子子阳将针磨尖，将砭石磨快，来刺三阳五会这些穴位，过了一会儿，虢太子就苏醒过来。

又让弟子子豹准备能入体五分的熨药，和八减剂的药方放在一起煎煮，在两胁处交替熨贴。很快太子就能坐起来了，进一步调和阴阳，只服用二十天汤剂就康复如初。天下人都相信扁鹊能起死回生。

途经邯郸，闻知这里尊重妇女，扁鹊就做妇科医生。路过洛阳，听闻周人敬爱老人，就做治疗眼花耳聋、四肢麻痹的医生。游历咸阳，获悉秦国人爱孩子，就做儿科医生，根据各地的风俗而改变自己行医范围。

秦国的太医令李醯知道自己医术不如扁鹊，就派人将扁鹊刺杀了。直到今天，谈论脉相的人都遵照扁鹊的理论。

《史记索隐》：五分之熨，就是用药热敷患处，经过熨烫使温热药气深入体内五分的一种治疗方法。八减之齐，"齐"通"剂"，指药物的剂量根据病情而减少，直至减去十分之八，扁鹊当时有这一剂药方。

寇恂借一^①，何武去思^②

《后汉》：寇恂，字子翼，上谷昌平人。光武拜恂河内太守，行大将军事。谓曰："昔高祖留萧何镇关中，今吾委公以河内，坚守转运，给足军粮，率厉士马，防遏它兵，勿令北度而已。"后拜颍川太守，入为金吾。明年，颍川盗贼起，帝谓曰："颍川迫近京师，当以时定。惟念独卿能平之耳，从九卿复出，以忧国可知也。"即日车驾南征。从至颍川，贼盗悉降，而竟不拜郡。百姓遮道，曰："愿从陛下，复借寇君一年。"乃留恂长社，镇抚吏人，受纳余降。恂经明行修，名重朝廷，所得秩奉，厚施朋友故人及从吏士。常曰："吾自士大夫以致此，可独享乎？"时人归其长者，以为有宰相器。

《前汉》：何武，字君公，蜀郡郫人。举贤良对策，拜谏大夫。成帝时，累进大司空。为人仁厚，好进士，奖称人善。为楚内史，厚两龚；在沛郡，厚两唐。及为公卿，荐之朝廷，世以此多焉。然疾朋党，问文吏必于儒者，问儒者必于文吏，以相参检。欲除吏，先为科例，以防请托。其所居亦无赫赫名，去后常见思。后为御史大夫，免官。王莽为宰衡，阴诛不附己者，见诬自杀。两龚谓胜、舍，两唐谓林、遵也。

①寇恂借一：寇恂，字子翼，上谷昌平（今北京昌平东南）人。东汉名将，"云台二十八将"之一。

《后汉书·寇恂列传第六》：汉光武帝刘秀拜寇恂为河内郡太守，代理大将军事务。刘秀对他说："昔日高祖刘邦留下萧何镇守关中，现在我委派你留守河内，你要坚守河内，负责运输，保证足够的军粮供给，率领与操练兵马，防守和遏制其他军队，只需要阻止他们北渡黄河就可以了。”

寇恂后来官拜颍川太守，担任执金吾。第二年，颍川盗贼蜂起，皇帝对寇恂说：“颍川迫近京师，应当尽快平定盗贼。只有你能平定这些盗贼，你从九卿职位复出，你的忧国之心我能明白。”皇上当天便率车驾南征，寇恂随从到颍川，贼盗悉降，但是皇上却没有把寇恂再封为颍川郡的太守。颍川百姓遮挡住皇上的道路，说：“愿从陛下那里，再借寇君一年。”光武帝刘秀于是把寇恂留在长社，镇守并抚慰官吏与民众，接纳剩余盗贼的投降。

寇恂通晓儒家经典，行为有操守，名重朝廷，所得俸禄，都分发给朋友、熟人和随从。常说：“我从士大夫起身，到现在这个身份，怎么可以独享优厚的待遇呢？”当时人们都称赞他是有德行的长者，认为他有宰相之才。

②何武去思：何武，字君公，蜀郡郫县（今四川成都郫都区）人。西汉大臣，出任扬州刺史，封氾乡侯，食邑千户。

《汉书·何武列传第五十六》：何武被推举为贤良方正，经过对策，官拜谏大夫。汉成帝时，何武经过多次升迁官至大司空。何武宅心仁厚，喜好提携后进，鼓励称赞别人长处。在楚地任内史时，厚遇龚胜、龚舍；在沛郡厚遇唐林、唐尊。等何武位至公卿，将这些人推荐给朝廷，何武因此为世人所赞颂。何武憎恶拉帮结派，考察文官一定要访谈读书人，考察读书人一定要询问文官，将两者观点相互参照。何武任命官吏前，先制定条例，严防私下请托，以保公平公正。在任时也没有太多赫赫名声，离任后却常常被人思念。

何武后为御史大夫，因王莽陷害而免官。王莽担任宰衡，暗中清除异己，何武被诬陷后自杀。

韩子《孤愤》^①，梁鸿《五噫》^②

《史记》：韩非，韩之诸公子也。喜刑名法术之学，归本于黄老。为人口吃，不能道说，而善著书，与李斯俱事荀卿。非见韩之削弱，数以书谏韩王，王不能用。于是观往者得失之变，作《孤愤》《五蠹》《内外储》《说林》《说难》十余万言。人或传其书至秦，秦王见之曰："寡人得见此人与之游，死不恨矣。"后非使秦，秦王悦之。未信用，李斯毁之。王下吏治罪，斯使人遗药，使自杀。

《后汉》：梁鸿受业大学，家贫尚节介，博览不为章句。归乡里，势家慕其高节，多欲女之，鸿并不娶。后娶孟氏，隐霸陵山中，以耕织为业。咏诗书，弹琴以自娱。因东出关过京师，作《五噫之歌》，曰："陟彼北芒兮，噫！顾览帝京兮，噫！宫室崔嵬兮，噫！人之劬劳兮，噫！辽辽未央兮，噫！"肃宗闻而非之，求鸿，不得。乃易姓名，居齐鲁之间。遂至吴，依大家皋伯通，居庑下，为人赁春。每归，妻为具食，不敢鸿前仰视，举案齐眉。伯通异之曰："彼佣能使其妻敬之如此，此非凡人也。"乃舍之于家。鸿潜闭著书十余篇，卒于吴。

①韩子《孤愤》：《史记·老子韩非列传第三》：韩非，战国末韩国人，是韩国的贵族子弟。喜好刑名法术的学问。韩非的思想学说源于黄帝和老子。韩非为人口吃，不善言谈，而善于著书立说，与李斯同为荀子的学生。韩非见韩国日渐衰落，多次上书劝谏韩王，但意见不被采用。于是考察历史得失中的变迁，作《孤愤》《五蠹》《内外储》《说林》《说难》等著作十余万言。

韩非的作品被传到秦国，秦王读后感叹说："我如果能见到作者并与之交游，就算死掉也愿意啊！"后来韩非出使秦国，秦王很欣赏他，但是没有信任和采用他。李斯诋毁韩非，秦王把韩非交给司法官吏治罪，李斯派人送来毒药，迫使韩非饮毒药自杀。

②梁鸿《五噫》：梁鸿，扶风平陵（今陕西咸阳西北）人，字伯鸾。《后汉书·逸民列传·梁鸿列传第七十三》：梁鸿在太学学习，家境贫寒但节操高尚，博览群书，但不拘泥于字句。学成归乡，有权势的人家仰慕梁鸿高尚的节操，很多都想把女儿嫁给他，而被梁鸿婉拒。后娶孟家的女儿，夫妇二人隐居霸陵山中，以耕织为业。诵读诗书，弹琴自娱。

一次，梁鸿出函谷关，路过京师，写下《五噫之歌》："陟彼北芒兮，噫！顾览帝京兮，噫！宫室崔嵬兮，噫！人之劬劳兮，噫！辽辽未央兮，噫！"歌词大意是：登上高高的北邙山，噫！俯瞰壮丽的京都，噫！宫室高峻挺拔，噫！百姓辛劳，噫！遥远无期，噫！

肃宗知道后对梁鸿不满，追捕他，没能捉到。梁鸿于是改名换姓，居住在齐鲁之间。后来离开齐鲁到吴国，投靠大户人家皋伯通。居住在皋家廊庑下面，受雇给别人舂米。梁鸿每次干活回来，妻子为他准备好饭食，不敢在梁鸿面前抬头仰视，把托盘举得和眉毛齐平。皋伯通很奇怪，说："梁鸿受雇佣为别人做工，能使其妻敬之如此，此非凡人也。"于是让他住进家里。梁鸿闭门著书十余篇，在吴国去世。

蔡琰辨琴^①，王粲覆棋^②

《后汉》：蔡琰，字文姬，中郎将邕之女。博学，有才辩，妙于音律。旧注云：琰年九岁时，邕夜鼓琴，弦绝。琰曰："第二弦。"邕故绝一弦以问之，琰曰："第四弦。"邕曰："尔偶中耳。"琰曰："昔季札观风，知国之存亡；师旷吹律，识南风之不竞。以此推之，何不知也。"

《魏志》：王粲累拜侍中，博物多识，问无不对。与人共行，读道边碑。人问曰："卿能暗诵乎？"曰："能。"因使背而诵之，不失一字。观人围棋，局坏，粲为覆之，棋者不信，以帕盖局，使更以他局为之。用相比校，不误一道，其强记默识如此。性善算，做算术，略尽其理。善属文，举笔便成，无所改定。时人以为宿构。然正复精意覃思，亦不能加也。《典略》曰：粲既才高，辩论应机。钟繇、王朗等，虽为卿相，至于朝廷奏议，皆搁笔不能措手。

①蔡琰辨琴：《后汉书·列女传·董祀妻第七十四》：蔡琰，陈留圉（今河南杞县南）人，字文姬，中郎将蔡邕之女。学识渊博，有辩才，精通音律。旧注：蔡琰九岁时，蔡邕夜里弹琴，一根弦断了。蔡琰说："断的是第二弦。"蔡邕就故意再挑断一根弦，问蔡琰是第几根。蔡琰说："是第四弦。"蔡邕说："你是偶尔猜中的。"蔡琰说："过去季札听演奏'国风'音乐，能够知道一个国家的存亡；师旷吹奏律管，能够知道南风软弱不堪。按这个道理推算，怎么能不知道您断的是哪根弦呢！"

②王粲覆棋：王粲，字仲宣，山阳郡高平（今山东邹城西南）人。东汉末年著名文学家，"建安七子"之一，由于其文才出众，被称为"七子之冠

冕"。初仕刘表，后归曹操。

《三国志·魏志二十一·王粲》：王粲多次升迁，官拜侍中。王粲博学多识，别人的提问没有回答不上的。王粲与人同行，他们读路边的一块碑文。同伴问王粲："你能背下来吗？"王粲说："能。"就让王粲转过身背诵，结果一字不差。王粲看别人下围棋，不小心棋局被弄乱，王粲能把棋局复原。下棋的人不信，用头巾盖住棋盘，让他再重新复原一局。等王粲再摆出一局，把这两局一比较，一个棋子也不错乱，王粲的强记默识到了这样的地步。

王粲擅长计算，做算术时，能明白运算的原理。善写文章，一挥而就，没有需要改动的地方。人们都以为他是打了腹稿。然而别人就算字斟句酌，反复推敲也写不出王粲这样的文章。《典略》载：王粲才华过人，擅长辩论，能随机应变。钟繇、王朗等人虽然在魏国担任卿相，但是到写朝廷奏议的时候，都搁笔不知从哪里下手。

西门投巫^①，何谦焚祠^②

《史记》：魏文侯时，西门豹为邺令。豹到，问民所病苦。长老曰："苦为河伯娶妇，以故贫。俗语'不为河伯娶妇，水来漂溺人民。'"豹曰："至时幸来告，吾亦往送女。"至其时，豹往会河上。三老、官属、豪长者、里父老皆会，其巫，老女子，从弟子女十人，皆衣缯单衣，立大巫后。豹呼河伯妇，视之曰："是女不好，烦大巫妪为报河伯，更求好女。"使吏卒拘大巫妪投之河中。有顷曰："何久也，弟子趣之。"凡投三弟子。豹曰："巫妪女子，不能白事，烦三老为入白之。"覆投三老河中。豹簪笔磬折，向河立，良久，又曰："三老不还，欲使廷掾与豪长者一人入趣之。"皆叩头血流。豹曰："状河伯留客之久，若皆罢去。"吏民大惊恐，从是不敢复言河伯娶妇。豹即发民凿十二渠，引河水灌田，皆得水利，民人足富。豹名闻天下，泽流后世。

《晋书》：何谦，字恭子，东海人。从谢玄征伐，骁果多权略。谦不畏神祠，遇有灵庙，皆焚之。

①西门投巫：西门豹，战国时期魏国人，政治家及水利专家。魏文侯时，翟璜推荐他为邺县令，任内破除"河伯娶妇"陋俗，"发民凿十二渠，引河水灌民田"。这些运河历史上称为西门豹渠。

《史记·滑稽列传第六十六》：魏文侯时，西门豹被任命为邺县县令。西门豹到任后，询问民间疾苦。那些德高望重的人说："其他还好，只有一件事情困扰百姓，就是河伯娶妇的事情，弄得人苦不堪言。俗话说'如果不为河神娶妻，黄河就会发大水，把人都淹死'。"西门豹说："下次再到为河神娶妻的时候，请您告诉我一下，我也来送送新娘。"

又到了河神娶妻的时间，西门豹到黄河边和大家相聚。邺县职掌教化的三老、县府官吏、当地豪绅，以及德高望重的长者、乡里的父老乡亲们都来了。主事的大巫是个年迈的老婆子，跟随的女弟子有十来个，都穿着丝绸单衣，站在大巫身后。西门豹把要送给河神做媳妇的女子叫出来，看了一眼说："这个女人太丑了，麻烦大巫老婆婆向河神通报一下，我再给他寻找一个更漂亮的女子。"于是就让士卒抱起大巫，投进黄河。过了一会儿，西门豹说："都等这么久了，为什么还不回来，让她的弟子下去催一催。"一共先后投下去三个女弟子。

西门豹说："巫婆的女弟子，看来没什么办事能力，还得麻烦三老下去报告一下。"于是又将三老投入河中。西门豹帽子上插着毛笔一样的簪子，像石磬那样弯着腰，恭恭敬敬地站在河边。过了很久，又说："三老不回来，我看还得从官吏和豪绅里挑一个人下去再催促一下。"这些人吓得跪倒在地，不停磕头，头破血流。西门豹说："看样子河神很热情，要把他们多留一些时间，你们都各自回去吧。"官吏与民众都惊恐万状，从此再也没有人敢提给河神娶妻的事情。

西门豹随即发动民众开发挖凿十二条河渠，引出黄河水灌溉农田，百姓受益，民众富足。西门豹因此名闻天下，流芳后世。

②何谦焚祠：《晋书·谢安列传第四十九》：何谦，字恭子，东海郡（今山东郯城）人。跟从谢玄征伐，骁勇果敢，足智多谋。何谦不敬畏神祠，遇到神庙，就放火烧掉。

孟尝还珠^①，刘昆反火^②

《后汉》：孟尝，字伯周，会稽上虞人。为合浦太守，郡不产谷实，而海出珠宝。与交阯比境，常通商贩，货籴粮食。先时宰守，并多贪秽，诡人采求，不知纪极。珠渐徙于交阯郡界，行旅不至，人物无资，贫者死饿于道。尝到官，革易前弊，求民病利，未逾岁，去珠复还。百姓皆反业，商货流通，称为神明。征还，吏民攀车请之，乃夜遁去。隐处自耕，邻县士民，慕德就居止者百余家。

《后汉》：刘昆，字桓公，陈留东昏人。建武初，除江陵令。时县连年火灾，昆辄向火叩头，多能降雨止风。稍迁弘农太守。先是崤、黾驿道多虎灾，行旅不通。昆为政三年，仁化大行，虎皆负子渡河。帝异之，征为光禄勋。诏问昆："前在江陵反风灭火，后守弘农虎北渡河，行何德政而致是事？"昆对曰："偶然耳。"左右笑其质讷。帝叹曰："此长者之言也。"命书诸策。

①孟尝还珠：《后汉书·循吏传·孟尝列传第六十六》：孟尝，字伯周，会稽上虞（今浙江绍兴上虞区）人。汉顺帝时担任合浦大守，合浦郡不产粮食，而海里盛产珍珠。合浦与交阯接壤，常相互通商，买卖粮食。之前的太守大多贪婪，责令人们大量采集珍珠，不知节制。珍珠便渐渐地迁徙到交阯郡境内，于是购买珠宝的商人不再来合浦，人们和牲畜没有食物和草料，大量穷人饿死在路上。

孟尝到任后，革除之前弊政，访问民间疾苦，不到一年，珍珠又回到合浦境内。百姓们都恢复旧业，商人往来，货物流通，孟尝被大家奉为神明。

任期满后，皇上征孟尝还京，官吏和民众们攀着马车不让孟尝离去，请求他留任。孟尝无奈，只好在夜里悄悄离去。后来隐居在偏远的洼地，亲自耕种生活。邻县士民，仰慕他的德行靠近他居住的有上百家之多。

②刘昆反火：《后汉书·儒林传·刘昆列传第六十九上》：刘昆，字桓公，陈留东昏（今山东东明）人。建武初年，任江陵县县令。当时江陵县连年发生火灾，在发生火灾的时候，刘昆就向火叩头，大多能降雨止风。不久后担任弘农太守。之前崤山和渑池之间的驿道常有老虎出没为害，因此行旅不通。刘昆为政三年后，人们得以教化，仁爱之风盛行，老虎都背着幼虎渡过黄河而去。

皇帝认为很神奇，征召他为光禄勋。皇上问刘昆："你之前在江陵能转变刮风的方向来灭掉大火，后来在弘农让老虎渡河北去，你是施行了什么样的德政，而导致这样的事情发生？"刘昆回答说："这只不过是巧合而已。"皇帝身边的人都笑刘昆过于老实，不知借机邀功。皇帝叹息说："这是忠厚长者说的话啊！"皇上回头让人把这次谈话记录在案。反火：指反风灭火。

姜肱共被^①，孔融让果^②

《后汉》：姜肱，字伯淮，彭城广戚人。与弟仲海、季江，俱以孝行著闻。其友爱天至，尝共卧起。肱博通五经，兼明星纬，士之就学者三千余人。二弟名声相次，皆不应征聘。肱尝与季江夜遇盗，欲杀之，兄弟更相争死，遂两释焉。桓帝征不至，使画工图其形状，肱卧，以被韬面，竟不得见之。后隐遁，远浮海滨窜伏，卖卜给食。还卒于家，弟子刘操颂德。谢承书曰：肱性笃孝。事继母，年少严厉。肱感《凯风》之孝，兄弟同被而寝，不入房室，以慰母心。

《后汉》：孔融，字文举，鲁国人，孔子二十世孙。幼有异才，十岁随父诣京师。时河南尹李膺，简重不妄接士，自非当世名人及与通家，皆不得白。融造门曰："我是李君通家子弟。"门者言之。膺请融问曰："高明祖父尝与仆有旧恩乎？"融曰："然。先君孔子与李老君，同德比义，而相师友，则融与君累世通家。"众坐叹息。大中大夫陈炜后至，曰："夫人小而聪了，大未必奇。"融曰："观若所言，将不早慧乎？"膺大笑曰："高明必为伟器。"《融家传》曰：兄弟七人，融第六。四岁时，每与诸兄共食梨枣，辄引小者。人问其故，答曰："我小儿，法当取小者。"由是宗族奇之。

①姜肱共被：《后汉书·姜肱列传第四十三》：姜肱，字伯淮，彭城广戚（今山东微山西北）人。与两个弟姜仲海、姜季江都以孝行著称。兄弟三人天生友爱，常同床共卧。姜肱博通五经，熟知星相谶纬，跟他学习的士人学者达三千余人。两个弟弟名声稍逊，但是也都不接受朝廷的征聘。姜肱曾经与弟弟季江夜里遇到强盗，要杀他们，兄弟俩争着去死，强盗被感动，于是

把他们两个释放。

桓帝征召，姜肱没有就任。桓帝于是命画工为姜肱画像，姜肱躺在房子昏暗的角落里，以被掩面，自称眼睛有病，最终桓帝连姜肱的画像也没有见着。后来姜肱远走他乡，隐居海滨，四处流浪，以占卜算命为生。最后回到家乡，在家中去世，弟子刘操刊刻石碑，歌颂他的德行。

李贤注引谢承曰：姜肱本性孝敬，侍奉继母。继母年轻，非常严厉。姜肱常常感动于《诗经·凯风》中母亲的辛劳和子女的孝心。兄弟们关系友悌，同被而寝以让继母安心，因为继母年轻，他们从不进入继母房室。

②孔融让果：《后汉书·孔融列传第六十》：孔融，字文举，鲁国人，孔子二十世孙。幼年就显出有卓越的才能，十岁时随父亲进京。当时河南尹李膺，为人庄重，不轻易接待士人。李膺要求守门人，除非当世名人和世交关系来访，都不得通报。

孔融登门，告诉守门人："我是李先生世交家的子弟。"守门人就把孔融禀报进去。李膺见到孔融后，问他："你的前辈和我曾有过交往吗？"孔融说："有的。我的祖先孔子和您的先祖老子李耳，德行与道义匹配而成为师友，所以我孔融家与先生您家是世代的交情啊！"在座的众人都大为惊叹。

太中大夫陈炜来得较晚，听大家谈了孔融的事情后，说："有的人小时候聪明，大了反而一般般。"孔融说："听您这么说，您小时候一定聪明。"李膺大笑说："这孩子长大后一定有大出息！"

李贤注解《后汉书·孔融传》的《融家传》记载：孔融兄弟七人，他排第六。四岁时，孔融和哥哥们一起吃梨和枣，孔融总是挑小的吃。有人问他原因，孔融说："我年龄小，按道理就应该拿小的。"家族里的人听孔融这么说，都觉得这孩子不一般。

端康相代^①，亮陟隔坐^②

《三辅决录》：韦康，字元将，京兆人。父端，从凉州牧征为太仆，康代为凉州刺史，时人荣之。孔融尝与端书曰："前日元将来，渊才亮茂，雅度弘毅，伟世之器也。昨日仲将又来，懿性贞实，文敏笃诚，保家之主也。不意双珠近出老蚌。"仲将，名诞，有文才，善属辞章，官至光禄大夫。

《吴录》：纪陟，字子上，丹阳人。吴主孙休时，其父亮为尚书，而陟为中书令。每朝会，诏以屏风隔其坐。旧注引《宣城记》云：隔以云母屏风。

①端康相代：《三辅决录》：韦康，字元将，京兆（今陕西西安）人。父亲韦端，从凉州牧任上征召为太仆，随即韦康接替父亲被任命到凉州为刺史，当时人们都觉得他们父子很有荣耀。孔融曾与韦端写信，说："前天元将来访，学识渊博，才能超群，风度雅致，个性弘毅，真是安邦定国的人啊！昨日仲将（韦端次子）又来访，品性贞洁，谈吐敏捷，笃实诚信，未来肯定能为你家光耀门楣。没有想到这两颗优秀的珍珠竟然都是出自你这个老蚌。"仲将，名诞，有文才，擅长写文章，官至光禄大夫。

②亮陟隔坐：《吴录》：纪陟，字子上，丹阳人。吴主孙休执政时，纪陟的父亲纪亮为尚书，而纪陟为中书令。每次朝会，孙休都下诏用屏风把他们的座位隔挡开，给予特殊优厚的待遇。旧注引《宣城记》：用镶嵌着云母装饰物的屏风给他们单独围出一个隔间。

赵伦瘤怪①，梁孝牛祸②

《晋书》：赵王伦，字子彝，宣帝第九子。拜车骑将军，谄事中宫，大为贾后所亲信。嬖人孙秀构害愍怀太子，遂废贾后为庶人。伦矫诏自为使持节、大都督、督中外诸军事，秀封大郡，据兵权，百官总己听于伦。伦素庸下，无智策，受制于秀。秀威权振朝廷，天下皆事秀，无求于伦。秀起自琅邪小吏，累官于赵国，以谄媚自达。既执机衡，遂恣其奸谋，多杀忠良，以逞私欲。伦僭即帝位，以秀为中书监、骠骑将军，同谋者超越阶次，奴卒厮役亦加爵位。每朝会，貂蝉盈坐，时人谚曰："貂不足，狗尾续。"伦祀太庙，遇大风，飘折麾盖。时有雉入殿中，又于殿中得异鸟，问皆不知名。累日向夕，宫中有素衣小儿，言是服刘鸟。伦使录小儿，并鸟闭置牢室。明日开视，户扃如故，并失所在。伦目上有瘤，时以为妖。惠帝复位，赐死。

《前汉》：梁孝王武，文帝子。景帝初入朝，是时上未置太子。与王宴饮，从容言曰："千秋万岁后传于王。"王心内喜。后复入朝，入则侍帝同辇，出则同车，游猎上林中。及废太子，太后心欲以王为嗣，大臣及袁盎等有所关说于帝。王怨盎，阴使人刺杀之。上由此怨望于王，益疏之。后入朝，欲留，弗许。归国，意不乐。北猎梁山，有献牛，足上出背上，王恶之，病薨。王未死时财巨万，及死，藏府黄金尚四十余万斤，他财物称是。赞曰：怙亲亡厌，牛祸告罚。

①赵伦瘤怪：《晋书•赵王司马伦列传第二十九》：赵王司马伦，字子彝，是晋宣帝司马懿第九子。拜车骑将军，谄媚侍奉皇后贾南风，成为贾

后亲信。

司马伦宠幸的臣子孙秀陷害愍怀太子司马遹，随后又将贾皇后废黜为庶人。司马伦矫诏任命自己为使持节、大都督、督中外诸军事，孙秀等人被封的食邑皆为大郡，手握兵权，百官都听命于司马伦。

司马伦才能平庸，没有智谋策略，总是受制于孙秀。孙秀名声和权势威震朝廷，天下人都侍奉孙秀，而无求于司马伦。孙秀从琅邪小吏起家，连续在赵国任职，靠谄媚发迹。手握大权之后，就肆无忌惮地施展权谋与奸计，杀害很多忠良，以满足他的私欲。

司马伦篡取帝位后，以孙秀为中书监、骠骑将军，同谋者都被越级提拔，甚至奴仆、走卒、杂役人等也被加官晋爵。因为加封的人太多，每当朝会时，头戴貂尾与蝉羽的达官贵人坐满朝堂，以至于貂尾紧缺，当时人们都说："貂不足，狗尾续。"

司马伦到太庙祭祀，回来时突遇怪风，把仪仗中的麾盖都刮断了。一次，有野鸡飞入宫殿，还有一次司马伦在殿中抓到一只怪异的鸟，没人知道是什么鸟。连着好几天的傍晚，宫中有个穿白衣的小孩说是服刘鸟。司马伦派人捉住小孩子，把他和鸟一起投进牢房。第二天察看时，牢房的门关闭如故，孩子和鸟却不知所踪。司马伦眼上长了一个瘤子，当时人们都认为是有妖怪作祟。晋惠帝复位后，司马伦被赐死。

②梁孝牛祸：《汉书·梁孝王刘武列传第十七》：梁孝王刘武，是汉文帝刘恒的儿子，汉景帝刘启的同母弟。景帝刚继位没有多久，刘武入朝，当时皇上还没有立太子。景帝与梁孝王宴饮，景帝随口对梁孝王说："我死后把皇位传给你。"梁孝王心里很高兴。梁孝王再入朝时，入则与景帝同辇，出则与景帝同车，一起到上林苑中狩猎。后来，景帝将太子废黜，太后有心立梁孝王为嗣，因为大臣们和袁盎等人的劝阻，事情被搁置。孝王由此怨恨袁盎，暗中派人刺杀他。皇上因此又怨恨梁孝王，渐渐疏远他。等梁孝王再入朝，想要留下，景帝不允许。梁孝王归国后，情绪抑郁。到梁山打猎，有人献上一头牛，牛足从背上长出，孝王很讨厌这头牛。孝王不久后病死。

孝王生前家财巨万，临死时，自家府库还存有黄金四十余万斤，其他财物与黄金价值相当。史官评价说：梁孝王刘武依仗皇帝的宠爱而贪得无厌，被怪牛警告惩罚，最终担忧而死。

桓典避马^①，王尊叱驭^②

《后汉》：桓典，字公雅，沛郡龙亢人，太傅荣玄孙。拜侍御史。时宦官秉权，典执政无所回避。常乘骢马，京师畏惮，为之语曰："行行且止，避骢马御史。"后以忤宦官，七年不调。献帝时，为光禄勋。

《前汉》：王尊，字子赣，涿郡南阳人。少孤，牧羊泽中。窃学问，能史书，略通《尚书》《论语》大义。及为益州刺史。先是王阳为刺史，行部至邛崃九折阪，叹曰："奉先人遗体，奈何数乘此险。"后以病去。及尊为刺史，至其阪，问曰："此非王阳所畏道耶？"曰："是。"尊叱其驭曰："驭之。王阳为孝子，王尊为忠臣。"居部二岁，怀来徼外，蛮夷归附其威信。后为东郡太守，河水盛溢，泛浸瓠子金堤，尊躬率吏民，投沉白马，请以身填金堤，而水波稍却回还。吏民奏状，天子嘉之，秩中二千石，赐黄金二十斤。卒于官，吏民纪之。

---

①桓典避马：《后汉书·桓典列传第二十七》：桓典，字公雅，沛郡龙亢（今安徽怀远龙亢镇）人，太傅桓荣的玄孙，官拜侍御史。

当时宦官把持朝政，桓典执法一视同仁，不避权贵。他常骑一匹青花马，京师的人都敬畏忌惮他，相互告诫说："走路一定要走走停停，边走边看，避开骑青花马的御史桓典。"后来因为忤逆宦官，长达七年不被提升。汉献帝时，为光禄勋。

②王尊叱驭：《汉书·王尊列传第四十六》：王尊，字子赣，涿郡南阳（今河北高阳东）人。幼年丧父，常在水泽边放羊。自己私下学习，精通史书，通晓《尚书》《论语》的主要内容。王尊被任命为益州刺史。之前王阳

也曾被任命为益州刺史，当时王阳巡行部属至邛崃九折阪，此地险陡非常，王阳叹息说："身体发肤，受之父母，不敢毁伤。我承奉父母给的血肉之躯，怎能反复以身涉险，走此危途呢？"后来因病离职。等到王尊为益州刺史，走到九折阪，问属下："莫非这就是那条让王阳心生畏惧的路？"随从说："是的。"王尊就大声命令车夫说："赶车！他王阳爱惜身体是个孝子，我王尊不惜性命愿为忠臣。"王尊在任两年，为政以德，感化塞外蛮夷民族，都来归附。后来担任东郡太守，黄河泛滥，淹没冲垮瓠子金堤一带，王尊亲自率领吏民，向河中投下白马祭祀，并请求以自身来填补金堤，于是水势减弱，水流退回。吏民将王尊的事迹上奏朝廷，天子嘉奖他，封王尊为中二千石级别的职位，赐黄金二十斤。后来王尊在任上去世，吏民都很怀念他。

晁错峭直^①，赵禹廉倨^②

《前汉》：晁错，颍川人。学申商刑名，以文学为太常掌故。错为人峭直刻深。孝文时举贤良对策高第，迁中大夫。孝景帝时，为御史大夫。请诸侯之罪过，削其支郡，所更令三十章。诸侯欢哗，吴楚七国俱反以诛错为名。上问袁盎，盎素不好错，对曰："方今计，独有斩错赦七国，复其故地，则兵可毋血刃而俱罢。"上默然曰："顾诚何如，吾不爱一人谢天下。"后丞相等劾奏错欲疏群臣，大逆无道，当要斩。使中尉召错，绐载行市，错衣朝衣，斩东市。

《前汉》：赵禹，邰人。武帝时，以刀笔吏积劳，迁御史，至中大夫。与张汤论定律令，作见知，吏传相监司以法，尽自此始。为人廉倨，为吏以来，舍无食客。公卿相造请，禹终不行报谢，务在绝知友宾客之请，孤立行一意而已。尝中废，已为廷尉。以寿卒。

①晁错峭直：《汉书·晁错列传第十九》：晁错，颍川（今河南禹州）人。在轵县（今河南济源）向张恢学习申不害和商鞅的刑名学说，因精通文献典籍而被任命为太常掌故。晁错待人严峻刚直，刻薄不近人情。汉文帝时被推举为贤良，对策最为优秀，升迁为中大夫。汉景帝时，晁错为御史大夫。

晁错向景帝陈说诸侯之罪过，请求削减他们的土地，收回他们的旁郡，在晁错的主持下，修改的法令有三十余章。诸侯哗然，记恨晁错，于是吴、楚七国皆反，以诛杀晁错为起义的理由。皇上问计于袁盎，袁盎素来不认可晁错，就跟皇上说："现在唯一的办法，就是斩杀晁错，赦免七国，恢复他们的封地，那么就可以兵不血刃地避免战乱。"皇上沉默很久，然后说："看情况发展吧，如果需要向天下谢罪，我不会怜惜某一个人的。"后来丞相和其他人一起上奏弹劾晁错，指责晁错不称颂皇帝的德行和诚信，想要疏远群臣和皇帝的关系，属于大逆不道，理应被处以腰斩的刑罚。于是派中尉宣召晁错，骗他上车，拉到集市。晁错穿着朝服就被斩杀在东市。峭直：严峻刚正。

②赵禹廉倨：《汉书·酷吏传·赵禹列传第六十》：赵禹，邰（今陕西武功西）人。汉武帝时，以掌管文案的官吏身份逐渐积累功劳而升迁御史，直至中大夫。

赵禹和张汤一起讨论法律政令的制定，制定"见知法"，如果官吏知道有人犯罪，而不揭发检举，则与之同罪。官吏以此法而彼此监视，相互侦察，大概就是源于这里。赵禹为人廉洁，个性清高，当官以来，家中没有寄养的食客。公卿们相互拜访请客的交往，赵禹都不参加，决意杜绝亲朋好友的邀请，以便可以独立无干扰地实行自己的主张，按自己的意志办事。赵禹曾中途被罢免，没多久又担任廷尉之职。最后寿终正寝。廉倨：廉洁无贪，孤傲清高。

亮遗巾帼[1]，备失匕箸[2]

《晋书》：诸葛亮帅众十余万，垒于郿之渭水南原。天子遣护军秦朗，督步骑二万，受宣帝节度。朝廷以亮远寇，利在急战，每命帝持重，以候其变。亮数挑战，帝不出，因遗帝巾帼妇人之饰。帝怒，表请决战，天子不许。乃遣卫尉辛毗杖节以制之。亮复挑战，帝将出兵以应之，毗杖节而立军门，帝乃止。对垒百余日，会亮卒。先是亮使至，帝问："诸葛公食可几米？"对曰："三四升。"次问政事，曰："二十罚已上，皆自省览。"帝曰："其能久乎？"竟如其言。《汉晋春秋》曰：杨仪等整军而出，百姓奔告宣王，王追焉。姜维令仪反旗鸣鼓，若将向宣王者，王乃退，不敢逼。于是仪结阵而去，入谷，然后发丧。宣王之退，百姓谚曰："死诸葛走生仲达。"或以告王，王曰："吾便料生，不便料死也。"

《蜀志》：先主，涿郡涿县人也，西汉景帝子中山靖王胜之后。少孤，与母贩履织席为业。舍东南角篱上有桑树生，高五丈余，遥望见童童如小车盖，或谓当出贵人。先主少时，与诸小儿于树下，戏言："吾必当乘此羽葆盖车。"先主垂手下膝，顾自见其耳。好交结，豪侠年少争附之。灵帝末，黄巾起，州郡各举义兵，先主率其属讨贼有功，除安喜尉，累迁豫州牧。从曹公还许，曹公从容谓曰："今天下英雄，惟使君与操耳。本初之徒，不足数也。"先主方食，失匕箸。本初，袁绍字。

①亮遗巾帼：《晋书·帝纪第一·宣帝司马懿》：诸葛亮领兵十余万出斜谷，驻扎在郿县渭水的南部平原。魏天子派遣护军秦朗督领两万步兵和骑兵，增援在前线与诸葛亮对垒的晋宣帝司马懿，并受其节制。

曹魏朝廷认为诸葛亮长途用兵，利在速战速决，于是反复下令让宣帝保持稳重，不许急于出兵迎敌，要静观其变。诸葛亮多次挑战，宣帝都按兵不动，于是诸葛亮给宣帝送来女人的衣饰。宣帝大怒，上表请求决一死战，天子不许。于是天子派遣正直大臣卫尉辛毗手持符节前来节制宣帝。诸葛亮再来挑战，宣帝想要出兵应战，辛毗就手持符节立于军门，不许通行，宣帝乃止。两军对垒百余天，诸葛亮染病去世。巾帼，古代妇女的头巾和发饰。

之前，诸葛亮派使者来访，宣帝问："诸葛先生能吃多少饭？"回答说："能吃三四升的样子。"然后又问政事，使者回答说："凡是需要被处罚二十杖以上的事情，都要亲自过问。"宣帝说："这样的话他怎么能活得长久呢？"最终一语成谶。

《汉晋春秋》：诸葛亮死后秘不发丧，诸葛亮的长史杨仪等引兵撤退，百姓奔走相告司马懿，司马懿领兵追击。姜维令杨仪反转旗帜，鸣鼓进攻，就像迎战司马懿，司马懿于是后退，不敢过于逼近。于是杨仪军队摆好阵势有序退兵。进入斜谷后，才为诸葛亮发丧。对于司马懿的退兵，百姓谚语说："死诸葛吓走活司马。"有人将谚语告诉司马懿，司马懿说："因为我善于预料他活着的事情，不能预料他死后的情况。"

注：宣帝即司马懿。嘉平三年（251），司马懿病逝，享年七十三岁，谥号宣文。其次子司马昭封晋王后，追谥司马懿为宣王；其孙司马炎称帝后，追尊司马懿为宣皇帝，庙号高祖。本文出自《晋书》，是以晋朝视角回顾蜀魏相争，所以称司马懿为宣帝，其实当时司马懿为魏大都督。另外，秦汉时期，一升相当于现在二百毫升左右，诸葛亮每天吃三四升饭，是一个正常偏低的量。诸葛亮工作过于操劳，饭量又小，司马懿据此判断他不会活得长久。

②备失匕箸：《三国志·蜀志二·先主刘备》：先主刘备，涿郡涿县（今河北涿州）人，是汉景帝儿子中山靖王刘胜的后代。刘备幼年丧父，与母亲以贩卖草鞋和织席为生。刘备家院子东南角篱笆边上有棵桑树，五丈多高，远远看上去郁郁葱葱就像一顶小车盖，有人说这家会出贵人。刘备幼年，与

同族的孩子们在树下玩耍，开玩笑说："未来我一定要乘坐这样用羽毛装饰车盖的车子。"刘备垂手过膝，眼睛能顾视其耳。先主刘备广交天下英才，那些有豪侠之气的少年争相依附。

汉灵帝末年，黄巾军造反，各个州郡都组织起镇压乱军的义兵，帮助朝廷平定叛乱。先主刘备率部众讨贼有功，被任命为安喜县尉，多次升迁后担任豫州牧，随从曹操到许昌。一次，曹操假装不经意地和刘备说："当今天下英雄，只有你我二人，像袁绍那样的人，不足挂齿。"当时刘备正在吃饭，闻言吓得羹匙和筷子落地。本初，是袁绍的字。匕箸：羹匙和筷子。

张翰适意^①，陶潜归去^②

《晋书》：张翰，字季鹰，吴人。有清才，善属文，而纵任不拘。时人号为江东步兵。既入洛，齐王冏辟为大司马东曹掾。翰因见秋风起，乃思吴中菰菜莼羹鲈鱼鲙，曰："人生贵得适志，何能羁宦数千里，以要名爵乎？"遂命驾而归，俄而冏败，人皆谓之见机。或曰："卿乃可纵适一时，独不为身后名邪？"答曰："使我有身后名，不如即时一杯酒。"时人贵其旷达。

晋陶潜，字元亮，浔阳人。大司马侃曾孙，少怀高尚，博学善属文，颖脱不羁，任真自得。为乡邻所贵，尝著《五柳先生传》以自况，时人谓之实录。为彭泽令，在县公田悉令种秫（shú）谷，曰："令吾尝醉于酒足矣。"妻子固请种秔（同"粳"），乃使一顷五十亩种秫，五十亩种秔。素简贵，不私事上官。郡遣督邮至县，吏白："应束带见之。"潜叹曰："吾不能为五斗米折腰，拳拳事乡里小人邪！"即解印绶去县，乃赋《归去来》。后征著作郎，不就，又不营生业，遇酒则饮。尝言夏月虚闲，高卧北窗之下，清风飒至，自谓羲皇上人。性不解音，畜素琴一张，弦徽不具，每朋酒之会，则抚而和之曰："但识琴中趣，何劳弦上声。"

①张翰适意：《晋书·文苑传·张翰列传第六十二》：张翰，字季鹰，吴郡吴县（今江苏苏州）人。才能卓越，擅长写文章，性格放纵，不受拘束。时人比之为阮籍，号称"江东步兵"。

张翰偶遇贺循，随同他一起入洛阳，被齐王司马冏征召为大司马东曹掾。当时司马冏掌权，张翰见天下纷纷，祸乱不已。于是借口秋风刮起，思念吴中的菰菜、莼羹、鲈鱼鲙，叹曰："人生贵在按自己的志向生活，怎么可以为了一点功名利禄而被羁绊在千里之外的异乡呢？"于是命人驾车回家。不久司马冏失败，人们都称赞张翰见微知著，预知先机。有人问："你放纵自我，快意人生，就不想为身后留名吗？"张翰回答说："纵有身后名，不如眼前一杯酒。"当时人们都推崇佩服他的旷达。

②陶潜归去：《晋书•隐逸传•陶潜列传第六十四》：陶潜，字元亮，浔阳柴桑（今江西九江西南）人。大司马陶侃的曾孙，年少时就志向高远，学识广博，擅长写文章，颖悟洒脱，不受世俗羁绊，率性自然，为乡邻推崇尊重。陶潜曾写《五柳先生传》一文自勉，人们认为文章所写是陶潜的实录。

陶潜为彭泽县令，把县里的公田全部种上能酿酒的高粱米，说："让我经常有酒喝，能一醉方休就满足了。"妻子儿女坚持要种粳米，于是命令每一顷地里，拿出来五十亩种高粱，另外五十亩种粳米。

陶潜素来清高矜持，不谄媚上司。郡上派遣督邮巡行至彭泽县，小吏告诉陶潜："应该整理好衣带再去拜见督邮。"陶潜叹息说："我不能为了五斗米折腰，而低三下四地侍奉乡里小人！"随即解下印绶辞官离开彭泽县，写下辞赋《归去来兮辞》。后来朝廷征召他为著作郎，没有接受。

陶潜不从事生产经营，家中事务全部交给儿女和仆人，遇酒则饮。曾说在夏季清闲的时候，高卧在北窗之下，任由清风吹拂，感觉自己就是远古伏羲时代清静无为，无忧无虑之人。陶潜天生不懂音律，但是收藏素琴一张，琴上没有琴弦，每当有朋友饮酒聚会，他就会抚琴假装弹奏应和，说："只需要能懂得琴中的乐趣即可，何必要辛苦弹出来好听的声音呢？"

魏储南馆^①，汉相东阁^②

　　魏文帝讳丕，字子桓。为太子时，尝与元城令吴质书，其略曰："每念昔日南皮之游，诚不可忘，既妙思六经，逍遥百氏，弹棋间设，终以博弈，高谈娱心，哀筝顺耳，驰骋北场，旅食南馆，浮甘瓜于清泉，沉朱李于寒水，皎日既没，继以朗月，同乘并载，以游后园，余顾而言：'兹乐难常'。"质字季重，济阴人，以文才为文帝所善，官至振威将军。

　　《前汉》：公孙弘，菑川薛人。少家贫，牧豕海上，年四十余，乃学《春秋》、杂说。武帝立，时弘年六十，以贤良征，为博士。免归。后复征贤良文学，对策，天子擢为第一。召见，容貌甚丽，拜博士，待诏金马门。稍迁至丞相，封平津侯。其后以为故事，至丞相封自弘始，时上方兴功业，屡举贤良。弘自见为举首，起徒步，数年至宰相封侯。于是起客馆，开东阁，以延贤人，与参谋议。弘身食一肉、脱粟饭，故人宾客仰衣食，俸禄皆以给之，家无所余。然其性意忌，诸尝有隙，虽阳与善，后竟报其过，杀主父偃，徙董仲舒胶西，皆弘力也。

　　①魏储南馆：魏储，指魏文帝曹丕，字子桓。为太子时，曾与元城令吴质通信，大意为："我每每想起我们曾经在南皮游乐，实难忘怀。当时我们既有思考六经之乐趣，又有谈论诸子百家的逍遥。整个过程中常常玩弹棋游戏，往往又以六博结束。我们高谈阔论，特别开心。听一首哀伤的筝曲，让人耳目一新。"

　　"大家在北场纵马驰骋，在南馆住宿并大快朵颐，将甘甜的瓜果放进冰彻的泉流，把紫红的李子泡入清冽的凉水。红日西坠，皓月东升，我们同乘车辇，到后园游玩。我回头对大家说：'这样的快乐稍纵即逝，难以长久啊！'"吴质，字季重，济阴（今山东定陶西北）人，以文学才华为魏文帝曹丕赏识，官至振威将军。

②汉相东阁：《汉书·公孙弘列传第二十八》：公孙弘，菑川薛（今山东滕州）人。年轻时家境贫寒，以在海边牧猪为生。公孙弘四十多岁的时候，开始学习《春秋》和各家学说。汉武帝即位时，公孙弘已年逾六十，以贤良文学的身份为博士。后来，武帝派遣公孙弘出使匈奴，因复命不合武帝心意，被免官。

后来公孙弘又一次被推举为贤良文学之士，对天子敕策时，被选拔为第一名。皇上召见公孙弘，见他相貌堂堂，于是任命他为博士，待诏金马门。后来官至丞相，封平津侯，其后以此为制度。官至丞相就为其封侯，就是从公孙弘开始的。

当时武帝正积极开疆拓土，建功立业，屡屡提拔贤良之士。公孙弘就是因为对策第一而出人头地。公孙弘起步于平民，数年间就官至宰相并被封侯。正是因为自己的这个经历，公孙弘营建客馆，打开朝东的小门，以延请贤人，并让他们参与议论研讨政事。公孙弘每餐只吃一个肉菜和糙米，而为亲朋故友供给衣食，耗尽俸禄，家无余财。

然而公孙弘生性好猜忌，对那些和自己有过节的人，虽然表面上非常友善，随后也要找机会报复。主父偃被杀、董仲舒被推荐为凶残的胶西王刘端的国相，都是公孙弘的主意。

楚元置醴^①，陈蕃下榻^②

《前汉》：楚元王交，字游，乃高祖少弟，好书，多材艺。尝与鲁穆生、白生、申公俱受《诗》于浮丘伯。及封楚王，以穆生等为中大夫，敬礼申公等。穆生不嗜酒，每置酒，常为穆生设醴。及元王薨，后至孙戊即位，常设，后忘设焉。穆生退曰："可以逝矣，醴酒不设，王之意怠。不去，楚人将钳我于市。先王之所以礼吾三人者，为道之存。今而忽之，是忘道也。忘道之人，胡可与久处？"遂谢病去，申公、白公独留。王稍淫暴，二人谏不听，胥靡之。

《后汉》：陈蕃，字仲举，汝南平舆人。年十五，尝闲处一室，而庭宇芜秽。父友薛勤来候之，谓蕃曰："孺子何不洒扫，以待宾客？"蕃曰："大丈夫处世，当扫除天下，安事一室乎？"勤知其有清世志，甚奇之。后为乐安太守。时李膺为青州刺史，名有威政，属城闻风，皆自引去。蕃独以清绩留。郡人周璆，字孟玉，高洁之士。前后郡守招命不至，唯蕃能致焉。字而不名，特为置一榻，去则悬之。后为豫章太守，以礼待徐稚，为功曹，性方峻，不接宾客。惟稚来，特设一榻，去则悬之。灵帝初为太傅录尚书事，与大将军窦武谋诛中官，事泄见害。

①楚元置醴：《汉书·楚元王刘交列传第六》：楚元王刘交，字游，是汉高祖刘邦同父异母的弟弟，喜欢读书，多才多艺。曾与鲁国的穆生、白生、申公一起跟浮丘伯学习《诗经》。刘交被封为楚元王后，以穆生等为中大夫，对其以礼相待，非常尊敬。穆生不嗜酒，每次大家聚会宴饮时，元王就为穆生单独准备甜酒。元王去世，元王的孙子刘戊即位，开始的时候还经常为穆

生单独准备甜酒，后来渐渐就忘掉了。

穆生说："可以离去了，甜酒不设，王的态度懈怠了。再不走，楚国人将用铁链锁住我的脖子，把我拴在集市上了。先王之所以对我们三人以礼相待，是因为大道还存在。现在忽视甜酒，是忘了大道啊！忘道之人，怎么能和他们长久相处呢？"穆生于是称病辞去，申公、白公独留。王越来越淫暴，不听二人劝谏。判他们服胥靡之刑，身穿赭衣，在集市拿杵舂米。

②陈蕃下榻：《后汉书•陈蕃列传第五十六》：陈蕃，字仲举，汝南平舆（今河南平舆北）人。十五岁那年，陈蕃独居一室，庭院杂乱荒芜。父亲的朋友薛勤来访，问陈蕃："你年纪轻轻的，为什么不收拾收拾，把院落打扫干净再接待客人呢？"陈蕃回答说："大丈夫在世，当扫除天下，怎么能把眼界局限于清扫一屋呢？"薛勤发现陈蕃志向远大，知道他与众不同。

陈蕃后来为乐安太守，当时李膺为青州刺史，李膺以执政威严著称，下属郡县官员听闻李膺来到，都自行辞官而去。只有陈蕃为官清正，政绩卓著而留下。同郡的周璆，字孟玉，是位高洁之士。前后好几任郡守征召他都被拒绝，只有陈蕃能把他请过来。陈蕃每次见他，总是只称呼他的字而不称呼名，以示尊重。专门为他准备一张床榻，他走后就把床榻悬挂起来。陈蕃后来为豫章太守，以礼对待徐稚，请他为功曹。陈蕃性格方正严峻，不见宾客。只接待徐稚来访。为徐稚也是专门准备一张床榻，徐稚走后就把床榻悬挂起来。灵帝初年，陈蕃为太傅，总领尚书事务，与大将军窦武谋划诛灭宦官，因事情泄密被害。

广利泉涌^①，王霸冰合^②

《前汉》：李广利发属国六千骑，及郡国恶少年数万人以往，至贰师城取善马，故号贰师将军。耿恭曰："昔贰师拔佩刀刺山，飞泉涌出。"

《后汉》：王霸，字符伯，颍川颍阳人。从光武为功曹令史。光武曰："颍川从我者皆逝，而子独留，努力，疾风知劲草。"及王郎起，光武在蓟，即南驰。闻郎兵在后，从者皆恐。至滹沱河，候吏还白河水流澌，无船不可济。令霸往视，霸恐惊众，欲且前，阻水。还即诡曰："冰坚可渡。"官属皆喜，光武笑曰："候吏果妄语。"遂前，比至河，河冰亦合，乃令霸护渡，未毕数骑而冰解。上谓曰："安吾众，得济免者，卿之力也。"又谓官属曰："王霸权以济事，殆天瑞也。"以为军正，后至上谷太守。

①广利泉涌：李广利，中山（今河北定州）人，汉武帝宠妃李夫人和协律都尉李延年之兄，昌邑哀王刘髆（bó）的舅舅。曾因军功封海西侯。后兵败投降匈奴，被单于杀害。

《汉书·李广利列传第三十一》：李广利调发属国六千骑兵，以及郡国恶少年数万人，前往讨伐大宛，目的是到贰师城取回良马汗血宝马，所以号称贰师将军。耿恭曾说："过去贰师将军拔佩刀刺山，有飞泉涌出。"

②王霸冰合：《后汉书·王霸列传第十》：王霸，字元伯，颍川颍阳（今河南许昌西）人。追随光武帝刘秀，为功曹令史。一次，光武帝对王霸说："在颍川跟随我的人都离我而去，只有你还留在我身边，努力吧，疾风知劲草。"

等到王郎起兵，光武帝刘秀在蓟地。王郎悬赏捉拿刘秀，刘秀带兵向南奔逃。传闻王郎的军队在后面追赶，随从人员都很惊恐。军队到滹沱河边，负责侦察的士兵回来报告说，河水流淌，水面上全是浮冰，没有船只无法渡河。光武帝命令王霸再去察看，王霸怕大家恐慌，想要暂且向前，刚到河边就返回了，谎称："冰很厚，可以过河。"大家都很高兴。光武帝笑着说："之前侦察的人果然在说假话。"就带兵前进，等军队到达河边，河里的冰已经冻在一起。光武帝令王霸监护大家过河，等到就差几骑人马还没有通过，冰又融化裂开了。

光武帝对王霸说："让部队军心稳定并平安过河，多亏了你啊！"又对属下说："王霸用权宜之计成就大事，这大概是上天降下来的祥瑞。"于是任命王霸为军正，后官至上谷太守。

孔融坐满^①，郑崇门杂^②

《后汉》：孔融，好学博涉，多该览，为北海相。时袁曹方盛，而融无所协附，负其高气，志在靖难，而才疏意广，迄无成功。刘备表领青州刺史，后为少府，拜太中大夫。性宽容少忌，好士，喜诱益后进。及退闲职，宾客日盈门，尝叹曰："座上客常满，樽中酒不空，吾无忧矣。"闻人之善若出诸己，言有可采，必演而成之，面告其短而退称所长。荐达贤士，多所奖进，知而未言，以为己过，海内英俊，皆信服之。曹操既积嫌忌，而郗虑构成其罪，遂见害。魏文帝意好融文辞，每叹曰："扬班俦也！"

《前汉》：郑崇，字子游，高密大族，世与王家相嫁娶。徙平陵，哀帝擢为尚书仆射。数求见谏争，上初纳用之，每见曳革履，上笑曰："我识郑尚书履声。"久之，上欲封祖母傅太后从弟商，崇谏，太后大怒。又谏董贤贵宠过度，由是重得罪。尚书令赵昌佞谄害崇，奏与宗族通，疑有奸，请治。上责曰："君门如市人，何以欲禁切主上？"对曰："臣门如市，臣心如水，愿得考覆。"上怒，下崇狱，穷治，冤死狱中。

①孔融坐满：《后汉书·孔融列传第六十》：孔融，爱好学习，知识渊博，涉猎广泛，为北海相。当时袁绍和曹操势力最为强大，而孔融并不依附他们。孔融志存高远，立志平定天下，匡救时弊。然而志大才疏，终无所成。后来，刘备上表荐举他兼任青州刺史，后为少府，拜太中大夫。孔融生性宽容，极少忌妒别人，喜欢结交有才华之士，愿意提携后人。等退居太中大夫的闲职，每天宾客盈门，曾叹息说："但愿座上客常满，杯中酒不空，我就没有什么忧愁了。"

孔融听到别人行善，就像是自己做的一样高兴；别人建议但凡有可取之处，则一定采纳。当面指出别人的缺点，而背后大力称赞别人的长处。愿意推荐贤能之士，很多人受其奖励提拔。如果知道某人优秀却不举荐，认为是自己的过错，所以四海之内的才俊，都很信服他。

曹操和孔融早有积怨，而郗虑又构陷其罪，于是被害。魏文帝曹丕喜欢孔融的文章，每每叹息说："真是扬雄、班固一样的人才啊！"

②郑崇门杂：《汉书·郑崇列传第四十七》：郑崇，字子游，北海高密（今山东高密西南）人，是高密国的大族，世代与王家联姻，祖父时全家迁至平陵。哀帝任命郑崇为尚书仆射。郑崇多次求见皇上进行谏诤，起初，皇上也能接受郑崇的意见。每次见郑崇拖沓着皮鞋，皇上都笑着说："我能听出郑尚书的脚步声。"

很久之后，皇上想要封赏祖母傅太后的堂弟傅商，被郑崇劝谏阻止，太后大怒。又因为进谏皇上对董贤宠幸过度而犯重罪。尚书令赵昌奸佞谄媚，趁机陷害郑崇，上奏皇上说郑崇与皇族勾结，疑有奸情，请予查办。皇上责备郑崇说："你自己门庭若市，为何要控制皇上和什么人交往？"郑崇回答说："臣虽门庭若市，但我心如止水，我愿意接受考查审核。"皇上大怒，将郑崇下狱，追查到底，最终冤死狱中。

张堪折辕①，周镇漏船②

《后汉》：张堪，字君游，南阳宛人。年十六，受业长安，志美行厉，诸儒号曰"圣童"。世祖即位，拜蜀郡太守。又为渔阳太守，捕击奸猾，赏罚必信，吏民皆乐为用。匈奴尝以万骑入渔阳，堪击破之，郡界以静。乃于狐奴开稻田八千余顷，劝民耕种，以致殷富。百姓歌曰："桑无附枝，麦穗两岐，张公为政，乐不可支。"视事八年，匈奴不敢犯塞。帝尝召见诸郡计吏，问前后守令能否。蜀计掾进曰："张堪昔在蜀，仁以惠下，威能讨奸，前公孙述破时，珍宝山积，卷握之物，足富十世。而堪去职之日，乘折辕车，布被囊而已。"帝闻叹息。

旧注引《世说》云：周镇罢临川，泊清溪渚，王丞相导往看之。时夏暴雨，船狭小又大漏，殆无坐处，王曰："胡威之清，何以过此？"即启用之。

① 张堪折辕：《后汉书·张堪列传第二十一》：张堪，字君游，南阳宛（今河南南阳）人。十六岁时，在长安学习，志向远大，砥砺操守，儒生们都称他为"圣童"。刘秀即位后，拜张堪为蜀郡太守。又任渔阳太守，追捕打击奸猾恶人，赏罚分明，吏民都愿为他所用。

匈奴曾以万骑入侵渔阳，张堪率数千骑兵将其击败，郡界因此和平清静。于是在晨狐奴一带开垦稻田八千余顷，鼓励民众耕种，百姓殷实富足。百姓歌唱他说："桑无附枝，麦穗两岐，张公为政，乐不可支。"张堪在这里治理八年，匈奴不敢犯边。

皇帝曾召见各郡管理账务的计吏，询问前后各任守令的治理才能。蜀地的计吏副职禀告说："之前张堪在蜀郡的时候，为政以德，广施恩惠，威名能征讨奸佞邪恶。之前叛贼公孙述被打败时，珍宝堆积如山，收缴的财物，足以让后代十世富贵。而张堪离任的时候，乘坐辕木断了一截的破车子，随身携带的行李仅仅是布被包裹而已。"皇帝听闻叹息不已。

②周镇漏船：周镇，字康时，陈留尉氏（今河南尉氏）人，清静寡欲，有政绩。《世说新语·德行》：周镇从临川离任返回京都，途中在清溪渚驻船休息，丞相王导上船探望。当时是夏天，正赶上暴雨。船舱狭小，船篷破旧，漏雨严重，甚至连个坐的地方都没有。王导说："胡威的清廉，也莫过于此啊！"于是起用周镇为吴兴太守。胡威之清参见"胡威推缣"条。

郭伋竹马①，刘宽蒲鞭②

《后汉》：郭伋，字细侯，少有志行。王莽时为并州牧，建武中复为牧。伋前在并州，素结恩德，及后入界，老幼相携，逢迎道路，所过，问民疾苦，聘求耆德雄俊，设几杖之礼，朝夕与参政事。始至行部，到西河美稷，有童儿数百，各骑竹马，于道次迎拜。伋问："儿曹何自远来？"对曰："闻使君到，喜，故来奉迎。"伋辞谢之。及事讫，诸儿复送至郭外，问使君何日当还，伋计日，告之。既还，先期一日，伋为违信于诸儿，遂止野亭，须期乃入。

《后汉》：刘宽，字文饶，弘农华阴人。桓帝时迁南阳太守。典历三郡。温仁多恕，虽在仓卒，未尝疾言遽色。吏人有过，但用蒲鞭罚之，示辱而已。灵帝时为太尉，帝颇好学艺，每引见，常令讲经。宽尝于坐被酒睡伏。帝问："太尉醉耶？"对曰："臣不敢醉，但任重责大，忧心如醉。"帝重其言。夫人欲试宽令恚。伺当朝会，装严已讫，使婢奉肉羹，翻污朝服。婢遽收之，宽神色不异，乃徐言曰："羹烂汝手乎？"其性度如此，海内称为长者。

①郭伋竹马：《后汉书·郭伋列传第二十一》：郭伋，字细侯，茂陵（今陕西兴平）人，少有大志。王莽执政时，为并州牧。建武年间，受光武帝委派，郭伋再一次担任并州牧。郭伋之前在并州任职时，广施仁德，等第二次再来并州，百姓们扶老携幼，夹道欢迎。郭伋不管到了哪里，先问民生疾苦，聘请年高德劭者，并为他们设置几案和手杖，供走路时依靠和扶持，以示尊敬。早晚请他们参与政务处理。

郭伋上任之初，到各属县巡视考察，到西河郡美稷县时，有好几百个儿童，各自骑着竹马，在路边迎接拜见他。郭伋问："孩子们，你们大老远地来这里做什么？"孩子们回答："听说您来，我们特别高兴，我们是来迎接您的。"郭伋向他们表示感谢。等郭伋公务完成，这群孩子再把他送到城外，并问使君何日再来。郭伋计算了一下时间，把再来的日子告诉孩子们。等巡视完部属再回来，时间比预定早了一天，郭伋为了不失信于儿童，就在郊野的亭子中住了一晚，第二天按约定好的时间进城。"郭伋待期"遂为重信守约的典故。

②刘宽蒲鞭：《后汉书·卓鲁魏刘列传第十五》：刘宽，字文饶，弘农华阴（今陕西潼关）人。桓帝时任南阳太守，先后掌管三郡。温和仁慈，宽容待人，哪怕在仓促匆忙之间，对人也不会疾言厉色。

下属或百姓犯错，仅仅用蒲草鞭子抽打他们，示辱而已。灵帝时为太尉，灵帝很喜欢学习六艺，每次接见刘宽，常让他为自己讲解儒家经典。一次，刘宽因为喝酒，趴在座位上睡着。灵帝问："太尉醉了吗？"刘宽回答说："臣不敢醉，只是因为责任重大，忧心如醉而已。"灵帝总是很重视刘宽说的话。

刘宽夫人想试试刘宽，找机会故意惹他生气。一次，他要朝会出门，已经穿戴齐整，夫人就派婢女端碗肉汤，假装不小心把刘宽的朝服弄脏。婢女急忙收拾，刘宽神色不变，慢慢地问："肉汤烫着手了吗？"刘宽就是如此有度量，天下人称赞他是位德行高尚的人。

许史侯盛[①]，韦平相延[②]

　　《前汉》：宣帝许皇后，元帝母也，为霍光夫人显所毒崩。及元帝为太子，乃封后父广汉为平恩侯，其弟舜为博望侯，延寿为乐成侯，许氏侯者三人。广汉薨，谥戴侯。宣帝以延寿为大司马、车骑将军，辅政。元帝立，复封延寿中子嘉为平恩侯。后亦为大司马车骑将军。武帝卫太子史良娣，宣帝祖母也。良娣生男进，号史皇孙。武帝末，巫蛊事起，卫太子及良娣、史皇孙皆遭害，皇孙有男，号皇曾孙。既登位，是为宣帝，而良娣母及兄恭已死，乃封恭子高为乐陵侯。曾为将陵侯，玄为平台侯，及高子丹，以功德封武阳侯，侯者凡四人。高至大司马车骑将军，丹左将军。

　　《前汉》：平当字子思，平陵人。以明经为博士。公卿荐当，论议通明，给事中。每有灾异，辄傅经术言得失，文雅虽不及萧望之、匡衡，然指意略同。哀帝时为丞相，上召欲封当，病笃不应召。或谓当："不可强起受侯印为子孙邪？"当曰："吾居大位，已负素餐责矣，起受侯印，还卧而死，死有余罪。今不起者，所以为子孙也。"遂乞骸骨，上赐养牛一，上尊酒十石，月余卒。子晏以明经历大司徒，汉兴，惟韦、平父子至宰相。

　　①许史侯盛：《汉书·外戚传·孝宣许皇后列传第六十七》：汉宣帝刘询的妻子许皇后，是汉元帝刘奭的母亲，被霍光的妻子霍显授意女医淳于衍毒杀。元帝刘奭被立为太子后，汉宣帝封许皇后的父亲许广汉为平恩侯，封许广汉的两个弟弟许舜和许延寿分别为博望侯和乐成侯。许氏封侯者有三人。许广汉去世后，谥号为戴侯。宣帝封许延寿为大司马、车骑将军，辅佐朝政。元帝即位，再封许延寿的中子许嘉为平恩侯，后为大司马车骑将军。

《汉书·外戚传·卫太子史良娣列传第六十七》：汉武帝的长子卫太子的良娣史氏，是宣帝的祖母。史良娣生下儿子刘进，号史皇孙。武帝末年，发生巫蛊事件，卫太子、良娣和史皇孙皆遭害，史皇孙有个儿子，号皇曾孙。皇曾孙登基后，就是汉宣帝。史良娣的母亲和哥哥史恭都已去世，于是封史恭的儿子史高为乐陵侯。一个侄子史曾为将陵侯，另一个侄子史玄为平台侯，史高的儿子史丹，以功德封武阳侯，共有四人称侯。史高位至大司马车骑将军，史丹位至左将军。

②韦平相延：《汉书·平当列传第四十一》：平当，字子思，平陵（今陕西咸阳西北）人。通晓经学而被召为博士。因为平当谈论经学通晓明白，公卿们推荐他为给事中。每当国家有灾异事件，平当就根据经术来评判事件的得失，其分析解读虽然不如萧望之、匡衡他们雅致有文采，但主旨内容能大致相同。

汉哀帝时，平当为丞相。第二年春天，皇上召见平当要为他封侯。平当因为病重，无法应召。家里有人跟平当说："就算为子孙着想，你就不能坚持一下，强撑病体起来接受封侯吗？"平当说："我身居高位，已经有人指责我尸位素餐，无功受禄。如果现在勉强起身接受侯印，躺下来就死掉了的话，这是死有余罪。我现在不起身接受封侯，正是为子孙着想！"

于是向皇上请求告老还乡，皇上赐给他一头牛，好酒十石。一个月后平当去世。平当的儿子平晏因为通晓经书而官至大司徒。自从汉朝建立，除了平当父子，还有韦贤和儿子韦玄成都担任过丞相之职。

雍伯种玉^①，黄寻飞钱^②

《搜神记》：羊公雍伯，洛阳人。性笃孝，父母亡，葬无终山，遂家焉。山高无水，公汲水作义浆于坂头，行者皆饮之。三年有一人就饮，以一斗石子与之，云："玉当生其中，后当得好妇。"言毕不见。乃种其石，数岁，时时往视。见玉子生。北平徐氏有女，人多求，不许。公试求焉，徐氏戏云："得白璧一双，来当为婚。"公至所种石中，得五双以聘。遂以女妻之，天子异之，拜为大夫。于种玉处，四角作大石柱，各一丈，中央一顷地，名曰玉田。

《幽冥录》：海陵黄寻先贫，因大风雨散飞钱，至其家。触篱园误落者无数，余处皆拾得，富至数千万，擅名江北。

①雍伯种玉：《搜神记》：羊雍伯，一说杨雍伯，亦有杨伯雍之说，洛阳人，生性孝敬。父母去世后，葬在无终山，于是就在父母墓旁结庐为家。无终山很高，山上没有水。羊公到山下打水，在山上烧茶供往来行人免费饮用。三年后，一人来喝水，随后给羊公一斗石子，说："把他们种在平坦有石头的高地，就会有玉长出来，之后也能娶到贤惠的妻子。"言毕不见。羊雍伯就把石子种下，几年来，常去察看，见有很小的玉慢慢从石头上长出来。北平名门望族徐氏家有女初长成，求婚者踢破门槛，徐家都没有接受。羊公试着到徐家求婚，徐氏戏弄他说："你如果能拿得出一双白色玉璧，就答应你的婚事。"羊雍伯就到自己玉田，采下五双为聘礼。徐家人大惊，就把女儿嫁给了他。听说这件事后，连天子都大为诧异，拜羊雍伯为大夫。在羊雍伯种玉的地方四角立起大石柱，各一丈高。中央那一顷地，被命名为玉田。

②黄寻飞钱：《幽冥录》：海陵人黄寻，起初家境贫寒。一天，天有暴风雨，很多钱被风雨裹挟着到处乱飞。大量的钱被他家的篱笆挡住，落得满院皆是。黄寻把这些钱收起，遂成千万富翁，江北著名。

王允千里^①，黄宪万顷^②

《后汉》：王允，字子师，太原祁人。郭林宗见而奇之，曰："王生一日千里，王佐才也！"遂与定交。允少好大节，有志于立功，常习诵经传，朝夕试驰射。三公并辟以司徒，高第为侍御史。献帝时，为司徒，及董卓迁都关中，朝政大小悉委于允。允矫情屈意，每相承附。卓亦推心不疑，故得扶持王室于危乱之中。臣主内外莫不倚恃，允见卓篡逆已萌，密与司隶黄琬等谋兵诛之。允性刚棱疾恶，初惧卓豺狼，故折节图之。卓既歼灭，自谓无复患难，仗正持重，不循权宜之计。群下不甚附之，反为卓将李傕所杀。

《后汉》：黄宪，字叔度，汝南慎阳人也。世贫贱，父为牛医。陈蕃、周举尝相谓曰："时月之间不见黄生，则鄙吝之萌，复存乎心。"及蕃为三公，叹曰："叔度若在，吾不敢先佩印绶。"郭林宗少游汝南，过袁阆不宿，而退从宪，累日方还。或问之，林宗曰："奉高之器，譬诸泛滥，虽清而易挹；叔度汪汪，若千顷陂，澄之不清，淆之不浊，不可量也。"后举辟，无所就。奉高，阆字。

①王允千里：《后汉书·王允列传第五十六》：王允，字子师，太原祁（今山西祁县）人。同郡郭林宗见到后，认为王允与众不同，说："王允一日千里，是辅佐帝王之才。"就与王允结交。王允从小有远大的志向和节操，决心建立功名。

王允经常学习诵读经书，早晚坚持演练骑马射箭。三公一起征召他，在司徒策试中，因成绩优异担任侍御史。汉献帝时为司徒，董卓把都城迁到关中，因为当时董卓还留在洛阳，朝政大小事务全部委托王允，由他负责处理。王允虚情假意地谄媚讨好董卓，董卓也把王允当成心腹，信任不疑，因此王允能够在危难中护佑王室。朝廷上下，从君主到大臣，都要仰仗王允。

王允见董卓篡逆之心已经显露无遗，就与司隶黄琬等人秘密谋划出兵诛杀董卓。王允性格刚正不阿，疾恶如仇。起初因为担心董卓凶狠残暴的豺狼之性，就谦卑地对待董卓，以期寻找机会为国除害。董卓被诛灭后，王允认为不会再有祸患，正直做事，手握重权，不会变通行事。所以下属不太认同和依附他，最后被董卓帐下的李傕杀害。

②黄宪万顷：《后汉书·黄宪列传第四十三》：黄宪，字叔度，汝南慎阳（今河南正阳）人。世代贫贱，父亲为牛医。陈蕃、周举曾相互说："一段时间不见黄宪，心中就会生出卑鄙贪婪的念头。"后来陈蕃为三公，叹息说："如果黄宪仍健在，我不敢先佩印绶。"郭林宗年轻时在汝南游历，先去拜访袁闳，当天告辞，没有过夜。而随后到黄宪那里，一直逗留好多天才离去。有人问他原因，郭林宗说："袁奉高的器量，如同泉水，虽然清澈但很容易舀取；而黄叔度如湖泊万顷，沉淀它不会因之而清澈，搅动它也不会浑浊，不可估量。"后来黄宪被察举为孝廉，又被公府征召，都没有接受。奉高，是袁闳的字。按：袁闳为袁阆之误。袁阆，字奉高；袁闳，字夏甫。

虞骙才望^①，戴渊锋颖^②

《晋书》：虞骙，字思行，会稽余姚人。历吴兴太守，王导尝谓曰："孔愉有公才而无公望，丁潭有公望而无公才，兼之者其在卿乎？"官未达而丧，时人惜之。

《世说》：戴渊少游侠，尝在江淮间攻掠。陆机赴假还洛，辎重甚盛，渊在岸上，据胡床指挥，左右皆得其宜。渊既神姿锋颖，虽处鄙事，神气尤异。机于船上遥谓之曰："卿才如此，亦复作劫耶？"渊泣涕投剑而归，辞厉非常。机弥重之，便与定交。

①虞骙才望：《晋书·虞骙列传第四十六》：虞骙，字思行，会稽余姚（今浙江余姚）人。多次担任吴兴太守，王导曾评价他："孔愉有三公的才能而没有三公的名望，丁潭有三公的名望而没有三公的才能，至于你，则是才望兼备，二者皆为你所有啊！"官位没有显达就去世了，时人为之惋惜。

②戴渊锋颖：戴渊，字若思，广陵（今江苏淮阴南）人。《世说新语·自新》：戴渊年轻时曾为游侠儿，在江淮一带掠夺抢劫。陆机休假后返回洛阳，随身携带的行李很多。戴渊在岸上，靠着椅子指挥同伙抢劫，指挥得当，面面俱到。在他的指挥下，手下配合默契，进退适宜。戴渊神采出众，正在做的虽然不是什么正经事情，但气度非凡，意气风发。陆机在船上远远地对戴渊说："你这么有才华，为什么要做强盗呢？"戴渊听完，哭着丢下手中的宝剑投靠陆机。戴渊言辞激切，非同寻常，很受陆机器重，二人结为朋友。
锋颖：锋芒，比喻卓越的才干，凌厉的气势。

史鱼黜殡[1]，子囊城郢[2]

　　《家语》曰：卫大夫蘧伯玉之贤，灵公不用；弥子瑕不肖，反任之。史鱼骤谏，不从。将卒，命其子曰："吾在朝不能进蘧伯玉，退弥子瑕，是不能正君也。生不能正君，死无以成礼。我死，汝置尸牖下，于我毕矣！"其子从之。灵公吊焉，怪而问之，其子以其父言告公，公愕然失容，曰："是寡人之过也。"史鱼生时，恒欲进贤而退不肖，及其死，又以尸谏，可谓至忠矣。命之殡于客位，进蘧伯玉为上卿，退弥子瑕。孔子闻之曰："古之烈谏者，死则已矣，未有若史鱼，死而尸谏，忠感其君者也，可不谓直乎！"

　　《左氏传》：楚子囊将死，遗言谓子庚："必城郢。"君子谓："子囊忠。君薨不忘增其名，将死不忘卫社稷，可不谓忠乎？"初，楚共王疾，告大夫曰："不谷不德，若以大夫之灵，获保首领以没于地，请为'灵'若'厉'。"及卒，子囊曰："君命以共，请谥之共。"楚徙都郢，未有城郭，筑城未讫，子囊欲讫未暇，遗言见意。

　　①史鱼黜殡：史鱼，名鳅，字子鱼，春秋末卫国史官，以正直敢谏著称。《孔子家语·困誓第二十二》：卫大夫蘧（qú）伯玉贤良，不被卫灵公任用；弥子瑕不正派，却被重用。史鱼反复劝谏，卫灵公就是不听。史鱼去世前，告诉儿子："我在朝为官，不能推举蘧伯玉，也不能让弥子瑕被罢免，这是不能匡正君王的过失啊！我生前无法匡正君王，死后就不能以礼安葬。等我死后，把我的尸体停放在窗户下面，以完成我的遗愿。"

　　史鱼的儿子就遵照父亲的遗愿安排后事。卫灵公来吊唁，看到棺材停在窗户下面，感到奇怪，就询问原因。史鱼的儿子把父亲说过的话告诉卫灵公，灵公愕然失色，说："是寡人之过也！"

史鱼在世时，一定要推举贤人，斥退不正派之人，死后还要以尸体来劝谏君王，可谓至忠了。不让儿子把自己的灵柩停放在正堂，终于让卫灵公任用蘧伯玉为上卿，摒退弥子瑕。孔子听闻，说："古时候那些坚持进谏之人，到死就停下来，没有像史鱼这样的，死后还要尸谏。其忠诚终于感动了君王，这样的人可谓真正的正直啊！"黜殡：指在旁室殡殓，不居正堂。

②子囊城郢：《左传·襄公十四年》：楚国公子子囊临终前，给子庚留遗言说："一定要修筑郢地的城墙。"君子认为："子囊真是一位忠诚之人，君王去世后，维护君王的名声，为他选用褒扬的谥号；自己到死都不忘保卫社稷，遗言提醒修筑郢都城墙，难道能说他不够忠诚吗？"

《左传·襄公十三年》：起初，楚共王生病，告诉大夫说："我德行不够，如果能托大夫们的福，得以善终，那么请把我死后的谥号设为'灵'或'厉'吧。"楚共王去世后，子囊说："君王让我们把他的谥号定为'灵'或'厉'这样的恶谥，这是他的谦恭。我们不能因此诋毁他，请把他的谥号改为表示谦恭的'共'。"

楚国迁都到郢后，内城、外城的墙都没有筑好，公子燮和公子仪因为修筑城墙而作乱，事件还没有得以平息，子囊就去世了，所以留下遗言以表明自己的愿望。

戴封积薪^①，耿恭拜井^②

《后汉》：戴封，字平仲，济北刚人。举贤良方正，对策第一，擢拜议郎，迁西华令。汝颍有蝗灾，独不入界。时督邮行县，蝗忽大至，及去，蝗亦顿除，一境奇之。其年大旱，封祷请无获，乃积薪坐其上以自焚，火起而大雨暴至，远近叹服。迁中山相，诸县囚四百余人，当行刑，封哀之，皆遣归家，与克期日，皆无违者。官至太常。

《后汉》：耿恭，字伯宗，扶风茂陵人。少慷慨，多大略，有将帅才。永平末，为戊己校尉，屯金蒲城。匈奴攻城，恭乘城搏战，以毒药傅矢，传语匈奴曰："汉家箭神，其中疮者必有异。"因发强弩射之，虏中矢者，视创皆沸。匈奴相谓曰："汉兵神，真可畏也。"遂解去。恭以疏勒城旁有涧水可固，引兵据之。匈奴复攻恭，恭募先登数千人直驰之，胡骑散走，遂拥绝涧水。恭于城中穿井十五丈，不得水，吏士渴乏，榨马粪汁而饮之。恭仰叹曰："闻昔贰师将军拔佩刀刺山，飞泉涌出。今汉德神明，岂有穷哉？"乃整衣向井拜祷，有顷，水泉奔出，乃令吏士扬水以示虏，虏以为神明，遂引去。后复攻恭，恭击走之。数月食尽穷困，乃煮铠弩，食其筋革。恭与士推诚，同死生，故皆无二心。虏围之，不能下。关宠上书求救，肃宗用司徒鲍昱议，遣军迎恭归。复奏恭节过苏武，宜蒙爵赏，遂拜骑都尉。

①戴封积薪：《后汉书·戴封列传第七十一》：戴封，字平仲，济北刚县（今山东宁阳）人。被推举为贤良方正，在回答策问时名列第一，被提拔为议郎，后任西华县令。当时汝水、颍水一带发生蝗灾，但蝗虫唯独不进入西华县境内。督邮到西华县巡视，忽然有大批蝗虫飞来，等督邮离开，蝗虫也

突然全部消失，全境无不惊奇。那年发生旱灾，戴封向上天祈祷却无所奏效，于是坐在柴堆上，自焚以明志。当柴草被点燃，火势渐渐增大，突然暴雨倾盆，远近无不感叹信服。

后来戴封任中山相，当时各县都关押四百多名死囚犯。临近行刑，戴封怜悯他们，将他们全部遣送回家与家人做最后的团聚，并约定好回来受刑的时间。到了约定日期，囚犯们都按时回来受刑赴死，没人违约逃跑。戴封官至太常。

②耿恭拜井：耿恭，字伯宗，扶风茂陵（今陕西兴平东北）人，其父耿广是名将耿弇的弟弟。耿恭少孤，自幼慷慨，多雄才大略，有将帅之才。曾坚守疏勒城，对阵匈奴。

《后汉书·耿恭列传第九》：永平末年，耿恭担任戊己（wù jǐ）校尉，屯兵金蒲城。匈奴进攻金蒲城，耿恭登上城墙指挥战斗，用毒药涂抹箭头，给匈奴人传话："我们汉家的箭有神力，被射中的人身上一定会发生怪象。"于是用强弩将箭射出，匈奴兵中箭后，伤口皆血肉翻涌，沸腾不止。匈奴兵相互说："汉兵有神力相助，真是太可怕了。"于是退兵而去。

耿恭因为疏勒城旁边有山涧，涧有流水，可以固守，就引兵占据疏勒城。匈奴再次进攻耿恭，耿恭招募数千先锋，直击敌军，匈奴骑兵四散而逃。匈奴兵阻断涧水，耿恭在城中凿井，十五丈深都不见有水。官吏士兵渴极，到了榨马粪汁喝的地步。耿恭仰天长叹："之前听闻贰师将军李广利曾拔佩刀刺山，有飞泉从山中涌出。现在汉朝德行可通神明，怎么可能走投无路？"于是整理衣服对着井口敬拜并祈祷，没多久，泉水喷涌而出。耿恭让士兵们把泉水高高扬起给匈奴士兵看，敌人以为有神明相助，就领兵退走。

后来，匈奴和叛变的车师国再一次进攻耿恭，耿恭将其击退。几个月之后，耿恭军中粮草耗尽，于是煮铠甲和弓弩，吃上面的牛筋和皮革。耿恭与士兵真诚相待，誓同生死，大家皆无二心。直到剩余几十人，匈奴还是不能破城。关宠上书求救，肃宗采用司徒鲍昱的建议，调遣军队把耿恭等人从疏勒城解救出来。耿恭到洛阳后，鲍昱启奏皇上，称赞耿恭的节操超过苏武，应该给予封爵奖赏。于是任命耿恭为骑都尉。

汲黯开仓^①，冯谖折券^②

《前汉》：汲黯，字长孺，濮人。其先有宠于古之卫君，至黯十世，世为卿大夫。孝景帝时，为大子洗马，以严见惮。武帝即位，黯为谒者。河内失火，烧千余家，上使往视，还报曰："家人失火，屋比延烧，不足忧。河内贫人伤水旱万余家，或父子相食，臣谨以便宜，持节发河内仓粟赈贫民，请归节伏矫制罪。"上贤而释之。后为主爵都尉，列于九卿。治务无为，引大体，不拘文法。性倨少礼，面折，不能容人之过。以数直谏，不得久居位。武帝曰："古有社稷臣，如黯近之矣。"大将军青侍中，上踞厕视之；丞相弘宴见，上或时不冠；至黯，不冠不见也。

《战国策》：齐人有冯谖者，贫乏不能自存，使人属孟尝君田文，愿寄食门下，君受之，左右食以草具。居有顷，倚柱弹其剑歌曰："长铗归来乎，食无鱼。"君闻，食之比门下客。有顷，复弹铗歌曰："长铗归来乎，出无车。"君为之驾，比门下之车客。后复弹铗歌曰："长铗归来乎，无以为家。"君问谖有老母，使人给其食用，无使乏。后君出记，问门下客："谁能为文收债于薛者？"谖署曰："能。"谖治装，载券契而行，辞曰："债毕收，以何市而反？"君曰："视吾家所寡有者。"谖之薛，召诸民，当偿者悉来合券，以债赐民，因烧其券，民称万岁。至齐见君曰："臣窃计君，宫中积珍宝，狗马实外厩，美人充下陈，所寡有者义耳，窃为君市义，矫命以债赐诸民，因烧其券，乃臣所以为君市义。"后君就国于薛，民扶老携幼迎道中，君顾谓谖曰："先生所为文市义，乃今见之。"

---

①汲黯开仓：汲黯，字长孺，濮（今河南濮阳西南）人。汲黯的祖先受

到古卫国国君的宠爱，至汲黯是第十代，世代皆为卿大夫。武帝初为谒者，因多次直言进谏，不得久留京都，外派为东海太守。汲黯崇尚黄老之言，喜好清静，知人善任，东海大治。武帝听闻后，召为主爵都尉，列于九卿。

《汉书·汲黯列传第二十》：汉景帝时，汲黯为太子洗马，因为行事严格而被人敬畏。武帝即位后，汲黯担任谒者。河内郡发生火灾，烧了一千多家，皇上派汲黯前往视察，回来报告说："普通人家失火，因为邻居之间的房屋毗连，以至于大火蔓延，这都不足为虑。反倒是河内郡的穷人受水灾、旱灾影响的有万余家，甚至到了父子相食的地步。根据当时的情况，我就凭着所持符节，发放了河内郡官仓里的粮食，来赈济灾民。现在我请求归还符节，并请您治我假传圣旨之罪。"

皇上认为这样做是有仁爱之心的贤德行为，就没有治汲黯的罪。后来汲黯为主爵都尉，位列九卿。为政追求无为而治，注重大的方针政策，不拘泥于具体的法令条文细节。

汲黯性格傲慢，不讲究礼节，当面指责别人，不能容忍别人的过错。多次直言进谏，无法在皇帝身边久居九卿之位。武帝说："古有社稷臣，如黯近之矣！"大将军卫青入宫拜见，皇上有时蹲在厕所就召见他；丞相公孙弘闲暇时拜见，皇上有时不戴帽子；至于汲黯，皇上不穿戴齐整，不戴帽子不敢接见他。

②冯谖（xuān）折券：《战国策·齐策》：齐国有个叫冯谖的人，家里穷得活不下去，就托人向孟尝君田文传话，愿当他的门客，寄食门下。孟尝君接受了冯谖的请求，左右只给冯谖提供简单粗劣的饮食。过了一阵子，冯谖靠在廊柱上，弹着佩剑唱道："长铗归来乎，食无鱼！"孟尝君听闻后，给冯谖吃饭的时候加鱼，按食鱼门客的标准对待。又过了一段时间，冯谖又弹着佩剑唱道："长铗归来乎，出无车！"孟尝君为冯谖出入配备马车，按乘车门客的标准对待。后来冯谖再一次弹着佩剑唱道："长铗归来乎，无以为家！"孟尝君问冯谖后知道他还有老母亲，就安排给他的母亲提供饮食，不让她缺乏。

后来孟尝君出告示，问门客："谁能为我到薛地收债？"冯谖在告示上签署自己的名字，说："我能胜任这个工作。"于是冯谖整治行装，拉上债券和契约准备出发，和孟尝君告辞并问："收完债，回来的时候买些什么东西？"孟尝君说："你看我们家缺什么就买什么吧！"冯谖到薛地后，把民众召集起来，让欠债者都来核对债券，然后假传孟尝君的命令，宣布免掉这些债务，并当场把债券烧掉，民众欢呼万岁。

冯谖回到齐国，见到孟尝君，说："我私下里替您考虑，您宫中堆满珍宝，狗马拴满畜圈，美人站满庭院，您缺少的只有'义'啊！我私自为您买来了'义'。假传您的命令把他们的债务免掉，并烧掉债券，这就是我为您买的'义'。"后来孟尝君被国君罢黜回到自己的封地薛邑，民众扶老携幼夹道欢迎，孟尝君转过头对冯谖说："先生您为我田文买的'义'，今天终于见着了。"折券：谓毁弃债券，不再收取债务。

齐景驷千^①，何曾食万^②

《论语》：齐景公有马千驷。死之日，民无得而称。

《晋书》：何曾，字颖考，陈留阳夏人。少好学博闻，仕魏为司徒。武帝践阼，拜太尉。曾性至孝，闺门整肃，自少及长，无声乐嬖幸之好。年老与妻相见，皆正衣冠，相待如宾。然性奢豪，务在华侈，帷帐车服，必穷极绮丽，厨膳滋味，过于王者。每燕见，不食太官所设，帝辄命取其食，蒸饼上不坼作十字不食。食日万钱，犹曰"无下箸处"。刘毅等数劾奏曾侈忕无度，帝以其重臣，一无所问。

①齐景驷千：齐景，指齐景公，名杵臼，春秋时齐国国君。《论语·季氏》：齐景公拥有四千匹良马，但是他死的时候，民众对他却没有赞美的话。驷，同驾一辆车的四匹马。

②何曾食万：《晋书·何曾列传第三》：何曾，字颖考，梁国阳夏（今河南太康）人。他从小好学，见闻广博，在曹魏任司徒之职。晋武帝司马炎称帝后，官拜太尉。何曾天性孝顺，家风严肃，自小到大，没有留恋声乐歌舞以及宠幸嬖妾的癖好。

到了老年，与妻子相见，都要衣冠端正整洁，相待如宾。然而何曾性情奢侈，追求铺张浪费，极致豪华。帷帐车幔，一定要极度华丽。膳食餐饮，胜于君王。每次朝见宴饮，不吃御厨做的饭菜，皇帝就让他自带食物，蒸饼上面不裂开十字花不食。每天饮食要花费万钱，还说"没有下筷子的地方"。刘毅等人多次上奏弹劾何曾的奢侈无度，皇帝因为他是开国重臣，对他一概不加过问。

顾荣锡炙^①，田文比饭^②

《晋书》：顾荣，字彦先，吴人。弱冠为黄门侍郎，吴平，同陆机兄弟入洛，号"三俊"。历廷尉正。及赵王伦篡位。伦子虔为大将军，以荣为长史。初，荣与同僚宴饮，见执炙者容貌不凡，有欲炙之色，荣割炙啖之。坐者问其故，荣曰："岂有终日执之而不知其味？"及伦败，荣被执，将诛，而执炙者为督率，救之得免。元帝时，终散骑常侍。

《史记》：孟尝君田文，齐威王孙。父婴，为齐相。卒，文代立，封万户于薛。招致宾客及亡人，有罪者皆归之，以故倾天下之士，食客数千人，无贵贱一与文等。曾待客夜食，有一人蔽火光，客怒，以饭不等，辍食辞去。文起，自持其饭比之，客惭自刭，士以此多归之。文相齐闵王，闵王欲去之，乃如魏，魏昭王以为相。齐襄王立，孟尝君中立为诸侯，无所属，襄王与连和。

①顾荣锡炙：《晋书•顾荣列传第三十八》：顾荣，字彦先，吴郡吴县（今江苏苏州）人，二十岁时担任黄门侍郎。吴国被灭后，顾荣与陆机、陆云两兄弟入洛，人们称其为"三俊"。初拜郎中，后转廷尉正。

赵王司马伦篡位。司马伦的儿子司马虔任大将军，任顾荣为长史。先前，顾荣与同僚们宴饮，见烤肉的人容貌不凡，有想吃烤肉的神色，顾荣把自己那份烤肉割下一部分请他吃。同座的人问其故，顾荣说："岂有整天烤肉，却不知道烤肉滋味的道理？"后来司马伦失败，顾荣被俘，将要被杀。当年那个烤肉的人正好任监宰督率，将顾荣救出，得以免死。晋元帝时，官至散骑常侍。锡（cì）：同"赐"，赐给。

②田文比饭：《史记·孟尝君列传第十五》：孟尝君田文，是齐威王的孙子。父亲田婴，为齐国国相。田婴去世后，田文接替为相，受封万户于薛。孟尝君大力招揽来自各地的宾客以及犯罪逃亡之人，有罪的人都归附于他，天下之士莫不倾心向往，以至于食客达数千人。无论贵贱，田文与他们一律平起平坐，同等对待。一次，田文夜里请客人饮食，有人挡住了灯光，客人以为宾主的食物不同，非常愤怒，停下碗筷就要告辞而去。田文赶紧起身，端着自己的饭让他看，客人惭愧得自杀而死。士人们因此大多愿意归附他。

田文做齐闵王的国相，齐闵王想要罢免他。田文就去了魏国，魏昭王任他为相。齐襄王继位后，孟尝君在诸侯间保持中立，不归属于某个诸侯，齐襄王请求与他和好。

稚珪蛙鸣①，彦伦鹤怨②

《南史》：孔珪，字德璋，会稽山阴人。齐明帝时，为南郡太守。珪风韵清疏，好文咏，饮酒七八斗，不乐世务，居宅盛营山水，凭几独酌，傍无杂事。门庭之内，草莱不剪，中有蛙鸣。或问之曰："欲为陈蕃乎？"珪曰："我以此当两部鼓吹，何必效蕃？"王晏尝鸣鼓吹候之，闻群蛙鸣曰："此殊聒人耳！"珪曰："我听鼓吹，殆不及此。"晏有惭色。仕至散骑常侍。

《南史》：周颙，字彦伦。宋元徽中为剡令，音辞辩丽，长于佛理，著《三宗论》，言空假义。入齐，终国子博士，兼著作。太学诸生慕其风，争事华辩。始著《四声切韵》，行于时。初隐钟山，及出为县令。孔稚珪过钟山草堂，作《北山移文》，其词有曰："蕙帐空兮夜鹤怨，山人去兮晓猿惊。"

①稚珪蛙鸣：《南齐书·孔稚珪列传第二十九》：孔稚珪，一作孔珪，字德璋，会稽山阴（今浙江绍兴）人。南朝齐明帝时，为南郡太守。稚珪风度神韵清朗，爱好文学吟咏，能饮酒七八斗，不喜欢生活杂务。在自家宅院里打造山水景观，靠着几案独自饮酒，世俗琐事一概不问。庭院内，野草丛生而不修剪，草丛里蛙鸣不断。有人问他："你要效仿陈蕃吗？"孔稚珪说："我把蛙鸣当成两部鼓吹音乐来娱乐自己，何必效法陈蕃呢？"

王晏曾安排鼓吹乐队迎接孔稚珪，听到群蛙鸣叫，说："这些蛙鸣真吵闹，太聒人耳了。"孔稚珪说："我听鼓吹乐队演奏出来的音乐还不如这些蛙鸣呢。"王晏面有惭愧。孔稚珪仕至散骑常侍。

②彦伦鹤怨:《南齐书·周颙列传第二十二》:周颙（yóng），字彦伦，汝南安城（河南正阳东北）人。南朝宋元徽年间，为剡县县令。周颙写文章言辞华美，辩才敏捷，长于佛理，著有《三宗论》，谈佛家空无自性和幻相宛然之义。进入齐朝后，转任国子博士，兼任著作。太学生们仰慕他的风范，争相学习辩难。著有《四声切韵》，流行于当世。

起初，周颙隐居钟山，后来出任县令。孔稚珪路过他在钟山的草堂，作《北山移文》。其中有"蕙帐空虚，夜间的飞鹤感到怨恨；山人离去，清晨的山猿也感到吃惊"这样的句子。

廉颇负荆[①]，须贾擢发[②]

　　《史记》：廉颇为赵将，蔺相如拜上卿，位在颇右。颇曰："我为将，有攻城野战之大功，而相如徒以口舌为劳，位居我上。又素贱人，吾羞为之下。"宣言曰："我见必辱之。"相如闻，不肯与会，每朝时，常称病，不欲与颇争列。已而出，望见颇，引车避匿。舍人谏曰："廉君宣恶言，而君畏匿恐惧，庸人尚羞之，况于将相乎？"相如曰："公之视颇，孰与秦王？"曰："不若也。"相如曰："夫以秦王之威，而相如廷叱之，辱其群臣。吾虽驽，独畏廉将军哉？顾念强秦不敢加兵于赵者，徒以吾两人在也。今两虎共斗，势不俱生。吾所以为此者，先国家之急，而后私仇也。"颇闻之，肉袒负荆，至门谢罪曰："鄙贱之人不知，将军宽之。"至此卒相与欢，为刎颈之交。

　　《史记》：范雎，字叔，魏人。游说诸侯，欲事魏王。家贫，无以自资，乃先事魏中大夫须贾。贾使齐，雎从。齐襄王闻雎辩口，乃使人赐金及牛酒。贾怒，以为雎持魏国阴事告齐。既归，以告魏齐。齐怒，使舍人笞击雎，雎佯死，即卷以箦，置厕中，宾客醉更溺之。会齐醉，雎告守者得出亡伏匿，更名姓曰张禄，夜见秦谒者王稽。稽知雎贤，载入秦，言于昭王，王拜为客卿，遂为相，封应侯。贾后使秦，雎微行敝衣，步见贾，贾惊曰："范叔无恙乎？"留与坐饮食，取绨袍赐之。雎取大车驷马，为贾御，入相府，乃先入。贾待良久，问门下曰："范叔不出，何也？"门下曰："无范叔，乃吾相张君也。"贾大惊，乃肉袒膝行，谢罪曰："贾不意君能自致于青云之上，贾不敢复读天下之书，与天下之事，贾有汤镬之罪，请自屏于胡貊之地，唯君死生之。擢贾之发以续罪，尚未足。"雎曰："汝罪有三耳，然所以得无死者，以绨袍恋恋，有故人之意，故释之。"

①廉颇负荆:《史记·廉颇蔺相如列传第二十一》:廉颇为赵国将军,蔺相如被拜为上卿,位在廉颇之上。廉颇说:"我身为将军,有攻城野战之大功,而相如徒以口舌为劳,位居我上。更何况,他本身就是一个卑贱之人。吾羞为之下!"并公开宣称:"我什么时候见到蔺相如一定要羞辱他。"相如听闻后,不肯与廉颇碰面。每次朝会都声称自己生病,不和廉颇争位次高下。

蔺相如一次外出,远远望见廉颇,就掉转车子躲避他。蔺相如的门客劝谏说:"廉颇口出恶言挑衅,而您却吓得到处躲避。就算普通人也会觉得丢脸,更何况是身为将相的人呢!"蔺相如问:"你们觉得,廉颇和秦王哪个更厉害?"门客回答说:"廉颇不如秦王厉害。"蔺相如说:"以秦王那样的威势,我蔺相如都敢在朝廷上大声呵斥他,羞辱他的群臣。相如虽然无能,岂能害怕廉将军?考虑到强大的秦国之所以不敢加兵于我们赵国,就是因为有我们二人在啊!现在如果两虎相斗,必有一伤。我之所以这么躲着廉颇,是先国家之急,而把个人恩怨放在后面啊!"廉颇知道后,露出上身,背着荆条,登蔺相如门谢罪,说:"我是一个不识大体的粗鄙低贱之人,请将军宽恕原谅!"从此二人冰释前嫌,成为刎颈之交。

②须贾擢发:须贾,战国时魏国大臣。《史记·范睢蔡泽列传第十九》:范睢,字叔,魏国人。游说各国,想要侍奉魏王。因为家境贫寒,无法筹到足够的活动经费,就先在魏国中大夫须贾手下任职。须贾出使齐国,范睢作为随从陪同前往。齐襄王听闻范睢有辩才,就派人赐给他十斤金以及牛和酒。须贾发怒,以为范睢向齐国泄露了魏国的秘密。回到魏国,须贾把这件事报告给魏国的国相魏齐。魏齐闻言大怒,命舍人拷打范睢。范睢假装死掉,他们就用席子把范睢卷起来,扔进厕所,魏齐和宾客们喝醉后轮番往范睢身上撒尿。范睢在席子中说服看守后得以逃脱隐藏起来,更名换姓为张禄。夜里拜见秦国的使者王稽。王稽知道范睢是个贤能之人,用车拉着范睢回到秦国,报告给秦昭王,秦王拜范睢为客卿,后来担任秦国的国

相，封为应侯。

　　须贾后来出使秦国，范睢乔装打扮，身穿破旧的衣服，走路来见须贾。须贾见到范睢，大惊说："范叔原来没有灾祸啊！"须贾留范睢坐下和他一起吃饭，并赠送他一件粗丝袍。范睢取来一辆四匹马拉的大车，亲自为须贾驾车，直接进入相府。到了相府办公的地方，范睢先进去，须贾在外面等了很久，不见范睢出来，就问守门人："范叔为什么一直不出来？"守门人说："这里没有范叔，刚才那个是我们的国相张君。"须贾大惊，于是脱去上衣，跪着前行，向范睢谢罪说："须贾没有想到您靠自己能取得如此高的地位。我再也不敢读天下书，不敢再过问天下事，我犯下了被扔进汤锅烹煮的罪过，请把我发配到荒蛮的异族地区，我的生死听凭您的发落。我犯下的罪过比我的头发都多啊！"范睢说："你的罪过有三条，然而我之所以不杀你，是因为你尚有老朋友的旧情，赠给我一件粗丝袍子，这是我饶你不死的原因。"擢发：拔下头发计数，比喻数量很多。

孔翊绝书^①，申嘉私谒^②

晋《先贤传》：孔翊（yì），字元性。为洛阳令，置水于庭，得求嘱书，皆投水中，一无所发。

《前汉》：申屠嘉，梁人。以材官蹶张从高帝击楚。孝文时，稍迁至丞相。为人廉直，门不受私谒。时邓通方爱幸，居上旁，有怠慢之礼。嘉奏曰："陛下幸爱群臣，则富贵之。至于朝廷之礼，不可以不肃。"罢朝，坐府中为檄，召通诣丞相府，不来且斩通。通恐，入告上，上曰："汝第往，吾今使人召若。"通至，免冠徒跣，顿首谢嘉，嘉责曰："夫朝廷者，高皇帝之朝廷。通小臣，戏殿上，大不敬，当斩。"通顿首出血不解。上度丞相已困通，使使持节召通而谢丞相，乃释之。

①孔翊绝书：晋人张方贤《楚国先贤传》：孔翊，字元性。担任洛阳令时，在庭院里放置一口大水缸，凡接到别人请托的书信，全部投到水中，从不打开。

②申嘉私谒：《汉书·申屠嘉列传第十二》：申屠嘉，梁国梁郡（今河南商丘南）人。是位能拉开硬弓的大力士，随从高帝刘邦进攻项羽。汉文帝时，申屠嘉官至丞相。为人廉洁正直，在家里从不接待私自请托。当时邓通正受皇上宠幸，常伴皇上左右，对人怠慢无礼。申屠嘉向皇上启奏说："陛下宠幸您的爱臣，可以让他富贵。至于朝廷上的礼节，不可以不严格遵守啊！"上朝回来后，申屠嘉坐在相府中写了篇檄文，召邓通来丞相府，如果不来就将邓通斩首。邓通害怕了，入宫告诉皇上，皇上说："你但去无妨，我这就派人把你召回来。"邓通来到相府，摘下帽子，脱掉鞋子，向申屠嘉

叩头请罪。申屠嘉训斥邓通说："朝廷，是高皇帝的朝廷。你邓通不过一个小小的臣子，竟然敢在大殿上儿戏，犯有大不敬之罪，理当斩首。"邓通磕头求饶，鲜血直流仍然磕头不止。皇上估计丞相已经给邓通足够的教训，就派使者手持符节召回邓通，并替邓通向丞相道歉，申屠嘉这才将邓通释放。

私谒：因私事而拜访请托。

渊明把菊①，真长望月②

　　《南史》：陶潜，字渊明，名元亮。江州刺史王弘欲识之，不能致也。潜尝往庐山，弘令潜故人庞通之赍酒具于半道要之。潜有脚疾，使一门生二儿举篮舆。及至，欣然共饮。先是颜延之在浔阳，与潜情款，后为始安郡，经过潜，临去，留二万钱与潜，潜悉送酒家，稍就取酒。尝九月九日无酒，出宅边菊丛中，坐久之，逢弘送酒至，即便就酌，醉而后归。郡将候潜，逢其酒熟，取头上葛巾漉酒毕，还复著之。卒号"靖节先生"。其妻翟氏，志趣亦同，能安苦节，夫耕于前，妻锄于后云。一云：九月九日无酒，坐篱边丛中，摘菊盈把而坐。久之望见白衣人至，太守王弘送酒也，饮醉而归。

　　《晋书》：刘惔，字真长，沛国相人。少清远，有标奇，与母寓居京口，家贫，织芒屩（juē）以为养，虽荜门陋巷，晏如也。王导深器之，后稍知名。惔雅善言理，简文作相，惔与王蒙并为谈客，俱蒙上宾礼。累迁丹阳尹，为政清整，门无杂宾。桓温尝问："会稽王谈更进耶？"惔曰："极进，然故第二流耳。"温曰："第一复谁？"曰："故在我辈。"其高自标置如此。旧注云：惔夜在简文座，愀然叹曰："清风朗月，恨无玄度。"玄度，高士许询也。

　　①渊明把菊：陶渊明，字元亮，号五柳先生，入刘宋后改名潜，东晋浔阳柴桑（今江西九江）人。曾做几年小官，后辞官回家，隐居田园。作品有《饮酒》《归园田居》《桃花源记》《五柳先生传》《归去来兮辞》等。

　　《南史·隐逸·陶潜列传第六十五》：江州刺史王弘想要结识陶渊明，一直没有机会。陶渊明去庐山，王弘就让陶渊明的老朋友庞通之带着酒在半道等候。陶渊明有脚疾，行动不便，由一个门生和两个儿子用一顶小轿抬着上山。见到庞通之，欣然共饮。

之前颜延之在浔阳，与陶渊明情趣相投。后来颜延之到始安郡任职，每次途经陶渊明住所，必定要大醉而归。颜延之离任时，给陶渊明留下二万钱，而陶渊明则把钱全部送给酒家，每天去取酒喝。有一年的九月九日，陶渊明家中无酒，就到院子边的菊花丛中，怅坐良久。正赶上王弘送酒过来，立即开坛畅饮，不醉不归。

郡里的将领们前来拜访陶渊明，正赶上陶渊明酿的酒熟了，只见他取下头上戴的葛巾，直接拿来滤酒，用完后又戴在头上。陶渊明去世后，人称其为"靖节先生"。陶渊明的妻子翟氏，与丈夫志趣相投，能安守清贫，有节操。往往是丈夫在前面耕地，妻子在后面跟着锄地。

还有一种说法是，九月九日那天陶渊明无酒，一人独自在篱边菊花丛中，摘一大把菊花怅然独坐。过了很久，忽然发现有位身穿白衣的人过来，原来是太守王弘给他送酒来了，大喜过望，二人一醉方休。

②真长望月：《晋书·刘惔列传第四十五》：刘惔，字真长，沛国相县（今安徽濉溪西北）人。少年时品行清明高远，有风度才气，与母亲寄居京口，家境贫寒，以编织草鞋为生。虽荜门陋巷，刘惔却能怡然自得。

王导非常器重他，后来渐渐有了名声。刘惔善于清谈玄理，简文帝司马昱也喜欢清谈，当初司马昱为丞相时，刘惔与王濛二人都是他的座上谈客，受到上宾的礼遇。刘惔多次升迁为丹阳尹，为政清明严整，不和乱七八糟的人往来。桓温曾问："会稽王（注：即司马昱，先后被封为琅玡王、会稽王，进位丞相，后桓温废司马奕，改立司马昱为帝，即简文帝）的清谈又有进步了吗？"刘惔曰："进步很大，但仍然是二流水平。"桓温问："谁是一流水平？"刘惔说："还是我们这些人。"他总是这么自视高标。旧注云：刘惔夜里和简文帝一起就座，神情忧伤，叹息说："清风习习，月明星稀，让人怀念许玄度。"玄度，是高士许询的字。

子房取履①，释之结袜②

《前汉》：张良，字子房，其先韩人。尝游下邳圯（yí）上，有一老父衣褐，至良所，直堕其履圯下，谓曰："孺子下取履。"良愕然，欲殴之，为其老，乃强下取履，因跪进。父以足受之，笑去，复还，曰："孺子可教，后五日平明，与我期此。"良跪曰："诺！"乃往，父已先在，怒曰："与老人期，后何也？去！后五日早会。"五日，鸡鸣往，父又先在，复怒曰："去，后五日早来！"五日，良夜半往，有顷，父亦来，喜曰："当如是。"出一编书，曰："读是则为王者师。后十年兴，十三年孺子见我济北谷城山下，黄石即我已。"遂去不见。旦日视其书，乃《太公兵法》，良异之，常习诵。后从高帝过济北，果得黄石，取而宝祠之。良死，并葬焉。初，良数以兵法说高祖，常用其策；为他人言，皆不省，良以为天授，遂从不去。良多病，未尝特将兵，常为画策臣。及封功臣，良未尝有战斗功，帝曰："运筹帷幄中，决胜千里外，子房功也。"乃封为留侯。

《前汉》：张释之，字季，南阳堵阳人。以资为骑郎，事文帝，十年不得调，亡所知名。后拜廷尉，持议平，天下称之。王生者，善为黄老言，尝召居廷中，公卿尽会立，王生，老人，曰："吾袜解。"顾谓释之："为我结袜。"释之跪而结之。或让王生："独奈何廷辱张廷尉？"王生曰："吾老且贱，自度无益于张廷尉。廷尉天下名臣，吾聊使结袜，欲以重之。"诸公闻之，贤王生而重释之。

①子房取履：《汉书·张良列传第十》：张良，字子房，祖先为韩人。一天，张良在下邳的桥上散心，有一老人身穿粗布衣服，到张良面前，径直把

自己的鞋子甩到桥下，然后对张良说："小子，帮我把鞋子取上来。"张良很惊讶，想要殴打他，又看他年迈，就强忍怒火下去把鞋子捡回来，又跪着给他穿上。

老人伸出脚让张良把鞋穿好，笑着离去。走了一里多路，老人又回来，对张良说："孺子可教，你五天后早上，来这里等我。"张良觉得奇怪，就跪下来说："好的！"五天后张良来到桥头，发现老人已经先到。老人生气地说："和老人家约会，竟然后到，是何原因？你回去吧！五天后早点儿过来。"又过了五天，鸡刚打鸣张良就出发，结果老人又早到了。老人更加生气，说："你走吧，五天后早点儿来！"五天后，张良半夜前往，过一会儿，老人也来了，高兴地说："这样做才对！"老人拿出来一编书，对张良说："读了这编书，可以做君王的老师。十年后你就会发迹，十三年后你到济北找我，谷城山下的黄石就是我。"于是离去不见。

天亮后张良看那编书，是《太公兵法》。张良觉得事情蹊跷，不敢掉以轻心，就经常研习诵读。十三年后，张良跟随高帝刘邦经过济北，果然找到谷城山下的黄石，取走并视为珍宝，常常祭祀它。张良死后，同黄石一起下葬。

起初，张良多次把《太公兵法》讲给刘邦，刘邦则总是能采用他的计策；而张良再把《太公兵法》讲给旁人，这些人就都不能明白是什么意思。张良认为刘邦是上天授命之才，就追随刘邦不再离开。张良体弱多病，不曾亲自带兵冲锋陷阵，一直是谋臣的角色。天下大定后，高帝论功行赏，张良未曾立战功，高帝说："运筹于帷幄之中，决胜于千里之外，这是子房的功劳啊！"于是封张良为留侯。

②释之结袜：《汉书·张释之列传第二十》：张释之，字季，南阳堵阳（今河南方城东）人。花钱买到骑郎一职，侍奉汉文帝，连续十年都没有被提拔，寂寂无名。后来张释之官拜廷尉，因执法公平而被天下称赞。

有位王生，是位隐士，精通黄老思想。王生被召进宫廷，当时还有其他三公九卿齐聚朝廷。王生是位老者，说："我的袜子松了。"回头对张释之说："你给我把袜带系上。"于是张释之跪下给他把袜带系好。有人责备王生："你怎么在朝廷上当众羞辱张廷尉？"王生说："我年纪大了，也没有什么地位，料想自己没有什么能帮得上张廷尉。张廷尉是天下名臣，我让他给我系袜子，想要从德行和名声上抬举他。"诸位公卿听闻后，都称赞王生是位贤士而敬重张释之。

郭丹约关^①，祖逖誓江^②

《后汉》：郭丹，字少卿，南阳穰人。幼孤，孝顺，后母哀怜之，为鬻衣装，买产业。后从师长安，买符入函谷关，乃慨然叹曰："丹不乘使者车，终不出关。"丹至京师，常为都讲，诸儒咸敬重之。后更始征为谏议大夫，持节使归南阳，安集受降，果如其志。建武中，辟举高第，累转司徒。在朝廉直公正，与侯霸、杜林、张湛、郭伋齐名相善。

《晋书》：祖逖，字士稚，范阳遒人。博览书记，该涉古今。京师乱，避地淮泗，元帝以为军咨祭酒。逖以社稷倾覆，常怀振复之志。迁奋威将军、豫州刺史，仍将本流徙部曲百余家渡江，中流击楫而誓曰："祖逖不能清中原而复济者，有如大江。"辞色壮烈，众皆慨叹。屯于淮阴，起冶铸兵器，得二千余人而后进。逖爱人下士，虽疏交贱隶，皆恩礼遇之，由是黄河以南，尽为晋土。未几病卒，豫州士女若丧考妣，谯梁百姓为之立祠，册赠车骑将军。王敦久怀逆乱，畏逖不敢发，至是始得肆意焉。

①郭丹约关：《后汉书·郭丹列传第十七》：郭丹，字少卿，南阳穰（今河南邓州）人。七岁丧父，对后母谨遵孝道。后母可怜他，卖掉自己的衣装，为郭丹置办产业。

后来赴长安拜师学习，购买通行证进入函谷关，郭丹慨然而叹："我郭丹如果不能乘坐使者的车子，绝不再出函谷关。"到京师后，郭丹经常担任学舍的主讲人，深得儒生们敬重。后来更始帝征召郭丹为谏议大夫，乘使者车，手持符节出使南阳，安抚民众，接受盗贼和叛乱者投降。离家十二年后，郭丹终于实现了当年立下的志向。建武年间，在辟举选拔中名列前茅，多次升迁后任司徒。在朝为官时，廉洁正直，公平公正，与侯霸、杜林、张湛、郭伋齐名且关系友好。约关：意思是说郭丹在函谷关口立下志向。约，提出，立志。关，关口，这里指函谷关。

②祖逖誓江：《晋书·祖逖列传第三十二》：祖逖，字士稚，范阳逎县（今河北涞水北）人。博览群书，遍涉古今。京师动乱，祖逖带亲戚乡党好几百户到淮泗避难，到达泗口后，晋元帝司马睿任命他为军咨祭酒。祖逖因为社稷倾覆，常怀振复之志。后来，元帝改任祖逖为奋威将军、豫州刺史。祖逖带领原先失散的部属和民众一百余户渡江，当船至中流，祖逖击楫而誓，说："我祖逖如果不能清扫中原贼寇而让晋室复兴，就如这滔滔江水，永不回头，绝不罢休。"言辞神色壮烈，众人都慨叹钦佩。

祖逖带领大家屯驻在淮阴，开始铸造兵器，招募到二千余人，然后继续前进。祖逖爱惜人才，礼贤下士，就算关系生疏，哪怕是卑贱的隶从，都能施予恩惠，以礼相待。所以黄河以南的领地，都为晋所有。不久祖逖生病去世，豫州男女悲痛欲绝，如丧考妣。谯、梁一带的百姓为祖逖建祠，朝廷追赠他为车骑将军。王敦长期心怀叛乱造反之意，因为畏惧祖逖才不敢行动。祖逖去世后，就无所忌惮，最终造反。

贾逵问事①，许慎无双②

《后汉》：贾逵，字景伯，扶风平陵人。弱冠能诵《左氏传》及五经本文，以《大夏侯尚书》教授，兼达五家谷梁之说。自为儿童，常在太学，不通人间事。身长八尺二寸，诸儒为之语曰："问事不休贾长头。"性恺悌，多智思，俶傥有大节。尤明《左氏传》《国语》，为之解诂，永平中献之，拜为郎，与班固并校秘书，应对左右。后为侍中，领骑都尉。所著经传义诂及论难百余万言，学者宗之，后世称为通儒。

《后汉》：许慎，字叔重，汝南召陵人。性淳笃，博学经籍，马融敬之，时人为之语曰："五经无双许叔重。"为郡功曹，举孝廉，再迁除洨长，卒。初，慎以五经传说臧否，因撰为《五经异义》，又作《说文解字》，皆传于世。

①贾逵问事：贾逵（30—101），字景伯，扶风平陵（今陕西咸阳西北）人。东汉著名经学家、天文学家。

《后汉书·贾逵列传第二十六》：贾逵二十岁就能背诵《左传》及"五经"原文，教授《大夏侯尚书》，也能通晓尹更始、刘向、周庆、丁姓、王彦他们五家对《穀梁传》的解说。

从儿童时期开始，贾逵就常生活在太学里，不懂人情世故。因为贾逵身高八尺二寸（约一米九），人称"贾长头"。凡事向人请教，所以儒生们都说："问事不休贾长头。"

贾逵性格忠厚，平易近人，有思想智谋，慷慨有大节。尤其精通《左传》《国语》，为这两部书作解读训诂，分别为《春秋左氏传解诂》《国语解诂》。永平年间，贾逵把这两部作品献给皇上，被任命为郎官，与班固一起校对重要的馆藏典籍，并伴随在皇帝身边，以便皇帝随时咨询。后为侍中，兼任骑都尉。贾逵所撰写的关于经传训诂和论说辩难的作品达百余万言，学者视其为宗师，后世称他为"通儒"。

②许慎无双：许慎，字叔重，东汉汝南召陵（今河南漯河召陵区）人，著名经学家、文字学家，所著《说文解字》是中国首部字典。

《后汉书·儒林传·许慎列传第六十九》：许慎本性敦厚，博学经典，马融很推崇尊敬他，当时人们评价许慎说："五经无双许叔重。"担任郡功曹，被推举为孝廉，连续升迁为洨县长，在家中去世。起初，许慎因为人们对"五经"的传授解说以及评价褒贬不同，所以撰写了《五经异义》，又著写《说文解字》，都流传于世。

娄敬和亲①，白起坑降②

  《前汉》：高祖在洛阳，娄敬说曰："陛下都洛阳，岂欲与周比隆哉？然取天下与周异，臣窃以为不侔矣。且秦地被山带河，四塞以为固，卒然有急，百万之众可具。因秦之故，资甚美膏腴之地，此所谓天府。陛下入关而都之，山东虽乱，秦故地可全，而有此亦扼天下之亢而抚其背也。"即日驾西都关中，赐敬姓刘氏，拜郎中，号奉春君，封建信侯。是时冒顿单于兵强，控弦四十万骑，数苦边。上患之，问敬，敬曰："陛下诚能以适长公主妻单于，厚奉遗之，彼必以为阏氏，生子必为太子。冒顿在，固为子婿；死，外孙为单于。岂闻外孙敢与大父抗礼哉？"上欲遣长公主，吕后泣曰："妾唯一女，奈何弃之匈奴？"乃取家人子为公主，妻单于，使敬往结和亲。

  《史记》：白起，郿人。善用兵，事秦昭王，号武安君。秦攻赵垒，数挑战，赵廉颇坚壁不出。秦使人为反间，曰："秦独畏马服子赵括将耳，廉颇易与。"赵王既怒颇数败，复闻反间之言，因使括代颇。秦使起为上将军，括至击秦军，秦军佯败走，张二奇兵以劫之，赵军分而为二，粮道绝。秦发河内民年十五以上，悉诣长平，遮绝赵救及粮食。赵卒不得食四十六日，皆内阴相杀食。来攻秦垒，不能出。括出锐卒自搏战，秦军射杀括，括军败，卒四十万人降起。起以为赵卒反复，非尽杀之，恐为乱，乃挟诈尽坑杀之，斩首虏四十五万人，赵人大震。

  ①娄敬和亲：娄敬，西汉大臣，齐人。《汉书·娄敬列传第十三》：汉高祖刘邦在洛阳，娄敬进谏说："陛下您现在要在洛阳定都，是不是要与周王

室一比高下？然而陛下您夺取天下与周王室取得天下的方式不一样。我认为二者是不能相提并论的。况且秦地被群山环绕，东有黄河，四周有险关要塞，这些都是天然的屏障。纵然有突发军情，百万大军可迅速集结。继承秦朝留下的基础，凭借秦朝膏腴之地，这就是大家所说的天然府库啊！陛下您进入函谷关而建都关中，如果华山以东有叛乱，原来属于秦国的地盘不会受到影响，而依据这里则可以扼住天下咽喉并攻击其后背。"

于是，刘邦当天就起驾向西定都关中，赐娄敬改姓为刘，拜为郎中，号奉春君，并封他为建信侯。当时，冒顿单于兵强马壮，拥有四十万骑兵，多次侵犯。皇上很忧虑，和娄敬商量对策。娄敬说："陛下您如果能把嫡长公主嫁给单于为妻，并多赠财货，冒顿单于一定会让您女儿做阏氏，这样她生的儿子就是太子。再派出善辩之士用礼节讽喻教导他们，冒顿活着，自然就是您的女婿；如果冒顿死了，您的外孙就会成为新的单于。您听说过有外孙和外祖父对抗的吗？"皇上想派遣长公主去匈奴和亲，吕后哭泣说："我就这么一个女儿，为什么要把她丢弃给匈奴呢？"于是另选一位刘姓女子代替长公主嫁给单于，令娄敬前往缔结和亲盟约。

②白起坑降：《史记·白起王翦列传第十三》：白起，郿地（今陕西眉县东）人。善于用兵，侍奉秦昭王，号武安君。秦军进攻赵国营垒，多次挑战，廉颇采取守势，率领赵军坚壁不出。秦国派人到赵国施行反间计，到处宣扬说："秦国只害怕马服君赵奢的儿子赵括担任将领，只要不是赵括为将就好。至于廉颇，很容易对付。"

赵王对廉颇多次战败本就不满，又听信谣言，于是让赵括代替廉颇为将。秦国则暗中以白起为上将军。赵括上任后就出兵攻击秦军，秦军佯败后退，埋伏下两支奇兵突袭赵军。赵军被分割为两段，粮道也被切断。秦国征用河内所有年龄在十五岁以上的百姓，全部赶往长平，阻截赵军援军及粮草运输。赵军长达四十六天没有粮食，军人为了食物而相互残杀。赵军想强行突围，但是冲不出来。

赵括出动精锐将士并亲自上场搏杀，被秦军射杀。赵括军战败，四十万士兵投降白起。白起考虑赵国士兵反复无常，如果不全部杀掉，恐怕后期会作乱。于是用欺诈的方法把降兵全部活埋，前后斩首降兵共有四十五万人，让赵国人大为震惊。

萧史凤台^①，宋宗鸡窗^②

《列仙传》：萧史者，秦穆公时人，善吹箫，能致孔雀、白鹤。居数年，吹似凤声，凤凰来止其屋。为作凤台，夫妇止其上，不下数年。妻字弄玉，一旦皆随凤凰飞去。故秦人作凤女祠雍宫中，时有箫声。

《幽冥录》：晋兖州刺史，沛国人宋处宗，尝买一长鸣鸡，爱养甚至，常著窗间。后鸡作人语，与处宗谈论，极有玄致，终日不辍，处宗因此功业大进。

①萧史凤台：《列仙传·萧史》：萧史，是秦穆公时人，善于吹箫，箫声能引来孔雀、白鹤。几年后，萧史吹出来凤鸣一样的声音，有凤凰被箫声吸引，飞落在他的屋顶。于是造了一座高台，名为凤台。萧史和妻子住在凤台上，好多年都没有下来。萧史的妻子字弄玉。一天早上，夫妻二人乘凤而去。于是，秦国人在雍宫中建了一座凤女祠，经常听到祠中有悠扬的箫声。

②宋宗鸡窗：《幽冥录》：晋朝兖州刺史宋处宗，是沛国（今安徽沛县）人。曾经买了一只打鸣时声音拉得很长的鸡，处宗很喜欢这只鸡，就把它养在窗前。后来鸡开口说人话，能与处宗谈论玄理，所言极有深意，整天谈论而不停歇，处宗因此功业大进。

王阳囊衣^①，马援薏苡^②

《前汉》：王吉，字子阳。子骏孙崇，并至御史大夫。崇，平帝时为大司空。自吉至崇，世名清廉，然材器名称稍不能及父，而禄位弥隆。皆好车马衣服，其自奉养，极为鲜明，而亡金银锦绣之物。及迁徙去处，所载未尝过囊衣，不蓄积余财。去位家居，亦布衣蔬食，天下服其廉，而怪其奢。故俗传王阳能作黄金。

《后汉》：马援在交阯，常饵薏苡实，能轻身省欲，以胜瘴气。南方薏苡实大，援欲以为种，军还，载之一车，时人以为南土珍怪，权贵皆望之。援时方有宠，故莫以闻。卒后有人上书谮之者，以前所载还，皆明珠文犀。《吴祐传》：吴恢为南海太守，其子祐年十二，随到官。恢欲杀青简以写经书，祐谏曰："大人逾越五岭，远在海滨，其俗诚陋，然旧多珍怪。上为国家所疑，下为权戚所望，此书若成，则载之兼辆。昔马援以薏苡兴谤，王阳以囊衣征名，嫌疑之间，先贤所慎。"恢乃止，抚其首曰："吴氏世不乏季子矣。"

①王阳囊衣：《汉书·王吉列传第四十二》：王阳，即王吉，字子阳，琅邪皋虞（今山东即墨东北）人。儿子为王骏，孙子为王崇，都官至御史大夫。王崇，在汉平帝时为大司空。家族从王吉到王崇，世代有清廉名声，然而才学和名声却代有下降，总是子不如父，但是官位却越做越高。他们都喜欢宝马香车、锦衣玉食，衣食住行极为讲究。但每次搬家，随身行李不过一包袱替换衣服而已，不积累家产，也不收集金银锦绣之物。

王阳离任归家后，每天也只是穿粗布衣服，吃粗疏的食物而已。天下人都佩服他品行清廉，安于清贫，而对他对车马衣食的极致追求又感到不解。因为王阳极度奢侈又不存家产，所以民间传说王阳有变金术，随时能有黄金。

②马援薏苡：马援，字文渊，扶风茂陵（今陕西兴平东北）人。《后汉书·马援列传第十四》：马援在交阯时，常以薏米为食，吃后身轻体健，少私寡欲，能抵御瘴气入体。南方薏米颗粒硕大，马援想把它带到北方做种子，就在军队班师回朝时装了一车。人们误以为这些薏米种子是马援从南方拉回来的奇珍异宝，权贵们都想分到一些。马援当时正受皇上恩宠，所以没有人敢过问这个事情。马援死后，就有人上书诬陷马援，说之前从交阯拉回来的全是明珠、有花纹的犀牛角等宝物。

《后汉书·吴祐列传第五十四》：吴恢为南海太守，儿子吴祐刚十二岁，跟随父亲到任所。吴恢想要加工一批竹简来抄写经书，吴祐劝父亲说："父亲您现在翻山越岭，到这偏远的海滨任职，本地风俗鄙陋，但是盛产古怪珍稀的宝贝。这些东西在上被皇帝猜忌，担心我们私自占有，在下被权臣贵戚所觊觎，人人都想染指。这批简书如果镌刻完成，势必要用好多车辆装载。过去马援班师时就是因为拉几车薏米种子而被人诬陷，而王阳离任时轻车简从，只带一包袱衣裳而被人称颂。一件事情会不会有嫌疑，能不能引起别人误会，这是贤达的前辈应该谨慎考虑的啊！"吴恢于是停止刻书，抚着吴祐的背说："我们吴家并不缺乏祖上吴公子季札那样优秀的人啊！"薏苡（yì yǐ）：又叫薏米，一年生草本植物。

刘整交质^①，五伦十起^②

《南史》：刘整仕梁，除中军参军。初，兄寅为西阳内史，卒，其子往整塾，停住十二日。整就兄妻范求米，范未还，整怒，乃自取范车帷为质。范诣台诉，御史中丞任昉论曰："昔人睦亲，衣无常主；整之抚侄，食未数旬。何其不能折契钟庾，而襜帷交质，人之无情，一何至此！实教义所不容，绅冕所共弃。臣请免整新除官，付廷尉治罪。"

《后汉》：第五伦，字伯鱼，京兆长陵人。为京兆督铸钱掾，领长安市。时铸钱多奸巧，伦平铨衡，正斗斛，市无阿枉，百姓悦服。每读诏书，常叹息曰："此圣主也，一见决矣。"等辈笑之曰："尔说将尚不下，安能动万乘乎？"伦曰："未遇知己，道不同耳。"建武、永平间，为会稽、蜀郡守。肃宗初立，擢司空。伦奉公尽节，数上书言事，无所依违。性质悫，少文采，在位以贞白称，时人方之贡禹。然少蕴藉，不修威仪，亦以此见轻。或问伦："有私乎？"对曰："昔人有与吾千里马者，吾虽不受，每三公有所选举，心亦不能忘，而亦终不用。吾兄子病，一夜十起往，退而安寝。吾子有疾，虽不省视，而竟夕不眠。若是者，岂可谓无私乎？"病乞罢，以二千石俸终其身。

①刘整交质：《文选卷四十·奏弹刘整》：刘整在梁地为官，担任中军参军之职。起初，刘整的哥哥刘寅为西阳郡内史。刘寅去世后，儿子到刘整家里住了十二天。刘整就向刘寅的妻子范氏要口粮，范氏还没有送给他，刘整就大怒，拿走范氏的车帷作为抵押。

范氏到御史台申诉，御史中丞任昉判决说："古人家庭和睦，家人相互亲爱，衣服没有固定的主人，谁需要就谁穿。刘整抚养侄子，不到二十天，吃饭还要交口粮，为什么不能免除费用？而竟然用车帷来折抵口粮。人无情到这种地步，实在是为礼义所不能容忍，为名士所唾弃。我请求免去刘整新任官职，立即收监，马上交付廷尉治罪。"交质：交换人质。这里指用车帷来抵押口粮。

②五伦十起：《后汉书·第五伦列传第三十一》：第五伦，字伯鱼，京兆长陵（今陕西咸阳东北）人。第五伦担任京兆督铸钱掾一职，负责治理整顿长安市场。当时大多数铸钱人员行为奸诈，投机取巧，第五伦校定衡器，核准斗斛，使市场上测量轻重大小的标准统一。从此市场再无缺斤短两，弄虚作假，百姓们心悦诚服。

第五伦每次读皇帝诏书，常叹息说："这是圣明的君主啊，如果能和他见上一面，事情就能解决了！"同辈笑他说："你连普通的州将都无法说服，怎么能打动万乘之君呢？"第五伦说："没有遇到知己罢了，道不同不相为谋啊！"建武、永平年间，官拜会稽郡和蜀郡太守。汉肃宗继位之初，第五伦被提拔为司空。他奉公守法，恪尽职守，多次上书言事，不存私心，态度明确，从不模棱两可。

第五伦性格质朴敦厚，不擅长文辞修饰，在位时以正直廉洁著称，人们把他比作"明经洁行"的贡禹。然而含蓄包容不够，不注重威严的仪表，也因此被人轻视。有人问第五伦："您有私心吗？"第五伦回答说："之前有人送我一匹千里马，我虽然没有接受，但每次三公需要推举选拔人才时，我心里总想着那个送马的人。虽然我最终没有推荐他，但就是不能忘怀。我哥哥的孩子生病，我一夜十起前去探望，回来后就安心睡觉。我的儿子生病，虽然探望的次数不多，但我却整夜不眠。像这样，能说没有私心吗？"后来因病请求退休，以二千石的俸禄供养终身。

张敞画眉[1]，谢鲲折齿[2]

《前汉》：张敞，字子高，平阳人。徙杜陵，为京兆尹。长安市偷盗尤多，敞视事，穷治所犯，尽行法罚。枹鼓稀鸣，市无偷盗。敞本治《春秋》，以经术自辅其政，颇杂儒雅，表贤显善，不醇用诛罚，以此能自全。然无威仪，罢朝会，走马章台街，使御吏驱，自以便面拊马。又为妇画眉，长安中传张京兆眉妩。有司以奏，宣帝问之。对曰："臣闻闺门之内，夫妇之私，有过于画眉者。"上爱其能，弗备责也。后为冀州刺史，盗贼禁止。守太原，太原郡清。

《晋书》：谢鲲，字幼舆，陈国阳夏人。少知名，通简有高识，不修威仪。东海王越辟为掾，任达不拘，坐除名。鲲清歌鼓琴，不以屑意。邻家高氏女有美色，鲲尝挑之，女投梭折其两齿，时人为之语曰："任达不已，幼舆折齿。"鲲闻之，傲然长啸曰："犹不废我啸歌。"后为王敦长史，尝使至都，明帝在东宫见之，甚相亲重。问曰："论者以君方庾亮，自谓何如？"答曰："端委庙堂，使百僚准则，则鲲不如亮。一丘一壑，自谓过人。"终豫章太守。

①张敞画眉：《汉书·张敞列传第四十六》：张敞，字子高，河东平阳（今山西临汾西南）人，祖父时迁居杜陵。张敞担任京兆尹前，长安城小偷和盗贼特别多，张敞上任后，对盗贼进行抓捕，对他们犯过的案子一查到底，全部依法惩处。从此市场小偷和盗贼绝迹，不再听到有人击鼓鸣冤。

张敞以研究《春秋》出身，能用学到的经术辅佐治理，行政中多有儒雅风格，旌表贤良，彰显善行，不专用诛杀作为惩罚的方法，张敞也因此而保全了自己，免遭杀戮。

张敞不刻意为自己营造威严的人设，曾经朝会后，驾车到花柳繁华之地章台街游玩，让驾车的小吏驱车，自己也用便面小扇赶马。又曾为妻子画眉，整个长安城传说张京兆画的眉很妩媚，有司以此上奏弹劾张敞有失体统。宣帝问他，张敞回答说："我听说闺房内，夫妇间私密之事，超过画眉的很多。"皇上爱惜张敞才能，也就没有过分追究苛责。张敞后为冀州刺史，盗贼不见。又做太原郡守，一郡清平。

②谢鲲折齿：《晋书·谢鲲列传第十九》：谢鲲，字幼舆，陈国阳夏（今河南太康）人。少年成名，通达简约有远见卓识，不修威仪。东海王司马越召谢鲲为属官。谢鲲行为放荡，不拘礼法，不久因家僮犯事被免职。大家为之惋惜，而谢鲲却唱歌弹琴，不以为意。

邻居高氏家的女儿相貌俊美，谢鲲挑逗她，女子用织布的梭子投掷谢鲲，砸掉他两颗牙齿。当时人们说谢鲲："放浪不止，幼舆折齿。"谢鲲听闻后，傲然长啸说："就算掉了两颗牙齿，却不耽误我长啸而歌。"

谢鲲后来担任王敦的长史。王敦曾派遣谢鲲至京都，晋明帝在东宫接见他，对他很器重。明帝问："有人把你和庾亮对比，说你很像他，你觉得如何？"谢鲲回答说："当朝为官，谨守礼仪，做百官的榜样，我不如庾亮。但是寄情山水，逍遥于一丘一壑之间，他不如我。"谢鲲最终官至豫章太守。

盛彦感蟰[①]，姜诗跃鲤[②]

　　《晋书》：盛彦，字翁子，广陵人。母因疾失明，彦不应辟召，躬自侍养，母食必自哺之。母疾久，婢使数见捶楚。婢怒恨，伺彦暂行，取蛴蟰炙贻之。母食以为美，然疑是异物，密藏以示彦。彦见之，抱母痛哭，绝而复苏，母目豁然即开。仕吴中书侍郎，吴平为小中正。

　　《后汉》：姜诗，广汉人。事母至孝，妻庞奉顺尤笃。母好饮江水，水去舍六七里，妻常溯流而汲。后值风，不时得还，母渴，诗责而遣之。妻寄止邻舍，昼夜纺绩，市珍羞，使邻母以意自遗其姑。如是者久之，姑怪问邻母，邻母具对，姑感惭呼还，恩养愈谨。其子后因远汲溺死，妻恐姑哀伤，不敢言，而托以行学不在。姑嗜鱼鲙，又不能独食，夫妇常力作供鲙，呼邻母共之。舍侧忽有泉涌，味如江水，每旦辄出双鲤鱼，常以供二母之膳。赤眉散贼经诗里，弛兵而过，曰："惊大孝，必触鬼神。"时岁荒，贼乃遗诗米肉，受而埋之，比落蒙其安全。永平初，举孝廉，拜郎中，除江阳令。

　　①盛彦感蟰：《晋书·盛彦列传第五十八》：盛彦，字翁子，广陵（今江苏扬州）人。母亲因疾病双目失明，盛彦不接受官府的辟举和征召，亲自服侍奉养，母亲饮食必定自己亲手来喂。母亲病的时间久了，婢女多次因为照顾不周被捶打。婢女怀恨在心，趁着盛彦暂时出去办事，把蛴蟰烤焦了给他母亲吃。母亲吃后感觉味道鲜美，怀疑是不正常的怪东西，偷偷藏起来一个留给盛彦看。盛彦看后，抱着母亲痛哭，以致气绝。等盛彦苏醒过来，发现母亲的眼睛突然睁开，眼病竟然痊愈。盛彦在吴地做官，为中书侍郎，吴灭

亡后担任小中正之职。蟗，蛴蟗，金龟子的幼虫。

②姜诗跃鲤：《后汉书•列女传•姜诗妻第七十四》：姜诗，广汉（今四川德阳）人。姜诗事母至孝，妻子庞氏奉养婆婆更是用心。母亲爱喝江水，长江离家六七里，姜诗的妻子常逆流而上，到长江的上游打水。有一天，风特别大，妻子没能及时回来，母亲口渴难耐，姜诗就谴责妻子并把她赶出家门。姜诗的妻子寄住在邻居家，昼夜不停地纺织，将织出来的布换钱购买精美的食物，让邻居大娘以大娘自己的名义送给婆婆。次数多了，婆婆感到奇怪，就问邻居大娘，大娘隐瞒不住就以实相告。婆婆被感动，惭愧地将庞氏接回家中，庞氏供养婆婆更加恭敬谨慎。

后来，姜诗的儿子到远处打水，不幸溺水而亡，姜诗妻子担心婆婆伤心，不敢告诉她，而借口说儿子到外地求学。婆婆喜欢吃切成丝的鱼肉，还不愿一个人单独吃，姜诗夫妇就努力挣钱买鱼，叫来邻居大娘陪母亲一起吃。一天，房子旁边突然有泉水涌出，水的味道和江水完全一样，每天早上还会有两条鲤鱼从水中跃出，供给两位老人吃。

有赤眉军流寇途经姜诗乡里，说："惊扰了大孝之人，一定会冒犯鬼神。"当年是荒年，贼寇送给姜诗米肉，姜诗收下后把它们全部埋了。附近村落皆赖之以安。永平初年，姜诗被推举为孝廉，官拜郎中，后来又被任命为江阳令。

宗资主诺，成瑨坐啸^①

《后汉》：桓帝受学于甘陵周福，及即位，擢为尚书。时同郡河南房植有名当朝，乡人为之谣曰："天下规矩房伯武，因师获印周仲进。"二家宾客至相讥揣，各树朋徒，尤隙渐成。由是甘陵有南北部，党人之议，自此始矣。后汝南太守宗资任功曹范滂，南阳太守成瑨亦委功曹岑晊，二郡又为谣曰："汝南太守范孟博，南阳宗资主画诺。南阳太守岑公孝，弘农成瑨但坐啸。"凡党事始自甘陵周福、汝南宗资，成于李膺、张俭，海内涂炭，二十余年，诸所蔓衍，皆天下善士。伯武之类，皆字也。

①宗资，南阳（今河南南阳）人。桓帝初为汝南太守。成瑨，字幼平，弘农（今河南灵宝北）人，年少笃学，有清名，桓帝时为南阳太守。《后汉书·党锢传序》：当初，汉桓帝还是蠡吾侯时，跟随甘陵人周福学习。桓帝即位后，把周福提拔为尚书。当时河南尹房植也是甘陵人，遵守礼法，在朝廷很有名望。同乡们就编歌谣说："天下规矩房伯武，因师获印周仲进。"两家的宾客互相讥讽揣测，于是形成帮派，嫌隙渐生。从此甘陵形成南北两派，党人之说，起源于此。

后来汝南太守宗资重用功曹范滂，南阳太守成瑨重用功曹岑晊，两郡又编歌谣："汝南政务由功曹范孟博掌权，而太守宗资只负责在文书上签字。南阳政务由功曹岑公孝定夺，太守成瑨只闲坐吟啸。"党人事件最初起于甘陵周福、汝南宗资，到李膺、张俭二人时形成，祸害天下二十余年之久，大量才俊之士被牵连在内，饱受其害。房植，字伯武；周福，字仲进。

伯成辞耕^①，严陵去钓^②

《庄子》曰：尧治天下，伯成子高立为诸侯。尧授舜，舜授禹，伯成子高辞为诸侯而耕。

《后汉》：严光，字子陵，会稽余姚人。少与光武同游学，光武即位，乃变名姓，隐身不见。帝思其贤，乃令以物色访之。后齐国上言，有一男子，披羊裘钓泽中，帝疑其光，乃备安车玄纁聘之，三反而后至。舍于北军，给床褥，太官进膳。车驾幸其馆，光卧不起。帝即卧所，抚光腹良久，乃张目熟视曰："昔唐尧著德，巢父洗耳，士固有志，何至相迫乎？"帝叹息而去。复引入，论道旧故，相对累日，因共偃卧，光以足加帝腹上。明日，太史奏客星犯帝座甚急，帝笑曰："朕故人子陵共卧耳。"除谏议大夫，不屈，乃耕于富春山。后人名其钓处为严陵濑焉。

①伯成辞耕：《庄子·天地》：尧治理天下时，伯成子高被立为诸侯。尧传天下给舜，舜传天下给禹，伯成子高辞去诸侯职位而去耕种。

②严陵去钓：严光，字子陵，会稽余姚（今浙江余姚）人。年轻时曾与光武帝刘秀一起游学，关系友好。

《后汉书·逸民传·严光列传第七十三》：光武帝即位后，严光知道皇帝会找自己，于是更名改姓，躲起来不见光武帝。光武帝思念严光的才能和德行，画出他的相貌按图寻找。后来齐国上奏说，有一男子披着羊裘在沼泽中钓鱼。光武帝知道这个人就是严光，就准备了安车以便让他乘坐舒服、带上黑色和浅红色的布帛作为礼物前往聘请，往返多次才把他请来。严光被安置在长乐宫，那里有朝廷早已为他准备好的被褥，每天的饮食由给皇帝做饭的太官亲自安排。

　　光武帝车驾幸临严光客馆。严光知道皇帝来看望他，躺在那里连身都不起。皇帝到严光床边，摸着他的肚子，请他帮自己治理国家。过了很长时间，严光才睁开眼，认真地看着光武帝说："在过去，尧帝品德够高尚了吧，巢父听说尧帝要把天下让给自己，觉得耳朵被污染，赶紧到河边洗耳。人各有志，你为什么要逼迫我呢？"光武帝无奈，只好叹息而去。

　　后来，光武帝再一次接见严光，和他谈论故友旧交，一连叙了好几天的旧，困了就同睡一张床。睡熟后严光把脚搭在光武帝肚子上。第二天，太史启奏光武帝，说有客星侵犯帝座，形态很紧急。光武帝笑着说："是和我的老朋友严子陵睡在一起的缘故。"光武帝授予严光谏议大夫之职，严光不接受，于是归隐富春山，以耕种钓鱼为生。后人称严光钓鱼处为"严陵濑"。

董遇三余^①，谯周独笑^②

《魏略》：董遇，字季直。性质讷好学，与兄季中采稆负贩，常挟持经书，投闲习读。明帝时，至大司农。初，遇作《老子》训注，又善《左氏传》，更为作《朱墨别异》。人有从学者，遇不肯教，云必当先读百遍，言"读百遍而义自见"。从学者云："苦渴无日。"遇言："当以三余，冬者岁之余，夜者日之余，阴雨者时之余。"

《蜀志》：谯周，字允南，巴西西充国人。耽古笃学，家贫，未尝问产业，诵读典籍，欣然独笑，以忘寝食。研精六经，尤善书礼，颇晓天文。迁光禄大夫，位亚九列。及魏大将军邓艾入阴平，后主使群臣会议，计无所出。或以为蜀与吴本为和国，宜可奔吴；或以为南中七郡阻险斗绝，易以自守，宜可奔南。唯周以为自古无寄他国为天子者，乃上疏谏，遂从周策。刘氏无虞，一邦蒙赖，周之谋也。时晋文王为魏相国，以周有全国之功，封阳城亭侯。晋室践阼，除散骑常侍，不拜。

①董遇三余：《魏略·董遇传》：董遇，字季直，弘农（今河南灵宝）人。性格质朴，不善言辞，爱好学习。董遇与哥哥董季中以采野稻卖钱为生，干活时随身携带经书，稍有闲暇便加习读。魏明帝时，官至大司农。起初，董遇精通《左传》，为《老子》作训诂注释，还著有《朱墨别异》。有人向他求学，董遇不肯教，要求他先把书读上百遍。董遇说："读百遍而义自见。"求学的人说："您说的都对，遗憾没有时间这样做。"董遇说："学习要利用好'三余'，冬天农活不多，是一年之闲暇；夜晚停止劳作，是一日之闲暇；阴雨天无法劳作，也是闲暇时间。这些闲暇，皆为时间之余，都是读书的好时

候。"余：剩余、多余，这里指空闲，闲暇之时。

②谯周独笑：《三国志·蜀志十二·谯周传》：谯周，字允南，巴西郡西充（今四川阆中西南）人。爱好古典，笃志于学，家境贫寒，却不治家产。诵读经典古籍，能一个人高兴得笑起来，以至于废寝忘食。谯周潜心研究六经，尤其精通《尚书》《礼记》，对天文也颇有心得。调任光禄大夫，官位仅次于九卿。

在魏国大将军邓艾攻下阴平后，迫近蜀都，后主刘禅请群臣一起商议对策，人人计无所出。有人认为蜀国和吴国本来关系友好，可以投奔吴国；有人认为南中的七个郡县地势阻要，易守难攻，可以向南逃亡。只有谯周认为自古没有寄居在他国可以仍然为天子的，于是上书劝谏投降。刘禅听从了谯周的计策，刘氏家族没有祸患，全国蒙受恩惠，全靠谯周的谋略。

当时晋文王司马昭担任魏国的相国，因为谯周有保全国家之功，封他为阳城亭侯。晋室成立后，任命谯周为散骑常侍，其因病重未能接受任命。

将闾仰天^①，王凌呼庙^②

《史记》：秦公子将闾，昆弟三人。二世胡亥，信赵高之谋，囚于内宫，议其罪。使使令将闾曰："公子不臣，罪当死，吏致法焉！"将闾曰："阙廷之礼，吾未尝不从宾赞也；廊庙之位，吾未尝敢失节也；受命应对，吾未尝敢失辞也，何谓不臣？愿闻罪而死！"使者曰："臣不得与谋，奉书从事。"将闾仰天大呼天者三，曰："天乎，吾无罪！"昆弟三人皆流涕，拔剑自杀。

《魏志》：王凌，字彦云，太原祁人。为征东将军，都督扬州诸军事，累迁太尉，假节钺。谋废齐王，立楚王彪。嘉平三年，凌诈言吴人塞涂水，请发兵以讨之。司马宣王知其计，不听，自帅中军，泛舟到甘城，凌计无所出，乃迎于武丘，面缚水次，曰："凌若有罪，公当折简召凌，何苦自来邪？"宣王曰："以君非折简之客故耳。"即以凌归于京师，道经贾逵庙，凌呼曰："贾梁道，王凌是大魏忠臣，惟尔有神知之！"至项，仰鸩而死。六月，宣王疾，梦凌、逵为祟，遂薨。

①将闾仰天：将闾，秦始皇庶子。《史记·秦始皇本纪第六》：秦二世胡亥听信赵高的计谋，将秦公子将闾兄弟三人，囚禁在内宫，议定他们的罪状。秦二世派使者对将闾宣判说："诸位公子不守臣道，罪当处死，现在狱吏来执法了！"将闾说："宫廷的礼节，我从来不敢违背掌管礼仪的宾赞的指导；朝廷上的位次，我从来不敢有所僭越；奉命对答，我从来不敢失言。为什么说我不守臣道呢？我希望知道自己犯了哪条罪过，好死得明白！"使者说："议定您的罪过时我没有参与，我现在只是奉命行事。"将闾仰天大

呼，连喊三次："苍天啊！我没有罪过！"兄弟三人都痛哭流涕，然后拔剑自杀。

②王凌呼庙：《三国志·魏志二十八·王凌传》：王凌，字彦云，太原祁（今山西祁县）人。魏齐王曹芳正始初年，王凌被任命为征东将军，都督扬州诸军事。后升迁为太尉，授予符节斧钺。王凌、令狐愚密谋废除齐王曹芳，而改立楚王曹彪为帝。

嘉平三年，王凌谎称吴国人堵塞了涂水，请求发兵征讨。宣王司马懿知道这是王凌的阴谋，不同意发兵，并亲率中军，泛舟直逼甘城。王凌无计可施，在武丘迎接司马懿，反绑双手等在河边，说："王凌若有罪，您用半片竹简就可以将我召回，何苦亲率大军前来呢？"宣王说："因为你不是半片竹简可以召来的客人啊！"

于是将王凌押归京师，途中经过贾逵庙，王凌大呼说："贾梁道，我王凌是大魏忠臣，你有神通，只有你能够知道我啊！"途经项地，喝毒酒而死。六月，宣王司马懿生病，梦见王凌、贾逵作祟，受惊吓而死。

二疏散金^①，陆贾分橐^②

　　《前汉》：疏广，字仲翁，东海兰陵人。兄子受，字公子。宣帝时，广为太子太傅，受为太子少傅，每朝，因进见，太傅在前，少傅在后，父子并为师傅，朝廷以为荣。后广谓受曰："吾闻知足不辱，知止不殆，功成身退，天之道也。岂如归老故乡，以寿命终。"父子遂乞骸骨，上赐黄金二十斤，太子赠五十斤，公卿大夫、故人邑子设祖道，供帐东都门外，送者车数百两。既归乡里，日具酒食，请族人、故旧、宾客相与娱乐，趣卖金以供具。或劝买田宅，广曰："吾顾自有旧田庐，令子孙勤力其中，足以供衣食。此金，圣主所以惠养老臣也，故乐与乡党宗族共飨其赐，以尽吾余日。"族人悦服，皆以寿终。

　　《前汉》：陆贾，楚人，有口辩。时中国初定，尉佗平南越，因王之。高祖使贾赐佗印，为南越王。贾至，尉佗椎髻箕踞见贾，贾因说佗。佗蹶然起谢贾，留与饮数月，赐贾橐中装直千金，他送亦千金。贾令佗称臣奉汉约，归报，高祖大说，拜太中大夫。孝惠时病免，以好畤田地善，往家焉。有五男，乃出橐中装卖千金分其子，子二百金，令为生产。贾常乘安车驷马，从歌鼓瑟侍者十人。宝剑直百金，谓其子曰："与女约，过女，女给人马酒食，极饮十日而更，所死家得宝剑。"后为陈平画数事，平用其计，乃以奴婢百人、车马五十乘、钱五百万，遗贾为食饮费，贾以此游汉廷公卿间，名声藉甚。及诛吕氏，立孝文，贾颇有力，以寿终。

　　①二疏散金：《汉书·疏广列传第四十一》：疏广，字仲翁，东海兰陵（今山东枣庄兰陵）人。疏广哥哥的儿子疏受，字公子。汉宣帝时，疏广为

太子太傅，疏受为太子少傅。太子每次上朝觐见皇上，总是太傅在前，少傅在后。疏广、疏受叔侄二人同为太子师傅，在整个朝廷上下荣耀无限。

后来疏广对疏受说："我听说一个人知道满足就不会遭受别人的羞辱，知道什么时候该停止就不会遭遇危险。功成之后，让自己全身而退，这是天道规律。现在我们身居高位，不如辞官回乡，颐养天年。"

于是叔侄二人请求告老还乡，皇上赐给黄金二十斤，太子又赠五十斤，公卿大夫、亲朋好友以及京城人士设宴长安东都门，为二人饯行，送行者的车辆达数百辆。回到乡里，每天置办酒席，请族人、故旧等宾客宴饮娱乐，督促家人把朝廷赏赐的金子卖掉以供应每天的饮食。有人劝疏广购置田地与住宅，疏广说："子孙们原本都有自己的田地和房屋，如果子孙们奋力经营，足以满足生活所需。这些金子，是圣明的君主恩赐给我用来养老的，我每天与大家宴饮是因为我愿意和大家共同分享皇上的恩赐，以此度过余生。"族人们对他心悦诚服，疏广、疏受二人都得以寿终正寝。

②陆贾分橐：《汉书·陆贾列传第十三》：陆贾，楚国人，有辩才。当时汉朝初建，国家刚刚稳定，尉佗平定南越后，自立为王。高祖派陆贾赐尉佗印，封他为南越王。

陆贾到后，尉佗把发髻梳得像锥子，箕踞而坐，非常无礼地接见陆贾。通过陆贾的说教，尉佗幡然醒悟，大惊而起向陆贾赔礼道歉，留他宴饮数月，赐给陆贾的珍宝价值千金，赠送的其他礼物也价值千金。陆贾让尉佗向汉称臣并遵守汉朝的条约。陆贾回来上报天子，高祖大为喜悦，任陆贾为太中大夫。

汉惠帝时，陆贾称病离职，因为好畤那个地方的田地肥沃，就搬去定居。陆贾有五个儿子，他将出使南越时所得财物分给儿子们，每人二百金，让他们用这些钱去生产经营。陆贾经常乘坐四匹马拉的安车出行，由十位歌舞奏乐的侍者随从。陆贾有一把价值百金的宝剑，对儿子们说："我和你们约定好，我到谁家，谁家都要给我准备饮食，给我的马准备草料，我最多在一家待十天然后更换下一家，我最后死在谁家，这把宝剑归谁所有。"

后来为陈平出谋划策，陈平采用了他的计谋。陈平送陆贾奴婢一百人、车马五十乘、钱五百万，作为陆贾吃饭饮酒的费用，陆贾用这些钱当经费在朝廷公卿间交往，名望很高。后来吕氏家族被诛灭，立汉文帝为皇帝，陆贾出力很大，最后得以寿终正寝。分橐：橐，指装宝玉类宝物的口袋，这里指宝物。分橐，指陆贾把出使南越得到的宝物分给儿子们。

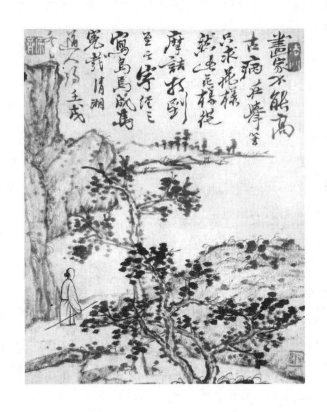

慈明八龙^①，祢衡一鹗^②

  《后汉》：荀爽，字慈明，颍川颍阴人。父淑，字季和，举贤良方正，对策，补朗陵侯相，莅事明理，称为神君。有子八人：俭、绲、靖、焘、汪、爽、肃、旉，并有名称，时人谓"八龙"。爽幼好学，十二通《春秋》《论语》，太尉杜乔见而称之曰："可为人师。"爽耽思经书，庆吊不行，征命不应，颍川为之语曰："荀氏八龙，慈明无双。"献帝即位，董卓辅政，征之，爽欲遁不得，就拜平原相。行至宛陵，追为光禄勋。视事三日，拜司空。自被命，及登台司，九十五日。因从迁都长安。爽见卓忍暴，必危社稷，辟举才略之士，将共图之。会病薨。

  《后汉》：祢衡，字正平，平原般人。少有才辩，尚气刚傲，好矫时慢物。游颍川，乃阴怀一刺，既而无所之，至于刺字漫灭。时许都新建，贤士大夫四方来集。或问衡曰："盍从陈长文、司马伯达乎？"对曰："吾安能从屠沽儿耶！"又问："荀文若、赵稚长云何？"衡曰："文若可借面吊丧，稚长可使监厨请客。"唯善孔融、杨修，常称曰："大儿孔文举，小儿杨德祖，余子碌碌莫足数。"融亦深爱其才。衡始冠而融四十，遂与为交友，上书荐之，有云："鸷鸟累百，不如一鹗。"融数称述于曹操，操以其言忤逆，送与刘表。表不能容，送与江夏太守黄祖。祖性急，衡言不逊，遂杀之，年二十六。

  ①慈明八龙：《后汉书·荀爽列传第五十二》：荀爽，字慈明，颍川颍阴（今河南许昌）人。父亲荀淑，字季和，被推举为贤良方正，对策讥讽权贵，被大将军梁冀记恨，调出京城补选为朗陵侯相。荀淑处理政务简明，通晓事

理，被称为神君。荀淑有八个儿子，名字分别为荀俭、荀绲、荀靖、荀焘、荀汪、荀爽、荀肃、荀旉。八个儿子皆有名声，人们称其为"八龙"。

荀爽自幼好学，十二岁就能通晓《春秋》《论语》，太尉杜乔见到他，称赞说："未来能成为世人的老师！"荀爽一心研习经书，邻里之间庆典吊唁这样的事情都不参加，朝廷征召他为官，不接受任命，颍川郡都说："荀氏八龙，慈明无双。"

汉献帝即位后，董卓辅政，再一次征召荀爽，荀爽推辞不掉，被任命为平原相。上任刚走到宛陵，又被追任为光禄勋。在任三天，又被任命为司空。荀爽从接受任命踏入仕途，到荣登三公，一共用了九十五日。荀爽随皇帝迁都长安，见董卓残忍暴虐，知道他未来必定危害社稷，尽量推举征用有雄才大略之士，以期未来有机会对抗董卓。后来荀爽因为生病而终。

②祢衡一鹗：《后汉书·文苑传·祢衡列传第七十》：祢衡，字正平，平原般县（今山东乐陵西南）人。少年有才，善于辩论，意气用事，待人接物桀骜不驯。游历颍川时，怀中暗藏名帖，因为无人值得拜访，以至于名帖被磨得字迹模糊。

当时许都新建，贤士大夫从四方云集而来。有人问祢衡："为什么不去依从陈长文（陈群）、司马伯达（司马朗）呢？"祢衡回答说："我怎么能跟从屠猪和卖酒之流呢！"又问："荀文若（荀彧）、赵稚长（赵融）怎么样？"祢衡说："荀文若长得还算漂亮，可借他的脸去吊丧，赵稚长大腹便便，是个吃货，请客可以让他来当厨子。"祢衡只和孔融、杨修友善。祢衡常说："大儿孔文举，小儿杨德祖，其余全部碌碌无为，不足挂齿。"孔融也深爱他的才华。当时祢衡刚二十岁，而孔融已到四十不惑之年，二人成为好友。孔融上书推荐祢衡，评价祢衡说："鸷鸟累百，不如一鹗。"

孔融多次向曹操推荐祢衡，曹操因为祢衡言语忤逆冒犯，将他送到荆州刘表处。刘表亦不能容忍祢衡，又把他送给江夏太守黄祖那里。黄祖是个性急之人，一次因为祢衡出言不逊，一怒之下将祢衡杀掉。祢衡死时年仅二十六岁。

不占殒车^①，子云投阁^②

《新序》曰：齐崔杼弑庄公，有陈不占者，闻君难，将赴之。比去，餐则失匕，上车失式，御者曰："怯如是，去有益乎？"曰："死君，义也，无勇，私也，不以私害公。"遂闻战斗之声，恐骇而死。人曰："不占可谓仁者之勇也。"

《前汉》：扬雄，字子云。年四十余，自蜀来游京师，大司马王音奇其文雅，召为门下史，与王莽、刘歆并。哀帝之初，又与董贤同官。当成、哀、平间，莽、贤皆为三公，权倾人主，所荐莫不拔擢，而雄三世不徙官。莽篡位，谈说之士用符命称功德，获封爵甚众，雄复不侯。以耆老久次，转大夫，恬于势利如是。及莽诛甄丰父子，投刘歆子棻四裔，辞所连及，便收不请。时雄校书天禄阁上，治狱使者欲收雄，雄恐不能自免，乃从阁自投下，几死。棻尝从雄学奇字，莽以雄素不与事，有诏勿问，然京师为之语曰："惟寂寞，自投阁。爱清净，作符命。"盖以雄《解嘲》之言讥之也。雄家贫嗜酒，人希至门。时有好事者，载酒肴从游学，而侯芭尝从雄居，受《太玄》《法言》焉。刘歆谓曰："今学禄利者，尚不能明《易》，又如《玄》何？吾恐后人用覆酱瓿也。"雄笑而不应。年七十一，卒，侯芭为起坟。

①不占殒车：《新序·义勇第八》曰：齐国崔杼杀了齐庄公，齐国大夫陈不占，听闻齐君遇难，准备前去救援。出发前，吓得吃饭拿不住汤匙，乘车抓不住车轼，驾车的人说："你吓成这样，就算去了有什么用？"陈不占说："愿为国君殉命，是道义公理，没有勇气，是个人私事，我不能因私害公。"

于是奔赴战场，听到厮杀之声，惊骇而死。人们说："陈不占真可谓是仁者之勇啊！"

②子云投阁：《汉书·扬雄传第五十七》：扬雄，字子云，蜀郡成都（今四川成都）人。四十多岁的时候，从蜀郡到京师游历。因文章雅致，扬雄得大司马王音赏识，被召为门下史。与王莽、刘歆并列。哀帝初年，又和董贤同官。汉成帝、汉哀帝、汉平帝年间，王莽、董贤都做了三公，权力超过皇帝，凡是他们推荐的都会被提拔，而扬雄在以上三个皇帝的任期内都得不到升迁。

王莽篡位后，一些花言巧语的人谎称天降符兆，歌颂王莽功德，获封爵位者甚众。扬雄仍然没有机会封侯，只是因为年龄长，资历老而被提升为大夫。扬雄就是如此淡泊权势名利。刘歆、甄丰本来都为上公，甄丰的儿子甄寻、刘歆的儿子刘棻因为献符命得罪。王莽诛杀甄丰父子，又把刘歆的儿子刘棻流放到四裔，凡所牵连之人，可立即逮捕不用奏请。当时扬雄在天禄阁校书，办案的使者要逮捕他。扬雄怕自己无法逃脱干系，就从天禄阁跳下，差点儿摔死。扬雄受牵连的原因是，刘歆曾让儿子刘棻跟随扬雄学习奇字。奇字是王莽时根据古文加以改变而成的一种文字。王莽知道扬雄素来不参与政治事件，专门下诏对他不予追究。然而京师都说："惟寂寞，自投阁。爱清净，作符命。"这是用扬雄作品《解嘲》中的话来嘲笑扬雄。

扬雄家贫，嗜好饮酒，很少有人登门。当时有好事者，带着酒肴跟他学习。巨鹿侯芭曾经跟着扬雄学习，生活起居都在一起，学习《太玄》《法言》。刘歆曾说："现在的学者拿着俸禄，还弄不明白《易经》，更何况你写的《太玄》啊？你写的这些东西恐怕后人只会用来糊酱菜坛子了。"扬雄笑而不回应。扬雄七十一岁去世，侯芭为他修坟，守丧三年。

魏舒堂堂①，周舍鄂鄂②

　　《晋书》：魏舒，字阳元，任城樊人。少孤，为外家宁氏所养。宁氏起宅，相者云："当出贵甥。"外祖母以魏氏甥小而慧，意谓应之，舒曰："当为外氏，成此宅相。"舒姿望秀伟，饮酒石余，迟钝质朴，不为乡亲所重。不修常人之节，不为皎厉之事，每欲容才长物，终不显人之短。年四十余，对策升第，迁尚书郎。时欲沙汰郎官，非才者罢之，舒曰："吾即其人也。"襥（pú）被而出。转相国参军，文帝深器重之，每朝会罢，目送之曰："魏舒堂堂，人之领袖也。"及山涛薨，领司徒。陈留周震，累为诸府所辟，辟书既下，公辄丧亡，佥（qiān）号震为"杀公掾"。舒辟之，竟无患，识者称其达命。年老逊位，赐几杖安车驷马，门施行马，时论以为晋兴以来，三公能辞荣善终者未之有。

　　《史记》：晋大夫赵简子，有臣曰周舍，好直谏。周舍死，简子每听朝，常不悦。大夫请罪，简子曰："大夫无罪。吾闻千羊之皮，不如一狐之腋。诸大夫朝，徒闻唯唯，不闻周舍之鄂鄂，是以忧也。"

　　①魏舒堂堂：《晋书·魏舒列传第十一》：魏舒，字阳元，任城樊县（今山东兖州西南）人。幼年丧父，被外祖父宁氏家收养。宁氏家建房子，懂风水的人说："从你们家的宅相看，你家的外甥能够成为贵人。"外祖母因为外甥魏舒年幼聪慧，认为未来的贵人就是他。魏舒说："我定要为外祖父家实现外甥为贵人的宅相。"魏舒姿容相貌英俊伟岸，酒量很大，能饮一石以上。性格迟钝淳朴，不为乡亲所看重。不学习普通人的交往礼节，不做沽名钓誉的事情。能包容帮助别人，而不揭人短。

魏舒四十多岁时，应答策问并考中，升迁到尚书郎。当时要遴选郎官，不称职的就淘汰免职。魏舒说："我是应该被淘汰掉的人。"卷起被褥径直离去。转任相国参军，被晋文帝器重，每次朝会结束，晋文帝都会目送魏舒离开，说："魏舒相貌堂堂，是众人之领袖。"

后来山涛去世，魏舒兼任司徒。陈留周震多次被不同的官府征召，每次聘书下达后，征召他的官员就会死掉，众人为周震起名号叫"杀公掾"。魏舒辟用他，最终安全无患，知情者都说魏舒是个通达知命之人。魏舒年老后让位，朝廷赐给他案几拐杖，安车驷马，准许门前设置鹿角木架。人们认为，魏舒是晋兴以来，三公中能在荣耀巅峰急流勇退，得以善终的仅有之人。

②周舍鄂鄂：周舍，晋国大夫赵简子的家臣，喜欢直言进谏。《史记·赵世家第十三》：晋国大夫赵简子，有位家臣名叫周舍，喜欢直言进谏。周舍死后，赵简子每次听朝，看起来都很不开心。大夫们请罪，赵简子说："大夫们你们没有过错。吾闻千羊之皮，不如一狐之腋。大夫们上朝，我只听到你们唯唯诺诺的声音，却再也听不到周舍直言争辩的声音，所以我心有烦忧啊！"鄂鄂：直言争辩的样子。鄂：通"谔"。

无盐如漆①，姑射若冰②

《古列女传》：钟离春者，齐无盐邑之女，宣王正后也。为人极丑无双，臼头深目，长指大节，昂鼻结喉，肥项少发，折腰出胸，皮肤若漆。年四十，无所容入，炫嫁不售，乃拂拭短褐，自诣宣王，愿备后宫之扫除。宣王方置酒于渐台，左右闻之，掩口大笑。王召见之，无盐为陈四殆，王于是立拆渐台，罢女乐，退谄谀，去雕琢，进直言，延侧陋，立太子，拜无盐为后，而齐因大安。

《庄子》曰：藐姑射（yè）之山，有神人居焉，肌肤若冰雪，绰约若处子。不食五谷，吸风饮露，乘云气，御飞龙，而游乎四海之外。

①无盐如漆：《列女传卷六·辩通传·齐钟离春》：钟离春，是齐国无盐县的女子，是齐宣王的正后。钟离春长得奇丑无比，头像春臼，眼窝深陷，手指很长，关节粗大，鼻孔上翻，喉有大结，脖子肥大，头发稀少，驼背鸡胸，皮肤漆黑。年过四十，还没有成家，自我炫耀不已，以至嫁不出去。

一天，钟离春整理好自己的粗麻衣裳，前去请求拜谒齐宣王，愿做宣王姬妾，为之扫除后宫。宣王正在渐台宴饮，左右闻言，掩口大笑。宣王召见钟离春，钟离春向宣王陈述了齐国面临的四大危险。宣王听后，下令立刻拆除渐台，停止女乐，贬退谄谀之人，除掉雕琢伪饰，广纳直言，延请地位低微的贤能之士，册立太子，拜请无盐为王后，齐国因此大为安宁。

②姑射若冰：《庄子·逍遥游》：在遥远的姑射山，有神人居住，肌肤若冰雪一样洁白，姿态婀娜就像处女一样妙曼。不吃五谷，吸清风，喝露水，乘云气，驾驭飞龙，而畅游于四海之外。

郏子投火①，王思怒蝇②

《左氏传》：郏子在门台，临廷。阍以瓶水沃廷，郏子望见之，怒，阍曰："夷射姑旋焉。"命执之，弗得，滋怒。自投于床，废于炉炭，烂，遂卒。庄公下急而好洁，故及是。庄公，即郏子谥；旋，小便；废，堕也。

《魏志》：王思，济阴人。领豫州刺史。思能吏，然苛碎无大体，官至九卿，封列侯。《魏略》曰：思性急，尝执笔作书，蝇集笔端，驱去复来，如是再三。思恚怒，自起逐蝇，不能得，还取笔，掷地蹋坏之。

①郏子投火：《左传·定公三年》：郏庄公在门楼上，俯瞰庭院，见到守门人用瓶子盛水往庭院里洒。郏庄公看到后大怒，门人说："因为刚才夷射姑在这里撒尿了。"郏庄公命人去捉拿夷射姑，没有抓到。郏庄公更为生气，从床上跳下来，不小心倒在炉炭上，浑身烧伤溃烂。就这样，郏庄公死掉了。郏庄公性格暴躁又有洁癖，所以才发生了这样的事故。

②王思怒蝇：《三国志·魏志十五·梁习传》：王思，济阴（今山东定陶）人。兼任豫州刺史。王思从政能力很强，官至九卿，封列侯。然而他办事苛求细节，没有大的格局。《魏略·苛吏传》载：王思性急，曾执笔写信，一只苍蝇落在笔端，赶走就再飞回来，这样反复好几次。王思大怒，起身追赶苍蝇，没有抓到，回来抓起笔，掷在地上，用脚完全踩坏才罢休。

苻朗皂白①，易牙淄渑②

《晋书》：苻朗，字元达，略阳临渭氐人。坚从兄子，拜青州刺史，降晋，加员外散骑侍郎。既至扬州，风流迈于一时，超然自得，善识味，咸酢及肉，皆别所由。会稽王为设盛馔，极江左精肴，食讫，问曰："关中之食，孰若此？"答曰："皆好，惟盐味小生耳。"既问宰夫，皆如其言。或人杀鸡以食之，既进，朗曰："此鸡栖常半露。"检之皆验。又食鹅肉，知黑白之处，人不信，记而试之，无差。时人咸谓知味。

《列子》引孔子曰：淄渑之合，易牙知之。易牙，齐大夫，善闻味，辨淄渑二水，但尝而知之也。

①苻朗皂白：《晋书·载记第十四·苻朗传》：苻朗，字元达，略阳临渭（今甘肃秦安东南）的氐族人。苻朗是苻坚堂兄的儿子，官拜青州刺史，投降晋朝后，加任员外散骑侍郎。到扬州后，卓尔不凡，远超常人，并能超然自得。苻朗善于品尝美味，咸、酸及肉，能知道他们各自食性。会稽王司马道子设盛宴款待苻朗，极尽江南佳肴。吃完饭，司马道子问："关中的食物，和这些食物相比，哪个更好一些？"苻朗回答说："都很好，只是盐的提炼不足，味道稍欠。"后来问厨师，果如其言。

有人杀鸡给苻朗吃，端上来后，苻朗说："这只鸡栖息时常常一半进窝一半在外面露着。"核实后证明苻朗说得很对。又有一次吃鹅肉，苻坚能知道鹅身上黑毛、白毛长在什么位置。人们不信，记下来再试苻朗，说的一点不差。当时人们都认为他能够知味。皂白：黑与白。

②易牙淄渑：《列子·说符》引用孔子的话：从淄河和渑河中取水，倒在

一起，易牙品尝一下就能分辨出来两种河水比例的多少。易牙，是齐国大夫，善闻味，能辨别出淄河和渑河中水的不同，只需稍加品尝就能知道。

周勃织簿^①，灌婴贩缯^②

《前汉》：周勃，其先卷人。徙沛，以织簿曲为生，常以吹箫给丧事，材官引强。高祖起，勃以中涓从攻战，以功封绛侯。勃为人木强敦厚，高帝以为可属大事。勃不好文学，每召诸生说事，东乡坐责之："趣为我语。"其椎鲁少文如此。

《前汉》：灌婴，睢阳贩缯者也，以中涓从高祖。及项籍败垓下，婴以御史大夫将军骑，别追至东城破之，所将卒五人共斩籍，以功赐爵颍阴侯。文帝时为丞相。

①周勃织簿：《汉书·周勃列传第十》：周勃，祖先是卷县人。后来迁徙到沛县，以编织养蚕的器具为生。常给办丧事的人家吹箫，力气很大，能拉开强弓。高祖起义，周勃以侍从身份参战，因功封绛侯。周勃为人质朴耿直，敦厚忠诚，高帝以为可托付大事。周勃不爱好文学，每次召见诸生谈事，周勃就面向东坐着斥责他们："有话快说！"他质朴无文就是这个样子。簿：这里是指养蚕的器具。

②灌婴贩缯：《汉书·灌婴列传第十一》：灌婴，是睢阳县（今河南商丘南）贩卖丝织品的商人，以侍从官的身份追随高祖。等到项羽兵败垓下，灌婴以御史大夫身份率骑兵追击项羽到东城，大破敌军，手下的五名士兵合力将项羽杀掉。以功被赐予颍阴侯爵位，文帝时灌婴任宰相。缯（zēng）：古代对丝织物的总称。

马良白眉^①，阮籍青眼^②

《蜀志》：马良，字季常，襄阳宜城人。弟兄五人，并有才名，乡里为之谚曰："马氏五常，白眉最良。"良眉中有白毛，故以称之。先主称尊号，以良为侍中。及东征吴，遣良入武陵，招纳五溪蛮夷。蛮夷渠帅，皆受印号，咸如意指。

《晋书》：阮籍，字嗣宗，陈留尉氏人。为散骑常侍，转从事中郎。闻步兵厨营人善酿，有贮酒三百斛，乃求为步兵校尉。籍不拘礼教，能为青白眼，见礼法之士以白眼对之。母终，嵇喜来吊，籍作白眼，喜不怿而退。喜弟康闻之，乃赍酒挟琴造焉，籍大悦，乃见青眼。由是礼法之士，疾之如仇。籍率意独驾，不由径路，车迹所穷，辄痛哭而反。

①马良白眉：《三国志·蜀志第九·马良传》：马良，字季常，襄阳宜城（今湖北宜城南）人。弟兄五人，才华出众，皆有名声，乡里谚语说："马氏五常，白眉最良。"马良眉中有白毛，所以称他为白眉。刘备称帝，任命马良为侍中。刘备向东征讨吴国，派马良到武陵，招纳五溪的蛮夷部落。各部首领都愿归顺，接受蜀汉的官印和封号。刘备非常满意。

②阮籍青眼：《晋书·阮籍列传十九》：阮籍，字嗣宗，陈留尉氏（今河南尉氏）人。为散骑常侍，转从事中郎。阮籍听闻步兵食堂的厨师擅长酿酒，有存酒三百斛，就请求担任步兵校尉。阮籍不拘礼节，能作青白眼，见到恪守俗礼之人就翻出白眼对着他。阮籍的母亲去世，嵇喜来吊唁，阮籍翻出白眼，嵇喜不高兴地走了。嵇喜的弟弟嵇康听闻阮籍母亲去世，带着酒和琴来拜访。阮籍大喜，这才露出青眼。于是那些维护礼法之士，疾之若仇。

阮籍做事率性而为，经常一个人驾车，不沿道路行进，而是信马由缰，走到穷途末路，毫无车辙痕迹，就痛哭而返。

黥布开关^①，张良烧栈^②

《前汉》：黥布，六人，姓英氏。少时客相之，当刑而王，及壮坐法，黥，欣然笑曰："人相我当刑而王，几是乎？"闻者笑之。布以论输骊山，骊山之徒数十万人，布与其徒长豪杰交通，乃率其曹耦，亡之江中为群盗，众数千人。后以兵属项梁，楚兵常胜，功冠诸侯，兵皆服属楚者，以布数以少败众也。项籍引兵西至关，不得入，又使布等先从间道，破关下军，遂得入。至咸阳，布为前锋，项羽封诸将，立布为九江王。归汉，封淮南王。

《前汉》：项羽自立为西楚霸王，王梁、楚地。更立沛公为汉王，王巴、蜀、汉中。汉王就国，张良辞归韩，汉王送至褒中，因说汉王，烧绝栈道，以备诸侯盗兵，亦示羽无东意。乃使良还行，烧绝栈道。

① 黥布开关：《汉书·黥布列传第四》：黥（qíng）布，即英布，六县（今安徽六安东北）人，与韩信、彭越并称汉初三大名将。黥布少年时，有客人给他看相，说他当在受刑之后称王。到了壮年犯法被施以黥刑，黥布高兴地说："有人给我看相说我当受刑后称王，看来差不多要应验了！"听闻者都笑话他。按黥布所犯之罪论，他应该被送到骊山服劳役。骊山的刑徒有数十万众，黥布与刑徒的头目以及刑徒中的豪杰之士来往，率领这些人逃亡至长江附近群居为盗，数量有上千人之多。

后来带领大家归属项梁，楚兵常胜，在各路诸侯中功劳最大。大家之所以都服从归属楚军，是因为黥布多次以少胜多击败秦军。项羽引兵西上，直至函谷关，不能进入，又派黥布等人先从小道偷袭，击败守军，这才得以入关。到咸阳后，黥布为前锋，项羽封赏诸位将领，封黥布为九江王。后来归附汉王刘邦，被封为淮南王。

②张良烧栈：《汉书·高帝纪第一》：项羽自立为西楚霸王，据梁、楚之地为王。立沛公为汉王，统领巴蜀、汉中之地。汉王去自己的封国，张良辞别汉王回韩国，汉王送他到褒中。张良建议汉王烧断栈道，以防有人从后面偷袭，此举同时向项羽表明无向东发展的决心。刘邦这才让张良出发，与之告别，同时命人烧断栈道。

陈遗饭感^①，陶侃酒限^②

《南史》：宋初，吴郡陈遗少为郡吏，母好食铛底焦饭，遗在役，常带囊，每煮食，辄录其焦以贻母。后孙恩乱，聚得数升，常带自随。及败逃窜，多有饿死，遗以此得活。母昼夜泣涕，目为失明，耳无所闻。遗还，入户再拜号咽，豁然即明。

《晋书》：陶侃，字士行，鄱阳人。徙浔阳，早孤贫，为县吏。孝廉范逵尝过侃，时仓卒无以待宾客，其母截发得双髲（bī），以易酒肴，乐饮极欢，虽仆从亦过所望。拜太尉，都督荆江等诸军事，长沙郡公。侃每饮酒，有定限，常欢有余而限已竭。属吏殷浩等劝更少进，侃曰："年小曾有酒失，亡亲见约，故不敢逾。"

①陈遗饭感：陈遗，吴郡（今江苏苏州）人，少为郡吏，事母至孝。《南史·陈遗列传第六十三》：南朝宋初，吴郡人陈遗年轻时为郡吏，母亲爱吃锅底焦饭。陈遗在外供职的时候，常带一布袋子，每次煮饭，就把锅底烧焦的饭装在袋子里留给母亲。后来孙恩叛乱，陈遗已积攒了好几升焦饭，常随身携带。百姓四散逃窜，很多人被饿死，陈遗因为这些焦饭得以存活下来。母亲因为担心昼夜哭泣，导致眼睛失明，耳朵也听不见了。陈遗回到家里，进入房间向母亲拜了两次，号啕大哭，泪尽继之以悲咽，母亲的眼睛突然就明亮了。

②陶侃酒限：《晋书·陶侃列传第三十六》：陶侃，字士行，鄱阳（今江西九江）人，父早丧。后来迁居浔阳，担任县吏。孝廉范逵曾经造访陶侃，因为来得突然，猝不及防间没有接待贵宾的食物，陶侃的母亲就剪了头发

做成两个假发换酒菜，饮食丰隆，宾主极欢而散。就算是范逵的仆人也被高标准接待，出乎他的意料。

陶侃后来官拜太尉，都督荆江等诸郡的军事，封长沙郡公。陶侃每次饮酒，都先规定好喝酒的量，经常是还未尽兴酒就喝完了。下属殷浩等劝陶侃再多喝一点儿，陶侃说："年轻时曾酒后犯错，当时与父母约定饮酒要有度，现在父母虽然故去，但是不敢违反约定。"

楚昭萍实^①，束皙竹简^②

《家语》：楚昭王渡江，江中有物大如斗，圆而赤，直触王舟。舟人取之，王怪，问群臣，莫能识。使使聘鲁问孔子，孔子曰："此萍实也，可剖食之，吉祥也，惟霸者为能获焉！"使者反，王遂食之，大美。久之，使来以告鲁大夫，大夫因子游问曰："夫子何以知其然？"曰："吾昔之郑，过陈之野，闻童谣曰：'楚王渡江得萍实，大如斗，赤如日，剖而食之甜如蜜。'此楚王之应，吾是以知之。"

《晋书》：束皙，字广微，阳平元城人，汉疏广之后。广曾孙避难徙居，因去疏之足，遂改姓焉。皙博学多闻，少游国学，后为佐著作郎。初，太康二年，汲郡人盗发魏襄王墓，或言安釐王冢，得竹书数十车，武帝以其书付秘书，校缀次第，寻考指归，而以今文写之。皙在著作，得观竹书，随疑分释，皆有义证。迁尚书郎。时人有于嵩高山下得竹简一枚，上两行科斗书，传以相示，莫有知者。司空张华以问皙，皙曰："此汉明帝显节陵中策文。"检验果然，时人服其博识。

①楚昭萍实：楚昭，指楚昭王，春秋时楚国国君。《孔子家语•致思第八》：楚昭王渡江时，江中有个东西，大如斗，圆而赤，径直撞到楚昭王的船上。划船人把它从江中捞上来。昭王很奇怪，问群臣这是什么，没有人知道。楚王派使者到鲁国问孔子，孔子说："这个东西叫萍实，可以切开吃。这是个吉祥之物，只有能称霸诸侯的人才会得到它！"使者回来后，楚王就把萍实吃了，味道极美。很久之后，楚国使者又出使鲁国，把这件事情告诉了鲁国大夫。大夫通过子游问孔子："夫子是怎么知道萍实的呢？"孔子说：

"之前我到郑国，路过陈国野外，听到孩子们唱童谣：'楚王渡江得萍实，大如斗，赤如日，剖而食之甜如蜜。'楚王从江中得到这个东西就是童谣的应验，我是这样知道的。"

②束皙竹简：《晋书·束皙列传第二十一》：束皙，字广微，阳平郡元城（今河北大名东北）人，汉朝疏广之后。疏广的曾孙因为避难迁居，将"疎"（古同"疏"）字左边的"疋"去掉，改姓为"束"。束皙博学多闻，年轻时在太学学习，后担任佐著作郎。

当初，太康二年，汲郡人不准（fǒu biāo）盗掘魏襄王墓（一说是魏安釐王墓），得到竹书数十车。晋武帝将这些竹书交付给负责文献的秘书，对其进行校勘、补缀、排序、解读，用今文将它们再现。束皙任著作郎，有机会阅览竹书，遇到有疑问的地方则加以辨析，都有考证依据。

后来，束皙任尚书郎。有人在嵩高山下捡到一枚竹简，简上写有两行蝌蚪文字，大家相互传看，却没有人认识。司空张华问束皙，束皙说："这是汉明帝显节陵中的祭文。"检验后证明果如其言，人们都很佩服束皙的博识。

曼倩三冬^①，陈思七步^②

《前汉》：东方朔，字曼倩，平原厌次人。武帝举方正贤良文学材力之士，待以不次之位。四方士上书言得失，自炫鬻者以千数。朔上书曰："臣少失父母，长养兄嫂。年十三学书，三冬文史足用。十五学击剑，十六学诗书，诵二十二万言。十九学孙吴兵法，战阵之具，钲鼓之教，亦诵二十二万言。又常服子路之言。年二十二，长九尺三寸，目若悬珠，齿若编贝，勇若孟贲，捷若庆忌，廉若鲍叔，信若尾生。若此，可以为天子大臣矣。"朔文辞不逊，高自称誉，上伟之，令待诏公车。后常为郎，与枚皋、郭舍人俱在左右，诙啁而已。

《世说》曰：魏文帝尝令东阿王作诗，七步不成当行法，即应声为诗曰："萁在釜下燃，豆在釜中泣。本自同根生，相煎何太急。"帝深有惭色。东阿，即陈思王，曹植旧封。

①曼倩三冬：《汉书·东方朔传第三十五》：东方朔，字曼倩，平原厌次（今山东惠民东，一说今山东陵县东北）人。汉武帝即位后，征召天下贤良方正和有文学才能的人，给予破格录用。四方人士纷纷上书畅谈政治治理的方法与得失，自我炫耀以求被皇上赏识者有上千人。

东方朔上书说："臣父母早亡，由兄嫂抚养长大。我十三开始读书，用三年的时间精通文学和历史。十五岁学击剑，十六岁学《诗经》《尚书》，背诵二十二万字。十九岁学习孙吴兵法，有关作战阵形的布局、队伍进退的节奏等内容，我也背诵了二十二万字。信服子路关于治理千乘之国的言论。我今年二十二岁，身高九尺三寸，眼睛如明珠一样明亮，牙齿就像编成串的贝壳整齐洁白。有大力士孟贲的勇敢，像能手抓飞鸟的庆忌那样敏捷，像与朋友做生意却不求分金的鲍叔牙那样廉洁，像抱柱而死的尾生那样诚信。这样，我就可以做天子您的大臣了。"东方朔文辞不谦逊，过分自夸，汉武帝大为惊奇，认为东方朔不同寻常，安排他在公车署等待召见。后为常侍郎，与枚皋、郭舍人俱在皇上左右，非常诙谐幽默。

②陈思七步：陈思，指曹植，封陈王，谥思。《世说新语·文学》：魏文帝曹丕命东阿王曹植写诗，如果七步之内写不出来就被处死。曹植应声作诗："萁在釜下燃，豆在釜中泣。本自同根生，相煎何太急。"文帝面有惭色。东阿王，即陈思王，是曹植过去在东阿的封号。

刘宠一钱^①，廉范五裤^②

《后汉》：刘宠，字祖荣，东莱牟平人，拜会稽太守。山民愿朴，乃有白首不入市者，颇为官吏所扰。宠除烦苛，禁察非法，郡中大化。征为将作大匠。山阴县有五六耆叟，尨眉皓发，自若耶山谷间出，人赍百钱以送宠，宠劳之曰："父老何自苦？"对曰："山谷鄙生，未尝识郡朝。它守时吏，发求民间，至夜不绝。明府下车以来，狗不夜吠，民不见吏。年老遭值圣明，今闻当见弃去，故自扶奉送。"宠为人选一大钱受之。后官至太尉。宠前后历宰二郡，累登卿相，而清约省素，家无货积。尝出京师，欲息亭舍，亭吏止之曰："整顿洒扫，以待刘公，不可得也。"宠无言而去，时人称其长者。

《后汉》：廉范，字叔度，京兆杜陵人。肃宗时，迁蜀郡太守，历以敦厚。成都民物丰盛，邑宇逼侧，旧制禁民夜作，以防火灾。而更相隐蔽，烧者日属。范乃毁削先令，但严使储水而已。百姓为便，歌曰："廉叔度，来何暮，不禁火，民安作，平生无襦今五裤。"在蜀数年，免归。

①刘宠一钱：《后汉书·循吏传·刘宠传第六十六》：刘宠，字祖荣，东莱牟平（今山东烟台牟平区）人。官拜会稽太守。山民朴实，有人到老连城都没进过，而官吏却经常骚扰他们。刘宠废除烦杂苛刻的法令，监察禁止非法行为，于是郡中风气大为改观。

刘宠被任命为将作大匠，山阴县有五六个老人，眉毛头发花白，从若耶山谷中走出，每人拿一百钱送给刘宠。刘宠劝慰他们说："老人家们如此辛苦地来找我，有什么事情吗？"老人们回答："我们是山里的粗俗之人，从来没有见过郡守。之前的郡守经常派官吏到民间搜刮财物，直到深夜都不停止。您到任以来，从不扰民，狗在夜里不叫，也不见官吏来骚扰。我们在如此年迈的时候遇到您这么英明的郡守，真是幸运。可是听说您现在要弃我们而去，所以我们几个老朽相互搀扶着来送您一程。"刘宠象征性地从他们每人手中取过一枚大钱以示接受他们的好意。刘宠后来官至太尉。

刘宠担任过两个郡的郡守，多次担任卿相，而清淡简约，清廉朴素，家中没有积攒任何财产。一次出京师到外地公干，想在驿站客馆休息，亭吏阻止他说："客馆正在整顿，进行大扫除，是为了接待刘公，抱歉今天不能接待你。"刘宠没有表明身份，而是默不作声地离开，当时人们称赞他是忠厚长者。

②廉范五裤：《后汉书·廉范列传第二十一》：廉范，字叔度，京兆杜陵（今陕西西安东南）人。汉肃宗时，调任蜀郡太守，鼓励敦厚风气。成都繁荣富庶，物产丰富，人口众多，但是这里房屋建设得狭小逼仄。之前的规定是禁止民众夜间劳作，以防火灾。但是老百姓相互隐瞒躲避，夜里偷偷干活，所以火灾时有发生。

廉范撤销先前律令，只严格要求家家户户必须储备足够多的水。这一规定给百姓很多便利，于是歌颂廉范说："廉叔度，来何暮？夜里不禁火，百姓能织布，之前没短衣，现在有五裤。"廉范在蜀郡任职多年，后来因犯罪被免职后归乡。

氾毓字孤[1]，郗鉴吐哺[2]

　　《晋书》：氾毓，字稚春，济北卢人。奕世儒素，敦睦九族。客居青州，逮毓七世，时号其家"儿无常父，衣无常主"。少履高操，安贫有志业，武帝累召不就。

　　《晋书》：郗鉴，字道徽，高平金乡人。少孤贫，博览经籍，躬耕陇亩，吟诗不倦，以儒雅著名。成帝时为太尉。初，值永嘉丧乱，在乡里，甚穷馁，乡人以鉴名德，传共饭之。时兄子迈、外甥周翼并小，常携之就食。乡人曰："各自饥困，以君贤，欲共相济耳，恐不能兼有所存。"鉴于是独往，食讫，以饭著两颊边，还吐与二儿，后并得存，同过江。迈至护军，翼剡县令。鉴薨，翼追抚育之恩，解职席苫，心丧三年。

　　①氾毓字孤：《晋书·儒林·氾毓列传第六十一》：氾毓，字稚春，是济北卢（今山东长清西南）人。家里世代都出大儒，整个家族品行敦厚，相互和睦。客居青州，到氾毓已是七世，当时人们称赞他们"长辈关爱子辈，视所有子辈若己出，儿子没有固定的父亲；衣物根据需要分配，不私有，衣服没有固定的主人"。氾毓少年就有高尚的节操，固守贫困，志向远大。晋武帝反复征召，都没有赴任。字孤：抚养孤儿。字，哺育。

　　②郗鉴吐哺：《晋书·郗鉴列传第三十七》：郗鉴，字道徽，高平金乡（今山东嘉祥南）人。少年丧父，家境贫寒，博览经籍，亲自耕种，吟诵《诗经》不知疲倦，以儒雅著称。晋成帝时为太尉。

　　起初，永嘉之乱时，郗鉴在乡，穷困潦倒，饥寒交迫，乡人因为郗鉴有名声和德望，都馈赠食物给他。当时郗鉴哥哥的儿子郗迈、外甥周翼都年幼，郗鉴常带着他们一起去别人家吃饭。乡人说："现在家家都是食不果腹，因为你是一个贤良之人，所以接济你，恐怕无法兼顾其他人了。"郗鉴于是一人前往，吃完饭，把饭藏在两颊边，回家后吐给两个孩子吃，才使他俩得以存活，一起渡过长江。侄子郗迈担任护军，周翼官至剡县令。郗鉴死后，周翼追思郗鉴当年的抚育之恩，辞职后到郗鉴墓前，睡在草苫上，不穿孝服为郗鉴守丧三年。

苟弟转酷^①，严母扫墓^②

《晋书》：苟晞，字道将，河内山阳人。为兖州刺史，晞练于官事，文簿盈积，断决如流，人不敢欺。其从母依之，奉养甚厚。其子求为将，晞拒之曰："吾不以王法贷人，将无后悔。"固欲之，晞乃以为督护。后犯法，晞仗节斩之，从母叩头请救，不听。既而素服哭之流涕，曰："杀卿者兖州刺史，哭弟者苟道将。"其仗法如此。后领青州刺史，多置参佐，转易守令，以严刻立功，日加斩戮，流血成川，号曰"屠伯"。出屯无盐，以弟纯领青州，刑杀甚于晞，百姓号"小苟酷于大苟"。

《前汉》：严延年，字次卿，东海下邳人。迁河南太守，野无行盗，威震旁郡。其治务摧折豪强，扶助贫弱，贫弱虽陷法，曲文以出之；豪杰侵小民者，以文内之。众谓当死者，一朝出之；谓当生，诡杀之，吏民莫能测其意深浅。冬月，传属县囚，会论府上，流血数里，河南号曰"屠伯"。其母从东海来，到洛阳，见报囚大惊，止都亭不肯入府。延年至谒母，闭阁不见。延年免冠顿首阁下良久，乃见之，因数责延年："幸得备郡守，不闻仁爱教化，以全安愚民，顾多刑杀人，欲以立威，天道神明，人不可独杀。我不意当老见壮子被刑戮！行矣，去女东归，扫除墓地耳！"遂去。岁余，延年坐弃市，东海贤其母。延年兄弟五人，至大官，东海号曰"万石严妪"。

①苟弟转酷：《晋书·苟晞列传第三十一》：苟晞，字道将，河内郡山阳县（今河南焦作东）人。担任兖州刺史，苟晞处理政务干练高效，文簿堆满案头，他能决断如流，人们不敢欺骗。苟晞的伯母跟着苟晞生活，苟晞总是

尽力奉养伯母，不敢稍有怠慢。伯母的儿子请求担任军将，苟晞拒绝他说："我执法严格，不因私情宽饶枉法，将来你不后悔吗？"伯母的儿子执意为军将，苟晞就任命他为督护。后来伯母的儿子犯法，苟晞手拿节仗将他斩首，伯母叩头请求救他一命，苟晞不听。伯母的儿子死后，苟晞身穿素服痛哭流涕，说："杀你的人是兖州刺史，为你哭灵的人是苟道将。"苟晞执法就是如此的严格。后来兼任青州刺史，因为兼任太多，很多事情无暇顾及，只好增加僚属的数量，调换地方官吏。

苟晞以严厉苛刻立功，每天处理罪犯，都要斩首杀戮很多人，以至血流成河，人称"屠夫头子"。后来顿丘太守魏值被迫叛乱，苟晞领兵驻扎在无盐，让弟弟苟纯兼管青州，苟纯杀人比苟晞更甚，百姓称"小苟比大苟更残酷"。

②严母扫墓：《汉书·酷吏传·严延年第六十》：严延年，字次卿，东海下邳（今江苏睢宁北）人。升迁为河南太守，哪怕是郊野偏远之地也没有盗贼，威震别郡。严延年治理重在铲除豪强势力，扶贫助弱。如果贫弱之人触犯法律，就算曲解法律条文也要赦免其罪过；如果有豪强侵犯百姓，则加重案卷文辞将其逮捕入狱。众人认为应该被判处死刑者，却被突然释放；众人认为未犯死罪的人，却莫名其妙地被处死，官吏和民众都弄不清严延年的执法标准。

十一月，严延年要求所属各县把囚犯集中押解到郡上，统一论处死刑，以至于流血数里，河南号称"屠伯"。严延年的母亲从东海郡来，到洛阳后，见到处决囚犯，大惊，停在都亭不肯进入郡府。延年到都亭拜谒母亲，母亲闭门不见。严延年摘下帽子，在门外磕头，过了很久，母亲才开门见他，反复责备严延年说："你有幸成为郡守，没有听说你广施仁爱，推行教化，安定民众，却巧立罪名，大肆杀人，为自己立威。天道神明，杀人者不得善终！我不想等我垂垂老矣看到自己正当壮年的儿子被刑戮！我走了，和你告别，回到东海郡的老家，等着为你扫墓！"母亲于是就走了。

过了一年多，严延年犯罪被杀于市，东海郡都称赞严延年的母亲贤德智慧。严延年兄弟五人，都做了大官，东海郡称严母为"万石严妪"。

洪乔掷水①，陈泰挂壁②

《晋书》：殷羡，字洪乔，陈郡长平人。为豫章太守，都下人士因其致书者百余函，行次石头，皆投之水中，曰："沉者自沉，浮者自浮，殷洪乔不为致书邮。"其资性介立如此。

《魏志》：陈泰，字玄伯，司空群之子。为并州刺史，加振威将军，使持节护匈奴中郎将，怀柔吏民，甚有威惠。京邑贵人多寄宝货，因泰市奴婢，泰皆挂之于壁，不发其封。及征为尚书，悉以还之。

①洪乔掷水：《晋书·殷浩列传第四十七》：殷羡，字洪乔，陈郡长平（今河南西华东北）人，建元年间做豫章郡的太守。当他赴任时，京城很多人托他带信，数量达上百封。走到石头城时，殷羡把捎带的信全部投到水中，说："想要沉的就沉下去，想要浮的就浮起来，我殷羡不给人家当邮差！"殷羡的性格就是这样卓异不凡。金陵有投书渚，就是当年殷羡投书的地方。

②陈泰挂壁：《三国志·魏志二十二·陈泰传》：陈泰，字玄伯，颍川许昌（今河南许昌东）人。是司空陈群的儿子。为并州刺史，加授振威将军，授予符节，担任护匈奴中郎将，安抚优待并州官吏和民众，有威严和恩惠。很多京城达官贵人寄来钱财，请陈泰帮忙购买奴婢，陈泰总是把钱财挂在墙壁上，不启封。等到被征召入京担任尚书，再将这些钱财全部物归原主。

王述忿猜^①，荀粲惑溺^②

《晋书》：王述，字怀祖，东海太守承之子。安贫守约，不求闻达。性沉静，年三十尚未知名，人或谓之痴。累迁尚书令，屡居州郡，清洁绝伦，禄赐皆散之亲故。但性急为累，尝食鸡子，以箸刺之不得，大怒掷地，鸡子圆转不止，便下床以屐齿踏之，又不得，嗔甚，掇内（同"纳"）口中，以齿啮破，即出吐之。既跻重位，每以柔克为用。谢奕性粗，尝忿述，极言骂之，述无所应，面壁而已。居半日，奕去，复坐，人以此称之。

《荀粲传》曰：粲，字奉倩。常以妇人才智不足论，自宜以色为主。骠骑将军曹洪女，有美色，粲聘焉，容服帷帐甚丽，专房欢宴。历年后，妇病亡，傅嘏往唁，粲不哭而神伤。嘏问曰："妇人才色并茂为难，子遗才而好色，此自易遇，何哀之甚？"粲曰："佳人难再得，顾逝者不能有倾国之色，未可谓之易遇！"痛悼不能已，岁余亦亡。《世说》曰：奉倩与妇至厚，冬月妇病热，乃出中庭自取冷，还以身熨之。妇亡，奉倩后少时亦卒，以是获讥于世。

①王述忿猜：《晋书·王述列传第四十五》：王述，字怀祖，太原晋阳（今山西太原西南）人，东海太守王承之子。王述能够安于贫困，生活简约，不求闻达。直到三十岁还没有什么名声，有人认为他痴呆。

王述后来被提拔为尚书令，并多次担任州郡刺守，清廉绝伦，所得俸禄和赏赐都散给亲友故旧。但是王述性格急躁，他这个暴脾气有时会给自己的生活惹麻烦。王述一次吃鸡蛋，用筷子没有扎住，大怒，把鸡蛋扔在地上，鸡蛋滚个不停，王述便下地用木屐去踩，没踩住，更加生气，把鸡蛋捡起来放到嘴里，嚼碎后，吐在地上。

王述身居要职之后，为人处事却常常能保持温柔克制。谢奕性格粗暴，一次生王述的气，对王述破口大骂，王述不回应，只面壁而立。过了半天，谢奕离开，王述才回到座位上，人们都称赞王述克制、宽容。忿狷：愤恨、急躁。

②荀粲惑溺：《荀粲传》：荀粲，字奉倩，颍川颍阳（今河南许昌）人。他认为女子的才智无足称道，应以美色为主。骠骑将军曹洪的女儿貌美，荀粲娶她为妻，服饰帷帐华丽，宠爱加于一身。一年后，曹氏病亡，傅嘏前来吊唁，荀粲不哭但是神情哀伤。傅嘏问："女人才华与容貌并佳是很难实现的，你重视容貌而不看重才华，这样的女子容易再找，为何要这么哀伤呢？"荀粲说："佳人难再遇，就算逝者没有倾国倾城的容貌，也不能说是容易遇到的！"荀粲痛悼不能自已，一年后因伤心过度去世。《世说新语·惑溺》：荀粲与妻子关系笃厚，冬天妻子生病发热，荀粲不着寸缕站在庭院中让自己冷下来，回来用身体给妻子降温。妻子死后，荀粲不久后去世。荀粲因此被世人讥笑。惑溺：指沉迷不悟，如沉迷于声色、财富等不能自拔。

宋女愈谨①，敬姜犹绩②

《古列女传》：宋鲍女宗者，鲍苏妻也。妻养姑甚谨，苏去仕卫三年，而娶外妻。女宗因往来者，请问其夫不辍，赂遗外妻甚厚。女宗之姒曰："可以去矣。"女宗曰："妇人固以一醮不改，夫死不嫁，为分者也。吾姒不教吾以居室之礼，而反欲使吾为见弃之行，将安用此？"遂不听，事姑愈谨。宋公闻而美之，表其闾，号曰"女宗君子"，谓女宗谦而知礼。

《古列女传》：鲁季敬姜，莒之女也，号戴已，鲁大夫公父穆伯之妻，文伯之母。博达知礼，文伯退朝，朝敬姜，敬姜方绩，文伯曰："以歜（chù）之家，而主犹绩，惧干季孙之怒，其以歜为不能事主乎？"敬姜叹曰："鲁其亡乎！使童子备官而未之闻邪！昔圣王处民，男女效绩，否则有辟，古之制也。"又出《鲁语》。

①宋女愈谨：《列女传卷二·贤明传·宋鲍女宗》：宋国的鲍女宗，是鲍苏的妻子。女宗奉养婆婆非常孝顺，鲍苏到卫国当官，三年后在外面又娶了一个妻子。女宗通过往来宋国和卫国的人，不断向丈夫问安，并馈赠给鲍苏外面的妻子很多财物。女宗的姒娌说："你可以离开了。"女宗说："女子一旦成婚就不能再嫁，哪怕丈夫死了也不能再嫁，这是女人应该守的本分。我的姒娌不教我居家之礼，却教我做那些被人唾弃的事情，请原谅我不能遵从你的建议。"女宗不听姒娌的劝告，侍奉婆婆更加恭谨。宋国国君知道后称赞她的美德，在其里门刻石，表彰她的德行，称她为"女宗君子"，以宣扬女宗谦恭知礼的品德。

②敬姜犹绩：《列女传卷一·母仪传·鲁季敬姜》：鲁季敬姜，字歜（chù），

是莒国的女子，号称戴已，是鲁国大夫公父穆伯的妻子、公父文伯的母亲。鲁季敬姜博识通达，知书达礼。一次，文伯退朝，来拜见敬姜，敬姜正在绩麻，文伯说："以我们这样的人家，主母还在绩麻，恐怕会引起季孙氏的愤怒，他会以为我不能侍奉主母吧？"敬姜叹息说："鲁国大概要灭亡了吧！让你这么不懂事的孩子当官。你没有听说过吗？过去圣王治理民众，男女都要劳动，否则就会受到惩罚，这是古代就有的制度啊！"《国语·鲁语·公父文伯之母论劳逸》篇也有记载。绩，把麻搓捻成线或绳。

鲍照篇翰[①]，陈琳书檄[②]

　　《南史》：鲍照，字明远，东海人。文辞赡逸。尝谒宋临川王义庆，未见知，欲贡诗言志，人止之曰："卿位尚卑，不可轻忤大王。"照勃然曰："千载上有英才异士沉没而不闻者，安可数哉？大丈夫岂蕴智能碌碌，与燕雀相随乎？"于是奏诗，义庆奇之，赐帛二十四匹，寻擢为国侍郎，文帝以为中书舍人。上好文章，自谓人莫能及。照悟其旨，文章多鄙言累句，咸谓照才尽，实不然也。尝赋《拟古诗》云："十五讽诗书，篇翰靡不通。"

　　《魏志》：广陵陈琳，字孔璋；陈留阮瑀（yǔ），字元瑜。琳避难冀州，袁绍使典文章。袁氏败，归太祖。太祖爱其才，并以琳、瑀为司空军谋祭酒，管记室，军国书檄，多琳、瑀所作。《典论》曰：琳作诸书及檄，草成呈太祖，太祖先苦头风，是日疾发，卧读琳所作，翕然而起曰："此愈我疾。"数加厚赐。太祖尝使瑀作书与韩遂，时从太祖出，因于马上具草，书成呈之，太祖览毕，欲有所定，而竟不能增损。魏文帝《与吴质书》曰：孔璋章表殊健，微为繁富；元瑜书记翩翩，致足乐也。

　　①鲍照篇翰：《南史·鲍照列传第三》：鲍照，字明远，东海郡（今山东兰陵南）人，文辞丰富而俊逸。曾拜谒宋临川王刘义庆，未被了解，想要献诗言志。有人劝阻他说："你地位还很卑下，不可轻易忤逆大王。"

　　鲍照激动地说："历史上那些被埋没而不为人所知的英才异士，不可胜数。大丈夫岂能隐藏自己的智慧和才能而碌碌无为，与燕雀为伍呢？"于是把自己的诗作献给刘义庆。刘义庆看后啧啧称奇，赐给鲍照二十四匹帛，不久后鲍照被选拔为国侍郎，文帝又把他任用为中书舍人。皇上喜欢文章，自认为无人能及。鲍照明白皇上心意，写文章的时候故意叠床架屋地用很多粗鄙的言辞。大家都说鲍照才华用尽，其实不然。他曾写过《拟古诗》："我十五岁开始诵读诗书，文章没有不精通的。"篇翰，文章、诗文。

②陈琳书檄：《三国志·魏志二十一·陈琳传》：广陵陈琳，字孔璋；陈留阮瑀，字元瑜。陈琳到冀州避难，袁绍让陈琳掌管文书的起草。袁绍失败后，陈琳归顺太祖曹操。曹操爱惜陈琳的才华，将他和阮瑀一起任命为司空军谋祭酒，负责文献材料的书写。军队国家重要的文书檄文，大多出自陈琳、阮瑀手笔。《典略》：陈琳写各种书信和檄文，草稿完成后呈送给太祖曹操审阅，曹操患有头痛病，当天又发作，曹操躺在床上读陈琳的文章，猛然起身说："这篇文章能治好我的头痛病。"多次对陈琳厚加赏赐。

曹操曾经让阮瑀给韩遂写信，因为当时正跟从太祖曹操出行，阮瑀就在马上起草，写成后呈送给曹操阅览。太祖看后，想要做些改动，竟然不能增损一字。魏文帝曹丕《与吴质书》曰："陈琳的奏章疏表刚健有力，只是言辞稍有烦冗。阮瑀写的书札、奏记，文辞优美，词采飞扬，读了使人愉悦。"檄，古代官府征召或声讨的文书。

浩浩万古，不可备甄[①]

李子言：自《史记》至晋宋，子史向千卷。况《搜神》列异浩浩杂书，难可时复见录，且古人穷一经明，犹辞皓首哉，此甄择恐难全备也。

①浩浩万古，不可备甄：李翰说，自《史记》以降，至晋朝和南朝宋，诸子书以及史书有数千卷。何况像《搜神记》《幽冥录》《齐谐记》《述异记》等书不可能在本书中逐一列举。历史长河，品物众多；纵然精挑细选，皓首穷经，难免挂一漏万。

芟烦撮华，尔曹勉旃^①

今以有限之力，当读无涯之书，徒欲强记洽闻，终恐唇腐齿落。所以芟除繁冗，采撮精华，冀尔曹披寻，傥获微益也。

①芟烦撮华，尔曹勉旃：今人以有限之精力，读无涯之书籍，纵然博闻强记，恐怕唇腐齿落，终其一生，也仅是固守一隅，只见树木不见森林。所以从卷帙浩繁的书籍中，芟（shān）除繁冗，采撮（zhí）精华，编撰《蒙求》一书，给学习者提供一条线索，希望他们沿波讨源，能有受益。芟：本义为割取杂草，这里指删除史书中繁冗的内容。撮：采摘，摘取。尔曹：你们。勉旃（zhān）：努力，劝勉用语。旃：文言助词。"之焉"两字的合音。

我们从史书中删除烦琐重复的内容，摘取精华部分，编撰成此书。希望对学习者有所裨益！诸君加油！

图书在版编目（CIP）数据

蒙求集注详解 / 王永豪主编 . -- 北京：中国文史
出版社，2024.6
ISBN 978-7-5205-4604-1

Ⅰ . ①蒙… Ⅱ . ①王… Ⅲ . ①《蒙求》Ⅳ .
① H194.1

中国国家版本馆 CIP 数据核字（2023）第 256841 号

责任编辑：程　凤　　装帧设计：杨飞羊

出版发行：中国文史出版社
社　　址：北京市海淀区西八里庄路 69 号　邮编：100142
电　　话：010-81136601　81136698　81136648（联络部）
　　　　　010-81136606　81136602　81136603（发行部）
传　　真：010-81136677　81136655
印　　装：廊坊市海涛印刷有限公司
经　　销：全国新华书店
开　　本：787mm×1092mm　1/16
印　　张：38
字　　数：350 千字
版　　次：2024 年 11 月北京第 1 版
印　　次：2024 年 11 月第 1 次印刷
定　　价：128.00 元